新生活運動と日本の戦後

敗戦から1970年代

大門正克【編著】

日本経済評論社

目次

凡例

新生活運動協会の機関誌『新生活通信』は『通信』、同『新生活特信』は『特信』と本文中では略記し、『通信』を引用する場合には本文中に（通信五六年二月二〇日）の形で表示した。

本文中（資料1～4）の表記は、巻末「資料編」収録の各資料をさす。

序章　問題の所在と本書の視点・課題

敗戦後から一九七〇年代にかけて、戦後の日本では「新生活運動」というものが展開していた時代があった。いまから見れば、「生活」という言葉も「運動」という言葉も特段目新しいものではない。だが、本書では、戦後の日本において「生活」という言葉が斬新だった時代があり、政府や政府系の団体が「生活」に注目したこと、しかもその「生活」が「運動」と結びつけられ、「新生活運動」として取り組まれた時代があったことに注目するところから出発する。この問題関心を出発点にして、新生活運動を戦後の時代の中に位置づけ、戦後日本という時代をあらためて問うことが本書における最終的な問題意識である。

こうした問題関心は、近年、家族計画の研究を通じてあらわれつつあるとはいえ、新生活運動がとりあげられる場合には戦後の一コマとして扱われることが多く、新生活運動は戦後史研究においてあまり重視されてこなかった。新生活運動の全体像の解明は未検討のまま残されており、その検討は戦後日本の理解にとって重要な意味をもつと考えている。

新生活運動とはいったい何だったのか、戦後日本にとって新生活運動とは何だったのか、新生活運動の内容と歴史的意味を検証し、新生活運動を戦後日本に位置づけるために本書が編まれたのである。

1　戦後日本における新生活運動の展開過程

(1)　三つの流れ

まず、戦後日本における新生活運動には、大別して以下の三つの大きな流れがあったことを確認しておきたい。

A――一九四七年、片山哲内閣は「新日本建設国民運動」を提唱し、その中で「新生活国民運動」を呼びかける。敗戦にともなう「新日本建設」をそれぞれの生活の場で実践する「新生活国民運動」は、神奈川や大分などで受けとめられ、新生活運動が展開された。片山内閣が短命に終わったために、この運動はひとたび収束したものの、新憲法の制定や一九五一年の読売新聞社「新生活モデル」団体・地区の表彰開始にともない、山口、茨城、北海道などの各地で続けて取り組まれた。

B――一九五二年二月、独立をひかえた財界四団体は「新生活運動に関する共同声明」を発し、翌年には財界五団体によって「新生活運動の会」がつくられた。それと前後した一九五二〜五三年、日本鋼管川崎製鉄所では新生活運動の準備が始められ、一九五四年には、厚生省の人口問題研究会を中心にして、家族計画を組み込んだ新生活運動の実地指導が川崎製鉄所などの大企業で開始される。Bは、一九五〇年代前半における過剰人口問題、道徳頽廃、消費抑制、優生保護法などに対応するために、家族計画を軸にして家庭の管理を進めるものであり、一九六〇年代まで取り組まれた。

C――文部省の社会教育審議会の諮問・答申などをへた一九五五年、鳩山一郎首相の提唱をふまえて新生活運動協会が発足した。協会は、「真の民主主義の確立と国家の再建」を掲げ、戦後の過剰な自由への批判と封建性打破による「公衆道徳高揚」をめざした（通信五六年二月二〇日、五六年七月一〇日）。

新生活運動協会の活動は、一九五五～六〇年代半ばまでの前期と、一九六〇年代半ば～七〇年代までの後期に区分できる。前期と後期では協会の活動が大きく異なるところから、本書では協会の活動を前期と後期に分けて叙述する。

前期の協会は、「話し合い」をキーワードにして家族関係や社会関係の改善を含む生活改良に取り組み、活動領域を地域から職域へひろげ、一九五二年から始まっていた公明選挙運動と連携したり、東京オリンピックを前にして国土美運動や花いっぱい運動を推進したりしながら、公衆道徳の確立をめざした。しかし六〇年代に入ると高度成長の進展によって生活が大きく変容し、協会の活動はしだいに沈滞傾向になる。

こうしたとき、一九六〇年代半ばから新たに登場したのが生活学校だった。生活において新しく生起する問題の解決と実用的知識の習得をめざし、主婦自らが運営する生活学校は、高度成長による生活変動にさらされていた都市の主婦層の要望に応えるものであり、都市からしだいに農村、職域へとひろがって、後期における新生活運動の新局面を切り開いた。

後期の協会は、「対話」をキーワードにして、生活学校の場でとくに消費生活上の諸問題に取り組むとともに、新たに生活会議を組織し、新しいコミュニティの創造をめざした。しかし、協会の機関誌である『新生活特信』が一九七二年一二月から『住民活動』と名称を変更したように、高度成長による社会変動のいっそうの進展は、生活を基盤にした新生活運動の継続を困難にさせた。新生活運動協会は、八二年に会の名称を「あしたの日本を創る協会」と変更し、名称から「生活」をはずす。新生活運動は一九八二年にひとたびのピリオドが打たれたのである。

(2)　新生活運動の契機と政策意図

戦後日本の新生活運動には、以上三つの流れがあることをまず確認しておきたい。

三つの流れには共通性が二つと独自性がある。共通性の一つ目は新生活運動の契機である。片山哲内閣以降に地方で取り組まれた初期の新生活運動は、敗戦や新憲法制定を契機にして新日本の建設をめざすものであり、人口問題研究会などがかかわった新生活運動は独立を契機に大企業と厚生省人口問題研究所の連携で取り組まれ、新生活運動協会の新生活運動は敗戦後を契機にして取り組まれた。新生活運動は、このように敗戦や新憲法制定、独立、戦後などを契機にして国家の再建をめざす国民運動として出発した。敗戦が支配層に強い危機感をあたえ、そこから生活を対象にした国民運動がくりかえし提起されたと言い換えてもいいだろう。敗戦、新憲法制定、独立、敗戦後といった契機は、「敗戦後としての戦後日本」とまとめることができる。新生活運動が格闘しようとした相手は「戦後日本」であり、戦後日本の再建を共通の課題にしていた。本書のタイトルに「日本の戦後」をつけた所以である。国家の再建のためには道徳の再建が不可避である。日々の生活実践を通じて道徳を確立し、国家の再建を自覚した国民を育成する、これが新生活運動の目的だった。

共通性の二つ目は、真の民主主義の確立を標榜したことである。戦後の革新についての研究では、支配層の政治動向に対して、革新の側が民主主義擁護を掲げ、民主主義対反民主主義の対立が激しかったと説明してきた。現に支配層が自主憲法制定や警職法成立、新安保制定を掲げた一九五〇年代後半には、保守と革新の対立が頂点に達し、戦後の憲法を軸にしてつくられようとした民主主義が大きな危機にさらされた。その意味で、戦後日本の政治の構図を民主主義対反民主主義でとらえることは理由のあることである。

ただし、注意すべきは、その時点であっても、支配層のなかには「真の民主主義」を標榜する勢力が存在していたことである。とりわけ、自主憲法制定を唱える鳩山一郎内閣によって、「真の民主主義確立」を標榜する新生活運動が提唱されていたことに留意したい。新生活運動は、反民主主義を唱えた国民運動ではない。主張のレベルでは民主主義確立を掲げていたのであり、革新と保守のあいだでは、民主主義をめぐるヘゲモニーの争奪が行われていたのである。この点は、新生活運動の重要な論点である。

新生活運動の独自性は、新生活運動協会の後期にある。戦後すぐの新生活運動は一九五〇年代前半に終息し、人口問題研究会の新生活運動は、高度成長による生活変容のもとで六〇年代に入ると固有の取り組みは見られなくなった。それに対して、新生活運動協会は、六〇年代以降も生活学校やコミュニティの創造などで高度成長への対応を図っている。敗戦、独立を契機に取り組まれた当初の新生活運動に対して、一九六〇年代以降の新生活運動は異なる時代状況のもとで新たな対応を迫られた。新生活運動に歴史的評価をくだすためには、新生活運動の全生涯を相手にする必要がある。一九七〇年代までを対象時期にする所以である。

2　研究史のなかの新生活運動

(1)　研究史を振り返る

研究史を振り返るなかで新生活運動研究の成果と問題点を探ってみたい。

序章の最後に掲げた新生活運動の文献リストによれば、今までの研究史は次の四期に区分できる。第一期は一九六〇年代であり、同時代における千葉・徳島・和歌山などの地域の事例研究が行われた。一九七〇〜八〇年代の第二期になると関心が弱まり、「新生活運動」という言葉を含む論文はわずか三本だけになってしまう。第三期の一九九〇年代になると、民俗学などで事例研究があらわれた。

最後の第四期は二〇〇〇年代以降であり、新生活運動に関心が集まって論文などが増加している。論文・単著は一一本あり、そのうち大企業における家族計画を軸にした新生活運動が六本、地域での取り組み三本、新生活運動協会一本、社会運動として新生活運動に注目する論文が一本であった。

(2) 研究史の成果と問題点

以上の研究史に含まれる成果と問題点を大きく四点指摘する。

成果の第一は、高度成長の時代の理解を再検討する視点が出てきたことである。高度成長の時代に関する研究は、一九八〇年代半ば以降に本格的に積み重ねられ、企業社会論や近代家族論による主婦の大衆化などが明らかにされてきた(1)。これらの研究を通じて、高度成長の時代の生活については、企業（企業社会）―家族（主婦化、マイホーム主義）―市場（電化製品普及）の関連から理解する見方がひろがったといっていいだろう。これに対して、二〇〇〇年代以降の新生活運動研究からは、高度成長の時代以後の生活を、企業―家族―市場の関連だけからではなく、運動や制度との関連で理解する視点が提示されていると整理することができるだろう。

たとえば、アンドルー・ゴードン「五五年体制と社会運動」は、民主化の保守的な路線として戦後の新生活運動に注目し、新生活運動が生活に与えた影響を強調する。また、池野雅文「戦後日本農村における新生活運動と集落組織」は、「特集　戦後日本の農村開発経験」（国際開発学会『国際開発研究』第一一巻二号）に収録されたものであり、戦後の政府などによる農村開発経験という観点から新生活運動を位置づけようとする(2)。政府・政策が生活にあたえた影響について注目が集まっているのである。

新生活運動のなかで、とくに二〇〇〇年代に入ってから研究が進展しているのは大企業と人口問題研究会の連携による新生活運動であり、荻野美穂、田間泰子、アンドルー・ゴードンらによって大きな成果がもたらされている。人口問題研究会の家族計画について本格的な研究を進めているのは、荻野と田間である。荻野は、戦時・戦後の人口過剰問題や優生保護法の検討を通じて、「受胎調節」から「家族計画」へと進む政策のなかに、国家による生殖管理を読み取り、さらにその中にアメリカモデルを見いだしている。人口問題研究会の役割を詳細に検証したのは田間である。田間によれば、新生活運動は、過剰人口問題と道義退廃という戦後の政治課題の解決をめざすものであり、新しい「道義」「道徳」として男女平等のもとでの家族計画が提唱され、ここに社宅の主婦が発見されたとする。

　大企業における新生活運動の会について本格的研究を行ったのはゴードンである（「日本家庭経営法」）。ゴードンは、新生活運動の会に二つの活動領域があったとする。ひとつは貯蓄と国産品愛用であり、これは一九五〇年代における日本の経済構想とかかわる領域であり、低消費→高貯蓄→高投資→高輸出生産高がめざされた。もうひとつは、家庭における生活と生殖の担い手である妻のふるまいを合理化し、職場における夫の働きの合理化と結びつけるような妻の家庭管理の領域である。新生活運動は、経済構想と家庭管理が結びついたものであり、ここに家庭における妻の役割が発見されたとする。

　家族計画に関する以上の研究成果は、未開拓の領域を切り開く点で大きな貢献があった。と同時にこれらの研究が提起していることをもう少し広い文脈に位置づけてみれば、生活を企業（企業社会）―家族（核家族）―市場（電化製品）の関連で考えてきた今までの研究に対して、新生活運動の研究は、政策（農林省・生活改良普及事業や厚生省・保健衛生事業など）と運動（新生活運動）が生活にとってもつ意味を重視し、新たに政策―家族―運動の関連から考察する視点を提示しているといっていいだろう。新生活運動と関連する農林省の生活改良普及事業の研究も進展しており[3]、これらをあわせれば、高度成長の時代の生活にとって、政策と運動のもつ意味は決して小さくなかったことがわかる。今後の高度成長の時代における生活の研究は、企業―家族―市場の視点に政策―家族―運動の視点を加え、両者を含めた総合的な視点から進められる必要があるだろう[4]。

　成果の第二は、新生活運動の運動面について貴重な指摘がなされていることである。アンドルー・ゴードンは、従来の「「社会運動」の叙述」では、「国家や、企業役員との協力、連携により発達した」「社会、政治活動の重要な混成タイプを説明することができない」。そのうえで新生活運動について、「この種の「社会運動」が国家と社会を結び付けた。そしてそれは変革を管理し、抑制したい衝動と、草の根の支持者に力を与えたいという相反する衝動とを統合した」（傍点引用者）と評価する[5]。

日本近現代史に関する今までの研究では、運動＝社会運動と理解されることが多かった。運動は対抗的運動が主たる対象であり、国家対運動として理解されてきた。「戦後革新運動」はそのように位置づけられてきたし、国民国家論でも対抗的運動（たとえば自由民権運動）が対象であった。こうした構図のもとでは、国家がかかわる運動として明治百年祭や元号法制化運動など、イデオロギーが鮮明な国民運動は視野に入るが、生活運動のように、イデオロギーが不分明な運動は視野に入りにくかった。生活運動が戦後史のひとコマと扱われたり、家族計画のみに関心が集まったりした理由は、運動の理解にもあったのである。

ゴードンは、新生活運動の運動面をもっともよく理解している。ただし、ゴードンの理解については、次の二点が検討課題として残されている。①新生活運動協会を主な対象にする本書からすれば、新生活運動に含まれた「変革の管理」と「支持者への力の付与」の関係は、もっと複雑であり、新生活運動の歴史的意味を考えるためには両者の関係の具体的分析こそが必要となる。②ゴードンが対象にした家族計画中心の新生活運動は一九六〇年代まで続いたとされるが、一九五〇年代の活動スタイルがそのまま続いたのだろうか。一九六〇年代以降の検討は残された課題になっている。

研究史について指摘すべき第三として、新生活運動には先述の三つの流れがあったことをふまえれば、新生活運動の研究はまだ一部にとどまっていて、新生活運動の全体像を解明する課題が大きく残されていることである。二〇〇〇年代に入ると、新生活運動協会をはじめてとりあげた田中宣一の論文が発表され、今後の新生活運動研究の新しい局面を切り開いた。ただし、新生活運動協会の研究は緒についたばかりであり、とくに一九六〇年代半ば以降の後期の研究は未解明の課題として残されている。新生活運動を大企業の取り組みや、一九五〇年代の取り組みとして評価する見解が多いのは[6]、以上のような研究状況を反映してのことである。

あるいはまた、従来の事例研究では、新生活運動の全体のなかのどこに位置づくのかが不明瞭な場合が多い。地域の事例は、敗戦直後に取り組まれた新生活運動や新生活運動協会の運動と関連があるはずだが、必ずしも明瞭に位置づけられていない。事例を歴史的に明瞭に位置づけるためにも、一九四〇年代後半から七〇年代に至る新生活運動の全体像を明らかにする必要がある。

研究史から導かれる第四として、新生活運動についてはそれを研究する固有の視点＝方法が必要だということである。荻野、田間、ゴードンらの最近の研究を除けば、今までの新生活運動研究では、戦後になぜ政策担当者の側から「新生活運動」というものがくり返し提起されたのか、その点の問題認識が不足していたように思われる。政府や政府系の団体が国民運動を展開することは、日露戦後の地方改良運動や昭和恐慌期の農村経済更生運動などでみられたことである。その中で生活は政策の対象になり、戦前の政府を通じて生活改善がくりかえし説かれてきた。しかし、従来と同様の生活改善としてではなく、生活を主たる対象にした国民運動が取り組まれたのは戦後の新生活運動がはじめてのことだったのであり、そこにこの運動の新しさがあった。「生活」を「運動」にするということはいったいどういうことだったのか、「新生活」の内容は何だったのか。新生活運動の分析にあたっては、単に対象として新生活運動を設定するだけでなく、新生活運動という独特な対象を分析するのにふさわしい視点＝方法の設定が必要になる。

3　生活をめぐる戦前・戦時・戦後

(1)　「風俗」から「生活」へ

新生活運動の方法と課題を検討する前に、生活をめぐる戦前・戦時・戦後について、いくつかの点を確認しておきたい。

最近、岩本通弥は、近代日本における「生活」という言葉の使われ方について興味深い指摘をしている(7)。岩本は、

「生活」や「生活改善」の登場の画期を第一次世界大戦後に求め、この時期に「風俗」から「生活」への大きな改変があったとする。岩本によれば、政府は地方改良運動の時期までは、「風俗」を統制して「節約・倹約」を求めようとしたが、第一次世界大戦後の民力涵養運動の段階になると、新たに「生活改善」を求めるようになった。「生活」はLifeやLebenの「半ば翻訳語」であり、「上から丸ごと把捉される『風俗』」に対して、「個々の人間を内側から視野的に捉える用語が『生活』」であり、「生活」を通じて、「家庭生活・日常生活への『科学』」の導入が明確に意識されたとする。一九二〇年には、文部省が中心になって生活改善同盟会が創設され、都市を中心にして生活改善運動を始める。この動きは、三〇年代の政府による農村経済更生運動を通じて農村にもひろがっていく(8)。

第一次世界大戦後から昭和恐慌期にかけての生活改善について、二つ付記しておく。ひとつに、民力涵養運動や生活改善同盟会の生活改善に「家庭生活・日常生活への『科学』」の導入の意図があったことはたしかだが、政策意図と受容のあいだではさまざまなズレがあったのであり、そのことに留意する必要がある。たとえば、生活改善が唱えられると、地域では生活改善をそれ以前の勤倹の問題として受けとめ、地域単位で勤倹貯蓄や節約、虚礼廃止に取り組む傾向が長く続いたことであり、家庭生活の改良も台所の技術的改善のレベルにとどまるなど、政策意図と実際のあいだにはさまざまな相違があった。

もうひとつに、この時期の生活改善は人間関係の見直しを除外したものであった。具体的に、生活改善は嫁姑関係や夫婦関係と大きくかかわるはずだが、この時期には、生活改善とかかわって嫁姑関係や夫婦関係がおもてだって問われることはなかった。それゆえ、戦後の新生活運動や生活改良普及事業などで家族関係などの人間関係が問われることになったのである。

(2) 戦時期の生活をめぐって

戦時期の生活をめぐっては、三つの面を理解する必要がある。

総力戦は人的物的資源の最大限「合理的」な配分を実行しようとするものであり、そのため人びとに主体的な参加を強く求めた。主体性の発揮のためには、反対給付として国民生活の擁護、福利厚生の整備、戦時生活の刷新が必要だった。戦時下であっても、いや戦時下だからこそ、厚生省が誕生して国民健康保険法が実現し、徴兵・徴用に対する援護が整備され、「生活構造」をめぐる議論や「生活給」の構想があらわれ、生活の合理化が追求されたのである。農村では共同炊飯や農繁期託児所が取り組まれ、栄養や新しい育児の考えが導入されようとして、生活を見直す契機になった。(9)

もうひとつは生活水準の平準化傾向である。配給や隣組の活動は、階層間・地域間の生活水準の差を縮小する役割をはたした。食料増産を優先する戦時政策のもとで、農地調整法や食料国家管理などの戦時農業政策が展開し、食料増産を直接担う農民の経営が強化された。都市との対比で遅れているとされ、恐慌や凶作の打撃のなかにあった農村は、総力戦のもとで食糧増産と労働力動員の供給地になり、国家的役割を高めるなかで政策的な位置づけが高くなった。この点も農村都市間の平準化につながったといえよう。

ただし第三に、動員と国民生活擁護、動員と福利厚生、動員と生活刷新は大きく矛盾するものであり、動員を徹底して軍需生産に人的、物的資源を集中すれば集中するほど、生活水準は低下し、福利厚生の実現は遠のいて、生活刷新も空文句に終わった。生活刷新の構想と実際のあいだには大きな落差があったのである。(10)

(3)　戦後における「生活」の見取図

敗戦後から一九五〇年代にかけての時代は、生活がもっともひろく議論され、政策や運動でも生活への取り組みがみられた時代だった。

敗戦、新憲法、独立などを契機にした新生活運動の三つの流れと呼応しつつ、省庁でも生活にかかわる政策が取り組まれた。(11)今までの研究には、農林省の生活改良普及事業や食生活改善事業、(12)厚生省の人口問題研究会とかかわった家族計画[13]があり、文部省の家庭科教育、婦人学級、ＰＴＡでも生活と家庭の改良がとりあげられ、厚生省による保健衛生政策や蚊とハエのいない生活も追求された。

今までの研究からは、省庁による生活改良政策の背後に、占領のもとでのアメリカのプログラム（生活戦略）があったことが指摘されている。農林省の生活改良普及事業は、アメリカ占領軍の主導で始まったものであり、そこにはアメリカ流の性別役割分担が含まれていた。アメリカの小麦戦略による小麦・油を使う食生活普及は、農家（農林省の生活改良普及事業）と学校給食（文部省）を通じて浸透が図られた。戦時中のアメリカ化学兵器の転用として、農林省の農業改良普及事業のもとでの化学肥料と農薬の使用や、厚生省の蚊とハエのいない生活による薬剤使用が進められた。厚生省の人口問題研究会がかかわった家族計画は、アメリカのアジア戦略のもとで進められたものだった。これらは、全体を統一するプログラムがあったわけではないが、占領は風俗として生活スタイルに大きな影響を与えただけでなく、政策として生活への介入・改変が強く意図されていたのであり、戦後の生活改良における占領の契機を過少評価してはならない。

占領による生活改良と新生活運動との関連で注意すべきは、両者は近代化を進める生活改良という点で共通性をもっていたが、新生活運動は敗戦や独立を契機にして取り組まれたように、占領に反発する契機も含まれていたことである。新生活運動の評価にあたっては、占領とのかかわりを測定する必要があるだろう。

生活には、省庁の政策や新生活運動、占領だけがかかわったのではない。文部省の社会教育ともかかわりつつ、民間の運動として生活記録運動が取り組まれたように、生活は民間でも見直されるべきものであった。『暮しの手帖』の創刊にみられるように、「暮らし」という視点からの生活の見直しもあった。労働運動でも、とくに職住接近の炭鉱や事業所では、購買組合（生協）や主婦会が組織され、生活を守る活動に熱心に取り組んだ[14]。

敗戦後から一九五〇年代という時代は、敗戦、占領、独立などを契機にして、生活（暮らし）への関心が横溢していたのであり、新生活運動もその渦中にあった。新生活運動の評価に際しては同時代の状況をふまえる必要がある。

高度成長の進行とともに生活は大きく変わり、私生活主義や中流意識がとりざたされるようになる。地域社会が大きく変容し、コミュニティの再建が議論されるようになる。一九六〇～七〇年代における社会変動と生活変容に対して新生活運動も大きな転換を図ることになる。

4　本書の視点＝方法と課題

(1)　視点＝方法

本書では、従来、本格的な考察が行われていない新生活運動協会を主たる対象にすえ、他の新生活運動との関連や、省庁の政策、占領の契機にも留意しながら考察する。今まで本格的な検討が加えられていない新生活運動協会を主対象にすえるためには、協会による新生活運動がよく検討できるような分析方法の工夫が必要である。本書では次の三つのレベルの視点を設定して分析を進める。

(a)　生活運動の政治的意図（政治と生活）
(b)　運動としての生活（生活と運動）
(c)　生活実践（生活の実践）

(a)には、政府、協会、各府県レベルの指導者を含み、(c)は、個々人や家族のレベルで日々の生活に取り組むことを指す。これに対して(b)は、複数の人やグループで生活課題について話し合ったり、学習したり、具体的な生活課題に取り組んだりすることや、生活学校で対話を重ねたり、行政の取り組む生活課題に参加したりすることをさす。協会は、(a)を通じて(c)を実践させるためには、(b)の運動が不可欠という認識をもっている。協会は、(b)を活性化させることで、人びとが(c)に取り組み、運動の政治的意図を自覚するように促す。生活を運動として取り組んだ新生活運動の歴史的意味を解明するためには、(a)による運動推進者の政治的意図を明らかにすることに加えて、(b)の「運動としての生活」を対象にすえて解明することが重要である。新生活運動にとって、(b)は(a)と(c)の大事な結び目であり、(b)を軸にすえながら(a)(b)(c)の相互関連を検討することで、新生活運動協会による新生活運動の歴史的意味が明らかになる。以下、(a)は運動推進者、(b)は生活運動、(c)は生活実践と呼んで、序章に必要な限りで、協会の前期と後期における新生活運動の意味を素描しておきたい。

(2) 前期における新生活運動

前期の運動推進者は、生活実践のレベルで生活改良に目覚めさせる（認識させる）ためには、生活改善について「話し合う」、取り組む、学習するという過程が重要だと認識しており、その過程で人と人の関係を改善して道徳を再建しようとした。協会は、地域から職域に活動領域をひろげ、公明選挙運動や東京オリンピックを前にした国土美運動とも連携しながら活動をすすめた。

前期の新生活運動は、生活運動を通じて話し合う、学習する、取り組むというプロセスを作り出そうとする。このプロセスこそが前期の新生活運動の特徴であり、運動推進者はこのプロセスをつくりだすことに力を注ぐ。ただし、前期の協会は、自らの役割をあくまでも「お手伝い」にとどめ、人びとの自主性に大きな期待を寄せた。

以上のような特徴をもつ前期の新生活運動の歴史的意味を解明するためには、生活改善、社会運動、人口問題研究会による新生活運動、サークルなどの生活記録運動などと対比することが有効である。

プロセスを重視する協会の新生活運動は、生活改善を主目的とする生活改善一般と異なるものであり、また同じく運動という名称を含んでいるものの、政府や企業に対して何らかの要求を提示する社会運動とも異なる。

人口問題研究会と協会の新生活運動では、生活運動の方法が大きく異なることに注意を払う必要がある。前期の協会では、国民精神総動員運動、大政翼賛会と新生活運動との対比が盛んに話題になっている。国民精神総動員運動や大政翼賛会ではない運動スタイルを追求することが協会の課題だった。協会は上からの統制によらない運動スタイルを求めたのである。ここには、国家をひとたび敗戦に追いやったあの戦争に対する政策担当者としての批判と反省があり、生活運動における話し合いは、あの戦争に至る道を克服し、新日本を建設するための担い手＝国民を育成する方途であった。話し合いによる生活運動は協会の新生活運動の要だったのである。

この点で協会は人口問題研究会と立場を大きく異にする。両者の相違について、人口問題研究会理事長であり、新生活運動協会の常任理事でもあった永井亨は、一九六〇年に興味深い発言をしている(15)。

永井は、「創意」や「工夫」、「選択」に委ねる新生活運動協会の新生活運動は、単なる生活改善運動にすぎず、「国民運動」としての新生活運動にはならないと断じる。新生活運動が国民自ら「生活態度を一新する運動」になるためには、家族計画、生活設計をふまえた「目標」が必要であり、そのためには「組織」による「指導」が不可欠だとする。永井は、「任意」の運動をすすめる協会と、「指導」と「計画」によって運動をすすめる人口問題研究会を対比し、後者こそが国民を育てる真の新生活運動であると説いているのである。

この対比の基礎には民主主義観の相違があった。新憲法の主権者の理解をめぐり、永井は「個人」の「自由」と「社会」への「責任」を対比させ、前者を新生活運動協会に、後者を人口問題研究会に見立てている。主権とは、「社会あっての権利」であり、民主主義とは、「国家の支配権が一体としての国民」に「帰属する政治形式」であり、「全体としての社会に帰属する政治形式」だとする。永井は、話し合いを重視する協会と、指導を優先する人口問題研究会とのあいだに決定的な差異を見いだしているのであり、それはまた民主主義観の相違でもあったのである。人口問題研究会は「国家」の視点と「指導者的立場」に立とうとしたのに対して、協会の運動推進者は官製運動になることを忌避し、「個人」の視点と「自主性の尊重」、話し合い路線をとろうとしたのである。

再び前期の協会の新生活運動にもどる。

プロセスを重視する協会には、自発性を喚起する側面がある。その点で協会の新生活運動には、サークルなどが担った生活記録運動と共通する側面がある。だが、協会の新生活運動は自発性だけでなく、道徳（秩序形成）を強く求める。この点が協会の新生活運動と生活記録運動の大きな相違点である。ここでの道徳とは国家のための道徳である。道徳形成のために協会が重視したのは、公明選挙運動や国土美運動などを通じた公衆道徳の修得とともに、話し合いを通じて日常生活のレベルから自己規律をもった国民を育成することだった。自己規律をもった国民こそ、あの戦争に対する批判と反省のうえに、協会が求めた人びとだった。協会がみずからの役割をお手伝いに限定したのは、自己規律、自主性を育成するためだった。

このような協会の新生活運動でも、上意下達の傾向が強くなり、人びとの自主性が弱くなると、「奉仕」（本書第6章参照）と受けとめられることがあった。上意下達や上からの統制による「奉仕」ではなく、道徳心をもった自己規律をいかに養成するのか、協会の腐心とジレンマがここにあった。

前期の新生活運動協会は、戦後の民主主義の基礎、あるいは独立後の自立精神の涵養を新生活運動によって実現しようとする。協会のいう民主主義とは、話し合いによって自主性と道徳を修得することである。協会にとって、それが戦後の日本を再建する道だったのである。話し合いによる自主性と道徳の涵養は、大政翼賛会と異なる国民育成の方法であり、さらに戦後革新運動とも異なる協会独自の民主主義観だった。民主主義は戦後革新運動のみが標榜したのではない。民主主義は保守と革新にとってヘゲモニーの争奪の対象だったのである。その意味で協会の新生活運動は、戦後の社会運動（戦後革新運動）と対抗していたのである。

(3)　後期における新生活運動

一九六〇年代に入ると、高度成長による社会変動は生活のあり方を大きく揺さぶり、話し合いによる新生活運動の活動がしだいに困難になった。こうしたなかで、六〇年代半ばに新たに提起されたのが生活学校だった。生活学校は、高度成長のもとで必要になった生活上の科学的知識や生活技術、ゴミの収集などについて学習する場だった。生活学校は、六〇年代後半からの住民運動、消費者運動、革新自治体の動きに対応する意味もあった。協会は、生活学校や行政の主催する生活課題の取り組みに人びとが参加することを促した。

前期から後期にかけて協会は変わったのだろうか。前期の協会は話し合いを重視した。それに対して後期の協会が重視したのが対話だった。前期の協会では、地域や職域で、共通の生活改善の課題をかかえた人びとが話し合うことが重視されたが、後期になると、消費生活上の科学的な知識や規則をめぐって、企業や地方自治体の関係者を生活学校に招くようになった。後期の協会が重視した対話は、利害が異なる人びとが生活学校で話し合うルールにほかならなかった。

前期の協会が話し合いをお手伝いしようとしたのに対して、後期の協会は人びとを対話に参加させることに自らの役割をおいた。前期の協会が自主性をもった国民の育成をめざしたのに対して、後期の協会は主体性をもった生活者を育てることを目標とした。前期の協会がたびたび道徳心をもった国民の育成にふれていたのに対して、後期の協会はもはや国民に言及することはなく、育てるべき人びとを生活者と規定した。

前期から後期への変化の背景には、高度成長の時代による社会変動が大きく横たわっていた。戦後復興がリアリティをもっていた一九五〇年代ころまでは、生活運動と生活実践を通じた国民の育成という目標にもある程度のリアリティがあった。それに加えて、このころまでは、生活を運動に結びつけるうえで、新生活運動は大きな位置をしめていた。

それに対して高度成長の時代になると、社会変動のなかで生活のありようが大きく変わり、生活へ対処することが人びとの大きな課題になった。そのなかで新生活運動以外にも、住民運動や消費者運動、革新自治体に連なった運動など、生活を問い直す運動が多様に登場することになった。後期の協会は、生活運動の方法を話し合いから対話に転換するだけでなく、社会変動のなかで育成すべき存在を国民から生活者に転換するなど、運動のあり方を大きく変えざるをえなかったのである。

生活学校にはいくつもの特徴が含まれている。運動推進者、生活運動、生活実践の三者の関係は、運動推進者↓生活運動↓生活実践の方向ばかりにベクトルが作用するのではない。とくに後期になると三者の関係にずれが生じる。経済変動・社会変動のなかで生活をとりまく環境が大きく変化する。この変化に新たに対応しようとしたのが生活運動としての生活学校だった。生活学校は運動推進者が生活実践に対応したものであるとともに、経済社会が大きく変動したもとで、人びとの側から求められたものでもあった。

企業や地方自治体の関係者も含めた対話を通じて、新しく求められる生活技術や科学技術をよく学び、ときには要望などをだす。生活学校でこのような活動に熱心に取り組んだ主婦が数多く登場した。生活学校は高度成長の時代における主婦の関心にこたえることができたからこそ急速なひろがりをみせたのである。

運動推進者からすれば、対話は主婦の主体性をひきだす源泉であるとともに、生活学校の活動に一定の枠をはめる装置でもあった。運動推進者は、生活学校が住民運動や消費者運動と同じようになることを避けたかったからである。対話は主体性と秩序形成のバランスのなかにおさめられようとした。新生活運動のなかで、アンドルー・ゴードンのいう、「変革の管理」と「支持者への力の付与」という相反する衝動がもっとも強くあらわれていたのは、生活学校だったように思われる。生活学校での具体的な活動を生き生きと語る主婦たち、生活学校のなかに新生活運動の新たな活動のスタイルと基盤を見いだした運動推進者たち。生活学校のなかには両者の相反する衝動を読み取ることができる。

だが、生活学校の活動も同時代にあっては安定した位置をしめることができない。他の住民運動や消費者運動が経済成長や地域開発のあり方を根本から問い直し、さらに政府が公共事業などを一方的に決定することに対して異議申し立てをするようになったからである。生活問題をどう認識し、生活問題にどのような方法で対処するのかは、その運動の位置を測定するリトマス試験紙になった。対話による生活学校は、住民運動や消費者運動と対比されるようになったのである。協会が機関誌である『新生活特信』の名称を一九七二年一二月から『住民活動』に変更した背景には、以上のような社会状況があった。生活学校でひとたび活動の場を確保した協会であったが、七〇年代に入ると、あらためて困難をかかえるようになったのである。

(4)　発刊直前に出された二冊の本

本書の脱稿直前に本書にかかわる重要な本が二冊刊行されたので、ここで必要な限りのコメントをしておきたい。一冊は、原山浩介『消費者の戦後史』（日本経済評論社、二〇一一年）である。本書は、「消費者」という切り口から戦後史を描いたはじめての本格的な書物である。このなかで、本書にとって重要なのは、日本生産性本部の消費者教育がはじめて検討されていることである。一九五八年に日本生産性本部に設置された消費者教育委員会が独立して、六一年に日本消費者協会が設立される。日本消費者協会は、日本の産業社会に貢献する消費者の創出を狙ったものであり、主婦ないし消費者の利益擁護を図る主婦連合会のような消費者団体とも連携しつつ、消費者行政を推進しようとする政府の議論にも影響をあたえた。ここで重視すべきは、新生活運動が「生活者」の育成をはかったように、「消費者」もまた日本消費者協会によって育成をめざされていたことである。生活者・消費者ともに政治的意図とかかわっていたのであり、それら政治的意図の影響力と関連が考察されなくてはならない。原山著書と本書が並ぶことで、高度成長の時代の生活や消費を社会史として考察するだけでなく、今後は政治社会史として検討する視野が開けたように思われる。

もう一冊は、田中宣一編『暮らしの革命』（農文協、二〇一一年）である。前述のように、新生活運動協会をはじめて検討した二〇〇三年の田中宣一論文は、協会分析の嚆矢であり、田中編著にも収録されている。田中編著は、戦後の生活改善普及事業と新生活運動などを「生活改善諸運動」と呼び、「官」側の意図を検討するとともに、「官」側の分析だけでは生活改善諸運動の評価はできないとして、生活改善諸運動を受容した「民」側について、生活改良普及員や食生活、生活改善、新生活運動など一三の事例を考察している。「民」の側には、長年にわたる「伝承生活」が存在して独自の「生活論理」が形成されていたので、民俗学の課題として検討するのにふさわしいとする。

本書と田中編著をくらべた場合、本書では田中編著でいう「官」側の政治的意図の分析を重視し、同じ新生活運動であっても新生活運動協会と家族計画中心の人口問題研究会では、政治的意図が異なっていたこと、新生活運動の検討にあたっては、政治的意図と地域の実際だけでなく、運動としての生活に焦点を合わせる必要性があることを提起している（三つのレベルのうちの(b)）[16]。田中編著と本書では、民俗学と歴史学という主たる方法の相違があり、そのことも両書の関心の相違につながっているように思う。田中編著と本書が並ぶことにより、新生活運動および生活改善諸運動の実態だけでなく、分析方法をめぐる議論が活性化することが期待される。

(5) 本書の課題

今までの検討をふまえ、本書の課題を三点に整理する。

第一は、今まで本格的な考察が行われていない新生活運動協会を主たる対象にすえ、戦後初期の新生活運動、家族計画中心の新生活運動と対比しつつ、一九五〇年代から七〇年代までの新生活運動の全体像を解明することである。新生活運動協会による新生活運動について、とくに前期と後期の活動の変化に十分留意して本格的な検討を加える。協会を中心にした運動推進者、生活運動、生活実践の三者の関連を解き明かし、活動の理念と実際、担い手のあり方に注意して検討する。

第二は、新生活運動の展開過程を明らかにするために、領域と組織の両面に焦点を合わせて検討を行うことである。領域としては職場と地域に焦点を定め、先の(a)(b)(c)の関連を検証する。職場と地域は、新生活運動の展開に際して協会が重視した二つの領域だった。職場については、今まで、人口問題研究会による家族計画が実施された大企業の例が注目されてきたが、協会は家族計画とは異なる方法で職場の新生活運動を進めようとした。本書における職場の新生活運動の分析により、大企業のみならず、中小企業まで含めた新生活運動の展開が明らかになる。後期における地域の新生活運動の展開にとって、生活学校の分析は欠かすことができない。生活学校を本格的に検討することも本書の重要な課題である。協会の分析が明らかにするように、新生活運動の組織をどのように編成するかは、新生活運動協会にとって一貫した課題だった。本書では、地方組織（東京都）と社会教育行政・公民館のかかわりの視点から、新生活運動における組織問題の検討を深める。以上の第一・第二の課題の追究を通じて、新生活運動の全体像を明らかにしたい。

第三に、以上を通じて新生活運動を一九五〇年代から七〇年代の戦後日本史に位置づけることが本書の最終的な課題となる。換言すれば、本書は、新生活運動、生活の視点の側から「戦後日本」とは何だったのかを問うことになる。ここでの戦後日本とは、総力戦や大政翼賛会をへた戦後日本であり、敗戦と独立をへた戦後日本であり、高度成長による経済変動と社会変動にさらされた戦後日本であり、そして東アジアのなかの戦後日本である。新生活運動を対象にすえると、従来の保守―革新の政治配置や民主主義の理解、政策や社会運動の評価の再検討が必要になる。これらに再検討を加えながら「戦後日本」とは何だったのかを考えたい。

5　本書の構成と資料、参考文献

(1)　本書の構成

本書は、以下のような構成をとる。

本書の問題の所在を明らかにして本書の視点と課題を明示する序章ののちに、新生活運動協会の前期（一九四〇年代後半〜一九六〇年代半ば）と後期（一九六〇年代半ば〜一九七〇年代）を解明する第1章・第2章が配置される。第3章と第4章では、新生活運動協会が重視した二つの領域である職場と地域で新生活運動の展開を検討する。ついで第5章では、生活学校運動を分析し、第6章・第7章で、地方組織と社会教育行政・公民館とのかかわりで新生活運動の組織問題を考察する。終章では、本書をまとめて展望を示す。

(2)　本書で使用した主な史料

新生活運動の検討が十分に進展していない理由のひとつに史料の問題があると判断し、本書の執筆に際しては徹底した史料調査を行った。ここでは本書で使用した主要な史料を簡潔に紹介しておく。

［1］　新生活運動協会関係史料

新生活運動協会は、現在、「あしたの日本を創る協会」に組織を替えている。あしたの日本を創る協会には、新生活運動協会に関する史料が以下のように所蔵されていた。

①　一次史料（新生活運動協会の設立に関係する書類、各年度の事業報告書および収支決算書など）。

②　『新生活通信』（新生活運動協会の機関誌であり、一九五六年一月から、協会があしたの日本を創る協会と改称する八二年三月まで、毎月一回から三回発行され、全国に配布された）。

③　『新生活特信』（新生活運動の「交流の場」として期待され、協会関係者、研究者、地方の新生活運動の実践者から寄稿があった。地方を含めた新生活運動関係者の問題関心や考え方を示す史料であり、一九六一年九月から七一年三月まで毎月一回発行）。

④　研修会の記録、新生活運動の現状や調査報告に関する冊子類（とくに一九六八年度〜七四年度には『日本の新生活運動』が発行され、年度ごとに全国の新生活運動の成果が項目別にまとめられた）。

⑤　新生活運動協会の関係者が執筆した書籍類、関係組織が作成・発行した出版物（新生活事業センター発行による『生活学校レポート』は重要であり、一九六六年八月より毎月一回発行）。あしたの日本を創る協会には、そのほか、読売新聞社『新生活』（一九五二年二月から月刊で発行。『読売新生活』のタイトルもある。第二三号〈一九五三年一二月〉まで所蔵）が保管されていた。現在、これらの史料の多くは、国立国会図書館に移管され所蔵されている。

［2］　安積得也関係文書

新生活運動協会にかかわった安積得也の関係文書が国際基督教大学に移管されており、本書のとくに協会の分析にあたっては、本文書の読解と活用が欠かせなかった。本史料群は、安積得也没（一九九四年）後、長男仰也氏に引き継がれ東京吉祥寺の安積家に保存されていたものが、二〇〇七年ごろ、仰也氏の勤務先である国際基督教大学に移され、仮整理の状態で保管されていた。二〇〇八年一〇月に、本書の執筆者が仮調査を行ったところ、新生活運動を中心とする戦後政治史研究に対して、新知見を提供する史料群であることが判明したため、同年一一月より安積得也関係文書調査会を発足させ、本格的な整理作業を開始した。整理作業は、国際基督教大学および東京大学の大学院生、本書執筆者の手によって継続的に進められ、二〇一一年七月までに史料群の全体像がかなり明らかにされてきた。ただし本書執筆時点において未だ整理作業は完了していない。現時点で判明する史料群は、一九二四年以前の学生時代、一九二四～四五年の内務省官僚時代、戦後公職追放を受けた時期のクエーカー活動時代、公職追放を解除されて以降の新生活運動および世界連邦運動にかかわった時期に区分される。日記、書簡、詩作関係メモについては、ほぼ全生涯にわたって残されている。

[3] 日本青年館史料

日本青年館には、新生活運動協会発行の事例紹介、調査報告書、および研修会等での配布資料、パンフレットが多数所蔵されており、また理事会での配布資料等が年度ごとに『新生活運動協会綴』に綴じられている。刊行物であっても、いまでは他の図書館で所蔵がないような史料が含まれており、貴重な史料群となっている。綴以外の史料で、主なものの一部を次にあげる。

① 『食生活改善推進要領　附録わが国における食生活の実態』（新生活運動協会、一九五七年）
② 奥野正巳『新生活現地報告　青少年を守る新生活の町　石川県石川郡鶴来町林地区を訪ねて』（新生活運動協会、一九五七年）
③ 『第三回生活運動中央表彰優良六地区のしおり』（新生活運動協会、一九五九年）
④ 『中央指導者研修会資料　指定地区育成事業の成果と問題点　昭和三五年度委託事業報告書より』（新生活運動協会、一九六〇年）

⑤『地方協議会の組織運用等に関する研究資料Ⅰ　岩手・千葉・新潟の場合』（新生活運動協会、一九六〇年）

⑥『新生活運動シリーズ　大都市における新生活運動とその問題点（実態調査報告一）』（新生活運動協会、一九六一年）

⑦『国土美推進活動家研究集会資料』（新生活運動協会、一九六四年）

⑧『第一回生活を守る全国婦人対話集会　危険な食品を追放しよう』（生活を守る全国婦人対話集会実行委員会、一九七〇年）

⑨『郷土奉仕活動のしおり』（新生活運動協会、一九七二年）

⑩『生活学校運動実績集』（新生活運動協会、一九七三年）

⑪『ぼくもわたしも考える　'75「ものを大切に・ムダをなくす運動」全国小学生・中学生作文募集　入選作品集』（新生活運動協会、一九七五年）

⑫『あしたの日本を創る』（あしたの日本を創る会、一九八三年）。

［4］職場の新生活運動関係史料

①「新生活運動の会」関連の史料

国立社会保障・人口問題研究所図書室に、館稔（一九〇六～七二年。戦前に人口問題研究会研究員、人口問題研究所研究官、のちに所長となった）が寄贈した文書が所蔵されており、この中に「新生活運動の会」が発行した雑誌『新生活』が若干含まれている。

②人口問題研究会関連の史料

前掲館稔寄贈の文書に含まれているほか、国立国会図書館憲政資料室所蔵の新居善太郎文書の中に『人口問題研究会新生活指導委員会総会議事速記録』（第一～七回、一九五四～五五年）七冊を含む、新生活指導委員会の関連史料がある。

③　日立市の新生活運動関連の史料

第三章でふれた、日立製作所、日立製作所工業協同組合、日立市での新生活運動に関する史料は、もっぱら日立市立記念図書館の郷土資料室で収集した。日立市では、一九五〇年代に日立鉱山および日立市が新生活運動を始め、その後日立製作所、日立製作所工業協同組合で運動が行われるなど、五〇年代から七〇年代にかけて新生活運動が最も盛んな地域の一つであった。

［5］　東京都新生活運動協会関係史料

①『東京を美しく』（東京都新生活運動協会の機関紙。一九六二年八月から発刊。年六～七回発行。第四〇号（一九六九年六月）より『くらしを豊かに』へ紙名変更。一九七〇年代には年五～二回発行）。

②『東京都の教育』の社会教育編（一九六〇年版以降、新生活運動関連記事が掲載）。

③　その他、新生活運動関係冊子。これらの史料の大半は、「東京のあすを創る協会」（旧・東京都新生活運動協会）および東京都立中央図書館に所蔵。

(3)　新生活運動に関する文献リスト

最後に、新生活運動に関する文献リストを掲げておく。なお、このリストからは、生活改善のみを対象にした研究は省いてある。

福武直　一九五九「新生活運動と村落社会の構造――千葉県山武郡大網白里町増穂地区調査報告」（『同著作集』五、東京大学出版会、一九七六年）

村井道明　一九六〇「生活改善に関する調査研究(3)――徳島県松茂村の新生活運動をとおして」(『徳島大学学芸紀要　教育科学』第七号)
村井道明　一九六二「総合社会教育体制の基盤についての調査研究――徳島県市場町の新生活運動をとおして」(『徳島大学学芸紀要　教育科学』第八号)
磯村英一　一九六二「地域社会の変容と新生活運動――都市を中心として」(『都市問題研究』第一四巻九号)
西田春彦　一九六六「村落構造尺度へのアプローチ――和歌山県農家の新生活運動」(『社会学評論』第一四巻四号)
秦泉寺正一　一九六六「青少年新生活運動」(『高知大学教育学部研究報告』第一八号)
加藤寿延　一九七〇「日本の人口革命と新生活運動」(『亜細亜大学経済学紀要』第一巻五号)
小野連太郎　一九七六「新生活運動の歩みの中でつづる「地域社会と参加」の諸活動」(『地域開発』第一四一号)
吉田秀尾　一九八二「福井の新生活運動の歩みの中から」(『月刊社会教育』第二六巻一一号)
田中宣一　一九九〇「生活改善諸運動と民俗の変化」(成城大学民俗学研究所編『昭和期山村の民俗変化』名著出版)
弓山達也　一九九二「農村における生活改善運動の諸問題」(『国学院大学日本文化研究所紀要』第六九輯)
中原吉郎　一九九二「ドキュメント社会教育実践史〈戦後編〉――第一五―山口県新生活運動と地域づくり――一九六〇年代の歩み」(『月刊社会教育』第三六巻四号)
大城幸子　一九八八「新生活運動関係年表」(『沖縄県女性史研究』第二号)
重田園江　二〇〇〇「少子化社会の系譜――昭和三〇年代の「新生活運動」をめぐって」(『季刊家計経済研究』第四七号)

柳井郁子　二〇〇二「一九五〇―六〇年代における企業による家族管理――新生活運動の展開に即して」(『東京大学大学院教育学研究科紀要』第四一号)
益川浩一　二〇〇二「戦後初期地域における「新生活運動」の特質――むらづくり運動と社会教育、戦前と戦後の連続と非連続の視角から」(『岐阜大学教育学部研究報告　人文科学』第五一巻二号)
池野雅文　二〇〇二「戦後日本農村における新生活運動と集落組織」(『国際開発研究』第一一巻二号)
田中宣一　二〇〇三「新生活運動と新生活運動協会」(『成城文藝』第一八一号)
アンドルー・ゴードン　二〇〇五「五五年体制と社会運動」(歴史学研究会・日本史研究会編『日本史講座一〇　戦後日本論』東京大学出版会)
アンドルー・ゴードン　二〇〇六「日本家庭経営法――戦後日本における「新生活運動」」(西川祐子編『歴史の描き方2　戦後という地政学』東京大学出版会)
田間泰子　二〇〇六『「近代家族」とボディ・ポリティクス』世界思想社
荻野美穂　二〇〇八『「家族計画」への道』岩波書店
ティアナ・ノーグレン／岩本美砂子監訳　二〇〇八『中絶と避妊の政治学――戦後日本のリプロダクション政策』青木書店
大串潤児　二〇〇九「環境衛生・新生活運動と地域婦人会」(森武麿編著『一九五〇年代と地域社会――神奈川県小田原地域を対象として』現代史料出版)

注

(1)　高度成長の時代に関する研究史については、大門正克「高度成長の時代」(大門正克ほか編『高度成長の時代一　復興と離陸』大月書店、二〇一〇年)参照。

(2)　国際開発学会『国際開発研究』（第一一巻二号、二〇〇二年一一月）には、総論にあたる佐藤寛「戦後日本の農村開発経験」をはじめ、農協・生活改良普及制度・母子保健をテーマにとりあげた論文が並ぶ。

(3)　市田知子「生活改善普及事業の理念と展開」（『農業総合研究』第四九巻二号、一九九五年四月）、大門正克「生活を改善するということ」（『山梨県史研究』第一一号、二〇〇三年）など。

(4)　近年、宮下さおり・木本喜美子は、主婦の時代と把握されてきた高度成長期について、女性が働く志向も強かったことを明らかにする問題提起的な論文を発表した（宮下・木本「女性労働者の一九六〇年代」前掲『高度成長の時代1　復興と離陸』所収）。高度成長の時代における生活と労働について、全般的な再検討が必要な時期にきているように思われる。

(5)　アンドルー・ゴードン「五五年体制と社会運動」（歴史学研究会・日本史研究会編『日本史講座一〇　戦後日本論』東京大学出版会、二〇〇五年）二五四頁、二五九頁。

(6)　新生活運動を日本の歴史の通史に紹介した荒川章二は、「産児制限・家族計画を中心とする『新生活運動』」、あるいは「新生活運動・家族計画運動」と表現しており、新生活運動を一九五〇年代の取り組みとして紹介している（荒川『日本の歴史一六　豊かさへの渇望』小学館、二〇〇九年、三八～四一頁）。

(7)　岩本通弥「『生活』から『民俗』へ」（東國大学校文化学術院日本学研究所『日本学』第二九号、二〇〇九年）。岩本は、ここでの議論を、「家族をめぐる二つの生活改善運動」（田中宣一編『暮らしの革命』農文協、二〇一一年）、でさらに展開している。

(8)　農村経済更生運動における生活改善、女性の活動については、大門正克『近代日本と農村社会』日本経済評論社、一九九四年参照。

(9)　戦時期に導入された生活や社会の計画化などについては、有馬学『帝国の昭和』講談社、二〇〇二年を参照。

(10)　戦時期にも一部で「新生活運動」という言葉が使われている。たとえば、日本労働科学研究所長だった暉峻義等は、一九四〇年に、「最近、新生活運動ということがしきりに唱えられている」と指摘している（暉峻義等『労働力の再編成』科学主義工業社、一九四〇年、一九五頁。以下、暉峻の引用は、同前一九五～二〇一頁）。もともと、労働現場で労働者の人間性を回復する労働科学の樹立をめざしていた暉峻は、日中戦争以降、国民精神総動員運動や新体制運動に強く呼応し、国家による労働力統制のなかに企業の利潤優先と労働者の功利主義を克服する道を思い描いた。国家のための労働による人格の承認であり、そのためには「生活態度の革新」「人生観の樹立」が不可欠だとした。暉峻は、国家による労働統制を進めるために生活態度を革新することを「新生活運動」と呼んでいる。国民生活の擁護や生活刷新の強調など、総力戦のための呼びかけと同様の議論である。

(11)　市田和子「生活改善普及事業の理念と展開」（『農業総合研究』第四九巻二号、一九九五年）など。

(12) 鈴木猛夫『アメリカの小麦戦略と「日本人の食生活」』(藤原書店、二〇〇三年)など。
(13) 家族計画の政策については、序章最後の文献リストにおけるアンドルー・ゴードン論文、田間泰子著作、荻野美穂著作を参照。
(14) 中村広伸「『家族ぐるみ』闘争における消費活動をめぐる攻防——日鋼室蘭争議(一九五四年)を事例として」(『大原社会問題研究所雑誌』第五二三号、二〇〇二年)、同「高度成長期前夜における労働者家族のジェンダー関係の構築」(大門正克ほか編『高度成長の時代三　成長と冷戦への問い』大月書店、二〇一一年)など。
(15) 永井亨「新生活運動の政治理念」(人口問題研究会『新生活運動の理念と実際』一九六〇年)。
(16) 田中編著でも、前掲、岩本通弥論文は、生活改善運動の意図を検討する必要性が意識されており、戦前の民力涵養運動を対象にして運動の意図を検討している。

第1章　新生活運動協会——一九四〇年代後半〜一九六〇年代半ば

はじめに

新生活運動とは何であったのか。一九四〇年代後半から五〇年代にかけて新生活運動として意識された運動をとりあげると実に多岐にわたる。衣服改善、台所・かまど改善、粉食奨励、蚊とハエをなくす運動、貯蓄奨励、家族計画（受胎調節）の奨励、国産愛用運動、門松の廃止、政治家のゴルフ・料亭利用の自粛、道義の高揚、民主主義精神の体得、話し合い運動、遵法精神の涵養……。

そうしたなかで、近年家族計画や生活改善(1)を中心に新生活運動研究が進められ、成果をみていることは序章で示した。しかし運動の全体像がみえないままに「産児制限・家族計画を中心とする」新生活運動(2)という紹介のされ方も登場しており、新生活運動として取り組まれた多種多様な運動が、新生活運動という括りの中でいかなる位置にあり、現在の研究状況がどこまで進んでいるのかを確認すべき時期にきているように思われる。

まず新生活運動を分析するうえでの難点の一つは、「地域、職域における具体的な運動」と「その運動を新生活運動として定義づけようとする言説」との間のずれをどのように処理すればよいかという点であろう。たとえば、受胎調節、家族計画は「生活の安定や将来への希望など、個々の家族のささやかな幸せを求める心が、産業立国による復興を目指す企業や国家の思惑と共振(3)」して出生率の低下を達成するという側面があることが明らかにされており、

「企業や国家」と「個々の家族」の思惑は必ずしも一致していないことが指摘できる。さらに家族計画普及に力を尽くした人口問題研究会の新生活指導委員会では「日常生活を計画化する」「合理化する」「道徳化する」の三点を一九五四年時点で目標に掲げている。[4] このうち「計画化」については「出産の計画化」といった形で個々の家庭へと伝わりやすいメッセージであるが、家族計画の樹立を通じて、「是非曲直、善悪正邪を判断すべき思慮分別」を習得させる（「道徳化する」）といった運動意図が末端の家庭で共有されているかどうかというのは判別困難である。

しかし運動の現場への浸透を確認することが難しいからといって、中央が設定した運動目的を分析の対象から外してしまってよいとはいえない。地域や職域といった運動の現場に存在する（主として生活の物的条件や人間関係の）生活改善欲求を研究対象として分析を進めていく必要性があるのはいうまでもない。しかし一方で地域や職域における個別の活動を中央や県レベルから新生活運動として定義づけて、目的設定をしていこうとするエネルギーもまた新生活運動の重要な一側面であろう。両者の間ではずれがあって当然である。「生活」に注がれる視線自体もまた重要な分析対象なのだ。個々の人間集団の「ささやかな幸せを求める心」によって支えられている地域、職域の新生活運動に対して、外部から定義し、方向づけ、利用していこうとするエネルギー、すなわち新生活運動の政治的含意について、まず第1節で考える。

1　新生活運動が立ち上がる――新生活運動を定義づけるエネルギー

(1)　日本国憲法の制定を源泉とするエネルギー

新生活運動の政治的含意は、地域、職域での活動を定義づけ、利用していこうとする政治的エネルギーの源泉を探ることで明らかとなろう。前期の運動を支えるエネルギーの源泉としては、敗戦および日本国憲法発布、占領後の講和・独立、一九五〇年代半ばに鳩山一郎内閣が打ち出した自主外交路線という三つの時期をピークとして盛りあがった民族自立を希求する心に求められるのではないか。

まず敗戦直後に、地域における新生活運動を中央から定義づけようとする運動が立ち現れてくる。片山哲内閣による新日本建設国民運動である。一九四七年六月二〇日に閣議決定された同運動の「要領」[5]では財政窮乏と生産停滞、インフレの高進とヤミの横行を指摘しつつ、①「国民の生活苦と生活不安がますます深まり行く反面」、②「道義はたい廃し、思想は動揺し、その結果、社会の秩序は混乱して、国民協同体の基盤にすら恐ろしい亀裂が生じようとしている」ことを問題としている。運動に並べられた施策は「勤労意欲の高揚」「友愛協力の発揮」「自立精神の養成」「社会正義の実現」「合理的・民主的な生活慣習の確立」「芸術、宗教およびスポーツの重視」「平和運動の推進」の七項目であり、物質的な生活条件の改善よりも、明らかに国民の「精神」をターゲットとする運動を重視する施策が打ち出されている。①ではなく②を標的としたことがこの運動の特徴だといえよう。

たとえば、この運動のプランニングにあたった笹森順造（国務大臣）の手元に残された原稿によると、笹森は、婦人団体を「現在の危機突破にも其の適切な活動が期待される」団体であると評価したが、その理由については「家庭に於ける主婦の賢明な設計と慈愛に富む心の働らきは家庭生活の健全純潔を保ち、人を堕落から救う最大の力」だからとしており、また社会事業の必要性についても、生活の困窮そのものを事業の目的とするのではなく、「人心の頽廃は生活難から来る事が多」いので、「極貧者、低能者、不具、廃疾者、精神病者、不良児、犯罪常習者の救済保護」の事業が必要だとしている[6]。どこまでもターゲットは「人心」であった。

また新生活建設国民運動は日本国憲法発布を強く意識していた。憲法の発布から施行に至るまでの期間、片山哲が中心メンバーを務める憲法普及会が各地で講演活動を行ったことは広く知られているが、「要領」においても、新日本建設国民運動が憲法普及会による政治教育活動をサポートすべきことが掲げられていた。そしてこのような遵法意識に強く反応した運動方針を打ち出す地方も存在する。

各府県における新生活運動も片山内閣と前後して開始され、宮崎（一九四六年から運動開始、以下同様）、神奈川（四七年九月）、広島（四七年九月）、栃木・岩手・群馬・千葉・山梨・徳島（以上四九年）などの各県が四〇年代後半に県としての運動を開始しているのだが、神奈川県の運動については同県立文書館に史料が残されており、憲法のみならず、改正民法、地方自治法、教育基本法、労働基準法、生活保護法、農業協同組合法といった戦後出された諸法律の普及につとめることを[7]、新生活運動の一環として取り組むことが掲げられている。

次に、こうした戦後諸法制なかんずく日本国憲法の制定を源泉とする新生活運動のエネルギーについて考えたい。貴族院勅選議員として、第九〇帝国議会にて日本国憲法前文の起草にかかわった牧野英一が刊行したパンフレット「新憲法と新生活」の末文を見る。

〔日本国憲法の〕人権保障の規定は、これに対する公共の福祉の原則と結合して、日本国民統合の実を挙げねばならぬものである。基本的人権の観念は動もすれば十九世紀の個人主義及び自由主義を出でないもののやうに解せられるのであるけれども、新憲法は、実に公共の福祉の原則を挙げることに因って、国民的統合の理念を明かにするのであり、この点においては、第一条の規定がまた特に反省せられねばならぬのである。すなはち、われわれは、第一条に示される国家理念の下に、民主的に、平和的に、社会的に、さうして文化的に、われわれの生活を新らしく経営することにせねばならぬのである。これが、新憲法の下における新生活である。[8]（傍線引用者）

牧野は新生活運動そのものに関わっているわけではないが、憲法発布直後の政治的文脈において「新生活」という言葉が特徴的に使われていることが読みとれるだろう。牧野は、新憲法の人権保障の規定を一九世紀から続く「個人主義及び自由主義を出でないもののやうに解」してはならないと指摘し、人権保障のみを重視して新憲法を読み込むことに警鐘を発する。そして第一条（国民主権）の規定を示して、民主的、平和的、社会的、文化的に「われわれの生活を新らしく経営する」ことを基盤として国民的統合を果たしていかねばならないとしている。

この牧野の一文を歴史的に位置づけてみよう。明治国家の成立以来、政府はつねに確固たる政治的底辺をどこに措定し、育成するのかという問いと向き合いつづけてきたといえる。一八七八年の地方三新法にいたるまでの地方制度の度重なる改変、一八九〇年郡制を実現させた山県有朋、日露戦後期における町村強化政策としての地方改良運動、原敬内閣期の床次竹二郎らによる民力涵養運動、行政ルートを通じて政治的底辺の強化をめざすこれらの流れに加えて、一九二〇年代からは社会を政治的底辺としてとらえ、社会を基盤とする国家への「改造」がめざされたことが有馬学によって指摘されている。[9] さらに内務省官僚を中心として、政治的底辺の最末端（＝「生活」）までをも政治の射程圏内に捉え、固めていこうとする生活改善運動も生じてくる。

牧野は以上を踏まえたうえで、日本国憲法を第一条で読む読み方を提示しているといえるのではないか。[10] すなわち国民主権を謳った日本国憲法下において、日本の国民的現実に根ざした国家を打ち立てようとするならば、その土台を生活の現場へと求めて行かざるをえない。国家を建設する土台としての「生活」を改変せねば（「新生活」経営）、戦後の国家運営もままならないという意識が先鋭的に表れている。

最後に「生活」と「愛国心」を関連づけて語る同時代的な議論として著名な二つの文章を引く。野坂参三が「民衆自体の生活のうちに深く培われ、彼らが自然に示すその民族、その国土への愛着」は「自由であり」「友愛的なものであって」「平和的国際精神と矛盾するもので」なく「国土と民族牛活の再建のため」に有用なものだと指摘したことは広く知られており、[11] また南原繁は「民族の再生」と題する講演で、

経済生活において、資本主義におけるごとき経済的自由に基づく秩序を変じて、人間による広汎なる組織化と社会化を要求するとともに、他方われわれの精神生活においては、再び新たな形の独裁的統制と集団的組織化の危険から人間を防護し、あくまで人間人格の自律と尊厳を主張する者［ママ］である。[12]（傍点引用者）

と語った。敗戦後の「民主」的な諸法制を体得した国民を創成し（＝「生活」再建／「精神生活」再建）、その国民的基盤の上に、新しい戦後日本を再建していくという感覚は広く共有されており、国民の育成を希求する感覚こそが片山内閣の新生活運動を支えるエネルギーとなった。

(2) 「真の独立」を源泉とするエネルギー

新生活運動の力の源泉となった二つ目のエネルギーは、サンフランシスコ講和条約であった。この時期には、運動が新たに展開する。一九五一年末に経済同友会が新生活運動を提唱し、『月刊新生活』（読売新聞社）が創刊され（五二年二月）、人口問題研究会の（五三年一月日本鋼管株式会社を皮切りとした）家族計画が開始され、さらに新生活運動の会が発足する（五三年一二月）といった事例が挙げられる。

① 読売新聞社

読売新聞社発行の『月刊新生活』は五二年の発刊ではあるが、その前年から「新生活全国モデル町村の選定と表彰」事業を行っている。五二年には第二回モデル町村募集の記事が『月刊新生活』に掲載される[13]。その際の呼びかけの言葉を引用する。

新生活で真の独立

日本の真の独立は国民一人々々の自覚ある生活の上に築かれる——ことしこそ国民こぞって新生活の実践へ力強く踏出すべき年である。本社の『新生活全国モデル町村の選定と表彰』事業は昨年第一回の催しであったにもかゝわらず予想以上の成果を挙げて、新生活への意欲をいよいよ全国にみなぎらせながらこの年を迎え、その意義を一段と高めるに至った。

占領の終了により外見上の独立が達成されたとしても、国民一人一人が自覚ある生活がない限りは「真の独立」を勝ち取れない、という論旨になっている。それでは「真の独立」を達成するためにはどのような運動をすればいいのか。引用文中にも挙げたモデル町村選定事業で文部大臣賞を受賞した茨城県坂井村の運動の中で掲げられているスローガンが『読売新生活』（月刊新生活改題）紙上で紹介されている(14)。

新生活運動とは……

健康で文化的な生活を営むことのできる社会をみんなでつくる運動です。私達はお互いの幸福を目指して、時間や金の上手なきりまわし、形式に流れず心をこめたつきあい、重荷にならない祝儀、助け合〔ママ〕の出来る嫁姑、明るく働き易い台所、健康を保つ食事と衣服、明るい政治、公民館の活動団体の協力、教養の向上、部落民の協力、お互いの話し合い、家族の協力、愛情の結びつき、新生活運動はあなた自身の心から。

坂井村の運動は四八年三月に開始され、高等女学校卒業者を二割含む婦人会を中心として、「時間の励行」「冠婚葬祭での冗費削減」「結婚改善」「文化的生活」「衣服改善」「勤倹貯蓄」「祝日の国旗掲揚」などに取り組んでいる。片山内閣時の運動が、「国家建設」のための「道義高揚」を目的とする定義がなされたことと比較すると、生活改善そのものを目的として掲げ、国民の自覚によって生活改善が実現すること自体を「真の独立」だとするのが読売新聞の運動の特徴であった。

②　新生活運動の会および人口問題研究会

読売新聞社の新生活運動に対して、主に企業で実施された新生活運動の会および人口問題研究会の新生活運動、経済同友会の運動は運動目標を異にする。

人口問題研究会は一九三三年に人口政策の樹立に資するため発足した団体である。戦後一旦活動を休止していたが、五〇年末から組織・役員の整備拡充および再建を図り、五一年四月二三日に評議員総会を開き、「自立経済の確立と人口の自主的統制等の人口問題解決に関する諸方針を決定し」活動を再開することになった。運動にあたっては厚生省内の人口問題研究所（三九年八月設置）と連繋を取っている。(15)

一方、一九五三年一二月に発足した新生活運動の会は、財界四団体に工業倶楽部をあわせた五団体の事務局長がその幹事会を構成し、世話人には、経団連からは石川一郎、植村甲午郎、日経連からは桜田武、経済同友会からは工藤昭四郎、日商・東商からは藤山愛一郎と、財界を代表する人物が名前を連ねる経営者の会であった。(16)その設立趣意書(17)を見ると、経済の自立・民族の独立の達成のために「日本経済の合理化」と「生産性の高揚」に努める必要があるが、「機械設備の更新」「技術の導入」といった「企業の合理化」は「ある程度進んでいる」一方で、接待費などは大蔵省調査によると年間八〇〇億円が費消されている。「合理化は先ずこの無駄と冗費を排除し、企業の中に清廉簡素なる生活秩序を確立することから始めたい」としながら、こうした運動により「合理化の基本であるたくましい経営精神に通ずる近道であると信ずる」とされた。

『マネジメント』誌上で同会幹事であった山根銀一のインタビュー記事が掲載されている。(18)まず山根の発言を見ると「（新生活）運動は精神運動、道徳運動」であり、「この運動の本質は戦後失われてしまった産業の場における道徳秩序を新しく合理的なものに築き上げようという心構え」であるとしている。交際費をゼロにしようとする運動は「九牛の一毛」に過ぎないが、「交際費と一緒に失われる時間や労力を考え、又もっと大切な仕事に対する意欲までが失われることも考えてみ」る必要があり「経済自立も経営合理化も結局は精神のもち方の問題になる」と述べている。また「経済の自立は経営者の精神的な自立からというわけですね」という記者の質問に対して山根は「そのとおり」と答えている。

同会は、①経費節減（季節の贈答自粛）、②経営慣行（門松、ゴルフ自粛）、③経営理念（経営道義の高揚、社是・社訓の設置）、④従業員の生活指導[19]、⑤その他[20]の実践運動を行った。また家族計画については人口問題研究会から意見を聴取しつつ、厚生省とタイアップして受胎調節に取り組み、日立や日本鋼管などの先駆的事例をとりあげている。こうした運動には、当時の大企業約一〇〇〇社のうち、発足当初から一〇〇社が参加、五五年半ばには参加企業は四〇〇社に達した[21]。

両会を支えるのは「自立経済」「経済の独立」を達成せねばならないという意識である。一九五八年末まで主要国通貨が交換性を回復せず、「黒字国の貯蓄超過が赤字国に環流するシステム（＝国際金融・資本市場）が十分に機能していな」い状況下において、アメリカに集中した富が世界銀行やワシントン銀行の融資で各国に環流したが、そうした資金の環流はＭＳＡ協定のように軍事問題と絡む形で提示されることもあったことが問題であった。現実的には一九五〇年代を通して世界貿易は拡大を続けていくのではあるが、有沢広巳、都留重人、中山伊知郎など当時を代表する経済学者／ジャーナリストは、世界経済に対する悲観論を持っていた[22]。

こうした時代感覚は、生活の局面においても論じられていた。たとえば一九五四年に刊行された『長崎県生活白書』には、五三年の貿易収支として、輸出一二億ドル、輸入が二一億ドルで、実質的に大幅な貿易赤字であるにも関わらず、八億ドルの朝鮮特需により、なんとか均衡を保っている状態であるとの認識が掲げられ、人口の重圧、生活水準の低下を問題として掲げている。すなわち講和・独立を達成してもなお経済上の独立の見通しがみえないことが、課題として掲げられていたといえよう。「経済の独立」を新生活運動の目標に掲げて、受胎調節／消費生活／労働力の再生産の観点から家庭へと運動の手を伸ばしていくのが人口問題研究会、企業の運動の路線であるといえよう。

(3)　自主外交路線を源泉とするエネルギー

最後に一九五五年に新生活運動協会を立ち上がらせるに至ったエネルギーの源泉がどこにあったのかを論じていきたい。社会教育審議会に設置された成人教育分科会、および、新生活運動を政府の運動としてとりあげ予算をつけた鳩山一郎内閣および民主党に着目する。

①「新生活本部」構想

一九五五年七月一二日政府と与党である民主党の間で、新生活運動の推進方法について協議された。ここでは各界の代表で構成する「新生活運動推進本部（仮称）」を中心に、民間主体の運動として、食生活、住宅改善など当面の問題を主題とすることがめざされ、鳩山一郎首相から政財界、各界代表に協力を要請すること、五千万円の補助金を計上することが決められた(23)。これに対し、迅速に反応したのが、成人教育分科会メンバーであった。同審議会では前五四年に吉田茂内閣下の大達茂雄文部大臣より「社会教育の立場から新生活運動をいかに展開してゆくべきか」との諮問を受け、すでに「答申」（巻末資料1）を出しており腹案があったからである。鳩山が政府として新生活運動を進めるにあたり、再度政府に要望書を出すことになるのである。

協議の翌日（一三日）には、新聞で政府の動きを知った三井為友が安積得也会長宛てに民主党プランを批判する書簡(24)を発信している。その要点は、①直接民間団体に新生活のための補助金として交付することになると、配分が難しく、補助金目当ての新団体が簇生する可能性があるため、「法人的な新生活の本部」が必要ではあるが、②名称としては新生活推進本部よりも新生活奉仕本部たるべきこと(25)、③「五千万円の資金と民間からの寄付を集めて、全国に新生活運動の奉仕（人的物的助力）をするための本部をつくり、これは最小限度の人員（本部長を含めて数名程度）で運営するようにしたい」こと、すなわち「地方で求める物や人にたいする連絡機関」に徹すること、④「独立機関としての新生活評価委員会の事務局をおくようにし、この評価委員会に、各界の新生活へ熱意をもつ人々をもうら〔網羅〕し、（凡そ三十名程度）随時集合して、どこに奉仕すべきか、どこを推奨すべきか、どこを激励すべきか、どこを叱咤すべきかを話し合う機関」とすべきこと、⑤「（安積得也に）本部長としてこの全体の企画をやって欲しい」こと、であった。

以上からは各団体有力者を代表として招集する形での中央団体の設置が新生活運動にとって実効的な効果を与えないことを危惧していることが見て取れるだろう。そして奉仕本部は「非政党無宗派の純粋な連絡機関として、新生活の為に何かをしようとする場合に資材や資料やフィルム、テープ等のサービスを提供するところに止め、地道に長年継続で国民の生活の向上に奉仕する処」としていきたいと希望が述べられている。

この三井のプランを受けて、八月一五日に成人教育分科会メンバー有志は「新生活運動に対する現政府への要望(26)」を提出する。「要望」では、「新生活運動は昭和三十年八月某日に発足するもの」ではない、すなわち政府の運動ではないことが再確認され、それゆえに中央から団体、市町村、府県などに対して、指揮命令するようなものでもなく、「発意者が、自らの集団内部に向けて、「話し合い」の過程を通じてその実現に努力するものであってほしい」としている。ここで出された「話し合い」ということばは「答申」（資料１）においても見られたのではあるが、政府・民主党の新生活運動路線との対抗上、より強い意味合いをこめて利用されるようになった。このあと展開していく新生活運動協会による事業の中でも最重要のキーワードとなる。

そして具体案としては三井書簡の内容が踏襲されている。たとえば予算の利用については、補助金・助成金として各地方各団体へ分与するのは「最も不賢明」であり、「中央の祭典的な行事や集会費などに費消することも効果」が少ない。常勤人員による執行機関を作り、資料配付や人員派遣、助言などの業務にあたらせるのが実効的であるとした。

次に、彼らが新生活運動の必要性をいかに捉えていたかという点について、一九五五年七月一日に安積得也が記した日記から考えてみたい。

新生活運動は、庶民お互いの力を合せての社会的悪習へのレジスタンスである。それが果して出来るだろうか。出来る希望が持てるだろうか。これではいかぬと考えている人が政界や官界や実業界にも沢山いるのだろうが、誰しもどうすることも出来ないのだ。へたなことをすれば登竜の門はふさがれ、衣食の道もたたれるのだ。剣の悪循環はアメリカが絶ってくれたかに見えるが、又アメリカが始めるやも知れぬ。金の悪循環は中共あたりに絶ち切って貰うより仕方がないというのであろうか。いや、日本民族は日本民族の自主的な手で、この悪循環をたち切りたいのだ。

政治をよくすることだ。

社会をよくすることだ。

その総合的な諸手段の一つは、新生活運動なのだ。

気の合った同志で、自分の場から自分が犬死にすることなしに効果的に悪循環をたちきろうというのである。それには、日本人として、自己の内面と生活との矛盾を危いながらも、それを克服しつゝ進む内発的人間像が希求されるのだ。


安積得也という人物はあまり知られていないと思われるので経歴を記す。安積は戦前期東京帝国大学法科大学を卒業した後、内務省で労働行政にあたり、栃木県知事、岡山県知事を歴任、戦後の公職追放およびその解除後には、一九五四年に文部省の成人教育分科会会長に就き、新生活運動に関する文部大臣諮問に対する答申をとりまとめた。その後五四年以降、全国各地で新生活運動に関する講演を毎年数十回にわたって行い[27]、六一年から六六年まで、新生活運動協会の第四代事務局長をつとめた人物である。

この日記の記載から指摘できることを挙げてみよう。公開された時評ではないので、ことばの使い方は必ずしも厳密ではない。しかしアメリカに追従することによりアメリカの戦争に巻き込まれる危機感、および、共産主義革命をよしとしない感覚を前提として、日本が左右両陣営に荷担することなく、「日本民族」が「日本民族の自主的な手で」戦後の国家作りを進めねばならないという決意が現れている。そして「日本民族」自身による国家像を摸索する以上、日本人が生きる現実を改めていく運動（すなわち「新生活運動」）へと視線が向かっていく構図が読み取れる。
また具体的な生活課題を解決する際の「話し合い」のプロセスを重視するのが、成人教育分科会メンバーの特徴であり、たとえば安積は日記中に「役所の勧告でなく」「自分達のグループの中から話し合いで、相互研究で具体的に、永続的に、そして効果的に進めていこうとするのが新生活運動である」との述懐も残している[28]。

② 民主党

それではもう一方の軸である民主党ではどのような新生活運動プランを掲げていたのであろうか。同党では、かつて片山内閣で新日本建設国民運動の原案を作成した笹森順造を委員長として新生活運動の推進方法について検討している[29]。安積得也関係文書には笹森順造の手による「民主党　新生活運動五項目」なる史料が残されている[30]。この史料によると、「一、政界を徹底的に浄化する」「二、官界を粛正し汚職を追放する」「三、個人、家庭、社会生活を通じ民族の純潔運動を展開する」「四、労使の協力により勤労増産の実をあげる」「五、自主外交の精神を確立する」の五項目が新生活運動として掲げられている。政官界における汚職を排除し、（浪費などを）自粛する意思を政府が見せることで、国民に対しても「民族の純潔」「労使協調」「自主外交の精神」を実現するという内容になっている。国民の精神を立て直す方向性をもっているがゆえに同党の「新生活運動五項目」をまとめた具体的内容としては「道義の高揚」というキーワードが掲げられ、以下のように説明された。

教育の刷新と関連して道義の高揚をはかるため特に次のような諸点について有効適切な措置を講じ真に盛り上る力によって強力に新生活国民運動を展開する。
（一）　安逸に堕する国民の風潮を戒めて民族独立、勤労自立の精神を鼓吹する。
（二）　人道精神の完成に資する宗教的知識、情操のかん養に努める。

（三）社会生活の基本として自由平等の思想と合せて社会連帯、相互扶助の観念及び祖国愛の精神を強調する。
（四）不健全な娯楽を排し、スポーツその他健全な趣味のかん養に努めるとともに、ヒロポン等覚せい剤の使用の絶滅を期する。

「新生活奉仕本部」構想と比較した場合、民主党の運動構想の特徴がより明確となるであろう。「五項目」の中ではたしかに「盛り上る力」によって下からの運動展開を図っているようにみえるのであるが、内容からみると安逸な国民の風潮を「戒め」る、「宗教的知識、情操のかん養」や「健全な趣味のかん養」に努めるなどと、あるべき運動の姿を中央で策定して、地方や諸団体へと広めていくという色彩が強く表れている。これは現場での「話し合い」のプロセスを通じて新生活運動は実現される、と述べた成人教育分科会メンバーの「要望」と好対照を示している。有力団体の代表者会議を中央におくのか（政府・民主党）、それとも地方で行われている運動の連絡機関として、少数の専任職員が各地の運動を助けていく新生活奉仕本部をおくのかという組織論をめぐる対立につながっている構図が浮かび上がってこよう。

しかしこうした両者の対立を指摘するだけでは、新生活運動の政治的位置を説明したことには全くならない。なぜならば、運動の方法、組織をめぐる対立が存在しているとしても、歴史感覚、社会情勢認識において両者は多く共通しているからである。たとえば民主党が軸とする外交路線は自主外交であり、先に挙げた安積日記もまた東西各陣営に偏することなく、「日本民族は日本民族の自主的な手で」社会的悪習をたちきるのだ、との強い意志が示されており、また「道義の高揚」（民主党）をはかるか、「自己の内面と生活との矛盾を危いながらも、それを克服しつゝ、進む内発的人間像」が希求される（安積日記）という表現の差異はあるとしても、「民族の独立」を達成するための方策として、民族の精神面の改革が不可欠であるという点でも両者の発想は近接しているからだ。

彼らの認識を理解するためには、他国におけるいかなる国民運動を彼らが「新生活運動」として受けとめたかをみることが補助線になる。『新生活通信』[31]（以下、『通信』）紙上では「欧州新生活物語」と題するコラムが掲載され、他国の国民運動を新生活運動として紹介している。とりあげられたのは、国土を大きく失った後のデンマーク、第一次大戦後のトルコやドイツ、第二次大戦後の西ドイツやフィンランド、そして蒋介石政権下の中国などであった。いずれも敗戦や内戦といった国難に際して、国民の力により、祖国の復興に取り組んだ事例である。また新生活運動協会は発足後『新生活シリーズ』と称する新書サイズの書籍を刊行しており、その第一号として刊行されたのが『世界の新生活運動』ドイツ編であった。そして第二号にはデンマーク、スウェーデン、トルコ編が刊行されている[32]。

また磯村英一はタイのバンコクを訪問した際に、新生活運動についてアジア各国の人間と話し合ったことについての記事を書いている（通信五六年九月一〇日）。磯村は、タイにおいては「クツをはくこと」、インドでは「生産を高めること」、インドネシアでは「農民がその土地に新しい生活の方法を見出すこと」に重点を置いて、新生活がイメージされていることを紹介しているが、具体的な運動の違いは重要ではなく、いずれの国とも「生活は常に新しくなるもの」「生活はたえず刺激が必要である」という点で意見が一致したとしている。また「英米人」は戦争の惨禍から立ち上がるための「耐乏生活」を「新生活運動」と考えていることも紹介している。彼らが意識しているのは「民族」の発展は国民一人一人の生活の変化（新しくすること）に支えられるということである。磯村の記事の背景にあるのは、民族自立を達成するためには自立した国家にふさわしい国民づくりを避けては通れないという認識であり、東西冷戦の中にあって、日本が自立した道を歩むための必要条件としての新生活運動が意識されている。

(4)　新生活運動のめざす三つの目標

本節で述べてきた多種多様な新生活運動のエネルギーの源泉はいずこにあるのかという点を参考にしながら、新生活運動として取り組まれた運動を整理したものが図1-1である。

この図は各種団体で行われるすべての新生活運動がいずれかに「分類」されることを主張しているわけではない。

図1-1　新生活運動の目標と具体的活動

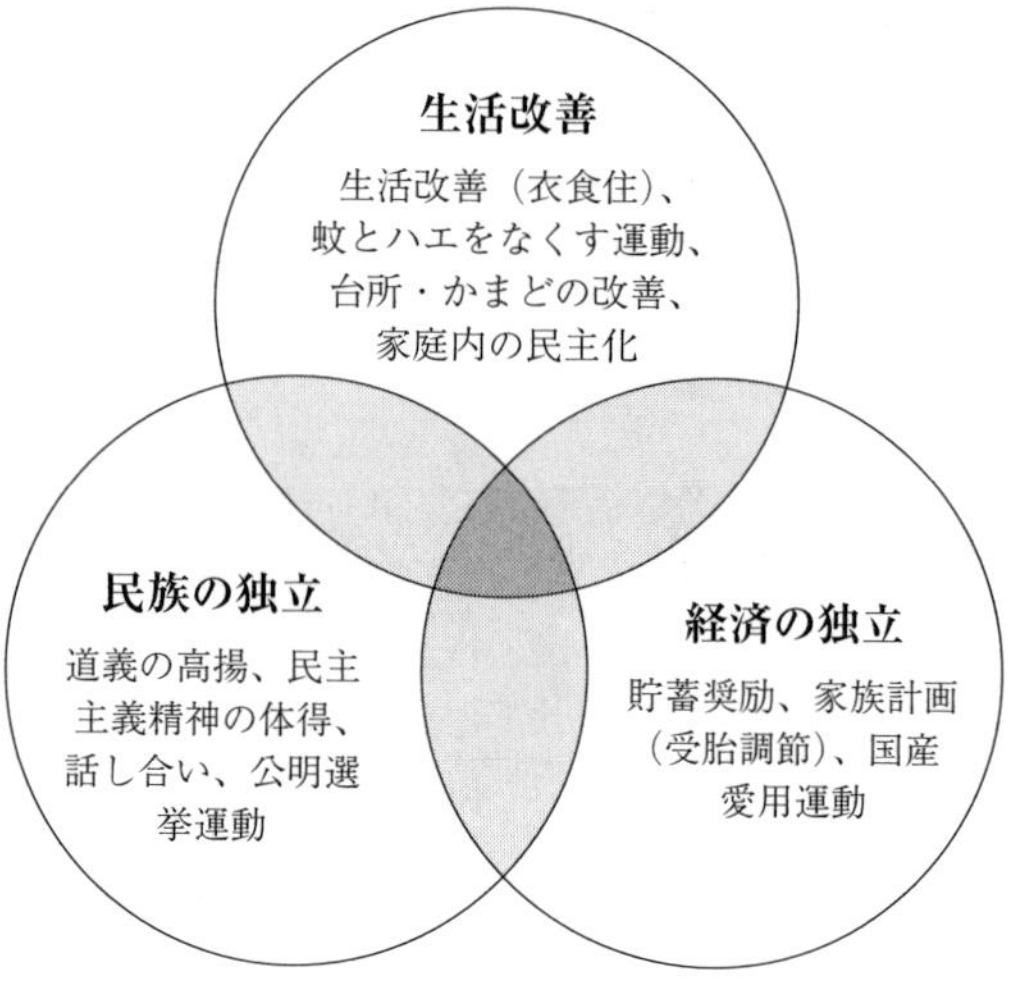

一九五五年に新生活運動の中央団体を設立することが方向づけられた時点で、既存の各種団体による新生活運動の実施状況が調査された[33]。そこではすでにとりあげた人口問題研究会、経済産業関係団体（経団連、新生活運動の会）に加えて、主婦連合会、全国友の会、日本青年団協議会、生活科学化協会、全国社会福祉協議会があげられた。

　その中で、たとえば主婦連の記載を見ると、「新生活運動は、政治に目をひらき、自己の身辺をかえりみる」運動だと主張をする（「民族の独立」）一方で、「家族を守る主婦の工夫が、暮らしを豊かにし、この国の経済を好転させる日まで」「勇敢に進もう」（「経済の独立」）という主張も並列されている。またすでに見たように、「経済の独立」を目指す人口問題研究会が一方では家族計画の遂行を通じて、「民族の独立」に触れていることも指摘できる。出発の時期の異なるいくつかのエネルギーが混ざり合って、中央における新生活運動を推し進めていったのだといえよう。

　以上、①「生活」の現場における人間関係の改善要求／生活の物的条件の改善要求を根底とする現場の運動と、②中央の政治集団が、それらの運動を新生活運動だと定義づけ、政治的底辺（＝生活）を改造していこうとする運動をあわせて一九五〇年代までの新生活運動の全体像だと結論づけたい。

2　新生活運動協会の設立

(1)　鳩山内閣の提唱から協会規約の成立まで

『新生活運動協会二五年の歩み[34]』にあるように、新生活運動協会の設立自体は、新生活運動を政府が支援し、予算をつけるよう鳩山一郎内閣が提唱したことを直接の契機とする。

鳩山首相の意図を一九五五年四月二五日の施政方針演説の中でみたい。演説の中ではまず四つの重要政策が挙げられる。すなわち①民主政治のあり方を再考すること（自他の自由と人格の尊厳を互いに認める「友愛精神」を基本にすること）、②平和外交の推進（中ソとの復交努力を進めるとともに反共の立場を堅持すること）、③長期防衛計画作成（自主独立の実をあげるために国防に関する審議を行うこと）、④国民生活の安定と向上（住宅問題の解決、社会保障、所得税減税）である。前節とのつながりの中で重要なのは、同内閣が提唱する新生活運動については、④の物質的な国民生活の安定の中で語られたわけではなく、①から④までのすべての施策を支える「土台」であると位置づけられた点である。鳩山の言葉を借りれば、「正義の政治が行われる土台が、その国の国民の香り高い品性と良知良能にあること」はいうまでもなく、そのために「国民から盛りあがる新生活運動を助長していきたい」ということになる。そしてそのためには政府自らも「民主主義のルールを守り、国会の品位を高め」ることが必要だとした。ここからもうかがわれるように、鳩山内閣の新生活運動は、政官界の自粛運動としての新生活運動と、民間団体に協力を呼びかけ、中央団体の設立をめざす活動の二種に分かれる。政官界におけるマージャン、ゴルフ禁止や汚職廃絶などを目的とした前者はひとまずおくとして、後者について鳩山内閣が中央団体設置に向けて動き出したのは八月二二日であった。同日政府は新生活運動推進のため、各界代表を招請して、新生活運動懇談会を開き、中央団体創設を要請した。招待状は政治家、言論界、学識経験者、婦人団体、青年団体、体育団体、労働界代表一五四名に対して発せられたが、二三名が欠席を返答し、一〇名が未回答であり、準備会席上でも反対意見が存在した。その理由については「下から盛り上るべきこの運動が政府提唱の形をとったため、官製運動の批判が一部にあり、開会前に二十三名が欠席を通知、十名が未回答、出席者の中にも反対者がある模様[35]」と報じられている。この会では仮議長として前田多門が選出された[36]。

この動きに対して明確に批判の立場を示したのが総評であった。「二十二日の常任幹事会で政府の提唱する〝新生活国民運動〟について検討したが、国民の生活水準をクギづけにするのがこの運動の真意であると解し、総評は参加しない[37]」との立場を明らかにしている。

二九日には二八名の特別委員が決められ[38]、三一日に第一回特別委員会が開催された。水田三喜男（自由党）、伊藤好道（左社）、矢内原忠雄など九名が欠席している。

さてこの特別委員会では「恒久的な連絡機関の設置」「現在行われている新生活運動から運動内容を選択していくこと」「官界も運動に参加してよいこと」「政府、国会、政界が率先して運動に取り組むこと」の四点が確認され、設置さるべき連絡機関の設立趣意書、規約の原案作成が起草小委員会に付された。規約案は、菅野義丸の手による原案（A案と名づける、以下同様）、九月七日開催の起草小委員会での案（B案）、一三日開催の特別委員会案（C案）、三〇日第二回新生活運動についての会議で得られた成案（「規約」）が存在している。また独自の修正案としては、おそらく三〇日の会議の際に、日本青年団協議会（以下、日青協）から提出され修正を要求したと見られるC案に対する修正案（D案）が確認される。史料の残存状況および史料に残されたメモ書きから日青協の辻一彦は起草小委員についたと考えられ[39]、起草小委員会でも特別委員会でもD案と同様の主張をしたが、B案、C案に反映させることができず、三〇日の全体会議に対し意見を直接提出することにしたものと見られる。以下、具体的な規約成立過程を検討する。

まず設置すべき組織名についてみると、A案、B案、C案では「新生活運動中央連盟」であるのに対し、D案は「新生活運動協議会」、成案では「新生活運動協会」が採用された。この変更は、前節で示した論点を継承していた。

すなわちA案の「連盟」では各既存団体と政府との連絡機関という色彩が強くなり、成案にある「協会」では「各団体の新生活運動を助けるための独立した機関」の色合いが濃くなる。

A案が持つ性格は、各案のうちA案のみに存在する規定からも確認できる。列挙すると、次の三点である。①会員規定（会員二名以上の推薦と理事会の承認をもって会員となることができる）、②会計責任規定（会長の責任において経理を行い、政府助成金使用については会長が政府に対して責任を負う）、③諮問機関規定（「連盟」は政府の諮問に対する答申又は建議を行う）。①については「連盟」を名乗る以上、名を連ねる団体を会員として規定する必要があり、②③については政府の下部機関としての性格が強調されているといえる。

またA・B案では、中央団体は「指導者」の斡旋・派遣事業を行うとなっている条項が、C案からは「講師」の斡旋・派遣と表現をゆるめ成案に至っている（その間D案では「助言者」への表現修正が要求されているがこれは成案には至っていない）。

その他の大きな修正点は、C案から成案に至る過程で、支部規定が削除されたことが挙げられる。A案では「都道府県及び市町村に」、B案・C案では「地域、職域に」支部を設置できるとの条項が存在していたが、最終的に削除された。日本青年館に残るB案に、辻一彦特別委員（日青協）が残したとみられるメモによると、藤田たきが「地方ですでに〔運動を〕やっている」と発言し、各地で立ち上がっている運動を中央団体の支部として位置づけていくことに反対したことがうかがわれる。藤田の批判にもかかわらず、C案までこの規定が残ることとなったが、最終的に総会で削除されたものと見られる。

最後にD案のみに見られる修正案も検討しておこう。D案では支部規定の削除のほかに、協力団体規定の削除も要求している（成案では削除されず）。ここでは協力団体（日青協、地婦連など）のトップをもって中央団体を組織するのか、それとも政府主導の中央団体に協力団体が協力していくのか、という中央団体の方向性をめぐる論点が提示された。しかし少数の事務局からなる中央団体を政府から切り離された位置に置き、協力団体に協力を呼びかけるという方向性で決着がついたものと思われる。

協会設立後も、鳩山一郎や松村謙三は再三「政府の運動団体ではない」と強調しているが（たとえば通信五六年二月二〇日）、政府の立場を踏まえて出されたA案は、既存の団体を統轄する団体を置く意図を強く感じさせる規約内容となっており、それが審議の過程で、統轄の色彩が弱められていき、各地の運動に対する「お手伝い機関」としての新生活運動協会が成立したものと思われる。

後年に新生活運動協会理事会が開かれた際に、松村謙三が協会設立当時を回顧して発言を行っており、そのメモが「安積得也関係文書」に残されている[40]。

終戦後五、六年の間に地方々々に名もまちまちだが、多くの運動が起きた。それに統一した名をつけてはどうか。鳩山氏が〝政府は指導はしないが諸君（二〇〇人）はそれに結びをつけてくれ〟と言った後に右と左の意見が出た。右は「日本人は指導者が居らねばだめだ」、左は「トンネル団体でよい」と主張した。弱い方が勝った。

松村が「右」としての立場より行ったこの発言は、ここまで検討してきた規約案の成立過程からも裏付けられるだろう。ただし松村は「トンネル団体」とこの協会の「弱さ」を揶揄しているのではあるが、一九六四年四月一〇日時点において、安積は「協会は過去九ヶ年とりたててよいことも出来なかった」のにもかかわらず、「昭和三十年春に、新生活運動に関する文部大臣の諮問に対し社会教育審議会の答申が書かれた際、起り得る危険として吾々が内心ひそかに心配し且警戒した点」、すなわち「その一は協会が時の政府及政党から選挙運動に利用されてはならぬということ」、「その二は協会が保守革新の何れを問わず、何等かのイデオロギーの旗持をさせられてはならぬということ」の二点に関しては、「おちいり易いこの二つの誘惑に危険に対してバックボーンを堅持して来た」（取消線ママ）ことに自負を表明している[41]。

(2) 新生活運動協会を支える政治勢力

協会設立時における攻防を松村謙三は左右の対立として回顧した。協会が設立された一九五五年は、政治史上では、憲法改正―再軍備論を軸として、社会党統一、保守合同が実現する年である。しかし、新生活運動協会における左右の対立は、憲法改正―再軍備論を軸とする保革対立とは様相を異にするように思われる。検討を加えたい。

表1-1にあげたのは、新生活運動協会設立初期に、常任理事についた人物および、理事についた人物から衆参議員を抜粋したものである。理事を務める人物の経歴には特徴的な政党色がかなり現れていることがみてとれよう。すなわち、社会党左派の人物がいない一方、右派からは三輪寿壮、片山哲、西村彰一の参加が見られる。また自民党に属する理事も、保守合同前の経歴に遡ってみれば、旧自由党に属するのが、坂田道太および福田篤泰の二名、そのうち福田は新生活運動を管轄する総理府総務長官というポストに付随する役割として理事職を務めていたことを考えると、実質坂田一名に限られるのに対して、旧民主党系からは、松村謙三、笹森順造、今松治郎、根本龍太郎の参加が見られる。また参議院緑風会からは、田村文吉、佐藤尚武、河井弥八がそれぞれ常任理事、理事を務めている。この期間を通じ常任理事人事をみると、政党間のバランスをとるように、旧民主党系一名（松村謙三）、社会党右派一名（三輪寿壮、三輪の死後は片山哲）、緑風会一名（田村文吉）が配されていることも特徴であろう。

さらに一九五六年一月二〇日に協会の機関紙『新生活通信』が発刊されるが、創刊号から巻頭を飾った人物を順に挙げてみると、前田多門（協会会長）、松村謙三（元文相）、河井弥八（参院議長）、片山哲（社会党右派）、天野貞祐、鳩山一郎（首相）、田中長茂（協会事務局長）と続いたのち、協会が行っている事業関連の記事となり、しばらく巻頭に人物がとりあげられることはなくなる。旧民主党系、社会党右派、緑風会という人事面から見た協会の政治的位置が『通信』でも確認できる。

彼らが『通信』冒頭でそれぞれいかなる主張をしているのかを見たい。まず松村は例として「日本においても明治

表1-1　新生活運動協会設立初期の常任理事（全員）および理事（国会議員のみ）

1956年1月選任	常任理事	田村文吉	緑風会
		松村謙三	改新党→民主党→自由民主党
		三輪寿壮	社会党（右派）
		永井亨	（財）人口問題研究会理事長
		山高しげり	全国地域婦人団体連絡協議会会長
	理事	坂田道太	自由党→自由民主党
		笹森順造	国民党→国民共同党→改進党→自由民主党
		佐藤尚武	緑風会
		西村彰一	社会党（右派）
		根本龍太郎	自由党→民主党→自由民主党
1958年4月選任	常任理事	片山哲	社会党（右派）
		田村文吉	緑風会
		松村謙三	改新党→民主党→自由民主党
	理事	今松治郎	自由党（吉田派）→民主党→自由民主党
		河井弥八	緑風会
		笹森順造	国民党→国民共同党→改進党→自由民主党
		西村彰一	社会党（右派）
		他18名	
1960年5月選任	常任理事	安積得也	社会教育審議会会員
		片山哲	社会党（右派）
		後藤文夫	日本青年館理事長
		田村文吉	緑風会
		土岐章	国際愛用推進協議会理事長
		松村謙三	改新党→民主党→自由民主党
		三島通陽	ボーイスカウト日本連盟総長
		南喜一	(社)日本食生活協会副会長
	理事	今松治郎	自由党（吉田派）→民主党→自由民主党
		笹森順造	国民党→国民共同党→改進党→自由民主党
		根本龍太郎	自由党→民主党→自由民主党
		福田篤泰	自由党→自由民主党

出所：新生活運動協会『新生活運動協会二五年の歩み』（1982年）171～173頁より作成。

維新などの後にはチョンマゲから断髪へと大きな生活の改革が行われ」たことを挙げながら、「一国の社会に大きな変動があった時にはそれに伴って国民の生活も変ってくる。そこに生活の改善というものが是非必要になってくる」としたうえで、協会の実践項目の中では「公衆道徳の高揚」が最も重要であるとした(42)。

次に鳩山は「民主主義の名をかり、自由をはき違えて放任に流れたり、自己の権利を主張するばかりで他人の権利をふみにじったり、そういう根本の認識を踏まえなければ」社会も家庭も無秩序になるとして、新生活運動を人間関係の改善を基盤とする道徳を立て直す国民運動だと位置づけている（通信五六年六月一〇日）。

さらに片山哲は、「運動の基準というか目標というか、その根本を自由、平等、秩序に置くべき」である。「明治以来の教育で、いろいろな道徳律を教えられてきたが、戦後すっかり変わってきている。戦後はお互いの人間としての意識をたかめ、文化を高揚して、生活にゆとりと楽しみを与えること、これが肝要な課題」、「この基調は新憲法の中にはっきり見出し得るものだ。だから新憲法の精神をよくこなし得さえすれば間違いはない」と考える、とした（通信五六年四月一〇日）。

三者を比べると、明治以来の教育に対する評価および「自由、平等」というキーワードに対する評価では二分されているが、その一方で、国家再建のために道徳を体得していくことが必要であり、新生活運動が必要であるという点での一致が見られる[43]。

左社が協会の運動に加わらない理由としては新生活運動に対する総評の批判（前述）が参考になるだろうが、自由党に関してはどうか。与党民主党の提唱で始まった新生活運動協会への参加には消極的であった、という説明も可能だ。しかしそれだけでは、右社が参加していること、保守合同後の参加も極めて少ないことの説明がつかない。やはりこの理由は民主党と右社が共通して抱いている国家構想から説明をつける必要があるのではないか。

もう一度一九五五年の新生活運動を定義するエネルギーについて振り返ると、（反共の意図があるとしても）ソ連との国交回復を急ぎ、国際社会の中に復帰する。その際に左右両陣営に偏することなく、自主外交を行う。それゆえ復興後の国家モデルをアメリカやソ連におくのではなく、国民の自覚によって復興を成し遂げたドイツなどを目指し、そのために国民の精神に働きかける新生活運動を実施するというものではなかったか。すなわち鳩山の新生活運動論と自主外交路線は分かつことができないのである。

このように考えると、右社がこの運動に積極的になる理由も明らかになるだろう。革新陣営において、ソ連との距離感を保ちながら、あるいは反共の立場を表明しながら、社会党を「労働大衆の政党」としてではなく、国民すべてを代表する「国民政党」の立場とすべく活動したのが右社である。それゆえ自主外交路線と分かちがたくつながっている新生活運動の提唱に対し好意的に反応しうる素地があった。

自主外交路線と安全保障論（武装／非武装を含めて）とはセットと考えるべき議論であり、鳩山が自主外交を推進する担保として防衛力増強をうたったことは前節の所信表明演説でみたとおりであるし、右社が武装中立論者を抱えながらも、党としては非武装中立論をとり、安全保障政策（憲法改正の是非）に対する立場の差異が社会党統一、保守合同を導くことになったことは周知の事実である。

しかしそうした安全保障政策をめぐる保革対立にもかかわらず、国民を基盤とする国家構想を持つ民主党と右社にとって、新生活運動が両党を結びつける紐帯となった。そして協会設立時における対立は、保守（民主党、自由党）と革新（右社、左社）の間の対立ではなく、政治的底辺の改造から新しい国家像を描こうとする点で共通する民主党と右社の間で、運動のイニシアティブを政府が握るか民間が握るかという意味での対立であったといわねばならない。

一九五〇年代半ばには「経済同友会その他の経済団体でも新生活運動ということが言われ、自由党でさえも新生活運動をひっさげてきて」（傍点引用者[44]）と称される新生活運動ブームもあったのではあるが、本質的に自由党の目的は「経済の独立」であり、「民族の独立」をめざす協会へは合流しなかったのである。

もう一点、新生活運動協会に集う政治勢力を結びつける組織としては、公明選挙連盟を挙げる必要がある。[45]協会と連盟は、人的にも重なっている[46]ことに加えて、公明選挙運動が「新生活運動の一翼[47]」であるとする論文や、「公明選挙運動は政治上の新生活運動なのだ[48]」との指摘も存在する。また地域での活動においても、「会合への遅刻禁止」、「カ・ハエの撲滅」に加えて、新生活運動の一環として、公明選挙推進のための一〇〇％投票（棄権防止）、ポスターなどによるPR活動も行った山形県米沢市信濃町は、のちに協会から新生活運動モデル地区として指定された（通信六〇年九月一〇日）。

実際に、両運動は、運動形態としても、中央に団体を置き「協力団体」を通じて目標を達成しようとする点、推進方法として話し合いのプロセスを用いながら、（協会であれば）人間関係の改善や（連盟であれば）選挙不正の撲滅を図っていくという点が共通する。

両運動の関係をうかがわせるものとして安積が残したメモが存在する。(49)

幸福追求の道

政治 ――公明選挙運動

生活 ――新生活運動

この併記は戦前期の内務省官僚が生活改善と選挙粛正運動(50)とを併行して行った発想を色濃く受けついでいる感があり、さらなる検討の余地がある。

また鳩山内閣が小選挙区制導入をはかったとき、選挙制度改正により与党多数を確保した上での改憲意図を疑った野党が選挙制度改正に反対した。しかしその中にあって片山哲ら一部の野党議員は小選挙区制導入を前向きに検討していく。実際に、片山は、公明選挙連盟常務理事時代の「安積得也日記」に数度登場し、連盟に対し小選挙区制導入に協力を求めている。(51) 安積および前田はこれに対し「小選挙区制という一つの政策的立場を公明選挙運動の絶対の立場とすることは理論上も実際上もよくない(52)」として片山らの依頼を排しながらも、一方では小選挙区制促進会（準備会）にはメンバーとして出席している。

公明選挙運動（小選挙区制）と新生活運動をセットとして打ち出す彼らの国家構想については今後の研究の中で分析をすすめていく必要があるだろう。

表1-2　1950年代における新生活運動をめぐる政治勢力配置

運動の主体	政治目標	新生活運動の定義	憲法・安全保障論
旧自由党 人口問題研究会 新生活運動の会	経済の独立 貿易収支均衡	家族計画、貯蓄奨励	改憲、軽装備路線を内包
旧民主党	民族の独立 （自主外交）	道義の頽廃是正	改憲、積極的再軍備
新生活運動協会		「道義」高揚もしくは「憲法精神」体得	（民主、右社を束ねる協会としては触れられない）
社会党右派		新憲法精神の体得	護憲論、改憲論双方存在
読売新聞社	生活改善	生活改善	—
社会党左派、総評	階級利益の主張 経済の独立	×	護憲

(3)　新生活運動をめぐる政治勢力配置

さて本節の内容を踏まえて、図1-1をリライトし、新生活運動を一九五〇年代の政治的対立軸の中に位置づけたのが、表1-2である。

先に挙げた三井書簡では安積得也が中央団体の本部長たるべきだとされており実際に、安積は、新生活運動協会設立の際にも、松村謙三文相から事務局長への就任を「懇請」されている[53]。最終的に安積は、参院選出馬を考えているという理由で事務局長への就任を固辞し、のちに参院選出馬も断念することになるのだが、その断念理由がまた興味深い。鳩山一郎首相が憲法改正方針を打ち出したことを受けて、日記に以下のように記している。

> 私は民主主義と平和主義に関する限り、現行憲法を改正すべきではないと考へている。こういう考への持ち主が果して無所属又は中立で、或は緑風会で出馬することが出来るか、之は疑問である。こうなると少なくとも此年中に私が政治に出馬するプロバビリティは非常に少ないという結論になりそうだ[54]。

さらに少し時期はあとになるが、「保守と革新、あんまりはっきりと人工的な線を引かないでくれ給え、僕の中には両方とも住んでいるのだから」[55]との述懐を絞り出すように日記に記している。これらの記述は、新生活運動と公明選挙運動を通じて、国民の生活から国家を立ち上げようとする政治勢力が、安全保障問題、憲法問題という対立軸によって、左右へと引き裂かれる際の痛みを安積が感じていることの現れであるとはいえないか。

安積のような人物を中心に含みながら、民主党から社会党右派までを射程に入れた設立期の新生活運動協会については、戦後国家の国民的基盤育成を目指す団体であったと結論づけたい。

3　協会設立当初の事業――「話し合い」と「お手伝い」

(1)　新生活運動協会理事会

一九五五年九月三〇日に協会が結成された後、協会は理事会を中心として事業プランを練った。理事会は、すなわち運動のモデルを中央が打ち出すか、すでに運動に取り組んでいる地方をモデルとして採用するかという軸、二つ目は「新生活運動」にいかなる運動を包含するのかという軸に沿って議論を進めた。後者について理事会小委員会でまとめられた「新生活運動の実践のための研究課題」を表1-3にあげた。この表を総花的な運動列挙であり、協会の独自色を弱めるものであると捉えてはならない。なぜならばこの表は「個人及び地域、職域、団体において、この運動を進めるために当面する問題として別紙記載のようなことが考えられ」るので、「お互いの研究課題として提示」されたものであるからだ[56]。すなわち新生活運動協会の前提として、運動の課題は、地域なり職域なりでの話し合いの中で発見されるものであり、中央から具体的な活動（家族計画、保健衛生の向上、国産品愛用……）を何点か選び、地域／職域に対して、中央が選んだ項目こそが新生活運動だと提示するようなものでないというのが、前節の協会設立過程で固められた協会の基本方針である。設立当初の協会の役割は以下の四点に尽くされていた[57]。

一、考えるための資料をつくり、催しをひらきます。
二、実践のためのお手伝いをします。
三、この運動をすゝめる上で必要な調査研究をし、又運動の実情を紹介し連絡をはかります。
四、この運動をさかんにするための全国的な気運を醸成します。

以上、二つの軸から理事会の議論内容を検討した。協会は運動を進めていくプロセス作りに徹底してこだわったことがわかる。地域、職域における「話し合い」による課題の発見、協会による「お手伝い」および事例の「紹介」が協会の運動方針であるとするならば、表1-3は地域ですでに「発見」されているだろう課題、あるいはこれから「発見」されるだろう課題を先回りして、協会が研究するためのリストと見なければならないであろう。

もう一点付け加えるべきことがある。それは本来重要であるはずの新生活運動が何をめざす運動なのかという点について、理事会席上では奇妙なほどに議論の対象とはなっていないということである。新生活運動の目標は「民族の独立」と「経済の独立」である。しかしその点については理事たちの間で合意がとれているからこそ、史料上にはかえって現れにくいということを理解することは、一九五〇年代の新生活運動関連史料を読む際に重要である。たとえば小委員会案として出された「新生活運動推進の目標」はほとんど議論を経ることなく取りまとめられている。

終戦後十年を経過したが、わが国はいまだ真に民族の独立を遂げず、経済の自立を完うするに至らず、人口の重圧、新しい道義の欠陥がその道程に横たわって、前途に光明ある国民の生活が期待されない現状である。今にしてわれわれは生活の刷新充実を図り、人間の完成に力を致し、民主的な文化国家、福祉社会を建設するために自主的な新生活運動を推進しなければ、悔を後生にのこすこととなるであろう。それは、たゞ自国民の幸福と繁栄

表1-3 「新生活運動実践のための研究課題」

新しい道徳運動の展開	人権の尊重／公共精神の涵養（公衆道徳、交通道徳防災思想の普及等）／祖国愛同胞愛の昂揚／遵法精神の徹底／勤労精神の昂揚／助け合い運動の奨励／時間励行／無駄排除
社会生活環境と習俗の刷新	保健衛生の向上／習俗の改革、迷信、因習の打破／冠婚葬祭の簡素化／虚礼の廃止／旧暦の廃止／不良文化財の駆逐／優良文化財の推奨／健全娯楽の奨励（レクリエーションの生活化、ギャンブルの廃止、スポーツ施設の拡充等）／正しい礼儀作法の励行／宴会の粛正／寄附の明朗化／花柳界赤線区域の絶滅／ヒロポン覚醒剤の撲滅／職場生活の健全明朗化
家庭生活の科学化合理化	家庭生活の尊重／家族計画の促進（受胎調節、堕胎防止）／家計の合理化（記帳生活）／冗費の節減と貯蓄の奨励／衣生活の工夫と改良／食生活と栄養の改善／住生活の合理化／余暇の善用
婦人及青少年の地位向上	婦人青少年の自主性の尊重／婦人青少年の社会的保護と育成／家庭婦人の地位向上（教養と休養）／青少年不良化原因の除去／児童憲章の尊重／一人一研究の奨励／純潔運動の推進／情操教育
生産性の向上と経済生活の安定	産業の公益的社会的意義の昂揚／経営の合理化（商工農林漁業）／国産品愛用／生産技術の工夫改善／共同作業共同利用の実践

出所：日本青年団協議会「昭和三十年度新生活運動協会関係書類綴」（日本青年館所蔵）。1955年11月15日に開かれた新生活運動協会理事会小委員会で取りまとめられた「理事会小委員会の決定に基づく新生活運動の基礎理念並に実践項目」の別紙一。

をもたらすばかりではなく、世界人類の文化と福祉に貢献するゆえんである。そこで、旧慣にとらわれず、惰性になじまず、何よりも先ず、頭の切りかえ、心の入れかえをすることが必要である。それぞれの職域において、地域において、全国民挙げてこの運動を展開することを切望する。

新生活運動が「民族の独立」「経済の自立」をめざす運動であることが再確認できるのに加えて、「自主的な新生活運動を推進しなければ、悔を後生にのこす」という非常に強い危機感を持って、運動推進が呼びかけられていることが看取できる。

「独立」と「生活」を結びつけるこうした呼びかけは運動の現場でも繰り返し語られた。一例を挙げると協会以外の史料においても、藤田たき（労働省婦人少年室長）が一九五五年四月の婦人週間にあたって発したメッセージ（「わが国の独立国家としての発展が内外ともに期待される今日、婦人が社会人としての実力をやしなってその生活を賢明に果し、社会をす、める力となることは最も必要なことです」）が鹿児島県内の婦人週間の会合や行事などで、朗読・発表を求められている。[58]

(2) 「話し合い」路線の含意

ここで協会が打ち出した「話し合い」ということばがもった含意について述べる。

第一の含意は人口問題研究会との対比で見えてくる。新生活運動として推進した家族計画運動をした人口問題研究会について、同会理事長永井亨が「人口問題を解決する基盤という立場から、何をおいてもまず最初に家族計画の運動を発展させて行きたい」[59]と語っているように、同じ新生活運動を謳っていても、そこには現場の「話し合い」から家族計画という課題を発見していくというプロセスはなく、運動内容は中央から指定するという色彩が極めて強い。すなわち「話し合い」ということばには協会の独自色がうかがわれる。

第二に、先に新生活運動と公明選挙運動を組み合わせて分析する必要性を提示したが、同時期(一九五七年)に公明選挙運動も小団研修という名前で「話し合い」のプロセスを採用している。大阪府選管の事例をみると、同連盟の小団研修の手法は「有権者単位一世帯一名以上参加確保」した会合に対して「資料スライド幻灯、解説パンフレット」を配付し選挙について「話し合い」の機会を持たせるというものであった。[60]公明選挙運動中の小団研修路線に対して日高幸男は[61]「最近の小団研修という方法を私は非常な英断」であり、「自治庁が公明選挙運動に非常な英断を以てプロポーズをとられた」ことを「大変尊敬し」、「これが本当に浸透して、単なる知識ではなくて、生活の中に浸透していく方法だと思う」としながらも、「小団研修だけということになりますと」「例えば中央で考えておる考え方をそのまま小団研修の方で受けとられていない」というような「変な結果が出て来る」のではないかと危惧した(傍点引用者)。[62]この危険性は、そのまま新生活運動の「話し合い」に通ずる問題点となる可能性をはらんでいる。単に「経済の自立」(=貿易収支の均衡)という目標のみを協会が掲げるならば、人口問題研究会や貯蓄増強中央委員会がそうしたように、遂行すべき運動課題を家族計画、国産品愛用、貯蓄の奨励などに絞って奨励すればよいのであり、

「話し合い」は中央にとって重荷となる。しかし協会が「人間の完成に力を致し」、そのうえに「民主的な文化国家、福祉社会」を築く「民族の独立」を目指す協会にとって、「話し合い」のプロセスの中から課題を見つけだすことができる人間および「話し合い」のできる（部落内、職場内、親子、嫁姑など）人間関係の構築を目標とせねばならなかった。その意味において、具体的な運動課題の設定を協会が末端組織に委ねたことは、協会の指導力の弱さをしめすものではなく、協会の方針が貫かれている証であるととらねばならない。

第三に話し合いや小団研修といった考え方には、地域におけるボス政治の打破という意味合いが持たされていたということである。たとえば「話し合いと政治の向上」と題する一文[63]において、辻清明は「日本の部落会議の大きな特色は、会議に集る人々が個人単位ではなくて、家族単位である」ことであり、「そうなると家の格が会議を支配することになりやす」く、「個人の能力や地位が十分認識されないことになる」。また「もう一つ部落会議の特色に〔あらかじめ有力者の間で決められた〕事前決定の事後承認〔全会一致〕というルールが働いている」。こうしたことでは「理性的な話し合いの機会」は押さえ込まれてしまうとしている。辻は有力者が支配する従来の部落会議と対比する形で、対等な人間関係を作るための話し合いをクローズアップしたのだといえよう。

また福島慶子[64]は近年町会の創立が盛んであるとのラジオ放送に対して、「青少年の素行の指導や犯罪防止、生活改善や衛生運動に団結した力で行動しよう」という町会創立者の言い分と、「雑多な種類の人の団体行動では、とかくお互の自由を束縛し合い、近所付合の義理に押され、本来の目標を離れた所へ流される危険がある」という町会批判者の言い分をとりあげつつも、町会へ「事後承諾の入会」をせまられた自らの体験談を踏まえつつ、町会が世話人次第で「政治的方向に引ずられ」、選挙活動に利用されることへの危惧をあらわにしている[65]。

ここで語られている町会や部落会議への危惧が戦前、戦中期における常会の記憶をベースにしていることはいうまでもない。協会は「〔事後承諾の〕部落会や町会」ではなく「〔その場で課題を発見する〕話し合いの場」を強調し推し進めることで、戦前、戦中期の記憶を振り払い、戦後的なる政治的底辺像を摸索しようとしたのである。

安積の考えをさらに明確にするために、一九六〇年一〇月一五日に行われた「新生活運動の考え方、すすめ方」と題する講演のメモを見よう[66]。そこで安積は、「政治の役割」として「教育施設、社会福祉、道路住宅建設、電源開発、通信運輸、環境衛生、観光、警察充実」の八項目を挙げ、「生活の役割」としては「社会の民主的土壌の培養」「公民的気風の水準上昇」「社会道徳、家庭気風の向上」「さまざまの協同工夫」の四項目を挙げている。いわゆるハードの部分、インフラの部分だけを向上させるのであれば「生活」を動員する必要はないわけであり、安積にとっては蚊とハエをなくす運動などの運動は「政治」ないしは衛生行政の側で対処しうる問題であった。そうした「政治」では補えない領域が存在するがゆえに新生活運動が必要であると安積は考えたのである。まとめると「新生活運動は話し合いによる選択的チームワークである。新生活運動は大衆が自らの工夫で公衆に上昇する相互活動である[67]」ということになろう。

(3) 研修会

ここからは協会の具体的な事業について触れる。協会は前節で見たとおり支部をもたないため、地方に対する人脈づくりから事業を始めた。その中心的な役割を果たしたのが研修会と指定地区の育成という二つの事業である。まずは研修会について確認する。

研修会の中心となったのは、新生活運動指導者中央研修会であった。一九五六年六月二三日に第一回が開催されたのを皮切りに、一九六五年に第一九回を最後に打ち切られるまで、毎年一回から三回開かれた。「地方の代表的な機関団体の指導者」を一カ所に集め、数日間の合宿の中で、協会側が用意した講師による講義、参加者間の討論、レクリエーション（映画など）を行い、「都道府県の中堅指導者として現に活動している人々の研修を目的」とした研修が行われた（通信五六年九月一〇日）。たとえば男女双方を集めて行われた第七回研修会では、九三名（うち一名は自由参加）の運動指導者が参加しているが、内訳を見ると、婦人会代表が最も多く二一名、次いで県職員関係一一名、公民館関係八名などとなっており、それぞれの役職をみると、おおむね県レベルの運動指導者が参集している。[68] また男女別の研修会も多く開かれ、第一回は男女指導者を対象としているのであるが、第二回、第五回は男性指導者、第三回、第四回は女性指導者を対象とした研修会となっている。順次検討していく。

まず各都道府県から男女各一名ずつ集めて行われた第一回研修会では、東北・北海道、関東、中部、近畿、四国・中国、九州の六ブロックにわかれて、二つの議題（「指導者について」「実践組織について」）について話し合われた（通信五六年七月一〇日）。しかし実際の議論内容は議題にとどまることはなく、各分科会では予算の問題や（「新生活運動を私たちの地区に浸透させるのには住居の改善しかない。しかしそんな予算はどこからも出ない。だから住宅金融公庫などからスムースに金がでる」措置が必要［岩手］）、生活合理化そのものに反対する意見（「国が命令するようなものには反対だ。家庭の立場、嫁の立場からいって、かまどが改良されたりしたらかえっていそがしくなる」東北・北海道分科会）、行政ルートを通じた方がいいのではないかという意見など（「新生活運動は末端にまで浸透していない。生活指導普及員などの増員に力を入れた方が実効があるのではないか」近畿分科会）、新生活運動批判が出されている。

女性指導者のみを相手にして行われた第三回、[69] 第四回[70] では研修会の雰囲気は異なる。具体的な日常生活の生活改善をめぐる運動報告を中心にして、活発な討議がなされた。「生活改善はまず何より食生活改善から」として「三色運動によるバランスのとれた食事の配合を各種の例によって説明」（近藤とし子）するといった日常生活に即した講義がなされ、体験発表でも、食生活・家計簿・共同炊事の研究実践グループの紹介（愛媛県東宇和郡野村町）や結婚改善の紹介（広島県三次市和知町、大阪府堺市）など、生活改善に伴う情報交換の場となっているのが特徴であった（第三回）。

これら女性たちの運動について、協会の男性はさかんに定義づけ、方向性を与えようとした。たとえば田中長茂事務局長は、「新生活運動はただ単に身辺的な生活改善にとどまらず、日本の経済復興や生産振興の基盤を培養する重大な使命につながるゆえんを力説」し、永井亨もまた女性は「同情性から慈悲慈愛の精神」をもって社会道徳の確立をめざすべきだと説いた。

研修会三日目からは、都市部二グループ、農村部三グループの分科会における討議へと進む[71]。田中、永井が女性を国家目標に巻き込もうとしたのに対して、農村部の各グループから出された議論は、逆に女性たちの運動に男性を巻き込む形で提出されているところが興味深い。キーワードは「妻の座」「男性の協力」である。

農村部第二グループでとりあげられた議題「妻の座について」では、「妻の座を確立するため嫁入りと同時に入籍する運動」（千葉）、「妻の座を経済的に確立するため年一斗の米を農協に委託して貯金し、妻の小づかいに」する運動（島根）が紹介されている。また各グループでは新生活運動をいかにして末端にまで浸透させるかについて話し合われたのだが、そこで語られたのは、男子の協力をもとめること（広島）、夫婦そろっての活動紹介（青森）などである。

これらの男女をめぐる議論の前提には「女性の座の弱さ」があった。新生活運動における「妻の座」論は、職業につくという形では与えられない人格承認を妻として切実に要求し、具体的な生活実践課題の担い手としての「妻の座」が主張されていることが確認できるとみるべきだろう[72]。

ただしこの運動における男女が対立的であったのかといえば、そうとも限らない。第四回中央研修会（五七年八月一〇日）の様子をみる。この会で好評を得た講義は有本邦太郎（国立栄養研究所長）による講義「食生活の改善」であり、「日常生活に直接関係のある問題だけに受講者側からの質問が集中し懇切な説明とともに人気を博した」。しかし一方で女性受講者側からの動議を受けて、全員の賛成によって行われた「申し合せ」では、「白米中心の食生活を改め、保健の向上ならびに個人および国家社会の経済の改善振興につとめましょう」、「外国製品に依存する生活を改め、個人および国民の経済自立度を高めることにつとめましょう」などがとりあげられた。個人の生活の改善あるいは個人の「経済の改善振興」「経済自立度」が、国家社会におけるそれらと連動して語られており、食品という生活現場における女性たちの運動が、田中長茂らが示した定義づけを自ら受け入れるなかで、自らの運動と人格承認要求を満たす側面もあることが理解できよう。

また第三回研修会では、都市部と農村部の温度差も明らかになった。取りあげられる事例をみると、地域の生産や生活から生まれてきた課題を小さなグループで自ら解決するという性格が強い農村部に対して、都市部では「国体に備えての全県民運動」「花一杯運動」（静岡）、「三色栄養素運動の歌をかいたうちわ」の配付（広島）、青空教室として市の広報車で一時間の料理講習を行い一万五千人の人びとに呼びかけた（大阪）といった上からの啓蒙的要素が強く見られ、小グループの「話し合い」が見られる状況にはなかったことがわかる。都市に新生活運動が入らない理由については、都市部第二グループ分科会では、「土地に適した計画が少いために住民の関心をひかないこと」、「有識階級と下層との差が甚だしいこと」、「予算によって政府から資金がでているためにひもつきのような感じを与えていること」などの声が寄せられている。

生活改善を求める現場のエネルギーを中央が取りあげ定義づけていく、その定義によって今度は現場の運動が正当化され、現場がさらなるエネルギーを獲得するという相互作用が新生活運動の論理だとすると、一九五〇年時点の都市部においては、現場のエネルギーが充分に熟していなかったともいえよう。

第四回までの研修会に対し、男性を中心として、各都道府県から農村部一名、都市部一名の代表者を集めて開催された第五回はまた会の雰囲気が一変する。(73)「民族の独立」を下支えするために、青年に愛国心や倫理を求める議論が続出する。次に挙げる石川県代表谷川寛徳による体験発表の紹介記事では、全体討議のなかで谷川が述べた「核兵器の完成により全人類が戦争の絶滅を心から希い、世界連邦の結成なども叫ばれている今日ではあるが、現代の日本の青少年は余りにも愛国心ないし国家に対する観念を欠いているのではないかと思われる。この重要な問題について、新生活運動としてどのような方策をとればよいか(74)」という意見に対し、関係分科会で熱心な議論がもたれた。

以上男女別に研修会の議論をまとめたが、男女双方に共通することとしては、「自己の利害に関係深い生活問題の解決を主たるテーマとして学習や実践を進めると一般はこの運動に対して極めて高い関心を示す」（福井・梅沢元次の報告）点であり、こうした生活問題から運動のエネルギーを吸い上げつつ、「民族の独立」「経済の独立」という目標へと運動を導く姿勢を都道府県レベルの運動指導者間で共有することが中央研修会のめざすところであったといえる。

県レベルでの指導者を研修し、地域ごとの指導者を育成していくのが指導者中央研修会であったが、それのみでは企業体に新生活運動が入らないという問題があった。一九五八年には中国・四国ブロックの活動の中で山口県農山漁村新生運動《〔ママ〕》協会の呼びかけにより企業体を対象とした職場新生活運動研修会が開かれている。この研修会は新生活運動の「処女地」として職場を開拓していくことが目標として掲げられ、日立造船因島工場の実績発表や宇部興産の見学などが行われた。企業における家族計画活動は、五二年九月日本鋼管川崎製鉄所を嚆矢とし、その後運動が拡大していくが、そうした最中にあって、職場を「処女地」とみる感覚を新生活運動協会関係者が持っていたことは、家族計画を新生活運動の中心とみる見方に変更をせまるものではないだろうか。この点についてはいかなる角度から説明づけると合理的だろうか。詳細な議論は第三章に譲りたい。

(4) 指定地区の育成

設立当初の協会が、指導者の育成と並び力をいれたのが、指定地区の育成であった。この事業は、都道府県の協議会を通じて、五〇〇戸内外の地区を標準として、一府県あたり一〇地区内外の「新生活運動育成指定地区」を設置して育成に努めると共に、他地区の運動推進をもくろむというものであり、一九五六年度からすでに取り組まれている。たとえば一九五七年度の実績を「昭和三二年度指定地区実践課題別一覧表」からみると、各都道府県から五地区から一九地区程度、おおむね一〇地区前後が計五三六地区が指定地区として協会から指定されている。(75)「一覧表」は各地区で特に重点を置いている課題を一つずつあげて、一六項目に分類しており、特にとりあげられている地区が多いものを指摘すると、「環境衛生」が一一五地区（三八都府県）、「食生活改善」が一一四地区（四一都府県）と群を抜いており、そのあとは行事簡素化六四地区、経営の合理化五六地区、公衆道徳三一地区、生活の共同化・合理化三〇地区と続く。

一九五八年「指定地区の新生活運動」と題する座談会が『通信』紙上で設けられた[76]。各地区とも、指定をうけたのち既存の団体（婦人会、部落会、青年団、農業支部、農地組合、自治会など）により推進協議会（委員会）を設置して、意見を吸い上げ「押しつけ行事」にならぬような工夫をしたなどの指摘がなされている。また活動の規模に関して女性の出席者からは、実際の活動は小さな単位で行うのがよく、「七～八名ではどうにもならぬ」としても、「二十九戸～四十戸ぐらいがよ」く、結婚の簡素化ならば他地区とのつながりのなかで話し合うべきだが、たとえば「家計簿などは二十戸ぐらいであれば何もかもさらけだしてもはずかしくない」からよいとの意見が出されている。

指定地区の具体的な運動の事例をとりあげよう。一九六〇年五月一〇日発行の『通信』第五三号には、「希望に燃える指定地区　徳島県下の三地区を訪ねる」との記事がある。この記事では同県下の三地区がとりあげられている。まずは上勝町瀬津名地区。七部落一一一戸、人口六五五人という規模をもち、五九年に婦人会中心の新生活運動を行っている地区として協会から指定された。婦人会のない部落も存在したこの地区においては、新生活運動が開始されたことをきっかけとして婦人会組織自体が整備されたとされ、「明るい家庭生活、明るい社会を」「時間の励行」「農休日の設定」「生活の計画化」「環境衛生の徹底」を目標として掲げた。しかし婦人会長の発言には、具体的な課題の解決というよりも、地域の問題をとりあげて、解決していくプロセス自体に楽しみを見いだしているという感がある。引用してみよう。

新生活の会合があるという前の晩は、あすはどんな話し合いにしたらいいのかと、あれこれ考えて寝つかれないことがあります。話題を準備するのに一時過ぎることも少くないのです。だが、それがちっとも苦になりません。

この発言のみならず、農休日を設定するためには生産に主に携わる男の理解が必要だとのことから婦人会員が手料理で各家庭の「主人」を招待し、集団の中で夫婦の相互理解の必要性を話し合う例や、時間励行を守らない青年団に対して話し合いの機会をもつなどの例、また婦人会自体も年間四六回の会合をもち、話し合い学習を行っていることなどからは、人と人が協力し合い、問題を発見し、解決していくプロセス自体を新生活運動として捉えている様子がうかがえる。すなわち目標の第一にある「明るい家庭生活、明るい社会を」というのが抽象度の高いスローガンとして語られているのでなく、かなり具体的にイメージされた人間関係の構築として掲げられているといえるのではないか。

また同時にとりあげられている小松島市立江町の事例では、青年と壮年を巻き込んで運動を進める具体的な工夫がとりあげられており、性差や年齢差を考慮にいれながら、生活現場を改善するプロセスづくりに重点を置いて運動が進められ、その点を協会が評価していることがわかる。

(5) 旅の新生活運動

運動内容を積極的には指定しない協会の運動推進方針をここまでみてきたが、この時期の協会が自ら取り組んだ運動として、旅の新生活運動がある。同運動は一九五六年八月一日から七日までを旅の新生活運動週間としてキャンペーン活動を展開して以降、六七年に至るまで二二回行われた。すべて行楽地に人が集まる七月から八月、一二月を狙って、週間ないしは旬間を指定して、日本国有鉄道および交通道徳協会との共催事業として取り組まれた。

旅の新生活運動では、学生（回ごとにことなるが、中高生、大学生あるいは小学生とその母親の場合もあった）を奉仕員として位置づけ、主要幹線各駅にて、[77]行楽客や一般乗客に対し、エチケット向上（行列を守るなど）を呼びかけるとともに、ホームの清掃などのサービスにあたった。運動課題の設定に消極的な協会がこの運動に取り組んだのは、この運動が目的とする「公衆道徳の高揚」が地域から選ばれる課題としては設定されづらく、協会自らが模範を示す必要があったからだと考えられよう。

4　協会の運動の停滞感とその打破の方向性

(1)　国土美運動の取り組み

前節では協会設立当初の事業について確認した。「人間形成から社会構造、生産拡充にまでつながる新しい家づくり、村づくり、国づくりの運動」という方向性を運動全体で共有しながらも、男女別に開かれる研修会が存在していたことに端的に表れているように、実際の運動推進過程においては、性差や年齢差ごとにクリティカルな課題を発見し、その解決に取り組む「話し合い」の場の育成を強調したことに特徴がある。こうした路線は一九六〇年代初頭まで続くものと考えられるが、六〇年ごろからやや情勢が変化する。

一九六〇年一一月、久留島秀三郎協会会長が『通信』紙上にて、五年間の協会活動の総括を行っている。新生活運動が「国民みずからの自主的な運動として、着実な地歩を固めるに至」り、「第一段階の布石がおおむねできた」成果として五点を指摘している。

① 全国市町村の約八割に、新生活運動の推進組織が結成されるに至ったこと。
② 多くの地区で取組んでいる課題も身近な生活課題からつぎつぎに新らしい課題にすすみ、特に進んだ地区では地区全体の生産課題にまでおよんでいること。
③ 地区における実践活動と話し合いが有機的に行なわれ、その話し合いの中から、この運動に取組む自主性の増大がうかがわれること。
④ また個々のグループ活動から進んで、地区全体の活動に発展する事例が多くなったこと。

⑤　とくに、この運動を通じて、生活の物質条件面の合理化や文化面の向上を図りつつ、同時に、家庭内の人間関係の民主化、地域内の親和力の増進など、精神生活面においても、多くの成果を生みつつあるように見受けられること。

こうした感触は機関紙などにおいて表明されるだけではなかった。たとえば新生活運動特別優良地区審査のために、佐渡島の畑野村松ヶ崎地区で行われている訪問集会活動を調査した安積の日記をみると、「家柄資産などによる一種の階層別な秩序が色こく残っている此地区住民の生活感情及生活習慣に驚くべき変化」がもたらされ、「しきいもまたがなかった家の座敷に等しくあがるようにな」った、この「大変革は根本的な、そして最大の成果」であるとし、さらに同地区の運動が「新生活運動推進の歴史開始（昭和三十年）〔協会設立年〕以後に運動の端緒」をもっていることを特記している(78)。安積は地域の運動を「お手伝い」するだけではなく、協会の活動が、地区を刺激して新しい運動を喚起しているという確信をもっているといっていいだろう。

しかし新生活運動協会の理事たちが満足した事態は別言すると停滞でもあった。なぜならば設立当初からの協会の活動が目標としてきたのは、「国家の再建」のために、（人間関係の改善などを含む）生活を建て直さねばならないということであって、全国に組織ができ代表的な事例が生まれてきたことを第一段階と評価したとしても、それが国民全体の意識向上へとつながる第二段階へとつながらなければ、目標の達成はなされたとはいえないからである。そしてその第二段階への見透しは立たず、先行きは不透明であった。

こうした停滞感を打破する運動として、取り組まれるようになるのが国土美運動であった。各種関係団体(79)が国土美運動中央推進委員会を構成し、関係行政庁(80)の担当官を同会参与として委嘱するという官民一体の運動として、東京、大阪など都市部を中心にモデル地区を設置し、当初は紙くず・吸い殻の排除、次いで街や職場の美化などの文字通り「国土を美しくする」運動として展開されたこの運動は、東京オリンピック前の美化運動として受け取られ、政府からの補助金も一九六一年度から六二年度にかけて倍増した。六四年一〇月末に協会が行った世論調査では、八三％の人が国土美運動を知っていると答え、「オリンピックが終れば国土美運動はやる必要はないと思いますか」という質問に七六・九％の人が「そうは思わない」と答えるなど、大きなブームを巻き起こした[81]。

国土美運動に乗り出す協会理事たちの心境が鮮明に表現されているのが、一九六二年一月一一日に開かれた新生活運動協会理事会の席上で、安積が残した「美化運動、愛国運動、安全運動」と題するメモである[82]。同日の日記[83]には「よい会合」を持てたと安積は記している。この理事会のどの部分に安積は満足したのであろうか。

協会設立時に、協会の強い指導力を認めるか否かが論点となったことはすでにこれまで指摘してきたことであるが、そのことがここで再び論じられることになる。まず片山哲からは協会の活動の目標に関する再確認がなされる。

> 政治に対する判断力意識を養成し、向揚《ママ》することをせよ。西独民は主権者意識が強い。国家として国民の段々力を上げる努力をせよ。具体的には青年団と婦人会に政治教育に関する働らきかけをせよ。新聞の論説と委員級の人々をたえず接触し、会同せよ。（〔枠外に〕「主権者意識向揚向揚《ママ》に関する件」との書き込み）

また大島鎌吉からは、

> 道徳が大切。色々な団体の人の一家言を集めて、新道徳を樹立せよ。『全体』に基盤を置く道徳律の設定の方向にだけは向か〔わねばならない。〕

との声があげられた。しかしこうした目標設定だけでは満足しなかったところにこの理事会の特色があった。批判の声をあげたのは小平久雄総理府総務長官だ。小平が「一般には新生活協会とは何をやってるのだか知らない。新らしがりやがさわいでいるのではないか。……新々と言われるので、高遠な理想でもあるようで、一般に理解されない。現実はそうだ」との批判とともに、「千日にせまったオリンピックを迎える心と環境準備に力を入れよ。交通関係にも力を入れよ」との具体的な目標を設定する必要を指摘する。松村謙三もまた、指導力を持たない団体として協会が成立したが、「今は少し強い指導力をどこまで出すかが課題となって来た」と応じた。

さらに、これに対して南喜一は「新生活運動は綱領〔柱〕がない。民族、愛国、祖国というような強い言葉は出せない」と釘を刺しつつも、「山を出そうぢゃないかということを片山〔哲〕君と話した」として自ら取り組んだキッチンカーの派遣活動について紹介した。

主権者としての国民の育成をめざすという一九五〇年代以来の方向性を引継ぎつつも、具体的な成果のなかでその方向性を実現せねばならないという意識が理事たちに出てきており、その感覚が共有できたことに対して、安積は満足したのであろうと考えられる。従来協会が指導的立場に立つことを嫌っていた日青協からでさえ「〔協会は〕何をすべきかを示せ」との意見が出される感覚がそこに存在した。

(2) 国民運動としての新生活運動――その変質

こうした感覚の変化は、一九六三年に「美しい国土でオリンピックを」「紙くずのない日本」「行列を守る日本」という具体的なスローガンを協会が打ち出すことからも確認できる。「紙くず」と「行列」を打ち出すきっかけについては、協会事務局長に就いた安積得也の史料から明らかになる。安積は六三年六月二一日の日記に北越製紙に田村文吉〔協会顧問〕を訪れた際の会話を記している。田村が「国土美運動も結構だが、ムードばかりで一向に現実はかわらない。紙くずだらけの街の中を見ただけでもそのことが言える。何か一つでよいから、安積さん、オリンピックが来るまでに国土美運動のおかげで、このことだけははっきり変ったというような事実をみせてくれませんか」と話したことに対して、安積は「陳弁的な〔引用者注：弁解するような〕立場で」応じ「激論」となったと記されている。しかしその帰途「『むづかしいむづかしい』という逃げ口上ばかりでなく、何か冒険でもよいから積極的努力を敢行すべきではないか」と考え、「私の心の中に、紙くずのない日本、行列をまもる日本という二つの合言葉が浮んだ」と記されている。

安積が「むづかしい」というのは民間で進める運動に対して形として成果を出すこと自体の困難さがまずあるだろう。それと同時に、田村と安積のやりとりのなかには、一九五〇年代の協会がめざしていたものとは異質の方針も見てとれる。すなわち、五〇年代の協会は、地域で発見される課題を民間で解決するために話し合いを行っていくこと自体に価値を見出し、それをサポートする団体として協会を定義していた。そこには形の見える成果から運動を評価するという視点は稀薄であり、問題が解決されるプロセスや人間関係が重視されていた。しかし国土美運動においては、「紙くずのない日本」「行列を守る日本」という課題自体を中央が提示するという点においても、また官庁との緊密な連携のもとに運動を進めていくという点においても大きな変化があるといえるのではないか。また六二年四月には同委員会から「国土を美しくする国民アピール」を発するなど、地区に語りかけるというよりも広く都市、企業といった枠組みをこえた国民そのものに語りかけるという変化が生じている。さらに人的にも六二年から天野貞祐や小泉信三といった戦前期リベラリストを協会の顧問に招くという変化もみられる。安積は小泉信三協会顧問に二大スローガンの実行を相談し、「異常《ママ》の賛成」を受け「自信を持ち」、「常任委員や部長達と個別に話すことをつとめ、また修養団の人たちにも打診して賛成を得、六月中旬（十一日、十二日）関西の紡績センイ関係との懇談、知事、市長、マスコミとの懇談の為」に「久留島会長、後藤文夫、南喜一、町田辰次郎」とともに大阪に赴いている。このときに安積が準備したのが「紙くずと行列やぶり追放運動（一つの試案的構想）――国土を美しくする運動の具体的成果のために」と題する書類であるが、その中にある「全国民の実践目標を「紙くずを散らさない」「行列をまもる」の二大共通課題に集中する」（傍点引用者）との表現には五〇年代にはみられない「指導する協会像」があらわれている。ただし安積としては、強権的に行う美化活動ではないという点で、あくまでも民間運動として国土美運動が展開されているのだという感覚を抱いていた。蒋介石が第二次大戦中に行った新生活運動と比較して国土美運動について触れている安積日記の記述を紹介する。

その昔蒋介石が新生活運動を強権を以て打ち出すや否や、紙くずと吸がらの散乱する不潔無数の中国の村々町々は全く相貌を一変して、徹底的なる清潔秩序の町と化したり。あまりと言えばあまりなる変りざまのあざやかさに、中国を訪れたる日本仲間は我と我が目を疑いたりという。隣邦中国の為し得たるところ、吾等の日本にて為し得ざることあるべきや。それ権力を以て為されたるものは権力の退滅と共に雲散霧消すべし、自主的民間運動たる吾らの新生活運動は、かくの如き権力運動とは根本の根性を異にするものなり(84)。

おわりに

以上、新生活運動協会を生み出した政治的基盤を分析した後、一九六〇年代前半に至るまでの協会の運動方針を中心に検討してきた。協会の運動方針に関していえば、協会が徹底してこだわったのが、運動を進めるプロセスであったということを指摘しておきたい。「話し合い」あるいは「お手伝い」といったキーワードに象徴されるのは、運動の目的達成自体がゴールなのではなく、どのようなプロセスでもって課題が克服されていくのか、そのプロセスの中にこそ、「真の民主主義」を達成する鍵が存在すると協会の人間が考えたことであろう。一九六〇年代半ば以降、達成すべき課題自体は変化するが、運動のプロセスにこだわる協会の姿勢自体は継続する。

六〇年代中盤以降を検討する第2章を展望しつつ、本章を締めくくりたい。

六〇年代前半の協会は、目標（主権者国民の育成、道徳律の設定）は共有しているのに成果を確認できないという停滞感を抱えており、だからこそ目に見える形で成果を示せる国土美運動へと傾注するという構造があった。そして協会設立に携わった人びとの間においては、少なくともなぜ新生活運動をせねばならないのか、については了解されていた。しかし国土美運動の一定の成功にもかかわらず協会に変化が訪れる。安積は一九六四年一月二八日の日記に以下のように記した。

大沢〔暢太郎〕君が「事務局員から〔安積〕局長が浮き上ってしまっている」といったときはガクンと来た。「止めるときが来たのかな」と自分の進所出退について考え出したのである。

また旧民主党、社会党右派から常任理事を一人ずつ出すという設立以来の協会人事も崩れ、一九六二年五月からは常任理事から衆議院議員が姿を消す。実際には安積得也は六六年四月まで新生活運動協会の事務局長を続けることになるのではあるが、新生活運動協会設立時から主導的な役割を果たし、本章でもしばしば引用した安積が協会の中で「浮き上って」しまう事態の背景にはいかなる社会的・経済的・政治的基盤の変動があったのだろうか。後期の協会は必ずしも前期の課題に対応した施策を行うわけではなく、新しい状況に適応した「運動の仕組み」づくりに乗り出すことになるのである。

注

（1）「家族計画」や「生活改善」などの用語は歴史的文脈の中で用いられた用語であり、本来ならカギ括弧つきで記載すべきであると考える。しかし煩雑さを避けるために括弧なしで記載する。以下同様。
（2）荒川章二『日本の歴史一六　豊かさへの渇望』（小学館、二〇〇九年）三八頁。
（3）荻野美穂「「家族計画」への道――敗戦日本の再建と受胎調節」（『思想』第九二五号、二〇〇一年）。
（4）人口問題研究会「人口問題研究会新生活指導委員会第一回総会議事速記録」（一九五四年九月三〇日）における永井亨（人口問題研究会理事長）の発言。
（5）「「新日本建設国民運動要領」の閣議決定」（『新生活運動協会二五年の歩み』新生活運動協会、一九八二年、二一〇～二一一頁）。
（6）笹森建美氏所蔵。

(7) 神奈川県新生活運動協議会・神奈川県教育委員会事務局社会教育課『新生活運動史料』(一九四九年五月)。
(8) 牧野英一『社会教育文庫二三　新憲法と新生活』(社会教育協会、一九四七年)三三頁。
(9) 有馬学『日本の近代四　「国際化」の中の帝国日本——一九〇五年~一九二四年』(中央公論新社、一九九九年)。
(10) 日本国憲法を第一条で受けとめる牧野の「読み方」は、かつて松下圭一が指摘した、戦後十数年を経て、「私の幸福」「わが家の幸福」を支えるものとして、第二五条(生存権)を中心に憲法を受けとめるようになる戦後新中間層の「読み方」(「新憲法感覚」)と対照的なものであるといえよう。松下の議論については、たとえば同『現代日本の政治的構成』(東京大学出版会、一九六二年)参照。
(11) 傍点筆者。同「民主戦線の提唱」(『社会評論』第三巻一号、一九四六年)。
(12) 同「民族の再生」(『南原繁著作集　第七巻』岩波書店、一九七三年)。講演がなされたのは一九四七年二月一一日。
(13) 『月刊新生活』(一九五二年三月号)。
(14) 『読売新生活』(第三号、一九五二年三月一五日)。
(15) 人口問題研究会『企業体新生活運動の展望』(一九六三年一月)。
(16) 「新生活運動の会規約」(新生活運動の会編『新生活運動の会論集——創立二十五周年記念』一九七八年)。
(17) 前掲、新生活運動の会編『新生活運動の会論集』。
(18) 『マネジメント』(第14巻9号、一九五五年九月)。
(19) 「服装簡素化」(一九五四~六〇年度)、「職域貯蓄の奨励」(五五~)、「従業員の生活指導および規律の確立」(五六~)、「従業員の一般消費面の合理化」(五五~)、「新しい社会慣行を確立する問題」(五九~)、「職場を美しくする運動」(六二~六五)、「新入社員の教育問題」(六二~六五)、「若年従業員の生活指導について『各種の調査と報告』」(六六)。に取り組んでいる。
(20) 「国産品の愛用運動」(五五~六五年度)、「国旗掲揚推進運動」(六一~六二)、「時差出勤運動」(六一~七〇)、「交通安全運動」(六二~)、「宣伝広告のあり方」(六四~六六)、「総会荒しや会社ゴロ対策」(六六)に取り組んでいる。
(21) 『マネジメント』(第14巻9号、一九五五年九月)。
(22) 浅井良夫「一九五〇年代における経済自立と開発」(『年報日本現代史』第一三号、二〇〇八年)。
(23) 『読売新聞』一九五五年七月一三日。
(24) 「安積得也宛三井為友書簡」(「安積得也関係文書」一一一-四-一一五)。
(25) 「推進」ということばには中央団体が中心となって新生活運動を進めるというニュアンスが生じる。その「推進」ということばの使用すらも認めず「奉仕」（生活の現場でわきおこる運動が中心であり、中央団体はそれを後ろから支えるのみ）とのことばで中央団体の役割を規定しようとするのは、あくまでも現場が中心であるという、三井の考える中央団体構想を如実にあらわしているといえよう。

(26)「新生活運動に対する現政府への要望」（日本青年団協議会「昭和三十年度新生活運動協会関係書類綴」日本青年館所蔵）。

(27)「安積得也関係文書」三六〇-四七では、一九五六年から六一年までに安積が得た講演料収入がまとめられており、その他日記、講演メモから講演回数を知ることができる。

(28)「安積得也日記」一九五五年四月二〇日（「安積得也関係文書」五〇一）。

(29)『読売新聞』一九五五年七月一三日。

(30)「民主党新生活運動五項目」（「新生活運動始発時代」（「安積得也関係文書」二二一-一二））。

(31)新生活運動協会の機関紙。一九五六年二月から七月にかけて。

(32)新生活運動協会『新生活シリーズ一　世界の新生活運動　ドイツ編』、同『新生活シリーズ二　世界の新生活運動　デンマーク、スエーデン、トルコ編』（いずれも一九五五年）。

(33)「各種団体の新生活運動」（「安積得也関係文書」二二一-三）。

(34)前掲『新生活運動協会二五年の歩み』一八四頁。

(35)『毎日新聞』一九五五年八月二二日夕刊。

(36)『読売新聞』一九五五年八月二一日。

(37)『毎日新聞』一九五五年八月二三日朝刊。同じ一九五五年に総評が立ち上げるのが国民文化会議である。プロの文化活動家とアマチュアの文化活動家の交流を推し進め、文化による民衆の統合を図るこの会議は、新生活運動との対比の中で位置づけられるべきものであると考えている。

(38)一九五五年八月二九日に新生活推進本部特別委員に選任されたのは以下の人物である。政界［清瀬一郎（民主）、水田三喜男（自由）、伊藤好道（左社）、水谷長三郎（右社）、◎田村文吉（緑風会）］、言論界（足立正民放連会長）、教育界（矢内原忠雄東大学長）、学界（茅誠司日本学術会議議長）、宗教界（佐々木泰翁日本宗教連盟理事長）、婦人界（山高しげり地婦連協会長）、青年団体（◎辻一彦日本青年協会長）、体育界（東俊郎日体協専務理事）、経済界（植村甲午郎経団連副会長、藤山愛一郎日商会頭）、労働界（滝田実全労議長）、農業界（荷見安全農協中央会会長）、地方団体（安井誠一郎全国知事会会長）、文化界（有光次郎日教映協会長）、社会事業団体（葛西嘉資日赤副社長）、厚生社会関係（永井亨人口問題研究所長）、学識経験者（安積得也文部省社会教

育審議会成人教育分科会会長）、◎菅野義丸開発銀行監事、◎郷司浩平日本生産性本部専務理事、佐藤尚武参院議員、◎藤田たき前労働省婦人少年局長、正木亮中央青少年問題協議会委員、村岡花子（評論家）、山際正道（日本輸銀総裁）。なお小委員に選ばれたとみられる人物には◎を付した。（日本青年団協議会「昭和三十年度新生活運動協会関係書類綴」（日本青年館所蔵）の書き込みによる）。

(39)「新生活運動についての特別委員氏名（二八名）」（日本青年団協議会「昭和三十年度新生活運動協会関係書類綴」日本青年館所蔵）。

(40)「［メモ］懇談　美化運動　愛国運動　安全運動」（「安積得也関係文書」二三六―一四―七）。

(41)『昭和39年度・新生活運動関係綴』（国立公文書館所蔵）。

(42) 前掲「松村前文相に新生活運動をきく」。

(43) ちなみに河井弥八は国会の新生活運動を取りあげ、政界の浄化を呼びかけている。

(44) 前掲「人口問題研究会新生活指導委員会第一回総会議事速記録」。

(45) 新聞各紙からは、鳩山内閣への期待として、新生活運動の推進に加えて、公明選挙運動を推進して「疑獄事件や乱闘事件の根源を一掃」することが掲げられていた（「第五二代　第一次鳩山内閣」（林茂・辻清明編『日本内閣史録　五』第一法規出版、一九八一年、三〇三頁）。

(46) たとえば新生活運動協会初代会長となった前田多門は同時期に連盟理事長を務めており、安積得也は五四年一二月二〇日が連盟常任理事を務め、五五年からは連盟顧問となる。その他市川房江、山高しげり、足立正、藤山愛一郎らが役員を兼務している。また公明選挙推進懇談会にも市川、山高に加え、辻一彦の出席も見られる（「安積得也日記」一九五四年三月三日「安積得也関係文書」五〇一―六二）。

(47) 磯村英一『都市の新生活運動』三二頁。

(48)『毎日新聞』一九五五年一月二七日。

(49)「北海道新生活の旅」（「安積得也関係文書」五〇一―一九七）。

(50) 安積は、選挙粛正運動に熱心に取り組んだ田澤義鋪を思想上の師とあおぐとともに、自らが結婚する際の媒酌人を依頼している。また安積の手元には田澤義鋪との数十通の往復書簡が残されている。両者のつながりは、戦後につながる「内務省」官僚研究としてさらなる研究の余地が存在するだろう。

(51) たとえば「安積得也日記」一九五四年二月二三日（「安積得也関係文書」五〇一―六二）。

(52)「安積得也日記」一九五四年一月一一日（「安積得也関係文書」五〇一-六二）。
(53)「安積得也日記」一九五五年一二月三一日の記事中で触れられている（「安積得也関係文書」五〇一-一二五）。
(54)「安積得也日記」一九五六年一月一日（「安積得也関係文書」五〇一-一二五）。
(55)「安積得也日記」一九五九年一月一八日（「安積得也関係文書」五〇一-一三一）。
(56)「理事会小委員会の決定に基づく新生活運動の基礎理念並に実践項目」（日本青年団協議会「昭和三十年度新生活運動協会関係書類綴」日本青年館所蔵）。
(57) 同右。
(58) 鹿児島婦人少年室長「婦人少年局メッセージ送付について」一九五五年四月九日（濱田泰輔氏所蔵『濱田家文書』）。
(59) 人口問題研究会「人口問題研究会新生活指導委員会第一回総会議事速記録」。
(60)「常時に話しあい　随時に講演会を狙う　大阪府選管の年間計画」（『公明選挙時報』第一〇三号、一九五七年四月二〇日）。
(61) 文部省入省後、社会教育畑を歩いた官僚。
(62)「公明選挙運動を語る――活発に行われた記念座談会」（『公明選挙時報』第一〇〇号、一九五七年三月五日）における日高幸男（文部省事務官）の発言。
(63) 辻清明（東京大学教授）「話し合いと政治の向上」（『公明選挙時報』第一一一号、一九五七年七月一五日）。
(64) 一九〇〇～八三年。随筆家。
(65) 福島慶子（読売新聞〝人生案内〟担当者）「公明選挙と町会創立」（『公明選挙時報』第一七五号、一九五九年四月二五日）。
(66)「安積得也関係文書」五〇一-一二〇。
(67)「安積得也日記」一九五九年一〇月七日（「安積得也関係文書」五〇一-一三二）。
(68) 新生活運動協会「第七回新生活運動指導者中央研修会記録」（日本青年館所蔵）。
(69) 田中長茂、永井亨、近藤とし子、諸井雪子、嘉治隆一、高田保馬、勝沼精蔵が講師として立った。
(70) 講師は田中長茂、福武直、有本邦太郎、増井悌三郎、請井雪子、辻元八重、松村謙三、今村武雄。
(71) ここでは農村部を分析し、都市部の新生活運動をめぐる問題については後述する。
(72) この点において、新生活運動は一九五〇年代後半から六〇年代初頭における第一次、第二次主婦論争とも比較しつつ論ずべき研究対象だといえよう。
(73)「第五回新生活運動指導者中央研修会開く　地についた研究討議　各県の豊富な体験を発表」（通信五七年九月一〇日）。

(74) 一九五四年の第五福竜丸事件をきっかけに核に対する反感が高まったことを背景として、核兵器の完成を憂い、その一方で戦争の絶滅を願う立場から谷川の発言はなされたものと考えられる。引用箇所の史料の読みは難しいが、安積得也を介在させることで読解が可能になると考えられる。安積は国家の独立を目指す新生活運動に深くコミットするとともに、世界連邦運動の武蔵野支部長を務めている。彼らは、世界連邦の結成は国家観念の消滅を意味すると考えたのではなく、その反対に各民族が自立した先に世界連邦の結成がありうるという世界観を抱いていたのではないかと現時点では評価したい。ただし新生活運動と世界連邦運動との連動性については今後の研究の課題としたい。

(75) 「昭和三二年度指定地区実践課題別一覧表」（「昭和三十二年度新生活運動協会関係書綴」日本青年館所蔵）。ただし山口県では三七という多数の指定地区が設置されている。

(76) 「指定地区の新生活運動　新生活運動協会発足三周年記念の座談会」（通信五八年八月一〇日）。出席者は横塚正三郎（栃木県安蘇郡田沼町野上公民館長）、橋本千代吉（埼玉県行田市長野新田新生活運動協議会長）、芳野よしい（千葉県柏市松ヶ崎）、久保田浩子（神奈川県相模原市新磯）、相場譲（静岡県周智郡春野町教育長）、司会は加藤千代三（新生活運動協会広報部長）。

(77) 第一回を例にとると、上野、天王寺などの一五県七三駅。

(78) 「安積得也日記」一九六〇年二月一二日（「安積得也関係文書」五〇一-九七）。

(79) 日本放送協会、日本新聞協会、日本民間放送連盟、日本商工会議所、全国知事会、全国市長会、日本観光協会、交通道徳協会、日本修学旅行協会、日本体育協会、全国地域婦人団体連絡協議会、主婦連合会、日本青年団協議会、日赤奉仕団、ボーイスカウト日本連盟、全国連合小学校長会、全日本中学校長会、新生活運動の会、日本PTA全国協議会、日本国有鉄道、東京都新生活運動協会、新生活運動協会、その他評論家（同右一〇六頁）。

(80) 総理府、文部省、厚生省、農林省、運輸省、労働省、建設省、自治省、警察庁、東京都、大阪府、警視庁（前掲『新生活運動協会二五年の歩み』一〇六頁）。

(81) 前掲『新生活運動協会二五年の歩み』一〇四～一一〇頁、一四九頁。

(82) 「安積得也関係文書」二三六-一四-七。

(83) 「安積得也日記」一九六二年一月一一日（「安積得也関係文書」五〇一-一二三）。

(84) 「安積得也日記」一九六三年六月二一日（「安積得也関係文書」五〇一-一三六）。

第2章　新生活運動協会——一九六〇年代半ば〜一九七〇年代

はじめに

本章の課題は、新生活運動後期（一九六〇年代半ばから一九七〇年代）における協会の方針とその時代認識の変遷を跡づけたうえで、その歴史的位置づけを明らかにすることにある。具体的には、序章で言及されたような生活学校や生活会議といった新展開を中心とする構想が、いかなる背景のもとに登場し、どのような推移を遂げ、どういった意味をもちえたのかを追究していく。その際、高度経済成長に伴う生活基盤の変容との関係と、そのひずみを反映した「運動」の高揚との関係が、議論の焦点となる。ここでは議論の前提として、運動をめぐる研究史に関説することで、あらかじめ本章の論点をより明確なものにしておきたい。

高度成長期の社会運動については、近年急速に再検討が進んでいる。その一つの方向は、「社会運動という言葉におさまりきらないレベルの運動が広範に展開していたことに着目」するもので、あえてこれを（社会運動ではなく）運動という言葉で総称しようという問題提起が行われている。(1) こうした動向のなかで、一九六〇年代後半から七〇年代は、「人々が生活の場で、あるいは生活の場を焦点として多様な自律的運動を展開した時代」であり、「それまで「労働者」「農・漁民」「学生」といった、階級的ないし職能的なカテゴリーを軸に集権的に展開されてきた運動——「革新」運動——とは異なる形で、「市民」「住民」「消費者」「生活者」などが「新たな社会問題の告発や異議申し立

て」を行った時代であるという捉え方がなされるようになった。(2)

このような研究動向は、従来の歴史研究に根強くみられた運動の評価軸を相対化するものといえる。(3)「大文字の政治における「保守」「革新」という価値軸」がそれである。(4)そうした保革対立という従来の評価軸からは、当該期の運動のうち、とりわけ住民運動は、公害に代表される生活基盤の壊滅状況を受けて地域住民が立ち上がり、政府・大企業主導の経済開発に対する異議申し立てを行うとともに、それが保守勢力そのものへの異議申し立てにつながって、平和運動などとともに、革新自治体を生み出す原動力の一つになったという歴史的意義を与えられてきた。(5)そして、七〇年代後半における革新自治体の退潮傾向については、革新自治体に内在する諸問題とともに、「都市政策大綱」の発表（六八年）、「公害国会」（七〇年）における公害対策の進展、厚生省による「福祉元年」宣言（七三年）、「ばらまき福祉による財政危機」キャンペーン（七五〜七九年）といった「保守の再編」が対置されてきたのである。(6)

当該期の運動が、一面でこうした歴史的位相のなかに位置づけられること自体は否定しえない。しかしながら、当該期の運動は党派やイデオロギーからの自律性を一つの特徴としていたから、(7)ただちに革新勢力と結びつくようなものではなく、保守と革新との間でヘゲモニーの争奪が行われる場として捉えられるべき性格のものと考えられる。そしてなにより、近年の研究成果によって、保革対立という評価軸のみでは、あまりに重要な論点がこぼれ落ちてしまうことが明らかにされつつある。それは、端的にいえば、運動を通じて厳しい緊張をはらみながら、共同性と公共性のありように関して、（保守・革新とは別の次元で）新たな視線が育まれていったという点である。

たとえば、「緑」「水」「いのち」「美しい郷土」を守るというスローガンを掲げ、農民・商工業者・女性が「自らの生活にそくして考えることで工業開発を相対化する視点」を獲得すると同時に、そこに「新たな社会関係が形成され、コンビナート誘致反対の主張が自治体の政策に反映され」た、三島・沼津・清水二市一町によるコンビナート反対運動。(8)人びとの新しいつながりのありようと、その結び目として「海を守る」という新しい論理を獲得していった大分県臼杵市の漁村風成のセメント工場進出反対運動。(9)「地域エゴ」の徹底から「公共性」を読み直し、「革新自治体」

からの「独立」を宣言した横浜新貨物線反対運動[10]。「土」を守り「うまいものをつくる」という農業の「公共性」をつかんだ農民と、党派の論理から「支援」する新左翼とが、緊張をはらみつつ共闘した三里塚闘争[11]。「生活者である大衆が」、「国家や企業のエゴイズムを制御し国家や企業をして、生活者の思いを少しでも実現しうるような政策や事業を遂行するよう仕向ける」生活クラブの運動[12]。

これらはいずれも、広い意味での「生活」が、人びとの新しい共同性を取り結ぶ拠り所となり、同時に、中央政府・地方自治体・大企業がふりかざす「公共性」に抗う論理を対置する源泉にもなっていたことを物語っている。

さて、改めて本章の課題を設定し直せば、それは、以上のような運動をめぐる位相のなかで、「生活」といういわば本丸に切り込む新生活運動協会が、どのような歴史的位置を占めたのかを問う、ということに尽きるが、その際に特に留意すべきは、新生活運動が（民間運動であるというタテマエは固く守りながらも）事実上、行政ルートで設定される運動であったという点である。

この点は、当該期の運動をめぐる保守・革新のヘゲモニー争奪という文脈に協会を置いて考察することを必然化するだけでなく、篠原一が提起し、道場親信が当該期の運動史の文脈に置き直した「包絡」という視角からの検証を要請する[13]。それはごく簡単にまとめれば、行政や企業が御しやすい運動を育成・「内部化」し、連携しやすい運動とそうでないものとを選別する回路を構築していったという視角である。ただし、協会が少なくとも主観的には、「変革を管理し、抑制したい衝動」とともに、「草の根の支持者に力を与えたいという相反する衝動」をもっていたとすれば（序章）、そのあわいを丁寧に解きほぐす必要があるだろう。そこでは、もちろん、同時代の運動との関係を緯糸とすれば、協会が新生活運動それ自体の成果と課題をどう認識して、その時々にどのような対応を打ち出していったのかという経糸の分析を織り込んでいかねばならない。

本章の構成は次の通りである。まず、第1節では、一九六三年に協会の再出発を飾る方針として出された「新生活運動協会運営の当面の方針に関する答申」の内容を検討する。その上で、第2節において後期の新展開を整理し、特に生活学校運動のねらいと、村づくり町づくり運動および国土美運動の再編がもった意味を考察していく。最後に、第3節では、一九六八年に行政管理庁から出された助成金漸減勧告の内容とそのインパクトについて整理し、生活会議を通じたコミュニティ政策への急接近を経て、「新生活運動」協会が終焉を迎えるまでを見通すこととする。

1　新生活運動協会の再出発

(1)　「当面の方針」の性格

一九六三年七月、「新生活運動協会運営の当面の方針に関する答申」（巻末資料2参照）（以下、「当面の方針」と略記）が採択された。これは、新生活運動（協会）の再出発を飾る新方針として、協会内部で高く評価されているものだが、[14]こうした動きの背景には、六一年ごろから、「新生活運動は、もう一応の役割りを終ったのではないか」、「新生活運動は、新鮮味や魅力がなくなった」、「これ〔＝新生活運動〕を生み出した社会的基盤はすでに変化しているのではないか」などの声が内外から寄せられ、[15]新生活運動（協会）に対する根本的な見直しの機運が高まっていたことが挙げられる。

これらの声には、運動の組織化が一定の水準に達したこと（一九六一年時点で全国市町村の約八三％に推進機関を整備[16]）や、全国課題として打ち出した国土美運動が一九六四年のオリンピックをもって一つの区切りを迎えることなど、一定の成果を評価する視点も含まれているが、全体としては、運動が内容面での停滞感を抱えていたことに加えて、高度経済成長に伴う急激な社会変動に対して、現状の運動（協会）が対応可能な態勢にないことへの危機感が強くにじみ出ている。以下では、「当面の方針」の検討を通じて、協会が抱く危機感や時代認識の特徴、そして新たな方針の具体的内容をみていくこととするが、内容の分析に先立ち、採択までのプロセスを踏まえて、「当面の方針」

表2-1　「新生活運動協会運営の当面の方針に関する答申」採択までのプロセス

年 月 日	内　容
1962年７月10日頃	「協会運営の基本方針について」（大沢案）
７月13日	「協会自体の整備充実」（湯川）
７月30日	「企業体新生活運動推進について」（郡司職域部長）
８月２～８日	事務局素案の原案（大沢、加藤、安積）
８月10日	「昭和40年以降における協会（中央）と地方（都道府県）協議会のあり方について」（湯川）
	事務局素案（大沢）
８月14日	事務局素案を常任理事会に付議
８月17日	事務局素案を理事会に付議、小委員会の設置を決定
10月８日	基本方針に関する質問書を地方協議会に発送
10月20日	小委員会発足（委員長：後藤文夫、委員：安積得也・磯村英一・桐原葆見・町田辰次郎・南喜一）
11月26・27日	地方協議会会長会議
1963年１月	「協会運営の基本方針に関する質問書に対する回答および地方協議会の意見について」を小委員会へ報告
２月12日～４月５日	小委員会試案の事務局原案（大沢、加藤、安積）
４月８日	小委員会試案を常任理事会に付議、了承
４月22日	小委員会試案を理事会に付議、了承
７月１日	小委員会より会長に答申
７月15日	理事会に付議、正式採択

出所：『基本（No.1）』ファイル（「安積得也関係文書」254-1）、『全国協議会における基本構想「試案」説明』ファイル（同236-20）、『基本構想小委員会試案』ファイル（同236-7）より作成。

の性格を確認しておきたい。

まず、表2-1は、採択までのプロセスを整理したものである。大別して、事務局素案→小委員会試案という二段階を経ていることがわかる。いずれの段階においても事務局が原案の作成にあたっており、とりわけ大沢暢太郎（企画調査室主幹）、加藤千代三（広報部長）、安積得也（事務局長）の三名がその中心となっている。もちろん、地方協議会や理事（特に小委員会委員を中心とする常任理事）の意見は各所に反映されたとみられるが、原案と成案を対照する限り、大筋の方向性を示す上では、事務局の役割が大きかったと考えられる。

また、小委員会試案の策定過程において、「当面」とは「ほぼ五年間位を想定し」たものとされ[17]、「当面の方針」を次のような性格の文書とすることが合意された。すなわち、「一種の憲法的宣言文であるから、文書の中味は必書の最小限度にとどめ」ること、「運動の理念というような問題は、能う限り広く且包括的な表現にとどめ」ること、「内容的なことは自己限定にならぬよう。必要上、言う場合には、例示的表現をとり、限定的用言を避ける」こと[18]、「遠い将来をしばったり、国民の自由な活動を限定したりしない」こと[19]、といった性格規定である。

さらに、「当面の方針」試案が一九六三年四月下旬に実質的にまとまって以後、「その細目の作戦計画」を事務局で作成したところ、小委員会において、「そのような余りに詳細具体的なもので且五年間にわたるようなものを設定してしまうことは、却って小委員会答申の機動的応用性を不必要に束縛することになるおそれがあるから、それは事務局の内部メモに止めて置くがよい」[20]という意向が示されたため、「作戦計画」は公表されず、内部資料にとどめられることとなった。

こうした経緯からは、運動主体の自主性を尊重するという協会の基本姿勢を再確認できるとともに、「当面の方針」はあえて抽象的・抑制的な文書として作られたことが明らかとなる。したがって、この資料自体からは、協会の意図やその背景となっている時代認識を必ずしも十分に汲み取りきれない面があり、策定途中の諸原案や他の資料からフォローする必要があるといえる。また、「内部メモ」とされた「作戦計画」の検討もあわせて行わなくてはならない。

そこで以下、「当面の方針」の構成（①新生活運動の反省と展望、②新生活運動の基本的な考え方、③協会の性格と役割、④当面の運動推進の在り方、⑤協会の整備・充実、⑥新生活センターの建設、付帯決議）を、運動の自己規定（①②）、推進方針（④）、協会の役割（③⑤）、新生活センター建設構想（⑤⑥）という形に整理したうえで、その内容を諸資料で補いつつみていきたい。

(2) 新生活運動の自己規定

「当面の方針」では、まず、新生活運動を「一貫して日本民主化の為に」展開してきたものと改めて規定したうえで、地域から職域への広がりや「国土美運動」の提唱を踏まえ、「民主主義生活の基礎を培う運動としての意義が、広く一般に認められる様になった」という一応の到達点を確認している。しかし、その一方で、運動が「形式化」する傾向や、生活の「表面的な改善」や「行事中心の動員運動」に陥ったり、「安易に行政機関の行なう生活指導や啓発活動に依存する」傾向があらわれ、協会の活動も画一的で「機動性と弾力性を欠」き、「運動の自主性」を十分に育てられなかったという率直な反省を記している。

こうした反省は、国土美運動の問題を反映したものだったとみられる。たとえば、吐田治（奈良県新生活実践運動協議会）は「行事的な国土美運動を排す」という文章を『特信』に寄せ、「国土美運動が成果をあげている反面に、新生活運動本来の自主的、自発的な実践活動としての本質が損われ、補助金をとるために創意工夫するような結果が生れている」という実態を報告し、「運動でなく、単なる行事的な形態が生れている」ことを警告していた(21)。同様の認識は協会内部にも共有されており(22)、ここで改めて「自主性」の尊重という基本姿勢が確認されたことになる。

「当面の方針」で注目されるもう一つの点は、「社会教育審議会による答申」（一九五五年）（資料1）の理念の妥当性を再確認していることである。地方協議会からの意見聴取（前掲表2-1、一九六三年一月）に際しても、同答申の妥当性が問われたが、理念のレベルでは異論が出なかったという(23)。その理念とは、「個人の尊厳を根柢《ママ》におき、国民の自発的、自主的運動たることを強調し、とくに内面的には生活意識を高める教育運動でありたいといっているように、憲法の精神を基調とする民主化運動というところに主眼がある」というものであったとされる。

こうして、「当面の方針」においても社教審答申の理念が引き継がれることとなったが、特筆すべきことに、社教審答申と「当面の方針」とでは、大きく異なる箇所が存在する。それは、運動の主体を「国民」とするか、「生活者」とするか、という違いである。社教審答申では、運動の主体を「国民」という用語で捉えているのに対し、「当面の方針」では次のように述べている。

新生活運動は、生活の向上発展をめざして生活課題を解決しようとする生活者集団の運動であり、生活者の自主性創造を根底とするものである。従って、生活者集団自らがそれぞれの条件に応じて、目標や課題を設定すべきものである。

「生活者」という主体規定は、事務局素案の原案（加藤案）（一九六二年八月二日）が初出であったとみられる[24]。その後（前掲表2-1）、事務局素案の成案（六二年八月一四日）では「国民」とされ[25]、小委員会試案の事務局原案（六三年二月一五日）では「生活者」へと再び変更されていることから[26]、この「生活者」という用語は意識的に選ばれたものであったことがわかる。

協会がいう「生活者」の含意に関しては次節で詳述するが、それは端的にいえば高度成長による社会変動を協会なりに受けとめたものであった。「当面の方針」では、「ここ数年の国民経済の急激な発展にともなって起った社会変動」の影響として、①生活者としての主体性喪失、②地域社会の人間関係のゆるみによる生活者の孤立化、③産業間・地域間・階層間の生活格差、④技術革新の進行による人間性の喪失、⑤病理的な社会現象の発生、という五点を挙げ、「生活者」が「人間性を回復し、新しい環境に対応する生活の態勢を身につける」ことを課題に据えている。新生活運動は、高度成長に伴う社会変動を受けとめ、「生活者」の「自主性」「主体性」「人間性」をキーワードとして、当座の生活防衛をめざす運動へと転換する道を選択したのである。

ただし、ここで注意すべきは、「生活者」の「自主性」のみに問題解決を委ねたわけではなく、政治・行政との新たな関係性の構築をめざしていた点である。この点は、前期からの大きな転換点の一つであった。たとえば、次節でとりあげる加藤千代三の著作においては、従来の協会の姿勢について、「自主的な国民自体の運動だといえば、行政などと連けい《〔ママ〕》をもつことを極端に拒否します。運動の自主性を阻害される危険があるという立場からでしょう」などという批判的な記述がなされている[27]。前期において、この「立場」を強く打ち出していたのは、ほかならぬ安積得也事務局長であった。「安積得也日記」（一九六三年九月二三日）には、「新生活運動の根性」と題して、「一、役所の下請ではないぞ／二、官製運動にはさせないぞ／三、町の政治権力の選挙運動には使われないぞ／四、特定イデオロギーの旗持はしないぞ」という強い決意が記されており、ここに「自主性を阻害される危険」の背後にある問題を看取することができる。

それに対して、「当面の方針」では、「当然政治行政との協力が必要であ」ると述べ、次にみる「事務局メモ」においては、「行政施策を活用し、さらに行政は生活者の主張を反映させる等、積極的にこれに参加し協力しあって要求する態度を確立する」という記述までみられる。これは、前期の運動が「ハエと蚊をなくす運動に代表されるような、住民の自主的、積極的な努力によって問題を解決」できるものだったのに対し、高度成長のひずみからくる諸課題を解決するためには、政治・行政への働きかけが不可欠であったからである（通信六七年五月一一日）。ただし、「政治や思想などの運動とはちがって、生活課題を日常生活の場において具体的にとらえ、かつ解決しようとするところにこの運動の特色がある」として、先の「安積得也日記」でいう「三」「四」、すなわち党派的な運動に巻き込まれることには警戒を怠っていなかった。そして、実際には、「一」「二」、つまり行政の下請化と官製運動化という二つの問題点と、より深刻に向き合うことになる。

(3)　運動推進方針

「当面の方針」では、「家庭生活」「地域」「職域・企業体」「大衆社会」という四つの場に即して、例示というスタイルをとりながら運動推進の方向性を示しているが、「当面の方針」自体の記述には、いずれも具体性が乏しい。これは先述の通り、「当面の方針」があえて抽象的・抑制的な記述をとったためであり、推進の具体的な内容については内部文書に委ねられた。巻末資料3には、その内部文書とみられる「新生活運動協会当面の運動推進方針（私案）」（一九六三年五月二〇日）の全文を翻刻した。安積得也の書き込みには「事務局メモ、大沢草案」とあり、「安積得也関係文書」には成案が存在しない。「事務局の内部メモ」という性格上、「草案」レベルにとどめおかれたのであろう。

さて、この資料3（以下、「事務局メモ」と略記）では、「基本的態度」として、「当面の方針」が基礎にあることを確認している。安積の書き込みには、「究局《〔ママ〕》的には日本民族の民主化をめざす」とあるが、その上で、具体的な運動として、①消費生活刷新向上運動、②地域住民活動、③職域企業体運動、④文化活動、⑤社会活動の五つを挙げ、それぞれについて、「ねらい」「運動推進の方法と主な事業」「関係機関団体との協力」「備考」という項目を立てている。

まず、①消費生活刷新向上運動については、「消費生活の面において主体性を失ない生活の均衡を失ないつつある現状にかんがみ、生活者の主体性を回復し、真の生活向上をはかるため、健全な消費者運動を推進」することをねらいとする。対象は「主として家庭婦人層」で、「小グループ活動」を基盤に「主体性をもって生活設計を行なう」ことを課題とし、全国の主要都市に「生活学校」「暮らしの工夫の会」を開設するという。「生産者側との懇談会等の機会」も設け、「地域の問題」「社会問題」にも発展することが期待されている。

次に、②地域住民活動については、「地域社会の福祉を増進し、新らしい地域社会の形成をめざ」すことをねらいとする。具体的には、従来の「村づくり町づくり運動」を再編し、「積極的に地方自治に参加」するとともに、「地域開発」（Community Development）方式の採用を謳い、「行政による諸計画との関係を考慮しながら、地方自治体と住民運動との協力関係を確立することにつとめる」としている。全体として、「自治建設の運動」「行政の民主化」といった表現を含めて、地域住民と地方行政との新たな関係性を構想したものとなっている。

③職域企業体運動については、「職場における人間関係の改善と人間性の回復向上」をはかるとともに、「企業の社会性を高める」ことをねらいとする。推進方法と事業に関しては、「協会は労使双方に対する主旨の徹底、相互の連絡交流をはかることに重点」をおくとするなど、従来の方法を踏襲している。全体的に、①④⑤の領域との交通整理といった印象が強い。

続いて、④文化活動については、「人間疎外の現象に対して、人間性を回復し、新らしい社会状況に対応する人間資質の回復をはかる」ことをねらいとする。具体的には青少年層を主な対象とし、国民文化協会、「呼びあうこだま運動」（全文協）、「森のコーラス」（修養団）と協力をはかって、「国民的な歌唱運動」を推進するものとしている。ここで注目すべきは、「現在歌声運動が広く青少年層に浸透しているが、思想的偏向がうかがわれる」として、「民青同」（日本民主青年同盟）を含めて、政治的・思想的・宗教的な立場とは一線を画すことが明記されている点であろう。ここに「健全な国民文化を高める運動」を対置し、ＯＡＡ運動（Outdoor Activities Association，兵庫県）、ＹＭＹＡ運動（静岡市）、根っこの会、青年ホームなどと提携して、従来未組織の青少年層に推進をはかろうというのである。

最後に、⑤社会活動については、「生活の真の向上と人間性の回復をはかる」ことをねらいとする。具体的には、オリンピックを機に一区切りする国土美運動を、社会環境浄化運動に発展させようとする方針をとり、環境衛生、公害、暴力、麻薬、有害玩具その他生活用品の駆逐、有害マスコミの非聴取、不買運動などを展開するものとしている。これに対し、安積の書き込みによれば、安積は、国土美運動のなかに「紙くずのない日本」「行列を守る日本人」という二大目標を設定して発展的再編をはかろうとしていたことがうかがえるが、その経緯は前章でみた通りである。

(4)　協会の役割

「当面の方針」では、協会は「新生活運動を全国的に推進する為の機関」であると述べたうえで、「民間団体として、生活者の集団と同列にあ」って、「運動主体を発見し、組織する媒体者である事が望ましい」と規定している。ここでのポイントは、「民間団体」と「推進」機関という二つの性格規定であり、前者は政府との関係、後者は運動との関係を規定したものである。

まず、政府との関係については、財源の問題にかかわっている。協会は発足以来、自らを民間団体としながらも、財源を全額国庫に依存してきた。この矛盾については、地方協議会からも、「民間団体という表向きの顔と、役所のひもつきという後側〔裏側カ〕の顔と、２つの顔をどう調整するか、なかなか矛盾をふくみ、むづかしい」「純民間団体として発足し、つねに国民の側に立って強力な支持を得ることによって、はじめてこの運動の成果が期待できる」などの声が寄せられた。

こうした声を背景に、「当面の方針」では、「協会の民間団体としての性格を堅持し、自主性を確立する為にも、自主財源の開拓をはかるべきである」という踏み込んだ提案がなされた。具体的には、「事務局メモ」のように、寄付行為第三二条の規程を実施に移す計画もあったが、もともと自主財源で協会経費の全額をまかないうる可能性はほぼゼロであると見込まれ(28)、実際問題としても「すべり出しの資金の出し手がない」ということで(29)、結局、自主財源の開拓は実らなかった。

一方、協会と運動との関係については、財源問題以上に地方からのつき上げが激しかった。前章で述べた通り、協会は自らを「お手伝い機関」「奉仕機関」「世話役」とし、「運動の外部にあって、この運動を援助しあるいは条件整備を行う」ものと規定してきた(30)。それに対して、たとえば、第一回西日本新生活運動府県実務担当者協議会（一九六二年一〇月一〇～一二日）では、「各県とも、変貌する社会に対応して、住民大衆の持つ切迫した生活課題の運動的解決のためには高度な指導性が要るし、世話役論では意味がないという圧倒的な意見」が出されていた(31)。

このような地方との議論を経て、協会は運動の主体ではないとしつつも、「推進」機関という規定を掲げるようになる。「〔協会は〕運動の主体でなく推進体である。担い手でなくて、推し手である(32)」という含意であった。一九五五年における協会発足時には、協会名称に関連して、「「推進」の文字は避けたい」とされていたから(33)、この言葉には一種の覚悟が込められていたといえる。

そうした覚悟は表現上の問題にとどまらず、一九六六年時点で次のように言われていた。

それまでの協会の運動推進の態度は、運動集団に対する側面的援助を基本とし、協会が主動的に運動目標を提唱することは慎重にさけてきたのですが、現在では、むしろより積極的に問題の所在を指摘し、対処の方向や方法を提示するという姿勢に変わってきた(34)

この「姿勢」の変化の一例としては、表２‐２に示した重点分野の提示を挙げることができる。その内容は次節で検討を加えるが、ここでは、こうした形で協会が運動の枠組みを提示し出したのが、一九六四年度であったことを確認しておきたい。協会としては大きな一歩を踏み出したのである。さらに大きな一歩を踏み出すべく提示されたのが、次にみる「新生活センター」建設構想であった。

表2-2　重点分野・重点目標の変遷

年度	重点分野・重点目標
1964年	①新しい村づくり町づくり運動、②職場を明るくする運動、③国土美運動、④くらしの工夫運動、⑤青少年の野外活動
1965年	①新しい村づくり町づくり運動、②職場を明るくする運動、③国土美運動、④生活合理化運動、⑤青少年の野外活動
1966年	①新らしい村づくり町づくり運動、②家庭生活合理化運動、③国土を美しくする（生活環境整備）運動、④明るい職場づくり運動
1967年	①生活学校運動、②新しい村づくり運動（農村に絞る）、③環境づくり市民運動（国土美＋町づくり）、④明るい職場づくり運動
1968年	①生活学校運動、②新しい村づくり運動、③環境づくり市民運動、④明るい職場づくり運動
1969年	①豊かで健康な家庭と地域社会をつくりあげる運動、②明るい職場をつくりあげる運動、③社会生活のルールをつくりあげる運動

出所：『通信』各号、『昭和41年度　新生活運動のしおり』26頁、『昭和44年度　新生活運動のしおり』10〜11頁など。

(5)　新生活センター建設構想とその挫折

「当面の方針」には、「協会活動の拠点となりかつ全国の新生活運動の精神的・物的な中心となる新生活センター（仮称）を建設する事」が盛り込まれ、その機能は、事例・資料などの収集、調査研究、指導者養成、器材・器具などの展示・貸出し、運動についての相談・診断に応ずること、などとされた。「安積得也関係文書」には、その計画案がいくつか残されているが、たとえば、「新生活センター建設趣意書案」（一九六三年六月一三日）によれば、都心に地下一階地上六階の鉄筋コンクリート（延五千坪、敷地三千坪）を建設し、協会・関係団体事務所および会議室（二、三階）、講堂（別棟）、相談所・展示室・休憩室・食堂・喫茶室（一階）、研究所・資料室（四階）、宿泊施設（五、六階）、機関室・駐車場（地下一階）を備えようとする壮大な計画であった(35)。

しかし、結論からいえば、新生活センターの建設は実現しなかった。『新生活運動協会二五年の歩み』は、その経緯について、自主財源の問題が暗礁に乗り上げた以上、新生活センター建設構想も自然に立ち消えとなったと説明しているが、「安積得也関係文書」からみる限り、用地取得に失敗したことが直接的な要因であったと考えられる。「新生活センター建設懇談会」では、複数の用地候補が挙げられたが、いずれも取得困難と判断され[36]、結局実現には至らなかった。ただ、もし仮に用地取得の目途がついても、センター建設には億単位の資金を要し、しかもそれを寄付金によって充当する計画であったから、それだけの寄付金を集められたかどうかは疑わしい。実際に「新生活センター建設懇談会」席上でも、その困難を指摘する声が上がっていた[37]。

新生活センター建設が実現困難に直面するなかで、それとは別個に「新生活事業団」という構想が具体化していった。「安積得也関係文書」に残るその原型は、「〝生活工夫の運動〟(仮称)実施要項(案)」(加藤広報部長案、一九六三年七月一〇日)という内部文書にみられる。同文書は、資料3でいう「消費生活刷新運動」の具体的な推進方針をまとめたもので、「生活工夫の運動」を推進するため、運動に賛同・参加する「生産商社」から構成される「新生活運動協力会」と、運動展開の事業を実施する「新生活運動協会事業団」という二つの組織構想を盛り込んでいる。

そのうち、後者の構想をより具体化したものが、「新生活運動事業団(仮称)の設置について(案)(加藤試案)」(六四年一月六日)という資料である[38]。この「事業団」は、「協会とは別個に独立する」「事業主体の機関」として構想され、出版部門と事業部門という二部門からなる。前者は協会広報資料の編集・発行・増刷頒布、家計簿[39]および図書の発行・出版にあたる部門、後者は「くらしの工夫運動」と連動して生活資材・物資の斡旋にあたる部門とされた。事業団の運営資金は、両部門の事業収益でまかない、剰余金が生じた場合は、五〇%を事業団に積み立て、残り五〇%を協会の自主財源に繰り入れる構想であった。

結果的には、新生活センター建設は頓挫し、新生活事業団構想がベースになって、一九六四年七月一日に「新生活事業センター」が発足した。理事長には安積得也(新生活運動協会常任理事・事務局長、兼任)、常務理事には加藤千代三（新生活運動協会広報部長から転出、専任）が就任、その他に理事五名、監事一名という陣容であり[40]、発足当初は協会内に事務所が置かれた。加藤千代三が後年説明するところによれば[41]、新生活事業センター設立の目的は、①協会の自主財源の開拓、②全額国庫補助による事業系列では行えない自由闊達な事業の推進、という二点にまとめられる。そして、協会の自主財源の目標が管理費の四千万円（年間）と設定され、事業センターを通じた企業体などとの提携から、この目標に迫る計画であった。

新生活事業センターの設立趣意書をみると、センターの財源については事業収益（協会出版資料の増刷有料頒布、独自の出版活動、協会資料への掲載広告手数料、その他の事業）とともに、特別協力費として、メーカーからの拠出金（A一五〇万円、B二〇万円の二種）と個人（年六千円）・団体（年二万四千円）からの賛助協力費が挙げられている[42]。このうち、メーカーからの拠出金については、「くらしの工夫運動」に賛同する企業から募ることとなっており[43]、前出の「協力会」構想をベースにするものであったことがわかる。

実際に、メーカー協力費は、新生活事業センターの重要な収入源となっていった。たとえば、新生活事業センターの一九六五年度決算をみると[44]、総収入約三一四四万円のうち、協力費収入が一二〇〇万円（三八％）を占め、委託事業収入一二六〇万円に匹敵、出版物売上金約三七五万円、編集謝金約一一七万円、広告料収入約一六九万円を大きく引き離している。ただし、同年度のセンターの決算では、約四三一万円の赤字を計上しているので、結果としては、新生活事業センターの設立が、ただちに協会の自主財源開拓につながるものではなかったといえる。

2 新生活運動の新展開と協会の時代認識

(1) 新生活運動の新展開

前掲表2-2にあげたように、一九六四年度から協会が「重点分野」を掲げるようになった。前節でみた「事務局メモ」の構想（①消費生活刷新向上運動、②地域住民活動、③職域企業体運動、④文化活動、⑤社会活動）と、実際の運動展開との対応関係を整理すれば、以下のようになる。

まず、①消費生活刷新向上運動は、一九六四年度に「くらしの工夫運動」という名前ではじまり、六五年度に「生活合理化運動」、六六年度に「家庭生活合理化運動」と改称された後、六七年度からは「生活学校運動」として取り組まれることとなった。いずれも生活学校という「しくみ」を基盤に据えた運動であった。生活学校とは、主婦を主体として、地域的にまとまった五〇～一〇〇名で一学校を構成し、消費生活を中心とした個別のテーマを設定、行政・メーカー・学者を交えて話し合いや研究・見学会などを行うもので、学習・調査などの「事前活動」、企業・行政・関連団体との「対話集会」、それらの成果を現実に反映させる「事後処理」、という手順を踏んで問題の解決を図ろうとするものであった。その数は、二七校（一九六四年度）から、一二九校（六五年度）、三〇三校（六六年度）、五七九校（六七年度）、八五四校（六八年度）、一一三六校（六九年度）、一二六六校（七〇年度）へと爆発的な伸びをみせ[45]、後期の新展開を切りひらく原動力となった。

次に、②地域住民活動は、一九六四年度から「新しい村づくり町づくり運動」という名称で、旧来の運動に「新しい」という形容詞が冠されるようになった。「事務局メモ」にみられる「地域開発」(Community Development) という概念は、主として社会学者が練り上げていったもので、その英訳が示すように、のちの「コミュニティ」につながるものだが、協会は、磯村英一、松原治郎、奥田道大、青井和夫、倉沢進といった一線の社会学者をブレーンとしながら、運動の理念や問題の認識枠組みを獲得していった。ただし、「地域開発」という概念自体が抽象性を脱しきれないものであったこともあって、運動の方向づけや「しくみ」づくりという点では、それまでの新生活運動の経験から内在的に発展していった面が大きい。

そして、六七年度からは「新しい村づくり運動」として農村に対象を絞る一方、「町づくり運動」は国土美運動に統合されて「環境づくり市民運動」へ再編された。国土美運動は、「事務局メモ」の⑤で示された「社会環境浄化」ではなく、生活環境の基盤整備へと展開していったのである。

③職域企業体運動は、一九六四年度に「職場を明るくする運動」として、六六年度からは「明るい職場づくり運動」と改称されて取り組まれた。これは「人間性の回復、充実、発展に向かって、方向づけようとする運動」であり、「労働者も経営者も生活者としては共通の横糸で結合される」もので、「生活者としての自覚に立って（自主性）、一人でなく仲間とともに（協同性）、民主的ルールによって（話し合い性）」課題を解決していくことを運動の三原則としていた[46]。この運動は、中小企業の間へ広まっていった[47]。

他方、「事務局メモ」の④文化活動で示された方針は、一九六四年度から「青少年の野外活動」として、中小企業の青少年労働者の余暇活動を中心に取り組まれ、これが六六年度から「明るい職場づくり運動」に合流していった。

以上が新展開の概略であるが、各々の実態は後の各章で分析されるので、本節では、特に重要な位置を占めた生活学校運動のねらいと、村づくり町づくり運動および国土美運動の再編の背景について検討を加えることで、協会の時代認識の位置づけに焦点を絞って追究していく。

(2)　生活学校運動のねらい

ここでは、生活学校運動のねらいを、加藤千代三の著作『生活の探求――現代社会と生活学校』（新生活運動協会、一九六五年）から明らかにする。加藤は協会のなかで、生活学校という「しくみ」を練り上げた人物にほかならず、第1節で述べた通り、新生活事業センターの発足（一九六四年七月）後は、同センターの常務理事となり、実質的に生活学校運動をとりしきっていった。

さて、まず、加藤は現状の日本社会を取り巻く「現代社会」としての特質を「商品社会」とみる。それは、「商品」の生産・流通・消費という関係が、「社会の主軸になり、社会全体のものになって作用」する社会のことで、たとえば、「お互いの生命をつなぐいのち綱」であるはずの医薬品が、「商品」という形で値引き合戦の対象となるように、部分的な構成要素にすぎなかった「商品」の論理が社会を覆い尽くしてしまった点に、時代のゆがみを捉えようとする（七八頁）。「科学技術の進歩を軸にした生産の側の変革も」、「消費者生活や人間関係の大きな変化もすべて商品社会を土台に」生じており、そうしたなかで「家庭」こそが、その影響が最も集約的に現われている場であり（八二頁）、同時に「商品化に対して対抗できる」唯一の場でもあるのだという（一二六頁）[48]。

加藤によれば、「家庭」とは本来、「家族という人間の集団が、幸せをめざして生活を営む場」であるが、日本では長らく「家長を柱にした封建的な構造」が、その「幸せ」の実現を阻害しており、敗戦を経た後もこれまでその残滓を取り除こうとしてきた。ところが、「現代社会」においては家庭そのものが崩壊し、家族そのものが離散しかねない状況が現出し、「絶望」と「孤立」という新たな問題を生んでいる（八三頁）。そして、核家族化の進展という家族形態の変化によって親族が小さくわかれ、あるいは（「家」「部落」「町内」などに関係なく）会社・工場・工事場へ働きに出るという就業形態の変化によって「地域的な生活共同体」が機能不全に陥ったことで、その「絶望」と「孤立」を救う社会的基盤も失われつつある（八五〜八六頁）。

この点について加藤は、「社会が近代化」するにつれて「社会的な機能が分化」することは必然で、「地縁や血縁をもとにして成立した全人格的な人間関係が弱まって、機能的なはたらきあいで結ばれていく側面的な人間関係がつよく支配し」はじめるという「人間関係の変化」もまた必然とみる。しかし、日本には（西洋における「宗教」や「サロン」のように）分化した機能同士をつなぐ共通の基盤がないため、「機能の分化がそのまま生活基盤の動揺と混乱をまねく」点に問題がある。したがって、「現代社会」日本が直面する課題は、それぞれの機能・階層が、それぞれの立場・能力に応じて、「新しい生活基盤をつくりあげるための努力をはじめる」こと、すなわち「側面的な人間関係を肯定し、それを土台にしての地域的な連帯社会をつくるということ」にあるのだとする。加藤は、「これが市民社会といわれるものではないか」と述べている（九九～一〇二頁）。

こうした時代認識をもとに、加藤は生活学校を通じて「家庭」という場を焦点化し、「商品社会」の本丸に「消費」から切り込もうとしたわけだが、その最も重要なねらいは、①「日常生活で最も身近な婦人たちとくに主婦たち」を、「社会の傍観者」という立場にとどめずに「新しい生活基盤をつくるという共通の目標」に立ち向かう主体へと高めること、②「日常生活に直接つながりをもつ社会的な機能の間の壁をとり除き、機能の孤立化と分裂を防ごうと」することと、という二点にあった（一〇四頁）。特に後者については、既存の消費者運動を批判する形で次のように説明されている。

すなわち、大量生産・大量消費の展開という現実を前に、消費者が「買わされてしまう」立場におかれて「人間らしさを失い」、そこに「生活の中のほんとうの欲望」が反映されないことが問題となっているが、既存の消費者運動は「消費者」だけが集まり、機能集団として孤立している点に大きな限界があるという。たとえば、厳格な商品テストで知られる「Kという生活に関する季刊雑誌」（＝『暮しの手帖』）は、広告を拒否してあらかじめ生産者を排除し、一方で、もともと生産者側をも賛助する計画ではじまった「Nという消費者教育のための機関」（＝日本消費者協会）は、妥協の危険があるという批判を浴びて立ち往生してしまう。さらに、活発に展開する「ある団体の消費者運動」にしても、「消費者という立場に籠って」いることに違いはないとする（一〇五～一〇八頁）。

それに対して、加藤自身は、「現代という名の社会における生活運動の一環として消費」を考える立場から、消費にかかわる「あらゆる社会的な機能が、必要に応じて平等な立場で課題を中心に参加する共通のひろば」として、

「生活学校」を設定する（一〇七〜一〇八頁）。そこでは、「異質な機能」がつむぎだす「社会的な連帯の責任」こそが「いろいろな生活の問題を具体的に解決していく手がかりにな」るのだから、「生産者も流通関係者も消費者もそして行政機関も学識経験者も、新しい生活基盤をつくりととのえる作業に積極的に参加すべき」だという立場が貫かれる（一〇九〜一一三頁）。では、いかにして合意を形成しうるかといえば、その糸口は「どんな機能的立場にある人も、生活者であること」に変わりがないという点に担保されるという（一八九頁）。

このように、加藤は生活学校を、単なる学習活動の場としてではなく、具体的な問題解決の「しくみ」として創案し、「市民社会」の構築に向けた「新しい生活基盤をつくりととのえる」場として構想した。そこでは、主婦に主体性が強く求められるとともに、「生活」（あるいは「生活者」）が企業・行政を含む多元的な機能集団をとりむすぶ共同性の拠り所として位置づけられた。それに対して、「消費」はたしかに「商品社会」の本質に迫るものだが、加藤の関心からすれば、「生活」を構成する問題領域のうちの一つにすぎず、「消費者」もまた一つの機能集団にすぎないものであった。その意味で、「わたしは、可能なかぎりいくつかの「生活学校」を中心にして、その周辺の人びとと一緒になっての「生活者会議」をもつべきだと考えています」と自身で述べている通り（一九一頁）、生活会議への展望は、すでにこの構想のなかに用意されていたといえよう。

なお、この加藤の著作は、「貧困の上にあぐらをかいた社会構造からの脱却」という究極的な「ビジョン」まで掲げている。その「脱却」すべき「社会構造」の問題は、たとえば、出稼ぎの「からくり」に表れているという。すなわち、出稼ぎ労働力の給源が「貧しく疲れはててしまったような農村の恵まれない階層」にある点に関して、「貧しい人たちを狩り集め、それによって労働力を維持し確保しようという計画と、その計画のための大きなからくりがたくみにはりめぐらされていたと思える」と述べ、彼らが貧しさから脱却しようとする「この願いを利用して、誰がどういう利益を得、繁栄を築きつつあるのか、疑ってみたくさえなる」というのである（一七五〜一七八頁）。

他方、「消費者」の問題も、そうした「社会構造」のゆがみを反映したものとして解釈される。「生産者第一主義の社会」で、大量消費の対象としてはじめて貧しい階層が「消費者」として「発見」されたという事実認識を前提に、「わたしは、こんなかたちでの消費者の発見には反対です。むしろ迷惑です」といい、「こんな社会構造こそが問題なのに、それに眼を向けようともしないで、〔消費者の〕単なる尊重や保護を口にすること自体わたしたちに対する侮辱だとさえ思う」と述べている。加藤にとっては、「人間の発見」「生活の発見」「これを根底にした社会構造へのつくりかえ」こそが課題となるわけである（一八一〜一八二頁）。

さて、加藤はこのように「消費者」が「生産者第一主義」のもとへ位置づけられていることに批判的であったが、こうした加藤をはじめとする新生活運動協会の立場を理解する上では、（加藤も先に例として挙げていた）日本消費者協会との比較検討が有効である。

日本消費者協会については、近年、原山浩介が消費者運動史の文脈から検討を加えている[49]。その成果によれば、日本消費者協会は、一九五八年に日本生産性本部内に設置された消費者教育委員会（六〇年に消費者教育室へ改組）が独立する形で六一年に設立されたもので、企業・財界と主婦連・地婦連らの消費者団体とが手を結んで、消費者を産業社会の論理に包摂しようとするねらいをもつものであった。そこでは、「消費者教育」を通じて消費者が自らのニーズを正しく顕在化できるようになり、企業がそのニーズを汲み取って製品を改善していくことが、企業の国内外における競争力強化につながる、という論理が措定されている。といっても、原山が正しく指摘しているように、これを企業・財界による消費者・消費者団体の一方的な組織化としてみるべきではなく、産業界が消費者を経済発展に貢献しうる存在として位置づけたことは、消費者団体の側からも肯定的に受けとめられ、消費者運動に力を与える効果をもっていた。

この指摘を踏まえると、新生活運動協会（生活学校運動）と日本消費者協会とを、広い意味での生活に保守系が網をかけようとする「二つのライン」として並べてみることができる。両者は消費生活という場を焦点とすることでは共通しているが、新生活運動協会からみれば、日本消費者協会の志向は、まさに加藤が言う「消費者」を「生産者第一主義」に絡め取るもの以外の何物でもなく、むしろ否定されるべき面を含んでいた。日本消費者協会の組織形成のあり方が、(新生活運動協会が設立時に強く拒んだ)既存の団体を糾合する形であったことや、「消費者教育」といういわば上からの介入的なアプローチをとったことも、新生活運動協会とは大きく異なっていた。こうした整理をした上で振り返ってみれば、前期についても、組織やアプローチの違いによって、新生活運動協会の流れと、人口問題研究会や貯蓄増強委員会の流れとを「二つのライン」とみることができよう。

同時代の消費者運動と区別される生活学校運動の特徴については第5章で検討が加えられ、前期を含めた「二つのライン」の構図については終章で言及されるため、本章では以上の指摘にとどめるが、いずれにせよ、新生活運動協会にとっては、すでに「消費者」が日本消費者協会のラインに沿った固有の意味づけを与えられていた以上、自らの運動主体をそれとは区別されるものとして規定する必要があり、そのことが「生活者」という主体規定を選ばせた一因になっていたといえよう。では、協会が規定する「生活者」は、それ自体として、同時代においてどのように位置づけられるのか。

(3) 「生活者」の含意と「対話」というアプローチ

天野正子『「生活者」とはだれか』によれば、「生活者」という言葉は、一九六〇年代初頭から本格的に使われるようになったもので、企業の論理に従属する「消費者」がクローズアップされるなかで、それに対置される自律性を含む語として登場したという[50]。その意味で、協会(あるいは加藤)がこの語を使っていること自体は、特段目新しいものではない。しかし、生活学校運動は、天野を含めて近年の運動史研究が「生活者」運動として注目する生活クラブとは、そのめざす方向性が異なっており、両者の比較検討はそれぞれを相対化する視点を与えてくれる[51]。

本論の関心に即して生活クラブの特徴を要約すれば、企業主導でうみだされる商品の世界から距離をとり、自らのうちに生活者の世界というオルタナティブを構築しようとする運動であるといえる。それは、交換価値をおびた消費

「財」に異議申し立てを行い、共同予約購入という形で、自ら使用価値を追求した消費「材」を調達しようとする、その運動の基本線に端的に表われている。まさに、支配的な価値観に対する「対抗文化運動」という性格を強く帯びているのである[52]。

それに対して、生活学校運動の場合は、企業、行政、消費者という各機能集団を結び合わせる共同性の拠り所を「生活者」に求めた。したがって、「生活者」はもちろん企業の論理を軌道修正させる価値を帯びているに違いないが、しかしそれは、企業（あるいは行政）をも包含した新しい「連帯」を可能にする基盤として設定されているのである[53]。あえて対比的にいえば、生活クラブでは、消費者が「生活者」として閉じていく方向にあるのに対し、生活学校運動は、消費者を企業・行政と連帯可能な「生活者」という開かれた存在に位置づけ直す運動であったということができよう。

そして、こうした生活学校運動の方向性は、「対話」を重視するというそのアプローチに反映されている。前章でみたように、前期の協会では、「話し合い」を方法上の重要なアプローチに据えていた。生活学校運動においても、開始当初は「話し合い」という用語が使われていたが、徐々にその意味内容が練り直され、一九六七年ごろからは、それが「対話」という用語で表現されるようになる。たとえば、『通信』（六七年六月二一日）には、「生活学校の運営⑥　話し合いのしかた」と題する記事のなかで、次のような説明がなされている。

> 話し合いと一口にいいますが、いろいろな型があります。ある人が分類していましたが、講座（承わり《〔ママ〕》）型、懇談会（なあなあ）型、要求大会（つるしあげ）型などがあげてありました。生活学校での話し合いはこれらとはまったく別のものです。どこまでも相手との対話であり、それを通じて問題の解決をはかろうという手段だからです。

そのうえで、「講座型は対等の話し合いではなく」、「懇談会型」は対等だが「妥協が前提になる危険があり」、「要求大会型」は「一方交通《〔ママ〕》になりがち」という弊害が指摘され、そこに「違った立場と違った主張、違った意見をもつものが、真剣勝負をすること」という形で「対話」が対置される。そして、これを「異質なものの対話」と呼び、相互理解から出発しつつ厳しいやりとりのなかで問題解決を図ろうと呼びかける（通信六七年七月一日）。前期の「話し合い」が、家や地域の内部における成員間の「封建的」な関係性を変革しようとする発想が強いのに対して、ここでいう「対話」は、各機能集団を対等な立場で向かい合わせ、問題解決のための真摯な議論の場を設けようとするものといえよう。機能集団の孤立化による社会の分裂を危惧する協会の立場から、前期以来の「話し合い」路線の経験をもとに練り上げられてきたのが、この「対話」というキー・コンセプトなのである。その意味で、「異質の対話」という言葉で定式化されるこのコンセプト（そのプロセスについては第5章を参照）は、人と人との関係性を機能という概念でつかまえ、しかもそれが「異質」であることを前提にしなくては問題解決の糸口を見いだせなくなった、という新しい問題状況を受けたものであったと位置づけられる。

なお、一九六七年ごろから「対話」という用語が使われるようになったのは、美濃部亮吉東京都知事の誕生に影響を受けたためと思われる。実際に、通信（六七年六月一一日）にも、美濃部の影響で対話という語がブームになっていたことが書かれている。加えて、革新自治体によって対話が強調されるに至った背景については、『特信』記事によって、①議会多数党が依然として保守系であるために議会外の silent majority の支持を調達する必要があること、②代表民主制の形骸化や政党の空洞化によって議会・政党が市民の要求を反映しえない状況が現出していること、が指摘され、民主政治を成り立たせる原点としてのダイアローグ＝「対話」が、直接民主制の要求を反映したアプローチとしてもち出されたと解説されている。[54] このように、協会は同時代の「対話」ブームに影響を受けていたが、協会が「対話」という概念に込めた意味内容そのものは、「話し合い」を練り直すなかで、独自に生み出されたものといってよいだろう。

ここでやや角度を変えてみると、「対話」という方法を編み出した背景には、社会の分裂への危機感というほかにも、生活学校運動という「変革を管理し、抑制したい衝動」があったと推察される。そもそも、同時代の諸運動がとっていた「告発」や「異議申し立て」といったアプローチに比べて、対話というアプローチには合意形成への志向がより強く埋め込まれている。加えて、『特信』記事には、「対話」の原語であるディアロゴス（dialogos）という言葉が示すように、対話に向かうためには、自らの要求をロゴス（論理）にまで高めるべく、「自己自身をふりかえり、自己を甘やかす自己と戦」う「忍耐強い克己心」が強く求められるのだという解説がなされている。(55) やや強くいえば、こうした含意をもつ「対話」には、ある種の自己抑制が内包されていたとみることができよう。

では、なぜ、協会は生活学校運動に際して、合意形成や自己抑制への志向を埋め込んだアプローチを懸命に創案していったのか。それは、生活学校運動が協会も戸惑うほどのエネルギーを帯びた運動だったからである。たとえば、巻正平（生活学校中央推進委員、消費者問題研究所長）は、一九六六年の時点で次のような感想を漏らしている（通信六六年八月一日）。

> 全国の生活学校が手をつなぎ、一つの組織となったとき、現在の産業社会は、大きく変質を余ぎ〔ママ〕なくされるだろう。私は、このような生活学校運動の中に身を入れていることに、一種の感動さえおぼえる。〔中略〕いま私たち〔＝協会関係者〕に必要なことは、現実はつねに一歩先を進んでいるという事実を正しく認識することである。その認識をあやまるとき、運動はひとり立ちして突っ走ることになろう。この運動はそれだけのエネルギーがあり、そのエネルギーを組織化によって巨大なエネルギーになしうるかどうかは、まったく正しい現実認識にかかわっているのである。

ここには、生活学校運動の活動に目ざめた主婦層のエネルギーが、一歩誤ればとんでもない方向へ向かってしまうかもしれないという、一種の恐れが表明されている。

さて、ここでいう「エネルギー」の性格を正しく理解するうえでは、「新中間階層」論争の内容と、そのなかで高畠通敏が提起した問題を参照する必要がある。行論の都合上、ここで立ち入った検討を加えておきたい。

まずは論争の概要から確認すると、そもそも「新中間階層」論争とは、一九七七年に新聞紙上で行われた論争のことで、村上泰亮の「新中間階層」の問題提起に始まり、岸本重陳による批判、富永健一の「地位の非一貫性」論、高畠通敏による主婦と青年への注目と続き、見田宗介を司会とする座談会でひとまず幕を閉じている(56)。

この論争では、田中義久のいう「私生活主義(57)」のゆくえにかかわって、一九七〇年代から八〇年代に行われた議論が一通り出されている。ここで大きな問題提起をしたのは村上泰亮だった。村上は私生活主義の議論を「新中間階層」論として引き取り、勤労などの手段的価値よりも消費などの即時的価値を重視する人びとが出現したとしてかれらを新中間階層と位置づけ、そこにポスト高度成長の時代の政治的担い手を見出そうとした。村上の著作『新中間大衆の時代』の刊行とほぼ同時期に出版された山崎正和『柔らかい個人主義の誕生』は、村上の議論と表裏一体であり、ヨーロッパで議論されてきた個人主義に対して、高度成長の時代にあらわれた消費する人びとを「柔らかい個人主義」と名づけ、村上以上に消費する主体を手放しで評価した(58)。二人の議論は、いずれも、一九七〇年前後には私生活主義として議論され、政治的位置づけが難しかった人びとに政治的含意をあたえようとしたものということができよう。

新聞紙上における「新中間階層」論争の論点は二つに整理できる。

第一は、「新中間階層」の構造と性格をめぐって議論されたことである。司会の見田宗介は、論争最後の討論のまとめで、新しい「中間層的」現象については論争のなかで共通認識があったとまとめている。そのうえで、階層の性格にかかわって岸本は村上の議論を批判し、富永は地位の非一貫性論を提起した。村上の政治的含意についても議論になり、高畠は、新しい階層化により格差が拡大している面があるので、村上のように「新中間階層」を政治的担い手に直結することには無理があると批判した[59]。

第二に、「新中間階層」の存立基盤そのものへの問い返しの有無とその契機が議論されたことである。存立基盤への問い返しとかかわって、高畠と岸本から、管理社会化に関する意見がだされた。「「新中間階層」と管理社会」はこの論争のもうひとつの論点だった。第二の論点について、司会の見田はふたつのまとめを行っている。一つ目として見田は、高畠や岸本の管理社会化のとらえ方をふまえ、問い返しは、対自然問題、対第三世界問題の関係のなかででてくると述べ、そのうえで二つ目に、現実認識としては、村上のように、大多数の人びとは産業化そのものへの批判の一歩手前でとどまるという見通しは重要な指摘だと整理している。

以上が論争の概要である。先にみた加藤千代三の時代認識や、巻正平が示した「恐れ」を念頭において論争を振り返ると、論争のなかで指摘されたものの、議論にならなかった重要な論点が残されていることに気づく。それは、管理社会化とかかわって、高畠通敏が「生活の質」を提起していたことである[60]。高畠は、産業社会の急速な進展のもとで、「管理社会化」と「組織利害にまきこまれた生産至上主義」が強まり、そこから出現した「今日の産業社会の基底にある価値体系全体をどう問い直すかという問題」に対して、「価値観のうつし替え」に通じる「生活の質」が女性や青年によって問われるようになったとして、具体例として「市民運動」「住民運動」「消費者運動」「生協運動」をあげた。

高畠のいう「生活の質」とは何なのか。当時書かれた高畠の別の文章から確認してみたい[61]。高畠は、明治から高度成長・経済大国まで底流にあった「生産至上主義」の「価値体系の変革」をはかるのが「生活価値」であり、それは「人間の営みのすべてを、その最終の帰結がもつ人間的な意味から問い直す」ものであって、「他のすべての価値に優先」されるものだとする。今の時点からみれば、「人間的な意味」という表現に曖昧さを感じるかもしれないが、この当時の高畠にとってみれば、「管理社会化」と「生産至上主義」に対峙しうるのは「人間」の存在以外にありえなかったのである。「生活価値」は、先の「生活の質」と同義であり、「生活価値」が「他のすべての価値に優先」されるべきだとする認識は、一九六〇年代以降の住民運動のなかであらわれたものだった。そして「生活価値」の徹底は、「〈近代主義〉的イデオロギー」の見直しにまで突き進まざるをえない。これが高畠の見通しだった。

「生活の質」をめぐる高畠の議論は、新聞紙上の論争でとりあげられなかったものの、高畠の問題の立て方には、政治に規定された生活、経済に規定された生活という理解ではなく、人間の存在に備わった生活に固有の価値を見出し、生活の側から政治や経済をとらえ直す視点が含まれていた。これは、前期の新生活運動協会と異なる視点であり、村上泰亮など、論争参加者とも違う見方であり、高畠は、管理社会化と生産至上主義をのりこえる可能性を、「生活の質」を問う市民運動や住民運動に託そうとしたのである。

以上の議論を踏まえれば、高畠自身の視野には入っていなかったものの、生活学校運動の展開もまた、生活の質を問うエネルギーに支えられた運動の一つであったといえる。その意味で、生活の質を問う動きもまた、決してアプリオリに革新と結びつくものではなく、それ自体としてヘゲモニー争奪の対象になっていたといえよう。他方、高畠が示した見通しのように、そのエネルギーは、突き詰めれば社会体制そのものを揺るがしかねない性格をもっていたから、先に引用した史料のように、巻正平が「恐れ」を表明していたことの意味もよく理解できる。だからこそ、協会は生活学校運動に際して、合意形成や自己抑制への志向を埋め込んだアプローチを懸命に創案し、そこに「対話」という一つのワクをはめようとしたのであろう。しかも、協会がそれを「異質の対話」と呼んだことは、高畠のいう「価値観のうつし替え」という問題にまで、協会の目が届いていたことの現われであったと位置づけられる。

一方で、当然のことながら、「対話」をいかに妥協のない厳しいものといってみても、現実問題として、こうしたアプローチで解決可能な問題は自ずから限られてくる。協会は、たとえば次のように、あくまでも具体的な生活課題という次元で運動に取り組むことを称揚し、運動がイデオロギー対立に転化してしまうことを防ごうとする（通信六六年一月一日）。

直接住民の生活に密着する面では、イデオロギーの問題よりも、現実の問題に即した具体的な問題解決の方法がありうるはずであり、またそのような立場を確立することこそが、イデオロギーによって国民が両極に分断されていくような現在の傾向に対して、国民的連帯を回復するためのもっとも根本的な解決への方向ではあるまいか。

しかしながら、イデオロギーとは別次元の公共性をめぐる問題に対しては、この立場は弱いものであったと言わざるをえない。「対話」による調整が不可能であったからこそ、当該期の諸運動は、中央政府・地方自治体・大企業がふりかざす「公共性」そのものを問い直し、真の公共性とはなにか、という「未決のアポリア」にまで到達していたのである。[62]それに対して、協会は、同じ「生活者」なのだから、「対話」による「具体的な問題解決の方法がありうるはず」という理念以上の展望を示しえなかった。「生活者」をオルタナティブとして措定し、代理人運動によって政治の世界まで変えていこうとした生活クラブとは、大きな違いがあったのである。[63]そして、この違いは、生活の質をいかなる深度から問い直そうとしたのか、というスタンスの違いにかかわる問題でもあった（第5章・終章）。

(4) 社会開発と「参加」

一方、新生活運動全体の動きとして、協会は、日本教育社会学会に委託してまとめられた『地域開発と住民組織（新生活運動協会、一九六四年）などを通して、新産業都市建設促進法（一九六二年）以来の開発政策の実態を「住民不在の開発」であると批判し（通信六四年九月一五日）、経済開発に偏った開発のありようにも問題を見いだす立場をとるに至った。[64]そうしたなかで、一九六四年一一月に佐藤栄作内閣が誕生し、国政の基本方針として「社会開発」が打ち出されると、運動を社会開発の一方式として再解釈し、その視角から積極的な住民参加や、住民と行政との新たな関係づくりをめざそうとする方向性が明示されるようになった。

たとえば、一九六五年三月一九・二〇日に開かれた地方協議会事務局長会議の場で、安積得也（協会事務局長）は、佐藤内閣の社会開発に関して、「新生活運動のねらいと深い次元において共通的関連を持っている」ものとして言及し、社会開発に不可欠な「住民参加」という点に、新生活運動との接点を見いだしている[65]。さらに、一九六六年年頭には、社会開発といわれるようなことは、「新生活運動がすでに十年の実践を積み重ねてきた〝人間尊重の生活開発〟のなかにすべて包含されて」おり、「これを国が政治の力で施策として行なおうとすることについては、新生活運動は最大の関心を払わないわけにはいかない」としている（通信六六年一月一日）。

他方、『特信』では、第四四号・四五号（一九六五年二月・三月）の二号にわたって「社会開発特集」を組み、論点を整理している。そこではまず、社会開発には、開発によるひずみへの対応とともに、「生活の論理」の優位に対する自覚が必要であるとし、方法の上では住民参加という方式が一つの原則であるとして、生活・福祉にかかわる行政に住民が積極的に参加することを求める。そして、その実現のためには、行政が各種委員会・審議会を自己に都合のよい意見を代弁させる状況や、住民が主体性を欠いたまま人間として「孤立化」し、政治的に無関心で「近代的市民性」も未熟という現状を変革する必要があり、新生活運動がその変革の一端を担うべきであるとしている[66]。ここからは、協会が少なくとも主観的には、包絡を乗り越える運動主体を育てようとする意思をもっていたことがわかる。

では、住民の主体性をどのように喚起するのか。前章でみた通り、前期の協会は、人びとが生活実践に向かうエネルギーを源泉として、「話し合い」によって個々人の自主性を喚起しようと試みたが、後期の協会は、ともかく「参加」を求めた上で、問題に取り組むなかで主体性が引き出されると考えるようになった。たとえば、次のような言い方がなされている（通信六八年一一月一一日）。

失なわれつつある人間性を回復し、人間の主体性を確立することは、生活課題を解決していくための活動に参加し、いくたの困難に直面しては気力をふるいおこしてこれを克服していく過程において、はじめに真にわれわれ自身のものとなるものである。また新しい時代にふさわしい人間の連帯性は、共同してこの困難に立ちむかうことを通じてはじめて創造されるものである。

こうした「参加」が前提となってしまう発想の先には、参加の強制という形での動員という問題が生じかねないと考えられるが、後期の協会は、そこから培われる「人間の連帯性」に期待を寄せ、そしてまた、その住民参加の成果を行政に反映させる「しくみ」に、一つの新機軸を打ち出せるだけの蓄積をもっていた。それは、生活学校という「しくみ」である。

たとえば、一九六五年の段階では、大沢暢太郎が『特信』に「〝生活学校〟わたしの期待」という論説を寄せ、生活学校方式を援用した「生活者会議」を提唱し、それを直接的な住民自治・住民参加の一方式にする展望を示していた。大沢は、現状では選挙を除けば、陳情・請願、条例制定請求、監査請求、リコール、住民投票などという形で、住民の意思を自治体に反映することが可能だが、これらは「現在あまり大きな役割りを果たしているとはいえない」ため（通信六七年五月一一日）、「生活者会議が組織的に運用されるようになれば、さらに直接的な住民自治あるいは住民参加の道が開かれる」と考えていた(67)。後にみる「生活会議」は、この構想が結実したものである。

このように、協会では新生活運動を社会開発の一方式として方向づけていったが、同時に、佐藤首相が社会開発を基本政策に据えた好機を捉え、一九六五年七月二三日付で、佐藤首相に新生活運動協会として次のような要望書を提出した（通信六五年八月一日）。

財団法人新生活運動協会は、今や新らしい情況の変化に即応して脱皮転換すべき時機にいたっていることを痛感いたします。寄附行為にいわゆる「国民が自らの創意と良識により、物心両面にわたって、日常生活を高める」という新生活運動本来のねらいが、今日ほど切実に客観的に要請されている時代は、未だ曽てありません。何故ならば、そのような自発的住民参加こそは、社会開発の実質的基盤であり、それを欠いた政治行政施策の一方交通をもってしては、真の民主主義の成育を期待し得ないことを、最近の歴史が証明しているからであります。われわれは新生活運動推進の十年の体験に照し、政府がこの際、社会開発のための諸施策の遂行に当り、国民の自発的活動と協力的参加を助長する必要と価値を認識せられ、新生活運動に対する助成についての従来の考え方を蝉脱して、思い切った新機軸を打出されることを、強く要望いたします。

ここでも「自発的住民参加」が「真の民主主義」につながるものとされ、新生活運動が社会開発の文脈に置き直されている。社会開発が国政の基本政策と謳われていただけに、協会としても、大きな期待をもってこの要望書を提出したものと推測される。[68]

しかし、結論からいえば、「思い切った新機軸」は実現せず、表2-3に示すように、協会に対する助成金は、要望書提出を受けた一九六六年度分においても微増にとどまった。それどころか、次節でみる通り、佐藤首相在任中の六八年八月に、助成金の漸減勧告を受けることになるのである。佐藤内閣の社会開発が一種のかけ声に終わり、実態に乏しいものであったことは諸研究の示すところであるが、[69]それはこうした新生活運動に対する姿勢にも表れていたといえる。

その点で興味深いのは、要望書提出に先立つ一九六五年度予算折衝に際し、佐藤内閣の発足によって、生活合理化運動（＝生活学校運動）は「物価対策の観点にも大へん有効なので、もっと額も増額してより強く打ち出してくれまいかという要望があ」ったため、生活合理化運動分の六五年度予算が前年度から約四七九〇万円増額の七千万円となった事実である。[70]新生活運動は、物価対策という狭い視野でしか捉えられていなかったのである。安積得也は、「予

表2-3　協会に対する助成金の推移

（単位：千円、％）

	助成総額	事務所費		事業費	
1963年度	255,427	30,425	11.9	225,002	88.1
1964年度	254,431	33,747	13.3	220,682	86.7
1965年度	218,183	34,554	15.8	183,629	84.2
1966年度	227,607	39,534	17.4	188,073	82.6
1967年度	247,654	40,630	16.4	207,024	83.6

注：助成総額には、小さな親切運動本部等３団体に再交付している助成金は除いてある。
出所：行政管理庁「補助金行政監察結果に基づく勧告」1968年（『昭和44年・新生活運動助成金関係綴』国立公文書館所蔵）。

算獲得運動の最中」と記した一九六六年一月九日の日記に、こう漏らしている。[71]

新生活運動は、政治路線から見れば、社会開発達成のためのバイパス（補助道）なのである。最も基本的且永続的なバイパスなのである。この方法論的価値体系に対する評価能力を、現代の政治行政路線の人々は欠如しているのである。

この記述は「物価対策」云々という折衝の翌年度の記述であるが、いずれにしても、佐藤内閣の新生活運動に対する姿勢を批判したものとみて大過なかろう。こうして、協会は国政上に華々しい位置を獲得する機会を得られないまま、独自の模索を続けていくこととなった。

(5) 村づくり町づくり運動と国土美運動の再編

実際の運動展開に目を移すと、以上にみた社会開発への接近という方向性は、村づくり町づくり運動と国土美運動がそれぞれ再編されるなかで具体化されていった。

まず、先述の通り、村づくり町づくり運動は一九六四年度から「新しい村づくり町づくり運動」として、旧来の名称に「新しい」という形容詞が冠されるようになった。大沢暢太郎（協会企画広報部長）「社会開発と新生活運動（二）」によれば、「新しい」という言葉の含意は、①「古い（地域社会の）秩序の解体」という新しい状況を前提にしていること、②従来のように経済建設の側面ばかりでなく「社会的側面」を重視していること、③住民参加の方式を原則にするという姿勢を明確にすること、という三点にあった。[72]このうち、②③は社会開発という視点からの意味づけであるが、①については、加藤千代三の「社会の分裂」という危機認識と同様の見方であるといえる。毛利兼三（協会地域部）も、高度経済成長に伴う「部落組織」の崩壊について、その「意義はまことに大きい」とポジティブに捉えた上で、やはり「住民の一人ひとりが孤立したまま」であることを問題視し、多様な機能集団・職能集団を結び合わせる「新しい住民連帯」づくりを課題に挙げている(73)。

こうして「新しい村づくり町づくり運動」への再編が打ち出されたが、そこでは住民参加の成果を行政に反映させる「しくみ」の形成にまで至ることはなく、その課題は、国土美運動が「環境づくり市民運動」へと再編され、町づくり運動を吸収することで具体化されていった。

前掲表2-2が示すように、国土美運動の正式な再編は、一九六七年度からのことであるが、実質的には一九六六年からはじまっていた。一九六六年度の方針を伝える『通信』の記事によれば、国土美運動は一定の成果をもたらしたものの、ともすれば「外形的な美化運動」に陥りやすく、本来の「物をやたらに捨てるという生活慣習の変更、地域社会に対する関心と義務感、責任感にもとづいた市民意識を育て、市民性を高めるという困難にして、重要な問題をふくむ具体的市民運動である」という運動のねらいが見失われがちになっているため、新たに高度成長のひずみを抱える都市の生活環境全般の整備に取り組むこととしたという（通信六六年三月一日(74)）。

そのねらいは、「都市に人口が集中し、公共投資の立ちおくれで住宅、交通、上下水道、ごみ、し尿、緑の減少、河川のよごれ、大気汚染などの公害問題、さらに子どもの遊び場、公園の不足、施設の不備、そのうえもっとも日本人として誇るべき自然美が破壊され」てきた状況に対応し、同時に、「社会の変ぼう《マヽ》にともなう人口、労働力の激しい移動と生活様式の変化」が、「家庭内の地域、職場での人間関係をバラバラにするばかりでなく、地域社会の秩序や連帯感、郷土に対する愛郷心までうすれさ」せてきた状況に対し、「近代民主主義社会を構成する市民に必要な市民性を育て」ようとするものだった。そして、一九六七年度からはこれを「環境づくり市民運動」と呼び、「参加」と「対話」を基調とする運動方針を固めていった。

しかし、協会は、たとえば三島・沼津のコンビナート建設反対運動について、反対派が「それをイデオロギー的運動の拠点にし、科学的なものをぬき、感情的、利害的に訴え、公害反対を信仰的にもりあげてしま」った点を問題視する一方で、公害対策には「基本的な許容基準と、防止対策を明確にする」ことが重要だと述べ（通信六四年一〇月一五日）、経済開発そのものの是非を問う立場はとっていなかった。そこには、イデオロギーの問題性には目配りがあっても、三島・沼津の反対運動において、農民・商工業者・女性が「自らの生活にそくして考えることで工業開発を相対化する視点」を得つつ、「新たな社会関係が形成され」ていったことを評価する視点(75)などは含まれていない。協会の立場からすると、「生活者」のなかには、コンビナート建設によって利益を得る人びとも含まれるため、そうした人びとを排除して成立する共同性を評価することはできないのであろう。

そうであるとすれば、協会が設定する市民会議は、経済開発をあらかじめ前提にしたうえで進められるものとなり、多分に包絡の回路となりかねない性格をもっていたといえる。実際に、市町村段階には、「青少年育成、体力づくり、明るい選挙、緑化、交通安全など八十近い行政発想の「○○運動」「△△週間」「□□協議会」があるといわれるなか（通信六九年三月一一日）、新生活運動も、「詳細に検討すれば若干の相違があるけれども、全体的には行政（機構）のうえにそっくりそのままのっているといってよい」と自ら認めざるをえない側面をもっていたから（通信六八年七月一一日）、協会の主観的な意図はどうあれ、環境づくり市民運動が官製運動化して、住民の真の要求を汲み上げられなかったり、包絡の回路として機能していったりする可能性は、決して低くなかった。

実際のところ、第6章および第7章を通じて具体的に明らかとなるように、地方組織や行政はさまざまな形で固有の思惑をもって新生活運動へコミットしており、協会の意図はストレートに運動主体へ貫徹していかなかった。あえて敷衍すれば、そもそもこの問題は、自主的な民間運動であるといいながら、協会の財源を政府予算にほぼ全面的に依存し、上意下達の組織編成を拒む一方で「高度な指導性」を求められるという、新生活運動が抱える原理的なジレンマに根ざしていたといえよう。そして、このジレンマを改めて正面から指摘したのが、次にみる助成金漸減勧告である。

3 「新生活運動」協会のゆくえ

(1) 行政管理庁による助成金漸減勧告

一九六八年八月、新生活運動協会に対して、行政管理庁から助成金漸減勧告が出された[76]。これは、佐藤内閣の「今後における行政改革の推進について」(一九六八年二月閣議決定)に基づく補助金行政見直しの一環であり、特に協会だけを狙い撃ちにしたものではないが[77]、協会がこの勧告から受けたインパクトは大きいものがあった。まずはその内容を確認しておきたい。

勧告では、新生活運動の基本的な問題として、「国および地方公共団体の財源に依存しているため、純粋の民間運動と言い難く」、「画一的かつ形式的なものとなって新鮮味を消失しつつある」点が挙げられている。民間運動としての実体を具備するには、「国の助成金は漸減し、自主財源の確保に努める要《〔ママ〕》がある」とする。あわせて、「全国協会は県協議会への助成金交付に際して、事業の範囲、実施区域数および助成金の費目別の使途等について制限を付しているので、県協議会は事業を弾力的かつ自主的に実施できない」点も問題にされている。

さらに、具体的な課題として次の三点が指摘されている。

第一は、「全国協会の財務および機構の合理化」。勧告では、前掲表2-3にあるように、助成金の増額分が事務所費、特に人件費に充てられ、事業費が相対的に減少傾向にあること、そして、自主財源開拓の努力がなされていないこと(協会収入は一九六三~六七年度に計七〇〇万円を計上しているが、これは助成金の〇・五四%にすぎないこと)が問題視されている。

第二は、「県協議会の組織および財務の現況」。勧告では、県協議会が名目的存在となり、府県当局が運動を推進す

表2-4　事業の委託または共催を打ち切ってよいと認められるもの

（1966年度事業、単位：千円）

団体名	交付額	事業内容	理由
全国地域婦人団体連合会	1,000	指導者研修会	再配分による零細化と監督困難
日本青年団協議会	1,000	対象県の啓蒙（県：景勝地の美化）	
全織同盟（婦人部）	220	生活学校の開設	
日本ユース・ホステル協会	200	ペアレント教室の開催（共催）	別途文部省から補助金交付
日本レクリエーション協会	500	指導者講習会の実施（共催）	
日本［全国］公民館連合会	400	公民館関係者の学習（共催）	
修養団	150	働く青少年キャンプ講習会（共催）	
日本健青会	300	新生活運動と青年を結ぶ集い（共催）	
読売新聞社	1,600	美しい町づくり全国コンクール（共催）	無償協力を求めてよい
朝日新聞社	300	花いっぱいのフラワーショー等（委託）	
栄養改善普及会	150	健康づくりリーダー養成（共催）	営利企業との提携度が高い
人口問題研究会	350	企業体新生活指導幹部研修（委託）	一流大企業・公社が多く、負担力あり
貯蓄増強中央推進委員会	250	新生活と貯蓄へ婦人の集い（共催）	主催者は日銀のため、負担力あり

出所：行政管理庁「補助金行政監察結果に基づく勧告」1968年（『昭和44年・新生活運動助成金関係綴』国立公文書館所蔵）。

る地方が多いことが指摘されている。実際に、三九もの府県が、県社会教育課、県民課、広報課、生活課などの課長が事務局長を兼ね、課内で事務処理にあたっているとの調査結果が得られている。

第三は、「間接事業および広報・調査事業の効率化」。勧告では、事業の成果と運動の定着状況の追跡調査が実施されていないことが指摘され、また、原則として委託事業（事業費一〇割交付）でなく共催事業（同五割交付）という形を取るべきだと提案されている。さらに、打ち切ってよいものとして、表2-4に示した団体が挙げられ、委託・共催事業選定の基準を政府の補助金等整理方針の趣旨にそって改定せよ、との要求も出されている。その他、新生活事業センターは「廃止の方向で検討を要する」こと、地方所在の団体との共催は県協議会へ実施させること、広報関係出版物は直接送付に改めて部数の減少を図ることと、無償配付する基準を作成して他は有償方式に切り換えることが求められている。

以上の内容は、生活学校の隆盛や生活会議への展望に目が向いていないものの、協会自らが自覚してきた課題も少なからず指摘されており、ひとつの行政判断として、一定の妥当性をもっていたといえる。実際に、協会としても、この勧告は「多くの誤解と誤認」を含んでいるものの、「いくつかの欠陥を正当に指摘」したものと評価せざるをえなかった（通信六八年一二月一一日）。

(2) 勧告のインパクトと時代認識の変容

一九六八年九月二四日、協会は、漸減勧告への対応を協議するための「特別委員会」を発足させた（通信六八年一〇月一日）[78]。『通信』（六八年一一月一日）の説明によれば、勧告前から「小委員会」で検討されてきた「国民運動への刷新案」の論点（全国的な共通課題の設定、四分野の再整理、事業の重点化・簡素化など）を引き継ぎつつ、勧告への対応を練ることになったという。その成果は「新構想」としてまとめられ、六八年一〇月二二日に理事会で議決された。

ここで、「新構想」の内容を検討する前に、問題の予算についての帰結を確認しておくと、結果的には、二億九八〇〇万円（一九六八年度）から二億五五〇〇万円（六九年度）への減額が決まった[79]。これはまず、従来協会予算に合算されていた「小さな親切」運動本部分二七〇〇万円と、日本家庭福祉会分三五〇万円を分離した成果によるところが大きいが、協会自体の予算としても一四〇〇万円の減額となった。「勧告」内容を受けて、協会事務局員の定員一名減、人事上の合理化（部長の兼務など）、委託から共催事業へのシフトを盛り込むとともに、人口問題研究会、全織同盟、読売新聞社等の関係団体に対する委託・共催事業のとりやめ、『通信』の月一回発行（従来は月三回）・直送方式への切りかえ、などが実施された。

また、協会は、中央における政府からの助成金減額が、地方協議会段階における都道府県からの助成金減額につながることを懸念していたが、一九六九年度の地方協議会予算は、自治体から助成金を受けていた四三都道府県のうち、対前年度増額二七、同額一一に対し、減額はわずか五というように、「地方段階でのこの運動の定着ぶり、また、各地方協議会の努力の結果」として、ひとまず安堵できる状況に落ち着く結果となった（通信六九年三月二一日）。

さて、では、「新構想」の内容はどのようなものだったのか。まず、全体の方向性については、「新たに国民生活上最も緊要な全国統一課題を設定して、全国民の意欲を喚起し、日常の実践活動を盛りあげ「健康で住みよい新日本建設」（協会発足当初の決議文中協会の役割りを示した一節）への国民運動を積極的に展開する」と決定された。ここからは、「全国統一課題」の設定、「国民」という主体規定、「健康」への注目、という三つの特徴がみてとれよう。

このうち、「全国統一課題」については、「①社会生活のルールを守る運動」「②街〔ママ〕や村、自然など生活の場を美しくする運動」「③背のびした生活をやめ、健康で豊かな家庭、社会をつくる運動」という三つの重点目標を挙げている（通信一九六八年一一月一日）。そのねらいは、「旺盛な責任感と使命感とを身近に感じ、相互連帯の意識にもとづいて、おのずからのうちによき社会の実現を図ること」にあって、運動を通じて「人間性豊かな国民像と秩序あって、かつ美しい国土の実現を」めざすものとされる。全体を通して、自主性・主体性という言葉が影をひそめている点が注目される。

この点は、運動のスタイルにも表れており、上から「全国統一課題」を設定するという、従来の協会が極力自制してきたはずの手法がここで持ち出されている。これは、勧告によって国民規模の運動としてアピールする必要性が痛感されたからであろう。実際に、この構想は「これまでの地味な活動だけでは、全国民的な規模の運動にはならぬ」といった批判にこたえるものとして打ち出され、「これからは、地味な運動の積みあげとともに、広く国民一般に呼びかける外向きの運動が必要」との判断があった（通信六八年一一月一日）。

他方、「国民」という主体規定が浮上することとなった直接の契機も、この「国民運動」化の要請に求められよう。しかし、その裏面で、「生活者」という主体規定では、この時期の問題を捉えるのに必ずしも十分ではない、という時代認識の変化があったように思われる。この点は、「健康」を強調する含意にもかかわっている。

すなわち、ここで協会がいう「健康」とは、「物心ともに健康で住みよい社会の建設を目ざ」すという表現がみられるように（通信七一年九月一日）、多分に精神的な要素を含んだ意味が込められていた。加えて、「「昭和元禄」ということばに象徴される華やかさ、豪奢さとは全くウラハラな現代社会の病理」という「根元的問題性に挑戦」することこそが、新生活運動の役割であると協会は明言する（通信六九年一月一日）。「病理」という捉え方は「当面の方針」にもみられたが、この時期にはそれが深刻化していると認識され、「健康」な「国民」づくりには、「モラル」や「秩序」が必要であると捉え直されていく。たとえば、一九七〇年六月に協会会長へ就任した高橋雄豺は、次のように述べている[80]。

単に経済成長のみ考えていたら、国民の将来は灰色になる。世界情勢が緊迫するなかで精神面の裏づけがなくて、大国を誇ることはできない。いまそれを誰がやるのか。運動の是非はともかく経済繁栄の裏側にひそむ秩序、モラルの確立はやはり日本の将来の基礎になる。その意味からも運動の果たす役割は重大であり、その任務は大きい。

こうした認識の背後にある具体的な問題については、物価高、危険な商品、公害、交通事故の激増、過疎（→「人間精神の荒廃」）・過密（→「社会的連帯の弛緩」）、「さいきんの大学紛争にみられる混乱ぶり」（→「社会の連帯性の崩壊と無秩序状態の深刻化を象徴」）といった諸点が挙げられ、これらによって、「われわれの国民的統合をおびやかすような大きな社会的亀裂が生じ、そこに底しれぬ深淵をのぞかせている」とされている（通信六八年一二月一一日）。ここには、「国民的統合」への危機感が直截に語られている。

ところで、「新構想」の具体的内容としては、四重点分野の整理・統合を行うため、協会初期のように、①「地域」の運動と、②「職域」の運動という形で、シンプルな分類に戻す方針を打ち出した。前者は、従来の「生活学校運動」「新しい村づくり運動」「環境づくり市民運動」を包括し、後者は、「明るい職場づくり運動」をいっそう積極的に推進するものとされた。こうした整理は、生活学校が消費以外のテーマに乗り出すとともに、各分野への生活学校方式の援用が進みつつある状況を受けたものであったと思われる。ただし、この方針はその後の展開において、実質的な意味をもつことはなく、協会の運動推進方針も個別の運動分野ごとに打ち出されていった。

他方、一九六九年度の運動推進方針として、①「新生活住民会議」というしくみの提案、②連絡会組織の充実・強化、③社会生活のルール確立の全国共通テーマ化、の三点が打ち出された（通信六八年一二月一日）。①では、同一地域内における各種の運動集団をむすびつけることが重視されるとともに、住民相互あるいは住民と行政、自治体との対話の場を組織的に積み上げることが課題とされる。②では、同一運動に取り組む運動集団をむすびつけることが重視されるとともに、生活学校運動、明るい職場づくり運動ですでにいくつか存在する連携の輪を拡げ、都道府県の枠を越えた連携に発展させていくことが目標とされる。③については、たとえば、一九七〇年度には「法と社会秩序を守る強調月間」「自然と文化を守る強調月間」「飲酒運転の追放」といったテーマが設定されていた（通信六九年一二月一日、七〇年八月一日）。

さらに、「勧告」以降の新しい動きとして、一九七一年度から「郷土奉仕活動」が取り組まれた（通信七一年七月一日）。ここでいう「郷土」とは、「現に自分が住んでいる地域社会という意味」であって、生まれ育った地を意味する「郷里」「ふるさと」とは区別される[81]。おおよそ市を単位に、奉仕の意志と能力をもつものであれば誰でも参加可能であるとされ、活動の内容は、生活環境の整備、教育活動に対する援助、文化の振興や文化財の保全、社会福祉の増進、各種市民運動など、地域の実情に即して選ばれるものとされた。初年度は東京、大阪、岩手、埼玉、静岡、広島、鹿児島の七都府県において、それぞれ一都市を選んで実施され、一九七九年度までに一七県三九市に広がり、いずれも人口三～三〇万人規模の中小都市が選ばれた。この間、年度別の「奉仕者登録人員」数は、一五万四千人（七一年度）、六二万四千人（七四年度）、九二万七千人（七七年度）という具合に増加していった[82]。

自発性という観点からみれば、ここで「奉仕の意志」が参加の要件に加わるのは理解できる。しかし、運動が行政ルートで設定されている実態のなかで、「奉仕者」が「登録」され、その数字が運動成果の評価基準になるという状況においては、「登録」は動員の圧力となり、そこに個々人の自発性が担保される保証はない。「郷土奉仕活動」の目的が、新旧住民の融和をめざす「コミュニティの創造的形成」にあるとすれば[83]、なおさらであろう。ここには、「団地」という新しい問題状況に対して、団地住民と旧来の住民との共同性を構築しようというねらいが込められているわけだが[84]、自発性を喚起しようとする工夫に乏しいものといわざるをえない。

(3) 生活会議のねらいとコミュニティ政策

以上のように、勧告後の新構想には、秩序とモラルのある国民づくりをめざした上からの統合という路線が登場したが、その一方で、従来の連帯をめざす路線も展開をみせ、コミュニティ政策へと急速に接近していった。

周知の通り、コミュニティ政策の起点となり、「コミュニティ」という言葉が流布するきっかけとなったのは、国民生活審議会コミュニティ問題小委員会による答申『コミュニティ――生活の場における人間性の回復』（一九六九年）である[85]。この答申が出た当初、協会の受け止め方は冷静なもので、答申の理念には共感するものの具体策が乏しいとして、「新しいコミュニティ」は「新生活運動によって誕生しつつある」ことを自負していた（通信六九年一一月一日）。協会は同委員会の答申メンバーとなった社会学者と交流が深かったため、問題の認識枠組みを共有できる立場にあったのである。しかし、一九七一年四月に自治省がモデル・コミュニティ政策に乗り出すと、協会はその問題点を厳しく指摘し、自らの運動方針をコミュニティ政策の担い手として、よりふさわしいものへと再編していくこととなった。

たとえば、『高まるコミュニティ活動　日本の新生活運動』（一九七一年版）では、モデル・コミュニティ政策がもつコミュニティ整備計画（生活環境整備）とコミュニティ活動に関する計画（活動の組織化）の双方に、次のような批判を加えている[86]。すなわち、コミュニティ整備計画については、「住民の意志や欲求は計画の中に反映されるしくみにはなっているものの、「現在のように、住民の利害関心や価値観が多様化している時代にあっては、住民間の合意をつくりあげること自体が非常に困難になってきている」ため、「施設の整備が、形だけの住民参加のもとに進められていく危険」があると指摘する。一方、コミュニティ活動に関する計画に対しては、「住民が作成主体であり、これを市町村が援助する、というたてまえ」になっているが、「住民活動そのものを果して計画することが可能なのか、「住民活動そのものは計画すべきものなのかという疑問もまたすてることができない」として、「住民活動を市町村が援助するということで、住民活動そのものを規制し支配する」ことになりかねないと批判する。

そのうえで、コミュニティ形成のポイントを自律的な住民活動の展開に置き、そこから既存の住民組織のありようを変えていく必要を説く。既存の住民組織には、伝統的な地域組織の形骸化・空洞化、行政による系列化、上部指向的傾向（＝広域組織や全国組織に埋没し、抽象レベルの意志で行動するという弊害）の高まり、といった問題が見いだされ、モデル・コミュニティ政策が打ち出す「協議会方式」にしても、「行政のイニシアチブでつくられた組織は、往々にして実質のない名目的なものとなりがちで」「参加しているメンバーは組織の主体ではなく、むしろ客体」となってしまう、というのである。そして、一九七一年度から新生活運動協会が新しく実施している「生活会議」が、こうした問題を乗り越える「しくみ」として対置される。

このように、協会がコミュニティ政策へと接近していく流れは、一九七二年、「新生活運動の今後の方向に関する答申」（巻末資料4）（以下、「今後の方向」と略記）の策定に至って決定的なものとなる。すなわち、「今後の方向」とは、「当面の方針」（一九六三年）と同様に、専門の委員会を設けて運動の根本的なあり方を再検討したものであるが、そこでは、「今後の協会活動の重点は、「新しいコミュニティづくり」をめざす住民運動の育成におく事が現時点においては最も適当である」と明記され、「コミュニティ」づくりという観点から運動の「総合的育成」を図る方針が明示されたのである。

したがって、一九七〇年代の協会を評価する上では、実際に、生活会議がモデル・コミュニティ政策を乗り越える「しくみ」となりえたのかどうかが決定的なポイントとなるが、これについては第4章に譲り、ここでは、協会が生活会議に込めたねらいについて、考察を深めておきたい。

まず、協会は、社会状況について、一九六〇年代以来の国民生活上の諸問題がエスカレートして、全国各地に住民運動という形をとる対立が頻発し、「反対運動、抵抗運動、阻止闘争がいきおいエスカレートして」「社会的断絶の拡大」が顕著になってきたことを問題視する。そのうえで、協会は、「対決」では「力と力の対決になる」ために、「真の解決」はもたらされないという立場に立ち、「対話」の重要性を強調している。[87] 住民運動に対する政党やイデオロギーの介入を問題視し、具体的な生活課題に即して問題解決をめざすべきとする立場も堅持され、基本的には、前節でみた認識の延長線上に、この生活会議の構想が打ち立てられたといえるだろう。

ただし、注目すべきことに、「健全な」住民運動という視点や、「運動」と「活動」とを峻別する視点が新たに登場している。すなわち、住民運動は「社会全体の立場からみるならば、社会の老化を防ぐ自然療能力の発現」であり、一面でその「健全な発展を望みたい」ものであるが、しかし、「住民運動は、もちろん住民活動の全部ではな」く、「日常的な経過の中では、解決し処理できない場合」の「異常な形態」である。つまり、「日常生活の中に発生し顕在し拡大する異常性や、外部的要因による異常な事態の出現が、住民運動の直接的な契機だとするならば、それらが日常的な活動の中でとりあげられ、解決されていくことができさえすれば、住民運動は不発になる」から、住民の欲求を吸い上げる組織をつくり、日常的な住民活動を活性化させていこう、という。[88]

ここには、「いい住民運動」を育てて「内部化」しようという、財界が一九七〇年代半ばに打ち出す提言に通じる発想や、[89] 道場親信が運動史研究にみられる「「段階論」的歴史記述」として批判を加えた、「活動」を「運動」よりも高次で好ましいものとみる価値規範が埋め込まれている。[90] このうち、前者の提言は、革新勢力が「独占資本のねらう住民運動囲い込み」をねらうものとして警戒し、[91] 後者の価値規範は、NPO、NGO研究者を強く縛ってきたものである。[92] その意味で、協会のねらいは本質を突いており、さまざまな運動を通じて公共性が問い直される時代状況のなかで、協会はそれを既存の社会秩序の枠内につなぎとめようとする役割を正しく見定めていたといえよう。

(4)「生活」概念の分裂と「新生活運動」協会の終焉

ここで、やや視点を変えて、以上にみた協会後期の方針の推移を、「生活」概念との関係に即して整理し直したうえで、一九七〇年代の協会を展望することにしたい。その際に参考となるのは、山口定が、先述した「新中間階層」論争にかかわって、「「生活」概念から地域社会におけるコミュニティ形成と連帯の問題を除去し、これを、孤立した消費と趣味の世界としての「生活」概念へと転換するという政治的役割を演じた」と指摘している点である(93)。山口のいう「政治的役割」という指摘の当否はさておき、ここで注目したいのは、「生活」概念が戦後のある時期に、もっぱら「孤立した消費と趣味の世界」を意味するようになり、そこから「コミュニティ形成と連帯」の問題が抜け落ちるようになった、という理解である。「孤立した消費と趣味の世界」とは、田中義久がいう私生活主義にあたるものと考えられるが、そうであるとすれば、単に言説上の問題だけではなく、高度成長による社会変動を通じた実態を伴う形で、人びとの生活が私生活主義的な傾向を強めていった結果として、「生活」概念からコミュニティ形成と連帯の問題が抜け落ちていった、と捉え直すことができる。

先述したように、一九六〇年代半ばに打ち出された生活学校運動は、生活の質を問うエネルギーに立脚するものであったが、こうした見方に立つと、「生活者」をキーワードに多様な機能集団の連帯をめざした協会の位置づけがさらによく見えてくる。すなわち、協会は「生活」概念の分裂に帰結する社会変動の兆候を敏感に感じとり、かつそこに正面から向き合うことで対応を図ったが、それゆえに「生活」概念の分裂という事態の深刻化が、運動そのものの展開を困難にしていく面をもっていたといえるのではないか。高度成長の進展によって私生活主義的な状況はどんどん広がりをみせる一方で、そのいわば陰画として、産業社会の価値を問い直し、生活の質を問うエネルギーは高まっていったが、住民運動に代表されるように、そのエネルギーの多くは「異議申し立て」という形で噴出し、「連帯」というよりも「分裂」に向かいかねないものであった。当該期の諸運動が共同性の拠り所とした「生活」が、協会の考える枠組みよりも狭いものであったことはすでに述べた通りである。

あるいはまた、下から連帯を積み上げる路線とは別に、上から秩序とモラルを求める路線を性急に採用せざるをえなくなった勧告後の展開も、「新生活運動」を支える「生活」という立脚点のゆらぎを示しているといえるのかもしれない。もっとも、その後の推移をみると、上から秩序とモラルを求める路線は急速に影を潜めていき、運動に新局面をもたらすことはなかった。「今後の方向」（一九七二年）以後、『通信』の紙面を占めたのは生活学校や生活会議を中心とするコミュニティづくり関連の記事であり、「秩序」や「モラル」といった言葉は、高橋会長が毎年の年頭所感で表明する以外にほとんど出てこなくなる。さらに、勧告後にはじまった「社会生活のルールをつくりあげる運動」（前掲表2-2）も、七〇年代半ばにはほとんど通信の紙面に姿をみせなくなった。

それに対して、生活学校運動は盛り上がり、生活会議の試みも広がりをみせ、「省資源」にいち早く注目していく（第5章）など、連帯路線の方は順調な進展を遂げていったようにみえる。しかし、私生活主義的な状況がますます広がり、「生活」概念がいよいよ分裂を深めていくなかで、連帯を「生活」の内側から捉えることは、次第に難しくなっていった。実際に、たとえば埼玉県新生活運動協議会が一九六九年に「あすの埼玉をつくる県民運動推進協議会」へと名称変更を迫られて「生活」という言葉を手ばなしたように（通信六九年五月一日）、七〇年を迎える頃には、新生活運動にも「生活」概念の分裂という大波が及び始めていた。「生活」という言葉をはずしたこの名称変更は、「生活」概念からコミュニティ形成と連帯の問題が抜け落ち、私生活主義に向かうエネルギーを連帯に結びつけることが困難になりつつあった状況を象徴的に示している。

やがてその大波は中央の協会をも襲う。先述の通り、「今後の方向」（一九七二年）は、コミュニティづくりという枠組みから新生活運動を再編成する方針を打ち出したものであったが、そこでは、私生活主義の蔓延が「マイホーム主義」という言葉で捉えられる一方で、かつて強い含意を込めたはずの「生活者」という主体規定は、「住民」という言葉に取って代わられている。協会は「生活」概念から引きはがされたコミュニティ形成と連帯の問題を、それ自体としてむき出しのままに扱うこととなったわけである。以後、「新生活」運動見直しの機運は高まり、「今後の方向」に続いて、「資源有限時代における新生活運動の在り方に関する答申」（七七年）、「新生活運動の意義と今後の在り方に関する答申」（八〇年）といったように、「答申」が立て続けに出されていく。そしてついに、一九八〇年の答申では、協会の名称変更が一つの焦点となり、新しいコミュニティづくりや省資源・省エネルギー活動との関係に主眼をおいた候補例が示された。全国生活運動協会、新生運動協会、日本社会開発センター、あすを築く生活運動協会、社会連帯推進運動協会、省資源・省エネルギー生活運動協会、といった例がそれである。最終的に、協会は、一九八二年に「あしたの日本を創る協会」という、「新」も「生活」も「新生活」も含まない新たな名称を選択し、「新生活運動」協会としての終焉を迎えたのである。

おわりに

後期の新生活運動協会は、開発政策の批判的な検討や、社会開発の機運の高まりのなかで、「参加」の重要性を認識し、また、前期からの「話し合い」の蓄積の上に（美濃部革新都政の誕生を間接的な契機として）、「対話」というアプローチを創案した。一九七〇年代半ばの「保守の再編」を受けて、「参加」と「対話」が自らの独占できるプラス・シンボルではなくなった、と革新勢力が認識するに至るよりもはやくから、協会は独自の取り組みのなかで、これらをつかみとっていたのである。(94) あくまでも具体的な生活課題に即して問題を捉え、党派的には〈中立〉の立場を堅持するという強い方針が示されていたから、運動をめぐる保守・革新のヘゲモニー争奪という文脈のなかでは、それを容易に革新側に引き渡すことを阻止する点に、協会のねらいの客観的な位置を見定めることができよう。

他方、当該期の住民運動をはじめとする多様な運動のなかで、広い意味での「生活」が、人びとの新しい共同性を取り結ぶ拠り所となる時代状況において、協会はこれを積極的に自らの運動課題として受けとめ、協会なりの共同性を打ち立てようと試みた。そこでは、他の諸運動が、「生活」を、中央政府・地方自治体・大企業がふりかざす「公共性」に抗う論理を対置する源泉としていたのに対して、協会は、行政・企業をも包含する概念として「生活者」を設定し、高度成長のなかで多様な機能集団が分裂して、社会的連帯が引き裂かれていく状況を改めようと構想した。その意味で、行論のなかでみたように、協会は、運動主体を「市民」あるいは「住民」としても規定していたが、「市民」に多少規範的な含意が込められてはいたものの(95)、最も強い含意を込めたのは「生活者」という主体規定であったということができる。

同時に、この「生活者」という主体規定は、高度成長に伴う「商品社会」に翻弄される「消費者」とも、日本消費者協会を通じて産業社会の論理にとりこまれた「消費者」とも区別されるものとして設定され、そこには、生活の質を問うエネルギーを社会的連帯に振り向けさせようとするねらいが込められていた。しかしながら、一九七〇年代を迎えるころには、住民運動に代表されるように、生活の質を問うエネルギーが「異議申し立て」という形で噴き出し、「生活」を舞台として「公共性」が引き裂かれる形で社会的断絶が深刻化していくとともに、私生活主義の広がりがいよいよ顕著になって、「生活」概念からコミュニティ形成と連帯の問題が引きはがされていく状況が現出しつつあった。そのなかで協会は、それまで積み上げてきた連帯路線を展開させていく一方、勧告問題の影響もあって、上から秩序とモラルを求める路線を新たにもちだすこととなった。結局、両者は噛み合わないまま、まもなく新路線は影を潜めたが、連帯路線も「生活」概念の分裂という大波にのまれ、協会は「生活者」の共同性を国民的基盤に育てる回路を失っていった。

そうした限界は、「生活者」という概念の抽象性や、「対話」というアプローチの射程と生活の質を問う深度の問題、さらには官製運動化や包絡の危険といった要因を踏まえたうえで評価されるべきものだが、協会の「生活者」理念と接点をもつ政治主体が欠如していたこととも大きくかかわっていると思われる。おそらく協会がその可能性を唯一感じたのは、社会開発を掲げる佐藤内閣が誕生した瞬間であった。しかし、佐藤内閣は生活学校に対して、「物価」という狭い枠組みからしか反応できず、その夢は脆くも崩れ去った。それでも協会は独自に模索を続け、「生活会議」というしくみや、「健全な」住民運動を育てようとする発想、あるいは日常的な「活動」を活発化させることで「運動」への転化を防ごうとする思考などを独自につかみとり、コミュニティ政策へ合流する資格を手にしていったのである。このことは、協会なりの社会統合を模索し続けたひとつの到達点として評価できよう。

注

(1) 大門正克「高度成長の時代」（大門正克ほか編『高度成長の時代一　復興と離陸』大月書店、二〇一〇年）四一〜四六頁。
(2) 道場親信「地域闘争——三里塚・水俣」（岩崎稔ほか編『戦後日本スタディーズ②——「六〇・七〇」年代』紀伊國屋書店、二〇〇九年）一〇四頁。
(3) アンドルー・ゴードン「五五年体制と社会運動」（歴史学研究会・日本史研究会編『日本史講座一〇　戦後日本論』東京大学出版会、二〇〇五年）は、この点を明示的に指摘している。
(4) 引用は、前掲、道場親信「地域闘争」一二〇頁。
(5) たとえば、進藤兵「革新自治体」（渡辺治編『日本の時代史二七　高度成長と企業社会』吉川弘文館、二〇〇四年）。
(6) 前掲、進藤兵「革新自治体」二四一頁、二四六頁。宮本憲一『日本の地方自治　その歴史と未来』（自治体研究社、二〇〇五年）一六五〜一六八頁。
(7) 松原治郎・似田貝香門編著『住民運動の論理』（学陽書房、一九七六年）、『住民運動・住民参加に関する研究』（日本総合研究所、一九七六年）など。
(8) 沼尻晃伸「地域からみた開発の論理と実態」（前掲、大門正克ほか編書）、引用は九七〜九九頁。
(9) 前掲、大門正克「高度成長の時代」（四三〜四四頁）が、松下竜一『風成の女たち』（朝日新聞社、一九七二年）を紹介している。
(10) 道場親信「一九六〇年代における「地域」の発見と「公共性」の再定義——未決のアポリアをめぐって」（『現代思想』第三〇巻六号、二〇〇二年五月）。
(11) 前掲、道場親信「地域闘争」。
(12) 佐藤慶幸・天野正子・那須壽編著『女性たちの生活者運動——生活クラブを支える人びと』（マルジュ社、一九九五年）序四頁。

(13) 篠原一『市民参加』(岩波書店、一九七七年)七七〜七八頁。道場親信「一九六〇—七〇年代「市民運動」「住民運動」の歴史的位置——中断された「公共性」論議と運動史的文脈をつなぎ直すために」(『社会学評論』第五七巻二号、二〇〇六年九月)二五二〜二五四頁。

(14) 『新生活運動協会二十五年の歩み』(新生活運動協会、一九八二年)。

(15) 「協会運営の基本方針について」(大沢案)(一九六二年七月一〇日頃)(『基本(No.1)』ファイル所収「安積得也関係文書」二五四-一)。

(16) 〔無題、「部外秘」〕(一九六一年一一月六日)(『基本(No.1)』ファイル所収「安積得也関係文書」二五四-一)。

(17) 「安積事務局長による試案説明」(一九六三年二月二八日)(『全国協議会における基本構想「試案」説明』ファイル所収「安積得也関係文書」二三六-二〇)。

(18) 「基本方針書の意図するもの(ねらい)」(一九六三年二月二〇日)(『基本構想小委員会試案』ファイル所収「安積得也関係文書」二三六-七)。

(19) 「新生活運動協会運営の基本方針」(『基本構想小委員会試案』ファイル所収「安積得也関係文書」二三六-七)。

(20) 「理事会における局長説明」(一九六三年七月一五日)(『基本構想小委員会答申』ファイル所収「安積得也関係文書」二五四-四)。

(21) 『特信』(第二六号、一九六三年八月)一四頁。

(22) たとえば、岩田岩二(協会事務局長次長)「「国土美」運動の問題点」(『特信』第二六号、一九六三年八月)。

(23) 「協会運営の基本方針に関する質問書に対する回答および地方協議会の意見について」(一九六三年一月)(『基本構想小委員会試案』ファイル所収「安積得也関係文書」二三六-七)。以下、特にことわりのない限り、「地方協議会からの意見聴取」に関する記述・引用は同史料による。

(24) 「協会運営の基本方針について(加藤案)」(一九六二年八月二日)(『基本(No.1)』ファイル所収「安積得也関係文書」二五四-一)。

(25) 「新生活運動協会当面の運営基本方針(案)」(一九六二年八月一四日)(『基本(No.1)』ファイル所収「安積得也関係文書」二五四-一)。

(26) この段階では、「事務局A案(大沢稿)」、「事務局B案(安積稿)」とも「生活者」という用語を用いている(『基本構想小委員会試案』ファイル所収「安積得也関係文書」二三六-七)。

(27) 加藤千代三『生活の探求——現代社会と生活学校』(新生活運動協会、一九六五年)一〇〇頁。

(28)　実際に、「全額自主財源でまかなう」には、「少くとも三〇億程度の基金か、あるいは年々二億円以上の募金と事業収入」を必要とするため、「おそらく不可能である」と考えられていた。「協会運営の基本方針について（大沢案）」（一九六二年七月一〇日頃）（『基本（No.1）』ファイル所収「安積得也関係文書」二五四-一）。

(29)　「安積得也日記」（一九六四年三月四日「安積得也関係文書」五〇一-一三七）。

(30)　引用は、前掲「協会運営の基本方針に関する質問書に対する回答および地方協議会の意見について」（一九六三年一月）。

(31)　『特信』（第一七号、一九六二年一一月一日）九頁。

(32)　安積得也「昭和三八年度新生活運動地方協議会会長会議（局長説明メモ）」（一九六四年三月一六日）（『会長会議及事務局長会議』ファイル所収「安積得也関係文書」二三六-一九）。

(33)　文部省成人教育分科審議会委員（会長安積得也ほか）「新生活運動に対する現政府への要望」（一九五五年八月三一日）（『新生活運動始発時代』「安積得也関係文書」二二一-一）。

(34)　『昭和四四年度　新生活運動のしおり』（新生活運動協会、一九六九年）九頁。

(35)　『新生活事業センター』ファイル所収（「安積得也関係文書」二一二-一）。

(36)　「第一回　新生活センター建設懇談会概況」（一九六三年八月六日）、「第二回　新生活センター建設懇談会概況」（一九六三年九月一三日）（『新生活事業センター』ファイル所収「安積得也関係文書」二一二-一）。

(37)　「産業経済界の現況では多額の寄附は望めない。殊にはね返りのない寄附は出し渋る。たとえば公明選挙関係でも一一年間に四三〇〇万円しか集まらぬ状況である」（発言者は不明）。前掲「第一回　新生活センター建設懇談会概況」（一九六三年九月一三日）。

(38)　『新生活事業センター前史』ファイル所収（「安積得也関係文書」二一二-三）。

(39)　すでに普及しつつある貯蓄増強委員会編集の家計簿の発行を、事業団の経費負担によって請け負う構想であった。「〝家計簿〟発行の構想（案）」（一九六四年二月八日、加藤）（『新生活事業センター前史』ファイル所収「安積得也関係文書」二一二-三）。後述する新生活事業センターの関連資料をみる限り、この家計簿発行の構想は実現しなかったようである。

(40)　理事は、土岐章（協会常任理事）、町田辰次郎（同）、南喜一（同）、松山幸逸（元ラジオ東京事業部長）、渡辺智多雄（元読売新聞社図書出版部長）、監事は岩田岩二（協会事務局次長）。「役員名簿」（『新生活事業センター』ファイル所収「安積得也関係文書」二一二-一）。

(41)　加藤千代三（新生活事業センター常務理事）「〝新生活事業センター〟に関する説明書」（一九六六年頃と推定）（『新生活事業センター』ファイル所収「安積得也関係文書」二一二-一）。

(42)『新生活事業センター』ファイル所収(「安積得也関係文書」二一二一-二)。

(43)たとえば、一九六六年一月の時点で、正式に登録したもの一〇社(一社二〇〇万円)(日本生命、東京電力、田辺製薬、月星ゴム、ナス・ステンレス、安田火災海上、協和発酵、キッコーマン醤油、三菱樹脂、エース・コック)、近く確定のもの四社(モービル石油、殖産住宅、蛇の目ミシン、日本アスベスト)、交渉中のもの三社(花王石鹸、プリマハム、三輪石鹸)という状況であった。「昭和四〇年度事業概況報告(自四〇・四~至四〇・一二)」(一九六六年一月一〇日)(『新生活事業センター』ファイル所収「安積得也関係文書」二一二一-二)。

(44)「昭和四〇年度事業および決算報告書」(一九六六年五月三〇日)(『新生活事業センター』ファイル所収「安積得也関係文書」二一二一-二)。

(45)『新生活運動協会二五年の歩み』(新生活運動協会、一九八二年)九三頁。

(46)藤田昌武(職域部)「企業体(職域)活動の問題点」(『特信』臨時増刊号[企業体特集]、一九六四年三月)八~一二頁。

(47)崎山稔(中小企業PRセンター総務部長)「中小企業の新生活運動――開放経済と中小企業の課題」(『特信』臨時増刊号[企業体特集]、一九六四年三月)一~四頁。

(48)家庭が「[「いのちの尊さ、いとしさを身をもって体得している」]母のこころの城」であり、「子を生み、子を育てる場」であることに由来すると説明されている(前掲、加藤著書、一二六頁)。

(49)原山浩介『消費者の戦後史――闇市から主婦の時代へ』(日本経済評論社、二〇一一年)第三章。

(50)天野正子『「生活者」とはだれか』(中公新書、一九九六年)第三章。

(51)生活クラブの運動開始は一九六五年五月と生活学校の開始より遅く、生活クラブで「生活者」という概念が明示的に使用されるようになるのは一九七九年とかなり遅い(天野正子「「生活者」概念の系譜と展望――生活者運動の形成に向けて」前掲、佐藤ほか編著書、六八頁)。

(52)「対抗文化運動」という性格規定は、前掲、天野「「生活者」概念の系譜と展望」(四六頁)による。生活クラブの詳細は、佐藤慶幸編著『女性たちの生活ネットワーク――生活クラブに集う人びと』(文眞堂、一九八八年)、前掲、佐藤ほか編著書、岩根邦雄・道場親信・吉田由美子「戦後社会運動史の中に生活クラブを位置づけるために」(『社会運動』第三五〇~三五二号、二〇〇九年)。

(53)「連帯」という言葉から、いわゆる左翼用語の匂いを感じとる向きもあるかもしれない。その本格的な検討は残された課題とせざるをえないが、同時代の新聞紙上でもニュートラルな用語法が散見され、また、以後の本章にもたびたび引用される通り、協会の用語法からもそうしたニュアンスは特に感じられないように思われる。
(54) 吉富重夫「地方自治体と住民との対話——自治の復活と創造をめざして」（『特信』第一一三号、一九七〇年一二月）。
(55) 清水寅雄「対話の背景」（『特信』第一一三号、一九七〇年一二月）。
(56) 村上泰亮「新中間層の現実性」（『朝日新聞』一九七七年五月二〇日、以下、月日のみ記す）、岸本重陳「新中間階層論は可能か」六月九日、富永健一「社会階層構造の現状」六月二七日、高畠通敏「〝新中間階層〟のゆくえ」七月一四日、「討論・新中間階層」上・中・下、八月二二日・二三日・二四日。
(57) 田中義久『私生活主義批判——人間的自然の復権を求めて』（筑摩書房、一九七四年）。
(58) 村上泰亮『新中間大衆の時代』（中央公論社、一九八四年）、山崎正和『柔らかい個人主義の誕生』（中央公論社、一九八四年）。
(59) 新聞紙上の論争後に、金子勝は、「新中間階層」論争を正面から受けとめ、階層の構造について論じている（「『高度成長』と国民生活」歴史学研究会・日本史研究会編『講座日本歴史　現代二』、東京大学出版会、一九八五年）。金子は、村上の議論と富永健一の「地位の非一貫性」をとりあげ、とくに高度成長の時代には勤労などの手段的価値は減じたとする村上の議論を批判し、手段的価値は減じていないとして手段的価値と即時的価値（私生活主義）の関係に焦点を合わせ、企業と社会（家庭）の一元的な競争メカニズムが形成されたところにこそ高度成長の時代の特徴があるとした。新中間階層あるいは私生活主義が時代を理解する主軸なのではなく、企業—学校—家庭を貫く競争メカニズムこそが主軸にすえられなければならないとしたのであり、階層の構造と動態を理解したもっともすぐれた研究といえる。
(60) 前掲、高畠通敏「〝新中間階層〟のゆくえ」。
(61) 高畠通敏「いま運動に何が問われているか」（『潮』一九七三年九月号、のちに、高畠『自由とポリティーク』筑摩書房、一九七六年所収）、以下、引用は、同前書、七六〜七八頁。
(62) 前掲、道場親信「一九六〇年代における「地域」の発見と「公共性」の再定義」。
(63) 代理人運動については、前掲、佐藤編著書。一方、生活学校運動では、「生活省」を建設することや、生活学校から一〇〇人の代議士を送り込むこと、大メーカーにお母さん代表の重役を就任させることなどを、「新春放談」の「夢ものがたり」として片付けている（通信六七年一月一日）。
(64) 『特信』（第二六号［地域開発特集］一九六三年八月）。
(65) 「地方協議会事務局長会議（局長説明メモ）」（『理事会、評議員会』ファイル所収「安積得也関係文書」二一一-四）。
(66) 大沢暢太郎「社会開発と新生活運動」（『特信』第四四号、一九六五年二月）一五〜二〇頁。

(67) 大沢暢太郎「〝生活学校〞わたしの期待」(『特信』第五〇号、一九六五年八月)一～四頁。
(68)「当面の方針」策定過程において、政府に建議書を提出するプランが持ち上がり、その案文の作成が進められていたが、社会開発を謳う佐藤内閣の成立によって、それがこうした形に結実したのだと思われる(『建議書(案)』ファイル「安積得也関係文書」二三六-二)。
(69) 菊池信輝「社会開発の挫折とその背景――経済社会発展計画を中心として」(『年報・日本現代史』一四、二〇〇九年)、同「日本における社会開発路線の挫折――新経済社会発展計画の持った意味」(『歴史評論』第七二四号、二〇一〇年八月)など。なお、村井良太「佐藤栄作と「社会開発」論」(『創文』第五〇九号、二〇〇八年六月)は、住宅政策の再評価を試みている。
(70)「理事会、評議員会 局長説明」(一九六五年三月二九日)(『理事会、評議員会』ファイル所収「安積得也関係文書」二一二-四)。
(71)「安積得也日記」(一九六六年一月九日、「安積得也関係文書」五〇一-一四九)。
(72) 大沢暢太郎「社会開発と新生活運動(二)」(『特信』第四五号[社会開発特集]、一九六五年三月)一四～二〇頁。
(73) 毛利兼三「村づくり町づくり運動の発想と反省」(『特信』第四三号、一九六五年一月)一九～二一頁。
(74) なお、ここでいう「物をやたらに捨てる」ということの含意は、道ばたにゴミ屑を捨てる、ということであって、エコロジーの視点からの言及ではない。
(75) 前掲、沼尻晃伸「地域からみた開発の論理と実態」九七～九九頁。
(76) 以下、勧告の内容についての記述は、「補助金行政監察結果に基づく勧告――民間団体等関係一般の部(総理府関係)」(一九六八年八月)(『昭和四四年・新生活運動助成金関係綴』国立公文書館所蔵)による。
(77) 行政管理庁「補助金行政監察結果報告書(一般の部)――民間団体等に対する一般の補助金等を中心として」(一九六八年八月)(『昭和四三年総審・(新生活)決裁文書綴』国立公文書館所蔵)を参照。全体としては、廃止一三件、削減八件、統合・運営改善三二件となっている。
(78) メンバーは、南喜一、山根銀一(以上常任理事)、山高しげり、楠本正康、斎藤勇、森有義、加田純一、高橋成雄、田中確一(以上理事)という構成。
(79) 以下、一九六九年度予算に関する記述は、内閣総理大臣官房審議室長「補助金行政監察の結果に基づく改善状況について(回答)」(一九六九年一二月三日)(『昭和四四年・新生活運動助成金関係綴』国立公文書館所蔵)による。
(80) 一九六六年四月に久留島秀三郎(同和鉱業株式会社社長、ボーイスカウト日本連盟理事長など)が会長を退き、かわって工藤昭四郎(東京都民銀行頭取、経済同友会最高顧問)が第三代会長となり、その病気退任をうけて、一九七〇年六月に高橋雄豺(読売新聞社最高顧問）が第四代会長に就任した（前掲『新生活運動協会二五年の歩み』一八二頁）。

(81)　前掲『新生活運動協会二五年の歩み』一二一頁。

(82)　前掲『新生活運動協会二五年の歩み』一二四頁。

(83)　『昭和四七年度　新生活運動推進方針・事業計画』（日本青年館所蔵）。

(84)　団地がポリティカルな空間であった点については、原武史『滝山コミューン一九七四』（講談社、二〇〇七年）を参照。

(85)　園田恭一『現代コミュニティ論』（東京大学出版会、一九七八年）、倉沢進『コミュニティ論』（放送大学教育振興会、二〇〇二年）、三浦哲司「日本のコミュニティ政策の萌芽」（『同志社政策科学研究』第九巻第二号、二〇〇七年一二月）。

(86)　『高まるコミュニティ活動　日本の新生活運動』（新生活運動協会、一九七一年版）九～一〇頁。

(87)　『新生活住民会議の構想――対話で築く住みよい地域社会』（新生活運動協会、一九七〇年）六～一七頁。「新生活住民会議」が一九七一年度から「生活会議」という名称に改められた。

(88)　前掲『日本の新生活運動　コミュニティの創造』一一～一二頁。

(89)　日本経済調査協議会編『住民運動と消費者運動』一九七五年。

(90)　前掲、道場親信「一九六〇―七〇年代「市民運動」「住民運動」の歴史的位置」二四四～二四五頁。

(91)　井上英之「住民運動をめぐる新たな動き」（自治体問題研究所編『地域と自治体三　転換期の住民運動』自治体研究社、一九七六年）一九八頁。

(92)　道場は、牛山久仁彦「市民運動の変化と政策・制度要求」（帯刀治・北川隆吉編『社会運動研究入門』文化書房博文社、二〇〇四年）、高田昭彦「市民運動の現在――ＮＰＯ・市民活動による社会構築」（同前）を批判のやり玉にあげている。

(93)　山口定「戦後日本の政治体制と政治過程――その特質と変容」（三宅一郎・山口定・村松岐夫・進藤榮一『日本政治の座標』有斐閣選書R、一九八五年）一四五～一四六頁。

(94)　水口憲人「住民運動・革新自治体と住民参加」（前掲『地域と自治体三　転換期の住民運動』）一三五頁。

(95)　前掲、道場親信「一九六〇―七〇年代「市民運動」「住民運動」の歴史的位置」は、当該期の運動史のなかで、「地域エゴ」にとらわれた「住民」を乗り越えた主体として「市民」という概念が設定されていたことを指摘している（二四六～二四八頁）が、少なくとも、協会が運動の上でこの区別を戦略的に持ち出すことはなかった。

第3章　職場での新生活運動

はじめに

本章では、企業内で行われた新生活運動をとりあげ、新生活運動協会が行った運動の特徴を明らかにする。

序章で述べているように、戦後「新生活運動」という名称の運動はさまざまな団体によって行われたが、そのうち、企業内での運動は一九五三年末より財界「新生活運動の会」が行ったものにさかのぼることができる。これは、企業の経営者や従業員に対して、会社の交際費節減をはじめとする虚礼廃止を求める運動であった。次いで、五四年には人口問題研究会が受胎調節の指導を提唱し、これに応じて炭鉱・鉱山や、鉄道業・重工業を中心とする大企業で社宅に住む主婦を対象に家族計画運動が進んだ。先行研究によれば、[1]五六年九月に人口問題研究会の指導によって新生活運動を実施中の企業は二四社（従業員数八〇万人余）だったが、五八年には実施中五〇社で、[2]準備中を含めると八三社、六一年には実施中五五社、準備中六二社に増加し、双方の従業員数を併せると一七〇万人に及んだという。

これに対して、新生活運動協会が企業向けに運動を始めたのは一九六〇年のことで、まず兵庫ＯＡＡ（Outdoor Activities Association　野外活動協会）にならって働く青少年の余暇充実に努め、次に、職場そのものを対象に「明るい職場づくり」運動を行った。

近年、大企業で行われた家族計画運動については、ジェンダー秩序の形成や少子化の端緒といった関心から研究が進んでいる。日本鋼管から始まったこの運動は、[3] 和洋裁・家計簿記帳から生花・お茶に至る各種の講習会および工場見学会など、受胎調節にとどまらない多彩な教育プログラムを持っており、社宅に住む主婦たちの大きな支持を得た。そして、女性たちに避妊をはじめとする生活に関する新しい知識や手段を与えてその主体性確立に寄与する一方、専業主婦としての役割を明確化し固定化したとされている。

しかしながら、新生活運動協会は新生活運動としては最も有名な、この家族計画運動には積極的にはかかわらなかった。人口問題研究会の理事長だった永井亨は、新生活運動協会設立直前、松村謙三文相に対して家族計画を軸とする国民運動の展開を進言したという[4]。永井は新生活運動協会設立後も理事会で持論を主張したのだが、[5] 一九五六年にまとめられた協会の運動方針をみると[6]「家族計画の促進」は「当面の実践項目」ではなく「専門委員会を構成し、研究の上実行に移す項目」に分類され、彼の提言は聞き入れられなかったことがわかる。新生活運動協会が企業体での活動を開始するのは六〇年のことだが、この際も協会はあえて家族計画運動を活動の中心には据えなかった。新生活運動協会が、当時盛り上がっていたこの運動にかかわらなかったのはなぜなのか。そして、協会は代わりにどのような運動を行ったのだろうか。この点を検討することは、新生活運動の中でも同協会を本格的な考察の対象に据える本書にとって重要であるし、従来、人口問題研究会による家族計画運動を中心として新生活運動を理解してきた研究史に修正を迫ることにもなるだろう。

以上を念頭に、本章では企業内で行われた新生活運動を、新生活運動協会が本格的に活動を始める一九六〇年を画期として二つに分けて分析する。前半を扱う第1節では財界「新生活運動の会」および人口問題研究会の新生活運動、そして後半を扱う第2節では修養団による勤労青少年のための余暇活動の支援、またQCサークルをはじめとする職場小集団活動のような、同時期に行われた類似の運動との対比を意識して、新生活運動協会が取り組んだ運動とは何だったのかという点を検討する。新生活運動協会による職場での運動を視野に入れることで、職場で行われた新生活運動の全体像を解明することが本章の課題である。

1　職場でのさまざまな新生活運動

(1)　財界「新生活運動の会」および人口問題研究会による新生活運動

一九五三年一二月、経済五団体（経済同友会・経団連・日経連・日商・日本工業倶楽部）は企業の中に「清廉簡素なる生活秩序」を確立し経済危機を克服することをめざして財界「新生活運動の会」を設立した。設立趣意書には、日本経済を合理化し生産性を向上させるには、第一に経営者が襟を正して生活態度を改めるべきだという主張が述べられている。[7]そもそも、経済同友会が中心となって経済四団体（同友会・経団連・日経連・日商）が過剰な接待や宴会の抑制をはじめとする新生活運動を提唱したのは五一年九月のことだったが、[8]財界の足並みが揃わず運動は形骸化していた。[9]ところが五三年に国内消費の拡大によって国際収支が悪化すると、消費の抑制と生産性向上が日本経済の大きな課題となる。この経済危機に対し、まず経営者が率先して消費節約と経費節減の範を垂れようと、財界が一致して新生活運動に邁進することになったのである。[10]

ただし、この時期、財界が問題視した経済的危機、つまり日本の自立経済の危機を国民生活の改善によって克服しようとしたのは、新生活運動の会だけではなかった。過剰人口の解消をめざす財団法人人口問題研究会も「国家緊急の経済自立」をなしとげるため、一九五四年末から新生活運動を本格的に諸企業に働きかけている。人口問題研究会は、受胎調節と生活設計の普及によって、計画的で道徳的、しかも充足した家庭を築く、このような安定した家庭生活を基盤としてこそ、労働生産性は向上し人口問題は解決して、経済的に自立した真に民主的な新しい日本を建設できると主張した。[11]新生活運動協会は六〇年に企業体での運動を始める際、従来の運動を分析し、批判的に検討する中から運動の進め方を見出した。このことをかんがみ、本章ではまず六〇年以前に活動を始めていた二つの団体の運動の相違点と共通点を順に整理して、新生活運動協会の検討につなげたい。

財界「新生活運動の会」と人口問題研究会、この二つの団体は、同時期に、同じ問題意識から、企業を対象として出発しながら、その後の運動の盛り上がりには大きな差が出た。人口問題研究会の運動は「はじめに」で述べたように急速に広がる一方、新生活運動の会の運動は人口問題研究会のそれほど広がりをみせなかったのである[12]。

この相違の要因としては、先行研究も指摘しているように、何といっても当時の人びとが受胎調節の指導を切望していたことがまずあげられよう。戦時期に規制されていた「産児制限」に関する知識が敗戦後マスメディアを通じて氾濫し、GHQや政府の政策の変化に伴って「家族計画」へと論調が変化していくさまは田間泰子『近代家族とボディ・ポリティクス』に詳しい。ただし、田間も述べているように受胎調節はメディアを通じて知識を得ただけでは実行は難しい。少子化による生活水準向上を願う人びとにとって、避妊具の販売も含む「実地指導」が切実に必要で、この受胎調節の指導も可能だった点が、人口問題研究会の運動普及に大きく寄与したと考えられる。

次に、新生活運動の会の働きかけは人口問題研究会のそれに比べれば消極的で、運動の推進は基本的に経営者の自主性に任せられた。新生活運動の会が発行していた雑誌『新生活』では個別企業の取り組みを紹介しているものの、これは「会員になつたからこうしなければならないというものでは決してな[13]」く、会の活動はあくまで経営者の自覚を高めることに限られていた。しかも、会の主事で、『新生活』の編集人が『マネジメント』誌に語ったところによれば、新生活運動の会の活動は「計算のみから考えれば」わずかな効果しかないという[14]。だが「この運動の本質は戦後失われてしまった産業の場における道徳秩序を新しく合理的なものに築き上げようという心構え[15]」で、同会はこの運動を「精神運動」「道徳運動」と位置づけていた。

これに対し、人口問題研究会は企業の経営者だけではなく、実際に運動を担うこととなる労務管理の担当者や労働組合にまで働きかけ運動の推進を勧めた。そして、運動を宣伝する際、同会が各社に、家族手当や健康保険費用が削減できると計算式を示して運動の経済的効果を説いていたことは、先行研究ですでに指摘されている。同会のまとめた『新生活運動参考資料』には労働災害の割合を示す休業度数率や、欠勤率の統計もとられており、(16)人口問題研究会が運動の実績として労働災害と欠勤の減少をあげて、運動の効果を説明したことが推測される。人口問題研究会の運動が普及した要因の第二として、運動が福利厚生費の節約をはじめとする経済的な利益を企業にもたらすと同会が活発に宣伝したことがあげられるだろう。そして、企業が新生活運動を実施した場合、同会は社員向けの研修会や企業相互の連絡を図る連絡協議会を開き、家族計画の指導にあたる受胎調節実地指導員に企業向けの講習を受けさせるなど、きめ細かいサポートを行っていた。このように、人口問題研究会が進めた新生活運動は、従業員そして従業員の家族の最も希望する生活改善策であるうえ、企業にも経営上の利益をもたらすと説明された。企業の経営側にとって、社員教育や労働組合対策のノウハウを持ち、企業向けの指導員養成を行っている同会へ家族計画の指導を依頼するのが、最適だったのである。

さらに、新生活運動の会は自分たちの運動の本質は「心構え」を持つことであると言い、設立趣意書は「われわれ経営者」に向けて書かれている。それにもかかわらず、実際の同会が推進した運動は経営者に襟を正すことを求めるだけではなく、各企業の従業員やその家族に消費節約を強く迫るものだった。一九五三年度から五四年度にかけて同会は、慶弔時における花輪や盛花などの簡素化、(17)中元歳暮の自粛、服装の簡素化、門松やクリスマスツリーの廃止を申し合わせた。(18)慶弔時の花輪・盛花の簡素化、会社や銀行前に立つ門松・クリスマスツリーの廃止はともかく、「社内の中元贈答はやめましょう」「夏は簡素健康的な服装で」「女子の服装は清楚に」といった標語の下に行われた中元歳暮の自粛や服装の簡素化は、従業員にも消費の節約を求めていることがわかる。

『新生活』で運動のモデルとして紹介されている日立製作所の場合、一九五四年から製品コストを下げるための経費節減運動を提唱した。社内では、社葬の簡素化や交際費の節約といった新生活運動の会が推奨した運動に加え、事業所ごとに節減委員会を設けて通信費や出張費・消耗品の節約、社用車の中型切替えや会議・残業の短縮に取り組んでいる。(19)同社の社宅では、五三年に日立市の事業として新生活運動が始まり、住民は自治会をつくって清掃を自主的に実施し公衆衛生の向上に努めていた[20]。五四年に工場で経費節減運動が始まると、並行して「社宅でも、生活改善に一だんの工夫をこらして、光熱費、衣服費、交際費などの節減を[21]」と消費節約が新生活運動に加わる。同年、市の公民館も簡素化につながる公民館結婚式を呼びかけるなど、この地域の新生活運動では公衆衛生の改善や消費節約が強調された。そして『新生活』によれば、五五年度以降、新生活運動の会は、こうした消費節約を求める従業員への「生活指導」を強化していく事業計画をたてていた[22]。

これに対し、人口問題研究会は、新生活運動で個々人の生活の充足を認めていた[23]。実際の運動でも、同会は運動に取り組む従業員主婦の主体性を喚起する観点から、また各家庭によって何をすれば生活が充足するのかは異なるという考えから、各企業で運動の実践課題を設定する際には、アンケートをとって希望を調査するよう勧めていた[24]。同会の新生活運動では日本鋼管の著名な事例のほかにも、東京芝浦電気での「主婦の電気教室」「栄養教室」「美容体操教室」開講や（通信五七年一〇月一〇日）、日立造船での夫婦を中心としたレクリエーションへの取り組みなど（通信五八年四月一〇日）、多彩な催しが行われたことが知られている。人口問題研究会の新生活運動は、個々人の生活の充実を認めているという点で新生活運動の会と比べ、相対的に運動の自由度が高かったといえるだろう。

しかし、以上のような差異がありながらも、新生活運動協会からみたとき、新生活運動の会と人口問題研究会の二つの団体の活動には大きな共通点があった。それは、運動の方針がトップダウンで降りてくるということである。たとえば、新生活運動の会が従業員に対して行っているのは「生活指導」であって、ここでは運動の方針を従業員の問題意識のなかから発見するということは考えていない。また、人口問題研究会でも新生活運動を担う部門は新生活指導委員会で、運動をはじめる際に基本的な姿勢を示した「新生活指導要綱」でもこの委員会が近代的な家庭生活を実現するよう地域や職域を「指導」していくことを明言していた。新生活運動協会は、その発足時から運動の方針や課題は地域や職域における「話し合い」の中で発見されるべきものであって、中央が指示すべきものではないと考えている（第1章参照）。したがって、二つの団体のトップダウンのやり方は協会とは根本的に相容れない。人口問題研究会の永井亨が持論を再三主張したにもかかわらず、新生活運動協会が家族計画運動に熱心ではなかった大きな理由は、この点にあると考えられる。

さて、新生活運動協会は、一九六〇年から企業での運動を本格的に展開する。運動開始にあたり、協会は五八年に各地でブロック研究集会を開いて、すでに新生活運動を実施している企業から聞き取りを行い、運動の基本方針を決める参考にした。次に、このブロック研究集会での議論[25]および、協会の基本方針「企業体（職域）推進要領」（以下、推進要領と略記する）をまとめて、新生活運動協会が従来の運動を批判した点をあげ、あわせてそれに対する協会の対応を明らかにしたい。

(2)　人口問題研究会による新生活運動の問題点とその対策

ブロック研究集会に参加した企業から出た議論をまとめた結果、新生活運動協会は、従来の運動は盛り上がっているものの各企業が「自社本位」の運動をしているだけで国民運動となっていない、また生活全般を新しくしていこうとする「新生活運動」の主旨が一般に理解されていないと結論づけた。前述のように、この時期盛んに行われていたのは人口問題研究会の主導する運動なので、この批判は主に人口問題研究会の運動に向けたものだろう。それでは、新生活運動協会が問題視したのはどのような点だったのだろうか。

一九五八年のブロック研究集会で明らかになったのは、まず第一に、新生活運動が労働組合から強い不信と疑念を向けられていたことであった。第1章でふれているように、総評をはじめとする労働組合の全国組織は、そもそも新生活運動を労働者の賃金を抑制し「耐乏生活」を強いる運動だと考え、この運動に強く反対していた[26]。だが、組合員とその主婦に家族計画実施への希望が強く[27]、また、人口問題研究会が個別に説得してまわったこともあって、傘下の組合の中には新生活運動に応じたものもあった。新生活運動が始まると各社では運動の方針を決める運営委員会が労務管理担当の社員や社宅の主婦代表を交えて組織される[28]。そこで、労働組合代表もこの運営委員会に参加したのである。ところが、人口問題研究会が実施企業に対して行っていた講習会には、労働組合の代表は参加できなかった[29]。このように、情報の格差がある中で社内に新しい組織をつくる新生活運動を、労働組合側が組合弱体化や切り崩しの一策と懸念したのも無理はない。労働組合の賛同を得て新生活運動運営委員会を組織した場合でも、組合側の機関紙には新生活運動に関する記事が載らないことが多く[30]、このことは組合側の新生活運動に対する消極的な姿勢を端的に示している。しかも、こうした労働組合の不信自体、新生活運動協会がブロック研究集会に労働組合からの出席を求めて初めて明らかになった事実だった。

新生活運動協会は、一九五九年から六〇年一月にかけて企業体専門委員会を開き、推進要領を決めた。この企業体専門委員会には労働組合の代表を招いて、彼らの意見も取り入れている[31]。推進要領では、新生活運動が「労使問題や労働運動などに干渉ないし介入するものではなく」「経営者も労働者も、ともに同じ職場で同じ産業に従事する者として理解し合い、双方の福祉と幸福のために行われる運動」であることが明記され、以後、新生活運動協会が企業体関係者に対する研修や講習を行う際には「労使双方からの参加を求めること」が決められた[32]。

次に、従来の新生活運動の第二の問題は、この運動が一般にはイコール家族計画もしくは産児制限と理解されていたことだった。たとえば、一九五八年に新生活運動協会のブロック研究集会に参加した企業の多くは、当初「新生活」という名を持つ団体が主催するこの集会を「『家族計画を中心とする会議』ではないかと考え[33]」ていた。人口問題研究会の調査によれば、同年、新生活運動を実施中の企業約五〇社のうち少なくとも一二社はこれを「家族計画運動」と呼んでおり[34]、これらの企業では家族計画を中心に運動がすすめられたと推測される。

表3-1は、人口問題研究会が『職域における新生活運動の手引』であげた、新生活運動で取り組むべき課題である。ここからわかるように、同会の新生活運動では「生活設計」や「社会道徳の振興」といった家族計画以外にも多くが運動の課題としてあげられているうえ、前述したように主婦にアンケートをとって電気や栄養、美容教室を開くなど運動にさらなる工夫の余地が残されていた。しかし、実行にあたって人口問題研究会は「家族計画を出発点とし

て入った方が、労働組合に対しても各家庭に対してもスムーズに受入れられ易い(35)」と家族計画から始めることを勧めていたため、他の課題は後回しにされた。その結果、家族計画以外の課題を実施するか否かは企業の経営者や担当者の熱意が左右したのだろう。

この点については、新生活運動協会が開催した研究集会で、企業の熱心な担当者から不満の声が出ている。たとえば、一九六一年の研究集会では、参加したある企業から「いちばん問題なのは会社が利益にならないことはやらないという傾向のあることだ。もしそのような場合、経営者にどう話をすすめたらいいか」という疑問が出されている（通信六一年二月一〇日）。この研究集会に参加した企業は家族計画にはすでに取り組んでいたので、ここでいう「利益にならないこと」とはそれ以外を指すと考えられる。同様の意見がこの集会で相次いでいることから、家族計画以外の活動への経営者側の意欲は総じて低かったとみられる。

表3-1　人口問題研究会による新生活運動の課題

㈠家族計画
　一、家族計画理念の普及
　二、受胎調節の普及と堕胎（人口妊娠中絶）の防止
㈡生活設計
　一、予算生活の普及
　二、生活合理化の促進
　三、貯蓄の増強
㈢健康家庭の建設
　一、家庭衛生の向上
　二、乳幼児の科学的保育
㈣家庭秩序の再建
　一、新しい家庭道徳の樹立
　二、青少年の不良化防止
㈤社会道徳の振興
　一、職場道徳、交通道徳、公衆道徳の高揚
　二、責任能力態勢の確立

出所：『職域における新生活運動の手引』人口問題研究会。

さて、ここで新生活運動協会が「企業体（職域）推進要領」（以後、推進要領と略記する）で示した課題を表3-2からみていこう。同会が進めようとした運動にはどのような特色があったか、表3-1と比較してみたい。

まず、一見してわかるとおり、新生活運動の掲げた課題は多岐にわたっており、総花的である。これは、虚礼廃止や冠婚葬祭の改善（簡素化）といった新生活運動の会が取り組んだ課題、また環境衛生の改善（そしてそれから発展した環境の美化）といった行政がとりあげた課題、家族計画や家計簿記帳、貯蓄など人口問題研究会がとりあげた課題（表3-1参照）を含んでいる上に、新たな独自の課題（家族の話し合い、地域居住

表3-2　新生活運動協会による新生活運動の課題

(ア)職場生活におけるもの（例示）	(イ)家庭生活におけるもの（例示）
職場を明るくする運動	家庭を明るくする運動
安全衛生運動	安全衛生思想の向上
環境の美化（花いっぱい運動、花壇緑地帯の造成など）	環境の美化（花いっぱい運動、環境衛生の改善など）
公衆道徳の高揚	衣食住の改善
職場のレクリエーション	母子衛生（家族計画を含めて）
助け合い運動	公衆道徳の高揚
冠婚葬祭の改善	助け合い運動
因習、迷信の打破	冠婚葬祭の簡素化
時間の励行	家族のレクリエーション
青少年子弟の善導	因習、迷信の打破
虚礼廃止（年末年始の贈答、回礼の廃止など）	時間の励行
家庭通信運動	虚礼の廃止
その他	子供のしつけ
	家計簿の記帳
	貯蓄
	家族の話し合い（会議）
	地域居住者との話し合い
	その他

出所：「企業体新生活運動推進要領」（『企業体（職域）新生活運動について』新生活運動協会、一九六二年）。

者との話し合い）もつけ加えているからだ。

　もっとも、人口問題研究会があげた表との大きな違いは、㈠㈡といった順番がふられておらず課題相互が併記されていること、およびこれらが「例示」と明記されていることだろう。管見のかぎり、推進要領には①新生活運動協会事務局が作成した原案[36]、②一九六〇年七月六日の第三回企業体対策委員会で協議のうえ、決定された草案[37]、③六一年一月に決定され配付された完成版[38]、の三種類が現存している。課題の併記と「例示」という規定は前掲①②の草案ではみられなかった特徴で、委員会で審議した結果、意図して改稿されたと考えられる。そして、草案②から「つぎにあげる課題は、その一例」であって「その職場の実情に即して、自主的に課題をとりあげ」ていくことが望ましいとされる前文が課題の例示の前につけられるようになっていた。

　第1章で述べているとおり、新生活運動協会は「話し合い」を非常に重視し、運動を行う人びと自身が「話し合い」の中で課題をみつけるプロセスを尊重していた。職域新生活運動の課題として「家族の話し合い」や「地域居住者との話し合い」をあげているだけではなく、推進要領で協会中央がはじめから課題を選び、順序づけるのを避けたところに、新生活運動協会の基本的姿勢が貫かれている。

最後に、新生活運動協会が人口問題研究会の運動を問題視した第三の理由をあげたい。前述したように、財界新生活運動の会や人口問題研究会は、社員を対象とした経費節減運動や社宅に住む主婦を対象とした家族計画を中心に新生活運動を行っていた。ここからわかるのは、ある程度雇用が安定した社員がおり、社宅も提供される企業、すなわち大企業で運動が行われていたことだ。一九五八年の研究集会には「一部中小企業の出席があつた」ものの出席者のほとんどは大企業から来ていて、新生活運動協会はこれを「新生活運動が国民運動として、地域、職域の別なく推進するためのPRがなされていない」からだとみていた[39]。後の時代とは異なり、当時の大企業が持っていた中小企業への影響力は限定的で[40]、職場での運動が中小企業へ広がっていく可能性はあまりなかった。また、日本鋼管川崎工場や日立造船因島工場といった少数の例外を除いて家族計画運動が社宅の枠を超えて地域へ展開することもみられず[41]、新生活運動協会が参入する以前、新生活運動は限られた大企業で、経営者側の「利益」になる家族計画運動だけが、盛り上がっていたにすぎなかった。新生活運動協会は、大企業での運動をさらにすすめると同時に[42]、中小企業での推進方法を模索し[43]、大都市だけではなく地方都市でも講演会・講習会を開くなど各地の中小企業へも運動が広がるよう工夫した。『通信』を読むと、六〇年代前半は企業体関係の報道が一時的に少なくなるものの、同年代後半になると再び記事数が増していく。記事数が増加する時期の報道では、新生活運動協会の都道府県協議会による勧誘やモデル企業体への指定を機に運動に取り組み始めた中小企業の活動紹介が散見され、協会の働きかけが次第に効を奏していったことがわかる。

(3)　家族計画運動の終焉

新生活運動協会が企業体での運動を準備していた一九五八年から六〇年にかけて、家族計画運動は大きな転機を迎えていた。受胎調節に関する知識と手段が一応普及して、出生率が目に見えて下がっていったため、この運動に対する世間の関心が急速に薄れていったからである。受胎調節普及事業を行っていた厚生省は、五八年に保健所から市町村へと事業の移管を進め、五九年には関連予算を削減している。企業体の新生活運動の場合、五八～五九年ごろから家族計画に対する関心が薄れ始め、(44)実施企業数は六一年にピークを迎えたと推測される。人口問題研究会はこのような状況に応じて、五九年から大蔵省の貯蓄増強中央委員会と協力して前掲表3-1にあげた(二)生活設計へと課題の重点を移していった。(45)

家族計画から始まった企業の新生活運動は、主婦たちの関心の変化に伴い、運動を多様化させていた。たとえば、一九五九年に日本軽金属では家族計画以外に更年期障害・母親教室・乳幼児・青少年の不良防止の問題に取り組み、(46)六〇年石川島重工業では家事サービス制度（「家事派遣員」＝家政婦の臨時派遣）を始める。(47)また、六一年に日立造船因島工場では、家計簿記帳指導を中心とする生活設計が（通信六一年八月一〇日）、六二年同和鉱業棚原鉱業所では衣食住を含む生活設計が行われている（通信六二年一〇月一〇日）。また『通信』をみると、日本鋼管浅野船渠（通信六五年三月一日）や鶴見造船所、日立造船因島工場（通信六七年一月一一日）、神奈川工場や桜島工場、富士製鉄室蘭製鉄所（通信六六年一一月一日）など、六五年以降生活学校をつくって新生活運動協会の運動に合流した企業もあったことがわかる。

この時期、確かに、新生活運動を進めてきた主婦らの関心の一端は家計管理にあったため、人口問題研究会が提唱した生活設計は関心に沿うもので、実際、家族計画に引き続きこれに取り組んだ企業もあった。しかしながら、家族計画とは異なり、家計簿記帳を中心とする生活設計は人口問題研究会の指導を受ける必要があるとは限らない。従来、各種の婦人雑誌や婦人学級、女子教育の場でも家計簿記帳は教えられてきたし、興味深いところでは総評を始めとする労働組合も一九六〇年代には主婦組織をつくってこれに取り組み始めている。(48)家族計画を中心にした人口問題研究会の新生活運動は、企業にとっても従業員にとっても画期的で、社宅の主婦たちはこの運動にかかわったことで、主体的に生活全般を変化させていった。だが、彼女らが主体性を持ったことで、人口問題研究会の「指導」を超えて生活改善の関心は移行し、運動は全体として拡散していったといえる。したがって、五〇年代末から六〇年代初めにかけて人口問題研究会の新生活運動に対する影響力は、急速に弱まっていったのである。

一方、新生活運動協会がこの運動に進出したことで企業内での新生活運動は、運動の裾野が広がり、運動の範囲も拡張された（前掲、表3-2参照）。家族計画運動が衰微する中、新生活運動自体は従来の家族計画運動にあきたらない企業の担当者、家族計画運動を通じて主体性を持った主婦のエネルギーを取り込み、主婦から若年労働者さらには中高年労働者へ、また社宅という場から労働者の余暇の場へ、そして職場そのものへと、運動の対象や場所を変えて以後も企業内で推進されていくことになった。それでは、新生活運動協会が主導した六〇年代以降の運動について、次節以下、検討していこう。

2　新生活運動協会による職場での新生活運動

(1)　勤労青少年サークルの育成――青少年の野外活動

新生活運動協会は、中小企業に重点を置いて企業の新生活運動を進めた。個々の企業が取り組む課題についてはあえて協会中央は指示せず、経営者や従業員が話し合いによって「身近な生活課題(49)」をみつけることを推奨したのは先に述べたとおりである。それでは、一九六〇年当時、中小企業にとって最も関心が高く切実な問題は何だったのだろうか。

加瀬和俊によれば一九六〇年を挟む一〇年間は『集団就職の時代(50)』で、農村の中学卒業生が就職列車で続々と大都市へと出てきていた。一〇歳代後半から二〇歳代前半の若い世代が毎年東京や大阪といった大都市に殺到し、中小・

零細企業で働きはじめたのである。彼ら地方出身者は都会の出身者が就業しようとしない商店や軽工業・雑業的製造業分野で働かざるをえず[51]、そこは住み込みだったり休日も十分とれないなど厳しい労働条件の職場が多かった。青少年の中には職場を転々とする者もおり、彼らの〝不良化〟が社会的な問題となっていた。これを経営者側からみれば、慢性的に若年労働者の不足に悩まされ、せっかく採用した若者も職場になじめずわずかな期間で離職してしまう。新たに新生活運動に取り組むこととなった中小企業ではこの若年労働力不足の問題が最も切実で[52]、新生活運動協会は当初この問題の解決に運動の力点を置いた。新生活運動協会は、当時、勤労青少年の間でつくられていたサークルに注目する。

集団就職によって故郷を離れ、都市で働いていた若年労働者は、同じ境遇の者と連帯して自主的にサークルをつくり精神的な拠り所としていた。先行研究によれば、一九六一年にこうした勤労青少年によるサークルは全国で五〇〇以上あり、このうち最大規模に成長した「若い根っこの会」は三万二〇〇〇人余もの会員を擁していたという[53]。このような勤労青少年やそのサークルに注目したのは新生活運動協会だけではなく、彼らを取り込むべく創価学会青年部や日本民主青年同盟（民青）などが熱心に活動する一方、経営者側もこれら創価学会や革新勢力を警戒して対抗的な運動をつくりだし、従業員をそちらに加入させようとした。そのため勤労青少年のサークルをめぐって「一種の綱引き状況[54]」が繰り広げられていたのである。

このような「綱引き状況」の中で新生活運動協会は「政治的、宗教的立場とは別個に、豊かな人間性を培うことを主眼とする」（巻末資料3参照）独自の道を進もうとした。同会は、一九五九年から修養団の「東京青年ホーム」を助成し、六〇年代に入ると、「若い根っこの会」（通信六一年一二月一〇日）、YMYAコンパニオン[55]、OAAといった勤労青少年サークルそのものと交流を深めて彼らの手法を学ぶ[56]。そして六三年から企業体新生活運動とは別に、「働く青少年の野外活動」という項目をたてて青少年の余暇活動支援をより強化することを決めると、協会自らサークルの結成を支援したのである。

以上の経緯で注目されるのは、修養団という新生活運動協会設立以来の関連団体がありながら、協会がなぜ他の団体へと目を向け自らサークルを育成する道を選んだのかという点である。修養団は一九〇六年に蓮沼門三が創立した社会教育団体で、大正時代に日本で初めてキャンプ講習会を開くなど、野外活動を通じた青少年育成に力を入れていた。加えて、前田多門（新生活運動協会会長）や安積得也（第1章参照）などは戦前から修養団とのかかわりが深く、蓮沼は五五年の新生活運動協会設立時以来、理事に就いている。人脈的にも近く、野外活動については戦前から蓄積があり、「東京青年ホーム」の活動によって勤労青少年サークルともすでに接点があった修養団とは別の道を模索した点に、新生活運動協会のサークル育成策の特色があったと考えられる。

協会は青少年に対する活動を強化するのに際し、「若い根っこの会」や後述するＹＭＹＡコンパニオンなどにも注目したが、特にその手法を学んだのが神戸で活動していたＯＡＡだった。後述するように、ＯＡＡは六二年から「明るい職場」づくりをスローガンに職場で働く中高年をも対象として運動を推進する。新生活運動協会が企業の新生活運動を「明るい職場づくり運動」とするのは六四年のことで、この名称変更はＯＡＡの方針転換に倣ったものといえる。それでは、ＯＡＡの活動と修養団のそれとは、どのような点が異なっていたのだろうか。

まず、ＯＡＡは、「孤独でひとりひとり孤立しており、なんの組織にも入っていない」「商店や小さな工場に働く若もの」が「よい喜びとよい仲間」を見出すことを目的として一九六〇年に設立された[57]。この団体の設立には、神戸新聞を中心に兵庫県・神戸市・神戸商工会議所が参加しており、勤労青少年自身によって設立されたサークルではないという点が当時叢生していた他の勤労青少年サークルとは異なっている。ただし、ＯＡＡはキャンプやスキーなどの野外活動において、そこで実施するプログラムの考案や当日のグループ・リーダーには青少年自身を充て、彼らの自主性や創意工夫を尊重した。また、野外活動が一過性のイベントに終わることを懸念して、グループ・リーダーになっている青少年に対して継続して研修の機会を設けている。のちには、「趣味教養」の充実やレクリエーションへと活動の分野を広げ[58]、青少年がＯＡＡの活動で得た、物事に能動的に取り組む姿勢や交流した仲間との関係を職場に帰っても生かせるよう腐心した[59]。

これに対し、修養団が一九五八年にはじめた「東京青年ホーム」は、当初、都内にできていた勤労青少年サークルのいくつかに場所を提供して企画を共催し、フォークダンスやクリスマス会、キャンプ、運動会などを開いていた[60]。しかし、その後、六〇年代に革新勢力による文化活動が活発化すると、二～三年で急速にその活動は変化していく[61]。

そもそも、修養団は設立以来「愛と汗」の精神、つまり労使協調と勤労精神を理念として掲げていたため[62]、戦前・戦時中には労働運動への対抗策として大企業や軍工廠に普及した経緯があった。戦後に団が再建されても革新勢力に対する敵対意識は修養団内に強く残り、一九五五年には当時盛り上がっていたうたごえ運動[63]に対抗して「森のコーラス会」を組織したほどだった。ところが、労働争議の頻発と六〇年安保闘争によって、革新勢力の文化活動は空前の盛り上がりをみせる。なかでも、うたごえ運動は三井三池争議の中で生まれた「がんばろう」の歌が全国に広まるなど飛躍的に拡大し、毎年開かれる全国大会は三～四万人もの参加者を集めた[64]。これに対して「健全な歌声運動によって愛汗精神を全国に広め[65]」ることを目的とした、修養団の「森のコーラス会」会員は最大でも五千人にとどまり[66]、成功していたとは言い難い。修養団内部では「左翼運動においては時には命がけでさえ運動をすすめているのに、修養団は遊び半分の歓心をかつて会員を、特に、青少年を集めるというようなことで果していいのか[67]」という批判がもちあがった。その結果、青年ホームの参加者は「民族愛の涵養と社会正義の確立に努める[68]」という目標の下、六二年から専ら清掃美化を行うようになる。青年ホームから始まった清掃美化は新生活運動協会の国土を美しくする運動（第1章参照）に合わせて「国土美キャラバン」という全国的な清掃活動へと発展し[69]、オリンピック終了後も長く続けられた[70]。これが新聞に大きく報道されて修養団が世間の注目を集める反面、それまで青年ホームが行ってきた勤労青少年向けのキャンプや運動会は七一年にかけて終了している。修養団の場合、その活動は「民族愛の涵養」を掲げるなど急速に政治色を強め、かつ、ＯＡＡとは逆に、職場という日常生活を離れたイベントとなっていったといえるだろう。

修養団の行った国土美キャラバンは国土美運動の一環として行われたので、もちろん新生活運動協会もこれを共催している[71]。しかし、協会はオリンピック終了後の「当面の運動推進方針」（巻末資料3参照）では、国土美キャラバンのことにはふれず、勤労青少年サークル育成を「政治的、宗教的立場とは別個に」行う方針を示した。修養団の「森のコーラス」とは連携しようとするものの、団が最も力を入れていた清掃活動には「当面の運動推進方針」ではふれず、修養団とは一定の距離をとることを明白にしたのである。そして勤労青少年向けの余暇活動支援としては、清掃活動に特化せずさまざまな余暇の楽しみ方を許容し、余暇で学んだことを日常生活に生かそうとするＯＡＡの方針を評価し、のちのサークル育成に生かしていった。

(2)「青少年の野外活動」から「明るい職場づくり運動」へ

第2章で詳述しているように、新生活運動協会は一九六三年五月に「新生活運動協会当面の運動推進方針」を決め、むこう五年間の運動方針を明らかにした。そして、六五年以降、都道府県協議会は「明るい職場づくり運動」において、「推進事業場」「指定事業場」（以後、これらを一括して「指定事業場」と略記する）を指定して重点的に運動を行い、他の事業場へ波及させようとする[72]。これに応じて、青少年の文化活動・野外活動支援も、明るい職場づくり運動と連動し、地域内の複数の指定事業場に勤める青少年を集めてサークルをつくらせ、協会中央がこうした勤労青少年サークルのリーダーをワーク・キャンプなどに集めて研修する形で推進することとなった（通信六八年四月二一日）。

本書巻末にある『当面の運動推進方針（案）』に示されているように、一九六三年の段階で協会はこの青少年向けの文化活動・野外活動支援を職域のみならず地域にも広げて、広く「国民大衆を対象」とした運動へ育成しようという意気込みを持っていた。だが、明るい職場づくり運動と連動して（つまり職域の範囲内で）活動を進める六五年の決定は、協会が勤労青少年サークルを一大国民運動として華々しく展開する路線を捨て、より現実的な路線を選んだことを示す。さらに、青少年の野外活動は六六年度から明るい職場づくり運動へ合流し（表2-2参照）、指定事業場といった職域の中でも限られた事業場でしか実際には推進されなくなるなど、明るい職場づくり運動に呑み込まれた形となった。

一九六六年度から「青少年の野外活動」が単独で推進できなくなった背景には「集団就職の時代」が終わり、青少年の意識に変化がみられたということがある。六〇年代後半になると急速に高校進学率が上昇して中学卒業生の集団就職という現象は終わり、中小・零細企業でも賃金が上昇して勤労青少年も若干の豊かさを実感できるようになった。(73) ただし、大企業との労働条件の格差は埋まらず、中小企業は若年労働者をもはや雇えなくなった。青少年が採用されなくなった職場では、年々労働者の年齢が上がり中高年の労働者が増えることになる。(74)

神戸で活動していたOAAは、こうした、中小企業におよぶ「集団就職の時代」の終わりに対応して中高年へと運動の対象を広げ、また余暇だけではなく職場そのものの改善が必要だという考えから、従来の「よい喜びとよい仲間」に変えて、新たに「新しいくらし明るい職場」をスローガンに掲げて運動を展開した。(75)

一方、「若い根っこの会」や、静岡で活動していたYMYAコンパニオンは、青少年の余暇を充実させるという活動の基本方針は転換しなかった。したがってこれらの団体はOAAのように新たな層を取り込んで発展することはなかったが、仲間との交流を求め余暇を充実させたい青少年がいなくなったわけではないので、そうした青少年から一定の支持をうけて以後も活動を存続させる。しかし、新生活運動協会による勤労青少年サークルの育成事業は、一九六七年にようやく「啓発期から成長期に入った」ものの（通信六七年一二月二一日）、『通信』には続報がなく、数年も経たずサークル活動は休止してしまった。これはなぜだったのか、活動の実態から比較していきたい。

表3-3①は、新生活運動協会の支援のもと、栃木県塩谷郡氏家町内にある九か所の中小企業に勤める青少年で結成した「泉の会」の一九六七年度の活動である。(76)「泉の会」は、六六年に氏家町で開かれた「働く青少年のつどい」に参加した青少年二〇名を中心に翌年発足した。比較のため、表3-3②としてYMYAコンパニオンの六八年度上半期の活動を表にしている。YMYAコンパニオンは五九年一月に静岡市で設立された中小企業や商店に勤める青少

表3-3①　1967年度、泉の会の行事

	行事予定	実施
4月	清掃奉仕	町公園の清掃奉仕 レクリエーション
5月	研修（よい仲間づくりについて）	行事変更と明るい職場づくり現状発表会
6月	人生講話	第二回働く青少年のつどい（那須青年の家）
7月	キャンプ	【全国勤労青少年研究集会代表参加】 【茨城県との交流研究集会代表参加】
8月	レコード・コンサート	全国大会・茨城交流会の発表会 欧米事情講話
9月	映画鑑賞	体育大会
10月	国土美化協力	茨城青年との交流 那須高原での国土美化協力 レクリエーション大会
11月	研修 レクリエーション ゲーム	体育会後の清掃奉仕 【明るい職場づくり推進事業所育成研修会に会員参加】
12月	クリスマス行事	【リーダー研修会（那須）】、クリスマスパーティ
1月	年頭の会	新生会（講話、レクリエーションを主とする）
2月	スキー	那須スキー会
3月	総会	研修会（中央青年の家で職場リーダー開発訓練） 総会

注：「実施」欄の【　】は、泉の会会員全員ではなくリーダー層のみの活動。
出所：「行事予定」欄は、『明るい職場』（第20号、1967年11月15日）6～7頁。
「実施」欄は、『明るい職場』（第27号、1968年9月15日）20～21頁。

表3-3②　1968年度、ＹＭＹＡコンパニオン全体行事

	全体行事
1月	フォークダンス 球技大会
2月	白樺湖スキースケート 室内ゲーム運動会
3月	新しい社会人とすごす会 球技大会 ダンスレッスン ダンスパーティ
4月	夜桜鑑賞と夜街食べあるき 竜爪山花だんづくり スクール修了式と韓国訪問団壮行会
5月	紅白歌合戦 「韓国訪問団不始末記？」 ガラクタ市と「火・木対抗なんでも合戦」 名所早っこ競争
6月	街頭インタビュー、路上公開討論会 弁論大会 運動会 総会

出所：『草の根日記』（第74～79号、1968年1月～6月）。

年の団体で、「よく学び、よく遊ぶ」をモットーに、仲間づくりを進めている（「希望に満ちた働く仲間たち」通信一九六二年一一月一〇日）。「泉の会」の目的も「健全な遊び、学習を通じてよい仲間づくり」をすることだったので、両団体とも遊びと学びをバランスよく行う中で仲間づくりをしようという目標を持っていたのだが、その行事の内容は、表が示す通り趣が異なっていた。

まず、泉の会の行事予定には清掃奉仕や国土美化協力、研修会・交流会が含まれているが、ＹＭＹＡはダンスパーティや球技大会、食べ歩きなどを主体としている。しかも泉の会の行事予定と実際に行われた行事を比べると、予定されていたキャンプやレコード・コンサート、ゲームは行われておらず、代わりに全国的な、あるいは県内でのリーダーの交流会がとってかわっていることがわかる。泉の会は学びに重点を置き、ＹＭＹＡコンパニオンは会員の交流を重視して遊びを中心に活動を進めているといえる。『通信』によればＹＭＹＡコンパニオンも一九六二年の時点では「店員の生活記録」発表や富士山の清掃、各種講習会を行い（前掲「希望に満ちた働く仲間たち」）学びも行っていたのだが、後に会員の意向に沿って遊び中心に切り替えたという[77]。他方、泉の会は六七年度をふりかえり、行事が「余りにも精神面に重点をおきすぎたきらい」があることを反省したものの[78]、翌年度の行事予定も前年度同様、研修会・奉仕活動が娯楽と半々の割合で組まれており、ＹＭＹＡコンパニオンのように遊びを主体とすることはなかった。

新生活運動協会は、青少年の余暇活動支援に際し、それが野外活動であれ文化活動であれ、単なる遊びに終わらせないよう留意しており[79]、各年度の運動推進方針で必ず言及された[80]。だが、新生活運動協会が対象とした勤労青少年が求めていたのはまさに単なる遊び、そして同じ境遇の仲間との交流で、協会は彼らの自主性を尊重しようとしながらも、そうした意向を汲むことができなかった。そのため、協会の青少年サークル育成事業は、数年を経ず下火となったと考えられる。

(3) 明るい職場づくり運動と職場小集団活動

前述したように新生活運動協会は一九六五年から、OAAに示唆をうけて「明るい職場づくり運動」を推進した。これは、経済成長に伴い豊かさを享受する反面、「生活の目標を失ったり、片よった人間関係とか、連帯性の欠如、人間疎外など」が大きな問題となっている職場生活において、これらの問題の解決を図って「失われつつある人間性の回復と主体性の確立により、よろこびを感じながら働ける明るい職場をつくる」ことを運動のねらいとしている[81]。具体的には、もともと青少年の野外活動で行われていた余暇充実の取り組みを職場のレクリエーションとして引き継いで人間関係の改善を図り、「話し合い」によって諸問題を職場の者全員で解決していこうとした。

協会中央は、一九六六年より、各都道府県協議会にこの運動を重点的に行う事業場を指定する。これは、一九七二年度にかけてそれぞれ三〇〇→四〇〇→一三一七→一四二五（一九六五年度→六六年→六九年→七二年）と順調に増加した[82]。しかしながら、この運動は全国で展開されるものの、協会が意図したような形では進まない。明るい職場づくり運動は、一般には、同時期に諸外国から導入され、普及しつつあった職場小集団活動の一種とみられ、小集団活動を補完する運動、あるいは代替として受容されていったのだ。

職場小集団活動は、同じ職場の従業員で小グループを結成し、グループ内で自主的にテーマや目標を設定して課題解決に取り組む運動である。実際の名称は、一九六二年から日本科学技術連盟が推進したQC（Quality Control）サークル[83]や、六五年から日本能率協会が導入したZD（Zero Defects）運動[84]、六九年に日本鉄鋼連盟が始めたJK（自主管理）運動[85]とさまざまだが、どの運動も六〇年代に入って広まった。政府は六〇年に、為替・輸入制限を撤廃し資本自由化を進めて開放経済体制へ移行する方針を示した。このため、貿易自由化の影響を大きく受ける自動車やエレクトロニクスといった産業を中心に国際競争力をつけることが急務となり、製品の品質向上やロス減少、生産性向上をめざす諸企業が小集団活動を競って導入したのである[86]。明るい職場づくり運動もこのような小集団活動の一種ととら

表３－４　明るい職場づくり運動の内容（1972年）

活動内容	企業数	割合
レクリエーション活動	52	60%
研究、学習活動	36	42%
話し合い活動	28	33%
小集団活動	17	20%
誕生会、懇談会	14	16%
提案	14	16%
環境美化	11	13%
健康づくり	10	12%
あいさつ	9	10%
カバーリング活動	7	8%
安全運動	6	7%
QC、ZD による意識の変革	4	5%

注：表内に記した企業数未満では、
　２件の企業が取り組んでいる活動（時間を守る、礼儀作法、苦情処理、出勤率向上、共済活動、読書をする、目標のある活動、責任を果たす）。
　１件の企業が取り組んでいる活動（チームワーク、生活設計、小さい工夫運動、生産性向上、愛の献血、交通パトロール、公害を出さない、奉仕活動、正しい服装、自衛消防、自己啓発、自主創造、自主作品創造、経営総参加、経営危機突破、躍進大会。

出所：新生活運動協会編『日本の新生活運動　昭和47年版』1973年、28頁。

えられていたことを次の二つの表で確認したい。表３‐４は、新生活運動協会による一九七二年の調査で、明るい職場づくり運動に取り組んでいる八六企業が実際には何を行っているのかを尋ねたものだ。このうち、ほぼ二割にあたる一七社が小集団活動を、また四社がＱＣやＺＤによる意識の変革を行っていると答えている。また表３‐５は、関東地区生産性労使会議が行った七一年の調査結果である。この調査は、企業にさまざまな改善策の提案を行う小集団活動一般を、従業員による企業経営への参加と位置づけて、実態を調査したものだ。調査票を送られた企業では、明るい職場づくり運動（前述のように六五年から企業で行われる新生活運動は「明るい職場づくり運動」である）をＱＣサークルやＺＤ運動と同じ経営参加の一種ととらえていたことがわかる。また、何らかの小集団活動を行っている企業の合計三八五社を、企業数合計（二五八社）から「導入検討中」「なし」をひいた残り一七四社で割ると、二以上となり、各企業は複数の運動に取り組んでいたことがわかる。

　それでは、職場小集団活動と明るい職場づくり運動はどのように併用されていたのだろうか。五〇年代に経費節減と消費節約を進めていた日立製作所の場合、この時期は専ら「花のある職場環境」(87)づくりとレクリエーション活動として新生活運動を推進しており(88)、従業員はこれを小集団活動で生じた「職場のぎすぎすした雰囲気を和らげる」ための運動とみていた(89)。小集団活動は、従業員を小グループに分けて改善策を話し合わせることで、作業や手順の効率化

表3-5 小集団活動の実施状況（1971年）

企業の規模	499人以下	500〜999人	1,000〜2,999人	3,000人以上	合計
QCサークル	16	35	44	42	137
ZD運動	8	20	32	34	94
小集団活動	8	14	9	20	51
生産性運動	10	10	14	12	46
新生活運動	6	1	4	3	14
その他	10	10	17	6	43
導入検討中	4	2	3	2	11
なし	17	18	25	13	73
企業数計	45	61	86	66	258

注：複数回答可能。調査時期は、1971年1月20日〜2月15日。全国9大証券取引所に上場する全企業1,549社にアンケート用紙郵送、有効回答数258社。
出所：「経営参加の実態」（[関東地区生産性労使会議調査研究部編刊]『労使の焦点』第45号、1971年3月）。

を図るなど業務内容そのものを見直す。従業員には自身の提案がとりあげられることでやりがいが生まれるが、改善提案が数えられ評価の対象となると小グループ間の競争が過熱して、従業員相互の対抗意識や競争意識が助長される。前掲表3-4のように、明るい職場づくり運動の中では、日立製作所同様、レクリエーション活動を行う企業が最も多く、加えて誕生会・懇談会や「環境美化」（「花のある職場環境」づくりはここに含まれる）、健康づくりなどに取り組む企業も多い。こうした取り組みは、小集団活動でカバーできない業務以外の部分を改善して従業員の融和を図ろうとするもので、明るい職場づくり運動は小集団活動を補完していたと考えられる。

一方、一九六三年から運動に取り組んだ日立製作所の下請け企業（日立製作所工業協同組合[90]）の明るい職場づくり運動には[91]、製作所本体の運動とは異なった部分がある。工業協同組合が決めた実施項目は、「時間を生かしましょう」「明るいあいさつをしましょう」「時刻を守りましょう」「花にうるおう職場をつくりましょう」「明るい社風をつくりましょう」「虚礼をなくしましょう」「ムリ　ムダ　ムラをなくしましょう」「感じのよい服装をしましょう」「話しあいの場をつくりましょう」の諸点である[92]。このうち、時間を生かす、時刻を守る、「ムリ　ムダ　ムラ」をなくすという項目は、業務内容にかかわるものだ。新生活運動協会は中小企業に重点を置いて活動していたため、他の小集団活動が中小企業への展開を模索する以前に明るい職場づくり運動はこれら企業に広がっていた。小集団活動が導入されていない企業で行われた明るい職場づくり運動は、日立製作所工業協同組合のもの同様、業務内容に踏み込み、品質や生産性の向上をめざしていた可能性が高い[93]。したがって、このような場合、明るい職場づくり運動は小集団活動の代替として機能していたといえるだろう[94]。

新生活運動協会は、このように明るい職場づくり運動が小集団活動と併用され、あるいは代用される状況を、ある程度認め許容していた。それは、生産性や製品の質、サービスの向上が当時の中小企業にとって、身近で切実な問題だったからだ。日立製作所工業協同組合の場合、親企業日立製作所が一九六五年に外注管理の方針を変えると[95]、明るい職場づくり運動の必要性がさらに増した。日立製作所は、下請け各社に生産能力と技術力の向上を求めるようになり、かつ能力が高い企業を選別することも明らかにした[96]。下請け諸企業はこれに応じて、経営や労務管理、生産工程を効率化し職場の士気を高めて、自社の生産性と製品の品質を向上させる必要が強まったのである[97]。先行研究によれば、日立製作所工業協同組合に限らず、六〇年代中盤以降、中小企業は新規参入の増加によって生存競争が激化していたという[98]。中小企業にとって業務の見直しと改善、そして改善策を話し合い実行する前提として職場の人間関係構築は必須となっていた。このような企業のニーズに応える形で、明るい職場づくり運動は広まっていったと考えられる。

いままで、高度成長期以降の企業における小集団活動としては、QCサークルが代表的であり、企業の小集団活動の研究はQCサークルの活動をめぐって行われてきたが[99]、QCサークルの展開に先立ち、あるいはQCサークルの展開と並行しながら、新生活運動協会による明るい職場づくり運動が展開していたのであり、とくに高度成長後半期における中小企業の評価にあたっては、明るい職場づくり運動の評価が重要な意味を持つ。今後の重要な研究課題であろう。

協会の側では「話し合い」をもとに「明るい人間関係醸成」をめざす明るい職場づくり運動は「創造的小集団活動」であり、企業の利潤向上を第一の目的とする小集団活動一般とは根本的には似て非なるものであるという見解をしめしていた[100]。しかし、一九六八年に開かれた第一回全国明るい職場づくり運動大会ですでに出席者からは、明るい職場づくり運動と小集団活動を区別することは「困難になりつつあるのではないか」という疑義が出されている[101]。結局、明るい職場づくり運動は他の小集団活動が中小企業に浸透してくると、職場小集団活動との差異化が図れなくなる[102]。職場小集団活動は、ＱＣサークルを始めとして六〇年代後半から著しく増加し、七〇年代、八〇年代と増加の勢いは衰えない。明るい職場づくり運動は急激に増加する職場小集団活動にのみこまれる形で、七七年に活動を終えることとなる。

おわりに

本章では、新生活運動協会が行った職場の新生活運動の特徴を、同時期に行われた同種の運動と比較することで、明らかにしてきた。協会の新生活運動は一九六〇年から七七年にかけて中小企業への普及に重点を置いて行われ、本章ではこのうち七〇年代初頭までの運動とその後の見通しまでふれた。最後に、今回検討した時期の全体を通じて新生活運動に一貫していた特徴を指摘し、まとめとしたい。

まず、運動の全時期を通じて新生活運動協会は、企業の経営者や従業員といった、職場で働く人びと自身の「話し合い」から身近で切実な問題を見つけ改善を図るという方針をとり続けた。そして、話し合うためには、経営者も従業員もともに同じ職場で同じ産業に従事する者として理解し合い同じテーブルにつくべきという方針を崩さない。労働組合を排除し、トップダウンの「指導」によって家族計画を推し進めた人口問題研究会との大きな相違はこの点にあり、家族計画運動が最も盛り上がっていた時期にこの運動から距離をとったのは基本姿勢の相違が背景にあった。人口問題研究会と新生活運動協会との相違については終章で「二つのライン」としてまとめている[103]。

また、トップダウンで運動方針を決めるという点では、勤労青少年向けの活動を一九五〇年代から始めていた修養団も同様であった。新生活運動協会は、六〇年代に入り革新運動に対抗して「民族愛の涵養」を掲げ清掃活動に特化した修養団とは一定の距離をとり、清掃活動という一過性のイベントに終わるのではなく、継続的に青少年とかかわる道を選んだ。

新生活運動協会は勤労青少年サークルの育成を六〇年代半ばの早い段階で切り上げ、中高年も含めた職場生活の改善（＝明るい職場づくり運動）へと移行する。この時期は運動の方針が短期間で変化するため、一見、協会の方針が定まっていないように見える。だが、これは高度成長の中での社会の変化に対応したもので、むしろ協会の姿勢は時代状況に合わせて運動を柔軟に変化させたと評価できるだろう。明るい職場づくり運動は、企業間の競争が激化し技術革新に追いつこうとする中小企業のエネルギーを取り込んで活動が進められた。家族計画運動が衰微したのちも協会による新生活運動が継続したのは、企業に身近で切実な問題をとりあげる姿勢を堅持したためである。

アンドルー・ゴードンが指摘したように[104]、企業の行う新生活運動は、いままでの労使関係や社会運動などの研究ではほとんど注目されてこなかった。この点で、ゴードンや田間泰子、荻野美穂らの研究には新生活運動をとりあげ、戦後の企業の労使関係や生活をめぐる運動について考えるうえで、企業における新生活運動が重要な意味をもっていたことを解明した意義があった。本章では、これらの議論に加え、新生活運動協会が取り組んだ職場での新生活運動を検討の対象とし、企業での新生活運動は家族計画に限られた運動ではなかったこと、そして青少年を対象にした運動や中小企業中心の明るい職場づくり運動が行われたことを明らかにした。今後、戦後の労使関係や職場の評価にあたっては、本章で考察した内容を含めた新生活運動を位置づけることが不可欠となるだろう。

（1）田間泰子『「近代家族」とボディ・ポリティクス』（世界思想社、二〇〇六年）一一〇頁。荻野美穂『「家族計画」への道』（岩波書店、二〇〇八年）二一〇頁。
（2）「職場から職域家庭へ」（通信五八年一〇月一〇日）。

（3）アンドルー・ゴードン「日本家庭経営法」（西川祐子編『戦後という地政学』東京大学出版会、二〇〇六年）。前掲、田間著書。前掲、荻野著書。
（4）『財団法人人口問題研究会理事会・評議員会議事速記録』一九五五年一〇月三一日（国会図書館憲政資料室所蔵「新居善太郎関係文書」R二四八）二四～二五頁。
（5）本書第1章でふれられている、理事会での永井の発言「生産に直結した国民運動」とは、松村文相に手渡した史料「国民的新生活運動の構想」（永井亨［一九五五年］。前掲「新居善太郎関係文書」R二四八）によって家族計画を主体とする運動を指すことが確認できる。
（6）［新生活運動協会］『新生活運動の基礎理念並びに当面の実践項目とその進め方』（国立社会保障・人口問題研究所図書室所蔵）。
（7）「新生活運動の会設立趣意書」（新生活運動の会編刊『新生活運動の会論集』一九七八年）。
（8）堀越禎三編『経済団体連合会十年史　下』（経済団体連合会、一九六二年）七一四～七一五頁。
（9）『経済同友』（第四一号、一九五二年二月）には、「新生活運動の効果挙がる」という見出しとは裏腹に「特に運動はしていない」といった事例もみられる。
（10）青木哲夫「一九五〇年代前半における財界の位置」（『戦後体制の形成』大月書店、一九八八年）。
（11）「新生活指導要綱」（人口問題研究会編刊『新生活運動指導要綱　新生活指導委員会設置要綱並びに委員名簿』一九五四年）一～二頁。
（12）『新生活』創刊号、二頁によれば、新生活運動の会は一九五三年末二二九一名に加入を勧誘したというが、会員数は五〇〇名（法人含む）を超えることはなかった（『新生活』第一巻五号、一九五四年五月。『新生活』昭和三九年六月号、一九六四年六月。日本工業倶楽部『事務報告書』第六〇～六九回）。
（13）桜田武「手近から実行へ」（『新生活』創刊号、一九五三年一二月）四頁。
（14）「手近な合理化の道〝新生活運動〟」（『マネジメント』第一四巻九号、一九五五年九月）。
（15）同前。
（16）「人口問題研究会新生活指導委員会」（一九五九年三月七日、国立社会保障・人口問題研究所図書室所蔵）。これは出版されたものではなく、人口問題研究会の内部資料、もしくは企業を運動に勧誘する際用いられた参考資料と考えられる。
（17）前掲『新生活』第一巻五号、六頁。
（18）『新生活』（第二巻五号、一九五五年五月）六～七頁。

(19)「新生活のモデル　日立の経費節減運動」（前掲『新生活』第一巻五号）によれば、通信費の節約はテレタイプの利用によるもので、消耗品とは工場で使う「ボロ」や、事務所で使う紙と鉛筆のことだ。

(20)『日立市報』第六一号（一九五三年二月）、第六七号（五三年七月）、第一一三号（五六年五月）。

(21)「新しい時代の家庭生活」（『家庭ひたち』第一四号、一九五四年三月）。

(22)「昭和三十年度事業計画書」（『新生活』第二巻五号）。

(23)前掲「新生活指導要綱」。

(24)『職域における新生活運動の手引』人口問題研究会、五頁。

(25)「企業体関係指導者研究集会をかえりみて」（国立社会保障・人口問題研究所図書室所蔵）。

(26)永野順造「新生活運動と労働組合」（『労働経済旬報』九［二七五］、一九五五年九月）。

(27)家族計画普及会の機関紙『家族計画』（第二三号、一九五六年二月）には、東武鉄道の労働組合、大日本印刷労働組合、全国石炭鉱業労働組合（全炭鉱）など労働組合も講演会や懇談会などを開いて家族計画に取り組もうとしたことが報じられている。このうち、東武鉄道は人口問題研究会の援助を受けた会社側が主導して家族計画運動が実施された。

(28)前掲『職域における新生活運動の手引』一〇～一一頁。

(29)前掲「企業体関係指導者研究集会をかえりみて」によれば、五八年のブロック協議会開催時、新生活運動協会からの労使双方から出席者をとの参加勧誘に対して、企業側から「どうゆう《〔ママ〕》意味の会議であるか不明であるから経営者側のみにして置く」と警戒されたことから、人口問題研究会が開いていた類似の会合には労働組合側の出席者が参加しなかったと推測される。

(30)たとえば、人口問題研究会が「労働組合の方がイニシアチヴを」とる新たなモデルにしようとした東京芝浦電気では、まず府中工場で労働組合幹部と話合いを行った（前掲、田間著書、一〇八頁）。しかし、彼らが会合を行ったことや新生活運動が始まったことを労働組合の機関紙は報じていない（『機関紙　吾らの灯　縮刷版』東芝労働組合府中支部、一九七六年）。

(31)全国石炭鉱業労働組合（全炭鉱）の加藤俊郎と全国繊維産業労働組合同盟（全繊同盟）の斎藤勇が参加した。斎藤は、「労働組合の立場から考えた新生活運動」という書面を出して意見を表明し、この文言は推進要領に組み入れられた。

(32)「企業体新生活運動推進要領」（斎藤勇・加藤俊郎『企業体（職域）新生活運動について』新生活運動協会、一九六二年「安積得也関係文書」二三六‐一〇）二三～二四頁。

(33)前掲「企業体関係指導者研究集会をかえりみて」。

(34)前掲『新生活運動参考資料』。この調査は実施五〇社のうち半数以上にあたる二七社に対して行われ、二七社中一二社が運動を

「家族計画運動」と呼んでいた。
(35) 前掲『職域における新生活運動の手引』四頁。
(36) 「企業体（職域）新生活運動推進要領　案」（国立社会保障・人口問題研究所図書室所蔵）。
(37) 「企業体（職域）新生活運動推進要領」（同右所蔵）。
(38) 前掲「企業体新生活運動推進要領」。
(39) 前掲「企業体関係指導者研究集会をかえりみて」。
(40) 清成忠男『日本中小企業政策史』（有斐閣、二〇〇九年）八頁。
(41) 前掲、田間著書、一二四～一二五頁、注二。
(42) たとえば、一九六一年一月には大企業二四社より労使各一名ずつを招いて研究集会を開き、同三月には大企業の経営者二二名を集めて懇談会を開催した（新生活運動協会『昭和三五年度事業報告書』日本青年館所蔵、昭和三六年度新生活運動関係綴、一〇～一一頁）。
(43) 前掲『昭和三五年度事業報告書』七頁によれば、三井為友が六一年三月に福井市・岐阜市・兵庫県西脇市で「中小企業における新生活運動の実態と推進方法」を調査している。また、『通信』によれば、大企業の経営者だけではなく、中小企業経営者協会とも懇談会を開いている（通信六一年八月一〇日）。
(44) 人口問題研究会『人口問題研究会新生活指導委員会第七回総会議事録』一九五九年三月七日、三頁の「この一年あまりこの運動も発展状態が良好でありませんで」という永井の発言による。
(45) 貯蓄増強中央委員会編刊『貯蓄運動史』一九八三年、五五頁。
(46) 『日本軽金属二十年史』（日本軽金属、一九五九年）三七四頁。
(47) 石川島重工業株式会社社史編纂委員会編『石川島重工業株式会社一〇八年史』（石川島播磨重工業、一九六一年）五五九～五六〇頁。
(48) 山田和代「労働組合の主婦組織と『内職問題』」（『筑波大学経済学論集』第四三号、二〇〇〇年）。
なお、五九年の主婦の会設立準備会には、全日通札幌分会家族会、国鉄家族組合、私鉄総連東武鉄道家族連合会、全鉱主婦協など、五〇年代に新生活運動に取り組んだ主婦と同じ層を基盤とすると推測されるいくつかの団体が含まれている。なかでも、全鉱主婦協は五五年から炭鉱文化協会が行った家族計画を中心とする新生活運動に積極的に参加したのち（全日本金属鉱山労働組合連合会編『全鉱二〇年史』労働旬報社、一九六七年、七六三頁）、この主婦の会に設立をめざしており、新生活運動から労働運動へ移行した運動の流れがあることがわかる。この点を考慮すると、労働組合が新生活運動に「敗北」したというアンドルー・ゴードンの評価には再考の余地があるだろう。

(49) 前掲「企業体（職域）新生活運動推進要領」。

(50) 加瀬和俊『集団就職の時代』青木書店、一九九七年。

(51) 同前、九九頁。

(52) 「胎動する新生活　中小企業の懇談会開く」（通信六一年八月一〇日）。

(53) 阪本博志「戦後日本における「勤労青年」文化」（『京都社会学年報』第八号、二〇〇〇年）一〇一頁。

(54) 前掲、加瀬著書、二一八頁。

(55) 一九五九年一月に静岡市で設立された中小企業や商店に勤める青少年の団体で（「希望に満ちた働く仲間たち」通信六二年一一月一〇日）、この団体の会報を読むと『通信』で報じられた別のサークルと交流していることがわかる（「多治見市杉の子会訪問記」［YMYA事務局］『草の根日記』第七六号、一九六八年三月一日）。

(56) 『新生活運動協会二五年の歩み』（新生活運動協会、一九八六年）六一頁。

(57) 前田薫編『新しいくらし明るい職場』（財団法人OAA、一九六八年）六頁。

(58) 同前、四九頁。

(59) 長島晴雄「兵庫方式によるOAA活動の趣旨と経過」（「安積得也関係文書」二二三-一）。

(60) 蓮沼門三「森は君たちを待っている」（［修養団］『向上』一九五八年一一月号）。修養団編刊『修養団八十年史』一九八五年、一九五頁。「働く青少年の大運動会　東京青年ホーム」（通信六一年一〇月一〇日）。

(61) 以下の経緯は、前掲『修養団八十年史』一九五一～一九六、一九八～二〇〇頁。

(62) 修養団編刊『社会教育一〇〇年「愛と汗」の歩み』二〇〇五年、四三頁。

(63) 一九四八年に設立された中央合唱団の呼びかけで提唱された、音楽運動。革新運動の盛り上がりにともなって発展し、職場や地域のうたごえサークルに多くの人びとが参加した。

(64) 『うたごえ新聞』（第一四〇号、一九六二年一月一日）。『うたごえ新聞』（第一八七号、一九六四年一月一日）。

(65) 前掲『社会教育一〇〇年』四九頁。

(66) 修養団が発行する諸史料によれば、一九五五年の創立時に四〇〇人だった「森のコーラス会」会員は翌年夏には七〇〇人以上、五六年七月には東京北区の飛鳥山グラウンドに五〇〇〇人を集めて大合唱を行ったという（『向上』一九五五年一二月号、一九頁。

(67) 前掲『修養団八十年史』一八八頁。前掲『社会教育一〇〇年』四九頁)。
(68) 『向上』(一九六一年六月号)三一頁。
(69) 「新年度の活動方針について」(『向上』一九六一年六月号)二九頁。
「国土美キャラバン」は修養団関係者と学生有志がトラックやジープで全国を巡回し、行く先で地元の婦人会・青年団・ボーイスカウトなどと共に清掃美化を行うものである。青年ホームの活動がこの運動に収れんしていく模様は『向上』一九六二年分を参照。
(70) 「大成功をあげた国土美化運動」(『向上』一九六二年一一月号)二二頁。
(71) 前掲『修養団八十年史』一九八〜二〇〇頁。
(72) 以上、前掲『新生活運動協会二五年の歩み』六三頁。
(73) 前掲、阪本「戦後日本における「勤労青年」文化」。
(74) 前掲、加瀬著書、九六、一六一頁。
(75) 前掲『新しいくらし明るい職場』九頁。
(76) 以下の泉の会に関する記述は、(株)栃木衣料「明るい職場づくり運動推進の現況」(『明るい職場』第二〇号、一九六七年一一月)。栃木衣料親和会「自発性高める組織をもとに」(『明るい職場』第二七号、一九六八年九月)。
(77) 「さびしくないよ　仲間がいるのさ「YMYA」静岡のグループ　若く明るく」(『朝日新聞』一九六七年七月二三日朝刊)。
(78) 前掲『明るい職場』第二七号、二〇〜二三頁。
(79) 巻末資料3「第5　文化活動、余暇活動の推進」3(5)参照。
(80) たとえば、「昭和三九年度推進方針(案)」(「青少年の野外活動推進要領」昭和三八年度新生活運動協会関係綴、日本青年館所蔵)。一九六六年度「運動推進方針と事業のあらまし」(「働く青少年の野外活動」『明るい職場』第一号、一九六六年二月)。一九六九年度推進方針(「昭和四十四年度明るい職場づくり運動推進方針と事業計画」『明るい職場』第三三号、一九六九年三月)。
(81) 『明るい職場』(第一三号、一九六七年四月)もくじ。
(82) 前掲『新生活運動協会二五年の歩み』六三頁。
(83) 一九六二年に日本科学技術連盟がQCサークル本部を設置。これ以前にもQC運動は日本に導入されていたが、サークルを結成したことで現場監者にQC運動の理念が浸透、以後急速な普及をみた。日本規格協会編刊『六〇年の歩み』(二〇〇五年)年表参照。

(84) 一九六二年にアメリカで開始。日本では六五年から導入が始まり、六八年に日本能率協会がＺＤ全国大会を開催し始めた。
(85) 一九六九年日本鉄鋼連盟がＪＫ活動委員会を設置。
(86) 日本労務学会での発表によれば、一九七七年にＱＣサークル本部に登録されていたサークルは約三万（参加人員は五〇〇万を超える）、ＺＤ運動を導入している事業所は約一万にのぼり、その他独自の名前をつけた小集団活動を行う企業もあった（上田利男「小集団活動の日本的特質と課題」日本労務学会編『日本的労務管理の新展望』中央経済社、一九七八年、一六一～一六二頁）。
(87) 「花のある職場環境つくろう　日立製作所　企業体新生協」（通信六六年四月一一日）。
(88) この地域の新生活運動のうち、日立市主導の「蚊とハエのいない生活実践運動」は、衛生状態の改善と国土美運動の導入を契機として一九六二年に「町をきれいにする運動」に変化し、結婚式の簡素化運動は、結婚式を華やかにする傾向を抑制できなくなり六三年頃から下火となった（『日立市報』第二四四号、六三年八月）。
(89) 浅川純「明るい職場をつくるために」（『社内犯罪講座』新潮文庫、一九九〇年）。浅川は京都大学卒業後、一九六〇年に日立製作所に入社、一九年勤めて退社した。
(90) 一九三七年日立機械器具組合として発足し、六一年日立製作所工業協同組合へ改称した。従業員の最低賃金に関する協定を結び、商工組合中央金庫と常陽銀行等に対して組合員の債務の保証を行うなど、組合企業の経営安定を共同で目指した。
(91) 一九六三年に茨城県新生活運動推進協議会が、日立製作所工業協同組合の傘下五社を明るい職場づくり運動の推進事業場として指定したのが契機となった。
(92) 日立製作所工業協同組合編刊『十五ヶ年の歩み』一九六四年、一〇三頁。
(93) 日本科学技術連盟が発行する『現場とＱＣ』誌は、一九七〇年八月に中小企業での活動が活発ではない現状をうけて、中小企業への普及を目指すための「中小企業のＱＣサークル」という特集を組んでいる（『現場とＱＣ』第八四号、一九七〇年八月）。
(94) 前掲表3-4でいえば「話し合い活動」や「小集団活動」「提案」「安全運動」が、小集団活動の代替であったことを推測させる。
(95) 中央大学経済研究所編『中小企業の階層構造――日立製作所下請企業構造の実態分析』（中央大学出版部、一九七六年）七七～七八頁。
(96) 同前。
(97) たとえば工業協同組合の中で、プライド運動という名の小集団活動を進めた大洋工業株式会社が運動を始めたのは、生産増加に伴う長時間労働が続き、一九六七年に労働基準法違反であると指摘を受けたことがきっかけだった。大洋工業のプライド運動は『日本の新生活運動』各年版で紹介されており、明るい職場づくり運動の一つのモデルだったと考えられる。

(98) 前掲、清成著書。

(99) 熊沢誠『日本的経営の明暗』(筑摩書房、一九八九年)など。

(100) 新生活運動協会編刊『日本の新生活運動　昭和四十七年版』一九七三年、三二頁。

(101) 『明るい職場』(第二九号、一九六八年一一月)一三頁。史料中では「労務管理」という語句が使われているが、「従業員の創造性や自主性を発展させる傾向」があると表現されていることから、筆者が小集団活動をも指していると判断した。

(102) たとえば、第4章で指摘されているように、東京都では、六〇年代の後半に一時期職域の新生活運動に力をいれるが、「労務管理との違いを打ち出せないため、次第に企業体の運動から離れ」、運動として停滞してしまう[第4章注(43)参照]。

(103) ただし、企業体での運動では、後期も「話し合い」を重視し、「対話」という言葉は出てこない。「対話」には立場の異なる者同士が相対して話し合うという意味があるが、職場の新生活運動では経営者も従業員も同じ場で働く者という前提をとっているため、「対話」はなりたたないからだろう。

(104) 「五五年体制と社会運動」(『日本史講座一〇　戦後日本論』東京大学出版会、二〇〇五年)。

第4章　地域での新生活運動

はじめに

序章の研究史にあるように、二〇〇〇年代になると新生活運動に関心が集まったものの、多く扱われているのは大企業における家族計画を軸にした運動であった。ただし、地域での新生活運動を扱った研究も、次第に現われてきている。しかし、不思議なことに、それらの研究では新生活運動協会（以下、単に「協会」）が意図する運動がどのようなものであったのかが明確にされないまま、個別地域での取り組みが分析されている。

民俗学でいち早く協会の新生活運動に注目し、分析視角を提示した田中宣一は、農林省、厚生省、文部省、協会といった「官」が行う「生活改善諸活動」は、扱う課題に微妙な差異を含むものの、「民」の側は、民俗事象を改変する同種の活動として受け取っていたとする。田中は、一九五五年より六〇年度までの協会の決算報告書より、中央、地方団体への共催・委託事業費、なかでも地方への委託事業費が多い事実を指摘しながら、この事業の具体的な内容の分析には立ち入っていない。協会が意図する地域での運動を端的に知ることができる事業内容の分析がないまま、受け取る「民」側の視点のみで協会の地域での新生活運動が評価されてしまっている。[1] 田中の研究に対し、協会による新生活運動の優良地区表彰において、六〇年度に推奨された一つの地区を分析した池野雅文の研究では、協会が望む地域での運動の一端を知ることができるものの、農村開発の成功モデルとする分析視角が先行しており、協会の運動が抱える問題点や矛盾を析出しようとする関心は、最初からみられない(2)。この点に関して、本井優太郎は、協会発足後の新生活運動と、先行していた新制中学校の教員と生徒、卒業生によって取り組まれた生活改善とが地域においては一様に受け取られず、ズレをもっていたことを指摘しており、注目される。ただし、本井の研究も協会の新生活運動そのものの分析が深められていないため、ズレが持つ意味の具体的な考察は課題とされている(3)。

以上の研究史上の問題点より、本章では協会の意図を明確にしたうえで、その運動の実際を考察することとする。具体的には、協会が実施した各種事業の目的・方法と、それらによって展開された地域での新生活運動の問題点を、第1、2章で示された前期と後期という協会の性格の転換に留意しながら俯瞰する。なお、後期の協会で重要となる生活学校の本格的な分析は、第5章に譲る。序章にあるように、協会の新生活運動を分析するためには、(a)生活運動の政治的意図（政治と生活）、(b)運動としての生活（生活と運動）、(c)生活実践（生活の実践）、という視点を設定し、(b)を軸に据えた三者の相互関連を検討することが重要であり、本章は、この(b)に焦点を当てた分析を行っている。協会が模索し続けた運動の方法は、人びとの自主性の喚起とそれらを管理するという新生活運動の意図を端的に語るものであるから、各節では、この方法の紹介につとめている。あらかじめ読者の注意を喚起しておくと、協会が重視したのは、個々人の生活実践を地域社会の一定の範囲でつなぎ合わせることであった。また、以上を通じて、従来の個別地域の事例分析では明らかになっていなかった点、すなわち、協会と運動との関連を探ることも課題としたい。

1 「話し合い」から「組織化」へ——一九五〇年代後半〜六〇年代半ば

(1) 指定地区育成事業

一九五〇年代後半から六〇年代半ば、協会が「新生活運動推進の中心に位置づけてきた」のは指定地区育成事業であった。[4] 同事業の開始は協会発足直後の五六年度であり、その目的は、該当地区の育成を通じて「他地区に対する指導育成に資することを主眼とする」もので、地区の選定、目標・課題の設定などは「地域の自主的創意を尊重して、その実践意欲を高めるため形式的、天下り的にならないよう関係機関団体と協議の上決定する」とした。この事業について、第二回新生活運動全国協議会第一分科会（五六年六月一日）では、「他に与える好影響が大きいので賛成である」（奈良）、「戦後における一連の変革のうちに民主的な新しい村づくりを達成する」「新生運動」をすでに展開しており、「この運動は決して上からの押しつけであってはならない。だから指定地区の設定などには」「反対」（山口）、という賛否両論が出された（以上、通信五六年六月一〇日）。

山口県では、一九五〇年より「農村新生運動」（五三年、「農山漁村新生運動」と改称）を独自に進めていた。その方法は、市町村単位に「農村新生協議会」の設置を図り、この協議会が作成した「農村新生計画」をもとに県職員が現地指導・調査を行った後、県農村振興対策審議会（会長は知事。県庁の各課職員、農林関係団体の代表者、有識者で構成）の審議を経て知事が助言を与える「助言勧告」というものであり、五五年からは新生計画樹立の段階から助言・指導ができる形にしていた。[5]「新らしい〔ママ〕人づくり、村づくりに始まり、やがて国づくりに集約される」ことを意図する協会は、実際の運動が「一村よりも前に各部落を単位として、まずそこから着手されるのが常道のようである」という認識のもと、「地域社会を構成するひとびとのあいだに、民主的な話し合いがもたれ、各人の納得と諒解による総意の結集があってはじめて具体的な成果が期待される」としていた（通信五六年一〇月一〇日。八〜九月に開催された、第二回新生活運動中央指導者研修会での討論）。協会は部落を単位として、そこに暮らす人びとの「民主的な話し合い」を重視していた。県行政の指導の色彩が濃く、市町村単位の計画樹立を図る山口県の運動とは異なっており、このことが先の山口県の反対の背景にあったと思われる。

表4-1、4-2は、一九五八年度の指定地区の状況を示したものであり、「農林漁業」地域の市町村の「一地域」の指定が多く、戸数をみると地区の範囲は旧村もしくは部落であった。協会が重視する部落よりも広い範囲の指定地

表4-1　指定地区の性格（1958年度）

区　　別	農林漁業	住宅地（都市、通勤者）	観光地・商業地	企業体	計
一般指定地区	428	50	13	4	495
特別指定地区	40	3	1	2	46
計	468	53	14	6	541

出所：「昭和三十三年度新生活運動指定地区概要」（『新生活運動協会関係文書』1958〜59年、日本青年館所蔵）。

表4-2　指定地区の範囲・戸数（1958年度）

戸数／区域	市		町		村		郡	企業体	計	合計
	全域	一地域	全域	一地域	全域	一地域	全域			
50以下		4		6		3			13	13
50-99		(3)　12		(4)　22		(2)　2			(9)　36	45
100-199		(6)　18		(11)　20		(5)　4		(1)	(23)　42	65
200-299		(2)　12		(1)　14	1	3			(3)　30	33
300-399		13		24		4			41	41
400-499		(2)　9		17	1	5		1	(2)　33	35
500-999		(1)　52	1	(4)　58	11	(1)　14		1	(6)　137	143
1,000-1,999		(1)　16	(1)　17	19	25	4			(2)　81	83
2,000-2,999		3	28	2	9			2	44	44
3,000-4,999	1	2	20		1			(1)	(1)　24	25
5,000-9,999	4	1	1						6	6
10,000-29,999	4	1					1		6	6
50,000以上	2								2	2
合計	11	(15)　143	(1)　67	(20)　182	48	(8)　39	1	(2)　4	(46)　495	541

注：括弧は特別指定地区。
出所：表4-1に同じ。

区が含まれていたことがわかる。

なお、「特別指定地区」とは、五八年度に協会が打ち出した「道義の高揚運動」の一環である「健康な家庭を築く運動」のなかで設定されたもので、その目標は「成人層と青少年層（親と子）の話し合いによ」る「家庭の民主化」などで、各都道府県に一地区指定された(6)。この実態については不明な点が多いが、地区の選定基準について、協会は従来と同様でよいとしていることから(7)、他の「一般指定地区」と大きな違いはなかったと推測される。

一九五八年度の都道府県協議会への委託事業の結果報告をみると(8)、「指定地〔ママ〕」は「五〇〇戸以下であった方がよいと思われる」（宮城）、「広地域の指定は不徹底になりやすいので、なるべく小地域（部落）を指定し、部落又は町内ぐるみの新生活運動を推進することが効果的である」（福井）といった、部落などを範囲とすることに肯定的な意見がみられる。一方で、「地区運動の強化は、直ちに実行体制の整備として部落組織の強化に結びつくが、地区の近代化、生産の資本化、生活圏の拡大、マス・コミの日常生活浸透などをとおして、その基盤の変革が行われようとしていた封建遺制的な部落共同体の性格（を）と民主化の過程を通さないで、再編強化する傾き〔ママ〕がうかがわれる。とくに行政機関の無責任な実績主義は、この傾向に拍車をかけており、憂慮される」（愛媛）、という報告もあった。

「行政機関の無責任な実績主義」とは、衣食住など生活改善の結果を重視し、「民主的な話し合い」というプロセスを問題にしない行政の姿勢を批判したものであろう。協会が実施した指定地区の調査における福尾武彦（千葉大学助教授）の報告でも、地域の指導者が部落会長、町内会長の場合、「『そうした人たちは各種行政の〝よろず引受所〟といったところになっており、その仕事のやり方、考え方が、やゝもすれば行政の下請け的になり勝ちで、住民の要求が掘り起されない傾向にある』」と指摘されていた。[9] 行政の指導が「封建遺制的な部落共同体の性格」を「再編強化」する事態は、協会が目指す新生活運動、すなわち、「民間の自主的な活動であることを原則とし」つつ、行政機関や自治体の指導、助言を受けながら進めるという「一見矛盾」している運動[10]の内包する問題を端的に示している。

以上のような問題が出されていたにもかかわらず、この後、協会は大字や町内を運動の基礎単位とする方針を明確にする。一九五九年度、協会は、一県当たりの指定地区数を一〇から二〇地区に増加するなど指定地区育成事業の拡充を図ったが（通信五九年五月一〇日など）、同年度の「指定地区育成要領」では、「地区の規模は、大字あるいは町内の範囲が適当である。たゞし、特殊の事情で、市町村、旧町村等の区域を指定した場合、その育成の単位としては、地区内の大字あるいは町内を主に考えることがのぞましい」、としている。[11] 旧村と思われる地域範囲の指定も含まれていた五八年度の指定地区の状況を前提にして、五九年度の方針は、より狭い地域を運動の基礎におくことを明確にしたものであった。これに対し、第五回新生活運動全国協議会（五九年四月）では、「自分の方では市町村全体を指定してほしいという意向がつよい。つまり旧市町村意識にこだわる場合があるのだ」（秋田）、「自分の方では郡単位という希望がある。たとえば結婚改善などにとりくむ場合、広い地域にまたがる必要がある」（島根）という要望が出された。これらに対し、岩田岩二（協会事務局次長）は、「現在の段階では少しむりがありはしないか。地域がなくなると、行政的な色彩がこくなりすぎ、運動が埋没する危険があると思う」と応じている（通信五九年五月一〇日）。運動の広域化を求める意見は以前からあり、たとえば、先に引用した五八年度の委託事業の結果報告でも、「年中行事の合理化のような課題は、広く県下一円の運動として展開しなければ効果が上らない」（香川）などがあげられていた。人の移動や交際にかかわる課題に対して、狭い範囲での局所的な運動では対応できないことへの不満が地方から出ていたことがわかる。そのような状況でも、「民主的な話し合い」による人びとの「総意の結集」に基づく自律的な運動の単位として、協会は大字、町内という地域のまとまりにこだわり、一方的な行政の指導、援助になる事態を避けようとしていた。ただし、先述したように、部落、町内の一部の指導者と行政が結びつくことにより、地域の人びと全体の運動となっていなかったことも、協会は認識していた。

行政と結びついた一部の指導者のみの運動になっていることに加えて、指定地区の問題点として多く出されていたのは、「成人男子」の協力が得られない事態であった。一九五八年度の委託事業の報告では、「指定地区のうち、農村地帯では運動の中心母体が多く婦人団体であるので、運動が婦人のみの運動として誤解され、成人男子の協力が十分でな」く、「農業経営問題などを採り入れて一般成人の歓心《ママ》と興味を引くような方式を採ってきた」（茨城）、「男子成人層の関心が比較的うすく特定の団体或は一部の人々の運動になりやすい」（富山）、「一般に地区婦人会は、この運動に対し熱心であり積極的に行動するが、之に対し男性層は案外協力せず、推進を阻む一因となっている点」（奈良）、「成人男子の本運動に対する認識と実践意欲が、婦人、青年層より乏しい」（長崎）という状況があげられており、神奈川、佐賀からも同様のことが指摘されていた。指定地区のほとんどが「農林漁業」地域であった点（前掲表4-1、参照）を考慮すると、報告にある「成人男子」の多くは、家長権を有する農家の男性であったと思われる。戦後、生活改善に関する行政事業は、性別役割分担を前提に、女性を構成員とする組織、団体に対して指導、援助を行うものであり（生活改善グループ、婦人会、愛育班など）、このため、「成人男子」をうまく対象にすることができなかったといえる。委託事業報告で「組織のない壮年層への浸透が不十分」（栃木）と述べられている事態は、新生活運動における行政の指導、援助の限界を示している。

(2) 運動方法の構想——訪問集会、泊り合い集会、移動研修会

これまでにあげられた問題点を解決するため、協会は複数地域での実践を組み合わせて、ひとつの運動の方法として提示した。一九六〇年一二月に発行された『推進と実践——地域運動の手引きII』（執筆者は、加藤千代三・協会ブロック対策専門委員）では[12]、新生活運動を「お互いの生活を通して、生活の場をたかめるという地域運動」と規定し、農村部では五〇〜二〇〇戸くらいの地区や部落、都市部では「およそ町内とよばれる範囲」を生活・環境に共通性があり、共通の問題意識、責任をもつことができる「運動実践の単位」とした。特に農村部に残存している、人びとの自主性を阻害する「封建的な支配構造の中で培かわれた人々の生活感情」を除きつつ、一部の人びとや特定の集団（地域婦人会、地域青年団、グループなどの小集団）のみの運動を全住民のものにするための「運動のしくみ」を提示した同書は、先述した指定地区育成事業に含まれる問題点の解決を狙ったものであった。具体的には、新潟県の「訪問集会」、青森県の「泊りあい集会」、茨城県の「移動研修会」の三つを、「二つの『運動のしくみ』」とする構想が述べられている。移動研修会は、年一回、「推進員」（指定地区育成にあたる。茨城の場合、市町村教育委員会の社教主事の兼務が多い[13]）が県外の運動を視察して研究しあうもので、同書は、運動指導者の仲間づくりとしての意味を与えている。また、訪問集会は地区運動の「実践組織」のモデル、泊り合い集会は訪問集会をよりよく行うための「学習のしくみ」とされた。以下では、訪問集会、泊り合い集会の概要をみておきたい。

訪問集会は、佐渡郡の社会教育の実践のなかから生まれた。隣り近所一〇戸から一五戸ぐらいでグループを作り、

月一～二回、夜間二時間くらい、家族ぐるみで話し合うもので、会場はなるべくグループ内の家の持ち回りとされた。この方法は、婦人会や青年会の活発な活動の反面、家族内の人間関係の改善ができていないため（衣食住に関する決定権をもたない嫁の立場）、社会教育の講座・講習会の内容を家庭で実践できる女性が僅かであること、社会教育の行事・講座への壮年男性の参加が僅かであり、これらの人たちを行事・講座に参加させる必要があること、という反省から生み出された。(14) 生活にかかわる行政の対象にできず、新生活運動に非協力的な「成人男子」の存在は先述した。このような男性を運動に巻き込む方法として、協会は訪問集会に注目したといえる。新潟県は訪問集会を全県的に育成する活動を行い、数千のグループが生まれたという。(15) 佐渡郡相川町二見地区、新発田市松浦地区における訪問集会は、一九六〇、六一年度の協会による優良地区表彰を受けた。(16) ただし、新発田市浦松地区では、訪問集会を行う三一組のうち、「家族ぐるみ」で実施しているのは五組、「婦人だけ」は二六組と女性のみの組織が多かった。(17) また、相川町二見地区の訪問集会も、六四年三月の時点で、出稼ぎの増加による参加者の減少によって行われなくなるグループが発生し、行う場合も佐渡島外へ長期の出稼ぎに行く男性は参加せず、女性が中心となっていた。(18) 訪問集会は、男性を含めた家族会議をもとに行うことが難しかった。

青森県における泊り合い集会は、「運動にたずさわる人たちが、ごく一部のものにかぎられ、町村のすみずみまで滲透しない嫌いがある」、「単なる生活様式の改善にとどまって、新しい生活、新しい社会の建設運動にまで発展しない」などという青森県の新生活運動の反省から生まれた。その方法は、二つの指定地区の間で、集団訪問（話し合い、視察、レクリエーション）、訪問先の住民の家への分宿、分宿先の「家庭会議」への参加を交互に行うものであった。(19) この方法は、政策への参加を促進するという新たな意味を付与され、後に協会の事業として採用される（後述）。

(3) 巡回指導事業――「話し合い」路線の転換

訪問集会が地区運動の「実践組織」のモデルとしての位置を失っていくなかで、協会は、一九六二年度の途中より

「巡回指導事業」を開始した。これは、協会自身が直接指定地区の指導を行うもので、講師、協会職員、県協議会担当者で構成する「指導班」が、指定地区（指定が終了したものも含む）をもつ市町村に年間二～三回赴き、一回につき四～五日滞在して三～四部落を重点的に指導した。六二年度は一一府県・二三地区、六三年度は新規と継続を合わせて一六府県・二八地区で実施された（通信六二年九月一〇日、六四年五月一日）。事業開始の理由として、協会事務局は「革命的な社会変動」のなかで、「ともすると陥《ママ》いりがちだった啓蒙的・教育的性格と方向を重点にした従来のまゝの新生活運動では、急激な地域の変動に対処する住民活動にはなり得ないし、住民のニードに基くエネルギーにもなり得ない」と述べている。この背景には、新生活運動では「中心課題」（農村部では農業構造改善事業に関する問題、都市部では公害や消費問題など）を設定して、「住民の客観的なニードを主観的なニードに変えていく努力」が必要であること、そのうえで「いろいろな問題を総合化し、住民の活動を組織化する」ことにより、「啓蒙型、教育型の運動」から脱すべきであること、という運動論があった(20)。協会が課題を設定して、その重要性を住民自身が自覚するように促し、住民の活動を「組織化」するという運動は、人びとが「話し合い」によって課題を発見し、協会が「お手伝い」するという従来の運動方針（第1章参照）の転換を意味している。高度経済成長による社会の激変のもとで、「奉仕機関」、「サービス機関」から「推進」機関へと自己の位置づけを変えた協会（第2章参照）は、運動の「組織化」をめざし、自らが地域を直接指導するようになった。

2　新しい村町づくり運動——一九六〇年代半ば～六〇年代後半

(1)　共同推進事業の展開——農山村部

指定地区育成事業は、一九六四年度を最後に打ち切られたが、一定の地域を重点的に指導する方法は「実践活動地区」の指定事業として継続され、巡回指導と泊り合い集会などによる地区の間の交流・提携の強化が図られた[21]。六四年度から「新しい村町づくり運動」と呼称された地域での新生活運動は、これらの方法により進められた。なお、巡回指導事業は名称が事業内容にそぐわないという理由から、六四年度中に「特定地区共同推進事業」と改称されている（通信六五年三月一五日）。六四年度に共同推進事業が実施された一五県二一地区には、協会が任命する共同推進中央委員が、延べ五〇回派遣されたという[22]。「巡回指導」を「共同推進」と改称したのは、「主体性」をもった「生活者」が行政施策に「参加」することを「推進」するという六〇年代半ばの協会の方針（第2章参照）を反映したためと推測される。

事実、農山村部での共同推進事業は、農業構造改善事業への住民参加を促すために実施されていた。たとえば、部落公民館活動を基礎にした構造改善事業を行政の主導で実施していた宮崎県東諸県郡綾町では、一九六四年度より共同推進事業が行われた。六五～六六年度には、構造改善事業に応じて経営改善に取り組んでいた同町古屋地区に重点をおき、協会の共同推進中央委員である松丸志摩三（農村問題研究家）、山本陽三（山口大学助教授）、茂木六郎（長崎大学助教授）が指導した[23]。構造改善事業などに対する「『貧農切り捨て』という立場での反対論が、かなり根強く行きわたっている」「革新勢力の町」であった綾町では（通信六五年七月一一日）、構造改善事業に対する反対を抑える手段として共同推進事業が実施されたといえる。政治的イデオロギーの明確である反対論が存在したのが綾町であったが、そのような地域ではなくても、構造改善事業にともなって発生する住民間の利害を調整するために、共同推進事業は実施された。たとえば、町の構造改善事業計画により、水田を転換して夏みかん団地を造成することとなった山口県大津郡油谷町白木部落では、協会の共同推進中央委員である安達生恒（島根大学教授）、山本陽三などが指導にあたった。水田の畑地への転換や住民各自の希望を調整しての団地形成が困難な状況のもと、安達は柑橘導入による町づくりの方向性について講演や住民との懇談会をもっている[24]。

共同推進事業の実施を通じて、協会は「宮崎方式」（専門分野の異なる複数の講師が集団で指導にあたる「集団指導」

と住民自身による調査活動を実施）に注目し、協会の事業として採用した。この方式は、一九六五年、宮崎県西臼杵郡高千穂町野方野部落に対する共同推進事業から生まれた。野方野の村づくり運動の概略は、協会の報告書によれば以下の通りである。(25) 野方野は、大分・熊本両県々境の山あいにあり、専業農家が多数を占める部落であった。六五年五月、野方野は県新生活運動協議会の実践地区に指定された。当初は部落公民館の役員などの学習活動を行い、この後、坂本頼一（県新生活運動協議会・社会教育主事）、山本陽三、松丸志摩三、茂木六郎などによる集団指導と住民の話し合いが継続的に実施された。その結果、各戸の家計・農業経営の診断を行う機運が高まり、六五年一二月〜六六年二月、農協、役場、普及所の職員を「診断員」として、一年間の家計・経営の聞き取り調査を実施、公民館での話し合いの材料とした。話し合いの結果、家計の収支が赤字であることなどが問題となり、生産拡大のための営農設計を目的として農業構造改善事業に取り組むことになった。六六年四月には、松丸、茂木、山本の集団指導のもとで構造改善事業に取り組んでいた長崎県西彼杵郡三和町上川部落との間に泊り合い集会を実施している。(26) 六六年六月、戸別の営農計画が作成され、この計画に基づき構造改善事業の計画が決定された。部落公民館の役員は事業内容の周知を図るため、小組合別の集会での話し合いや戸別訪問を実施、六七年一一月、構造改善事業が開始された。事業開始までの間、集団指導や各種の話し合いが継続的に行われている。住民参加を促すため、前節でみた泊り合い集会が実施されたこと、部落の指導者が主導して人びとの合意形成を図ろうとしたことがわかる。野方野は、県の新生活運動の研修会場にあてられ、また、泊り合い集会の受け入れなど、新生活運動の拠点に位置づけられていた。

調査活動と集団指導を組み合わせて実施する方式は、一九六六年度、宮崎県下一八地区で実施された。(27) 六六年九月二一日より調査票が各地区に発送され、九月二五日〜一〇月五日の期間に、山本、安達の第一班と松丸、茂木、塚本哲人（東北大学助教授）の第二班に分かれて調査が実施された。指導にあたった五名は、いずれも協会の地域活動共同推進中央委員であった（通信六六年七月一日）。調査は世帯主と「主婦」別々に行う意識調査、経営調査、家計調査の三種類であったが、すべての調査を行うこととしたのは重点地区とされた八地区のみで、村づくりに取り組んで日が浅い地区（第二班の担当）では意識調査のみを行った。意識調査の集計には、住民代表と市町村の社会教育担当者などがあたり、経営調査と家計調査の集計は安達が行った。各調査結果は巡回指導や県の指導者研修会の資料に用いられている。意識調査の調査票には、農業経営の決定や家計管理を行っているのは誰か、家事労働を労働時間に含めているかなどの質問があり、(28)家族の内部関係に留意した調査が企図されたことがわかる。

この調査結果は貧弱なものであった。一八地区で実施された意識調査について、「調査対象者中調査したものの比率」をみると平均で三〇・六％、最高は西臼杵郡日の影町椎谷の八七・五％、最低は北諸県郡三股町梶山の五・三％であり、その差は大きい。また、経営、家計の両調査を実施するとした八地区のうち、実際に両調査を行ったのは五地区、うち五割前後の回収率は二地区のみで、他は三割強から一割弱であった（利用できないものを除くと、一割強から一割弱とその率はさらに低くなる）。(29)ただし、この調査では成果は期待されていなかった。調査活動の後、松丸は、「資本主義社会に生きる農民として、その中でより豊かな生活を築きあげてゆくためには、農業経営の近代化がより急務である」としたうえで、「まず自分たちのおかれている立場を数字的にとらえる」ための調査では、「とくに大きな成果を期待しなくてもいい、時間をかけてじっくりやる過程で活動の意義を農民自身が意識してくれればいいのだ」と言っている。(30)

農民の意識啓発のための調査活動は、一九六七年度、「実践地区育成事業」（二〇道県への委託事業）として協会が事業化した。六七年七月、道県協議会の担当者を集めて東西二会場で開催された新しい村づくり運動の研究集会は、「実践地区育成事業新設の発想」を得た宮崎県の村づくり運動を主な研究課題としたもので、安達、松丸、山本が講師として参加している。(31)協会は調査活動による「後進性」の「自覚」を狙っており、この「後進性」とは「大規模な農場企業」や農業経営の「共同化」への「心構えがなかなか固まら」ず、また、生産物の専門化による経営の機械化や商品農業生産に踏み出せないなどといった「農民の意識、生き方」であった。(32)たとえば、六七年七月に事業の指定を受けた福井県大野市六呂師部落の場合、過疎地の振興策として共同利用模範牧場設置事業により牧場を造成することを市当局が計画しており、これに対する「住民の意識の開発」がめざされていた。六呂師では「班という地域集団を中心に」した「地域ぐるみの活動」として、山本、安達の指導のもと、農業経営、生活に関する調査を六回にわたり実施するなどした[33]。

一九六〇年代半ば以降、農業構造改善事業は農民の抵抗にあい、計画の変更や縮小を余儀なくされ、農政もこれを追認していくのに対し[34]、協会の事業は、農業の近代化という目的を強く打ち出し、当初の構造改善事業の意図した方向に農民を向かわせようとしていた。すなわち、「住民の客観的なニードを主観的なニードに変えていく努力」(前節参照)の具体的な方法として協会が地域の運動から学び、採用したのが、派遣講師の指導のもとで地域の人びと自身が行う調査活動であった。同時代に注目された住民運動は、共同の学習運動を基礎にした科学によって企業、自治体、国家が進める地域開発に対抗していた[35]。住民を「組織化」して行政参加につなげることをめざす協会は、住民運動が独自の論理で活発化し、行政と住民、および住民同士が分裂する事態を避けるために、もうひとつの学習運動、科学の提示として実践地区育成事業を実施した。

一九六八年以降になると、共同推進事業が有する限界が問題とされた。第一に、村づくり運動が農業経営の課題を主としていることに関するものである。協会は、村づくり運動が「生産問題を主題にとりあげて以来」、「かつての〝生活改善〟時代には」主要な課題であった「『栄養の向上』『健康の増進』」が「すっかり関心の片隅に追いやられてしま」い、過重労働や農夫(婦)症などに対応できていないことを問題にし、住民全般が健康づくりを行うよう組織的な整備が必要であるとした(通信六八年八月一日)。また、先述した野方野の運動にかかわった坂本頼一は、「『農業改善事業が終れば、運動も終る。』といった空気が漂いはじめたなかで」実施した調査で、保育所や図書館などの施設を住民が要求していることに注目し、「たんに圃場基盤等の整備だけでなく、生活環境を含めた、立体的な農村の再開発を目指した運動にしていく」ための計画が必要であったと述べている[36]。農業生産の重視により、射程外に置かれてしまった健康や生活環境の問題に対応できていないことへの反省が出されていた。

第二に、協会の意図と異なり、「生活者として目覚めた個々人」を「組織化」できなかったことである（「生活者」については、第2章参照）。一九六〇年代半ばの時点で、協会は高度経済成長によって「部落組織」が解体しつつあるという認識のもと、「組織体制としてはよわくても、生活者として目覚めた個々人のあつまりを社会的に新しく組織化し、その連けいを考えていくこと」を重視していた(37)。しかし、野方野の場合、アンケート調査によれば、農業構造改善事業に①「自分から進んで参加した」者は四一・五％、②「他から進められて」一〇・八％、③「みながやるので何となく」二四・六％、④「参加しなかった」二三・一％、という結果であり、他律的に参加した者（②と③の合計）は三五・四％、さらに①では、「特別にどうということはないが、早い機会にこうしたことをやる必要を感じていた」という消極的な理由が最多（三〇・六％）であった。③と回答した男性の年齢をみると、大部分が二〇代と四〇代であり、このうち二〇代の青年は家の経営主でないため、改善事業の話し合いの段階から疎外されていたという。また、女性と青年が記した村づくり運動の感想文からは、改善事業の内容が「余りにも理解されていない」ことが明らかになっていた(38)。先述したように、部落の指導者の主導によって実施された野方野の構造改善事業は、「生活者として目覚めた個々人」が参加したものとは言い難く、農業経営に関する課題を主としたことから、特に青年や女性の意識啓発という点で限界を有していた。前節で述べた五〇年代後半の運動と比較すると、主要課題が変更されたことにより、対象にできる層とできない層とが入れ換わった状況がみられた。

(2) 環境づくり市民運動の方法の未確立——都市部

都市部における新生活運動は、協会の発足直後から低調であった(39)。一九六二年度に開始された国土を美しくする運動（以下、「国土美運動」。詳細は第1章参照）では、都市部に環境整備のモデル地区が設定されたが(40)、モデル地区の存在を知る者や実践活動に参加した者は僅かであった(41)。

また、以上のような量的な問題のみではなく、「外形的な美化運動」に陥りやすいという質的な問題もあるなかで、国土美運動は、生活環境の整備を通じた住民の行政参加と住民間の利害調整を図り、「新しい市民の連帯性」の創出を目的とする「環境づくり市民運動」に再編された（第2章参照）。ただし、この方法として打ち出された「住民会議（市民会議、生活者会議）」は、一九六九年においても性急に実施することが避けられていた[42]。協会は、これらの会議の構想を六六年の時点で打ち出していたが、「革新協《勢》力による市民組織として、市民会議等が結成されている場合があるので、政治的、イデオロギー的対立を市民生活の中に持ちこむ危険が極めて多い」ため、「ここ数年は、慎重に実験をつづける程度に止どめたい」としていた[43]。運動の「非党派性」を掲げる協会（第2章参照）、市民会議を本格的に実施することを躊躇していた。

　このため、環境づくり市民運動の方法としては、第一に、共同推進事業が実施された。先述したように、この方法は農山村部で実施されており、協会の派遣講師が直接人びとを指導した。しかし、都市部の場合は実施地区が少なく、その目的も研究的要素が強く、具体的な成果をあげることができなかったようである（通信六七年七月二一日、九月一一日、六八年七月一日など[44]）。

　第二に、地方委託事業として「環境づくり市民運動推進地区」が設定された。運動が開始された初年度である一九六七年度の状況をみると、たとえば、地区指定を受けて組織された、岐阜県の「関市国土美運動推進委員会」（市民各層より一〇名を選出）の会長は、「花いっぱい運動、清掃活動などは、ある程度実施できたものの」、公衆便所の建設などは「計画倒れに終った」こと、「その活動も一部の婦人会、青年団、あるいはグループなどの活動のみにとどまったきらいがあり、全市民あげての盛り上りまでにいたらなかったこと」などを報告している。また、兵庫県新生活運動連絡協議会の担当者は、「市民の主体性」が盛り上がらず、「行政主導的な側面に止まっている感が強い」理由として、行政との結びつきが容易である「ゲマインシャフトを基盤とする組織に多くを依存せざるをえない現状」を問題にしていた[45]。これらは、協会による環境づくり市民運動の意図を理解した地域の運動推進者の言であるが、六九年に至っても、協会は市町村の実践者や県段階の指導者が、「これまでの国土美運動の異名同質の運動として理解している傾向」を問題にしていた[46]。全般的にみて、環境づくり市民運動の意図は浸透しなかったといえる。

協会は、農山村部での運動と同様、環境づくり市民運動でも「科学的、専門的学習を基礎に、積極的に地域開発、社会開発に市民運動として参加」すべきであるという方針を提示し[47]、学習・調査活動を基礎にした公害防止運動を展開していた北九州市戸畑区婦人会協議会の活動などを繰り返し紹介した（通信六八年八月二一日など）。ただし、先述したように、市民会議の導入には慎重であり、共同推進事業も低調で、農山村部と異なり協会が直接指導する形をとることができなかった。都市部では協会が運動を「推進」することは困難であり、協会の役割はモデルの提示にとどまるものであった。

3　新しいコミュニティづくり運動――一九七〇年代

(1)　体系的な運動方法の提示――郷土奉仕活動、地域診断と対話集会、生活会議

前節で述べた共同推進事業は「巡回補佐活動」と名称を変更し、一九七三年度まで継続されたようである。ただし、六九年度は巡回指導にあたる講師団は編成されず、協会自身、「村・町づくりの集団」に対して「具体的な運動の推進方法つまり戦術を確立することができなかった」と率直に認めざるをえなかった。七〇年度の方針では、複数の講師が集団指導にあたる方式は採用されていない[48]。前節で指摘した限界を有する共同推進事業（巡回補佐活動）は、運動方法としての積極的な役割を果たさなくなっていった。

このため、一九七一年度の途中より、協会は「郷土奉仕活動」（登録した個人・団体が居住地域の清掃・美化活動を実施。「大体中都市以下ぐらい」を対象[49]）、「地域診断と対話集会」（地域診断グループが生活環境などを調査して「診断報告書」にまとめ、行政関係者や住民が参加する対話集会で検討する。「流動性が激し」く、地域問題に「無関心層が多い」「大都

図4-1　生活会議のしくみ

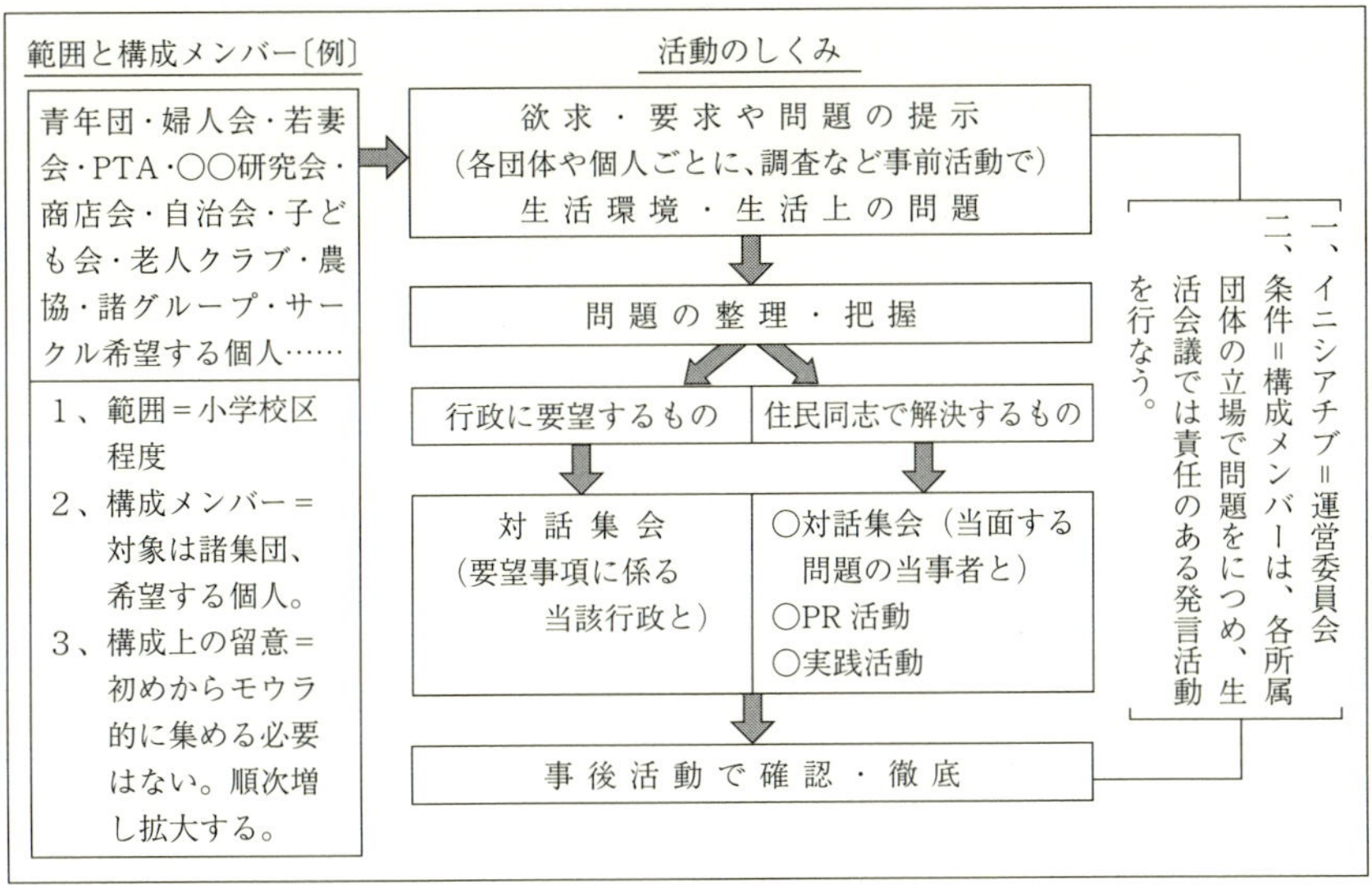

出所：『通信』1972年6月1日。

市など」を対象[50]、「生活会議」（事前活動、対話集会、事後活動という生活学校の方法を応用。「運営委員会」のイニシアチブによって進める。図4-1参照）、という地域での運動方法を立て続けに実施する。図4-2は、七三年度の協会の方針・事業計画に収められているもので、各事業が「新しいコミュニティづくり運動」のどこに位置づくかを示している。同図は、コミュニティ形成のため、各分野の運動を総合的に育成することを協会活動の重点にするとした、七二年九月の「新生活運動の今後の方向に関する答申[51]」を受けた後のもので、答申に応じて事業の体系化を図ったものであった。周知のように、七〇年代初頭の住民運動は、組織・運営が不定型な「ゆるやかな組織」であり[52]、また、七一年開始の自治省のモデル・コミュニティ事業は、建設したコミュニティ・センターを住民協議会の自主管理に委ねようとするもので、「あえて『ハコモノ行政』に禁欲することで住民の『自主性』を引き出」そうとしたとされる[53]。これらに対して、協会は、図4-1、4-2のような整然としたモデルを提示していた。協会は、不定型な住民運動を秩序づけ、コミュニティとして統合する具体的な方法を提示していた。

図4-2　新しいコミュニティづくり運動関連図

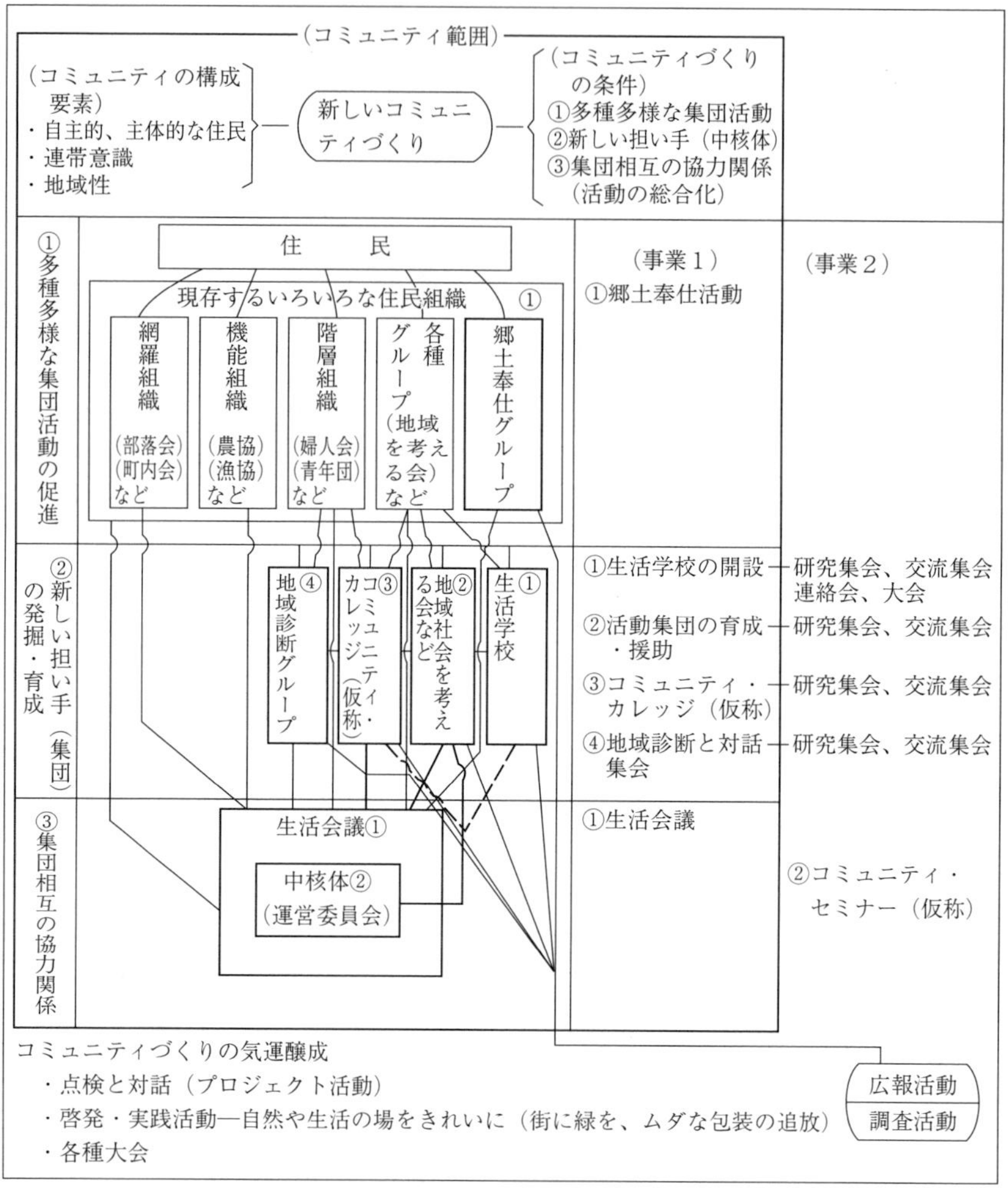

出所：『昭和48年度　新生活運動推進方針　事業計画・推進要領』新生活運動協会、1973年。

先の三つの方法を実施する地域として協会が重視したのは、都市や都市近郊であった。郷土奉仕活動、地域診断が中都市、大都市を想定していたことは、先に述べた通りである。生活会議についても、従来の地域社会が変容している「都市や都市近郊地帯」を重視して実施するとした。その理由は、「農山漁村などにおいても、変化をせまられているわけであるが、その変化のあり方が多くは産業構造的な面であり、地域の生活面では相変らず従来の古い共同体意識が根強く残っている。そのようなところで実施した場合は、成功する可能性が少ないと考えるからである」としている[54]。農山漁村における「従来の古い共同体意識」とは、前節の野方野での共同推進事業でみられた、周りに引きずられて他律的に運動に参加するような人びとの意識のあり方であろう。都市部を重視したのは、従来の運動が都市部で低調であったことに加えて、流動的な地域社会の状況が、自主的な個人や団体をつなぎ合わせることを可能にすると考えたためではないだろうか。ただし、都市部でも、行政と「ゲマインシャフトを基盤とする組織」との結びつきが「市民の主体性」に基づく運動の展開を困難にしており（前節参照）、この状況を打開するため、地縁に基づかない団体やボランタリーな個人の参加が強調された。郷土奉仕活動は登録制であり、地域診断は「とくに青年や婦人層によるインフオ［ママ］ーマルグループ、サークル、学校の教師と生徒、意欲的な個人など、新鮮な層からの参加を重視する」とした。また、生活会議の運営委員会は、「既成の各種団体代表による協議会的構成」、「部落会、町内会連合会・協議会的な構成」ではなく、「そこの地域に住む一住民の適切な有志としての」集まりとするなどとした[55]。このため、「『〇〇地域を考える会』など」（図4-2の「中核体」。のち、「中核集団」と呼称。三〇～四〇歳代を主に対象とした「コミュニティ・カレッジ（仮称）」で育成する）が、生活会議の中心となることを期待した[56]。

有志的な個人、団体が生活会議に参加するよう、会議を導入する地域として設定されたのは、「部落や町内のようなせまいものでなく、しかも日常生活に関して互いに関係しあう問題の多い地域範囲」とした「おおむね小学校区もしくは旧村程度の範囲」であった[57]。自治省のモデル・コミュニティ事業も、当初は「おおむね小学校の通学区域程度の規模を基準」としていたものの、画一的という批判を受けて、一九七二年度より「おおむね」を「たとえば」という例示的表現に緩和していたから、[58] 協会が小学校区にこだわったことは、その独自性を示している。六〇年代後半の時点では、各集団の運動の総合化を図るため、市町村単位に新生活運動協議会を設置して「住民会議（市民会議、生活者会議）」を開催するとしていたから、[59] 運動を総合化する地域範囲を狭めたことになる。七〇年に示された生活会議の構想では、各地の全市レベルで実施されていた行政と住民との対話集会を、扱う問題が一般的、網羅的になる傾向があり、問題解決の過程よりも結果に重点が置かれていると批判し、「せいぜい学校区ぐらいまでの範囲」で「対話」（「対話」の含意については、第2章参照）を行う重要性を述べていた。[60] また、協会は、従来の村・町づくり運動で行われてきた地区指定の「ほとんどが部落会、町内会などの既存の組織に短絡し、活動がともすれば個人の自発性に基づかないぐるみ的、動員的なものに終る傾向」があったこと、機能集団を対象にしても、その集団の関心の範囲内での活動であったことを問題にしていた（通信七三年四月一日）。これらの認識のベースには、六〇年代後半の運動から得た感覚がある。運動が散漫になることを避けるとともに、既成組織の行動原理を乗り越え、個人の「主体性」を引き出しながら「対話」に結びつける地域範囲として、協会が独自に設定したのが小学校区・旧村であった。

それでは、生活会議、地域診断と対話集会、郷土奉仕活動は、協会の意図通りに行われたのであろうか。生活会議については後に述べることとし、ここでは他の二つについて簡単に述べておきたい。一九七三年度の地域診断と対話集会の状況は、「活動組織は、町内会や婦人団体など、既成組織をたよりにしているというケースが多」く、「幅広い層」の地域活動への参加という意図が「必ずしも生かされなかった」と協会自身が評価せざるをえないものであった。[61] 第6章で指摘されている杉並地域診断グループも既存組織に依拠していた。また、郷土奉仕活動は、七〇年代を通じて単なる清掃活動から脱皮する必要性が繰り返し提起されていた（通信七五年二月一日、八〇年四月一日など）。これらは、協会の意図した通りに行われなかった。

(2) 生活会議の実際

一九七一年度の事業開始以降、生活会議の実施地区は年々増加していった。[62]八〇年度の調査より、生活会議で扱われたテーマ（二〇五集団の複数回答）の上位をみてみると、「生活環境施設の整備・建設（集会所や公民館、公園、遊び場など）」一五三、「ゴミ処理・省資源問題（リサイクル運動を含む）」七九、「道路・交通安全・防災等の施設整備」七六、が多かった（通信八一年五月一日）。[63]ただし、協会が生活会議でめざしたのは、先に述べた通り、「対話」による生活課題の解決を通じて地域的なつながりを作り出すことであり、このありように注目する必要がある。この場合、第一に指摘しておきたいことは、協会が意図した「中核集団」による生活会議は、七〇年代を通じて実現が困難であったことである。たとえば、七九年四月、関東甲信越静ブロックの都県事務局担当者・地方推進委員の研究集会では、『まちづくりを考える会』の必要性は認めるものの、「既存の住民組織がある場合、なかなか作り出すのが困難であるとの意見」が出され、生活会議運動の拡大のためには「地域社会の状況に応じて進めなければならないだろう」とされた（通信七九年六月一日）。八二年三月に至っても、協会は、生活会議の「中核的集団」の組織化の「具体的な方法」が未確立で、「既存集団の活動との関係」などに苦慮していると述べている（通信八二年三月二一日）。協会は、「中核集団」を育成する具体的な方法を欠いていた。このため、生活会議は、協会の意図が矮小化された形で、すなわち、「対話」を実現するための方法として既存組織に導入された。

一九七四年度の「あすの地域社会を築く住民活動賞」（協会などの主催。七〇年創設。以下、「住民活動賞」）に入賞した熊本県山鹿市三玉地区生活会議は、七三年二月、市の指導のもとで結成された「三玉の自然と環境を守る会」（以下、「守る会」）が中心となって運営された。七四年時点で、三玉地区（小学校区。旧三玉村）は、山あいの農業集落（五五〇戸）が点在する地域であった。「守る会」は、地区の「嘱託員」（市行政と区のパイプ役として市が任命。多くは区が独自に選出する区長があたる）、各団体代表者など住民五〇五名が参加して、地区ぐるみで自然保護、環境整備に取り組んでいた。地区の戸数と会員数をみると、ほぼ全戸から会員が出ていたと推測される。会結成時の常任委員をみると、会長は校区長、副会長は二区嘱託員、八区嘱託員、校区婦人会々長と市連合婦人会副会長を兼務する人物の三名であり、委員は校区内の各区（区は一〜二部落で構成）から選出されている。委員一五名の性別を名前より判断すると、副会長一名を除いて他は男性であり、女性の参加は限定的であった。会長の校区長は、「守る会」結成前から企業や県、市に要望、陳情する際の地区代表を務めており、地域の有力者であったと推測される。会則では、開発事業により地区内の自然環境が破壊された場合、もしくはそのおそれがある場合、会員は会長に報告しなければならないと定められており、住民の相互規制を明文化していた。生活会議の方法は、七四年六月、県新生活運動協議会と市社会教育課の指導のもとで導入された。同年七月、生活会議運営委員会は二三名で構成され、委員長には校区々長および地区公民館長であり、「守る会」の発足時の会長である人物が就いた。地区内に立地する県経済連の種豚場からの汚水が水田に流れ込んだ際には、運営委員と農協関係者、市の行政担当者、保健所長などが出席して生活会議が開催され、「対話」が行われた。「住民活動賞」では、複数の「村落」で構成される三玉地区が「地域社会としての連帯をもって住民活動をしてきている事実」が評価されたが（渡辺兵力・農林省農業総合研究所長）、その反面、「善意の指導者にたよりすぎたり、老壮年の人人にまかせて青年たちの創造的意欲がかきたてられない」ことが「弱点」として指摘された（福武直・東京大学教授）[64]。「弱点」は、「守る会」の常任委員が男性の区（部落）代表であり、同一人物が校区々長、地区公民館長、「守る会」会長、生活会議運営委員会の委員長に就いている事態を指していると思われる。三玉地区の「連帯」の内実は、特定の指導者や部落代表である老壮年の男性が主導するもので、青年や女性の参加は限定されていた。旧村で小学校区であった地域に導入された生活会議であったが、協会が避けようとした「従来の古い共同体意識」のなかで実施されていた。

それでは、協会が重視した「都市や都市近郊地帯」での生活会議は、どのようであったか。この事例として協会が注目したのが、一九七七年度の「住民活動賞」に入賞した、北海道釧路市愛国地区町内会連絡協議会に導入された生活会議である。愛国地区は、釧路市中心の北東、釧路湿原の一角に位置する。戦後、北海道の東の拠点都市として急速な発展を遂げた釧路市の人口増加に伴い、愛国地区には民間業者の分譲によって新しい住宅地が形成された。愛国地区町内会連絡協議会は六七年に結成されている。釧路市連合町内会からの勧めを契機として、生活会議は七一年一一月より準備が始まり、七二年一月に導入された。当初、町内会々員の八割近くが不要論を唱えたが、話し合いにより、全住民の賛同のもとで導入されたという。町内会組織がありながら生活会議の方法を導入した理由について、七二年現在の会議運営委員会委員長（市水道課勤務。四〇歳）は、町内会が役員中心の活動になっているという青年層の不満があり、青年や婦人の意見を町づくりに生かすためだったと述べている。会議準備段階（七一年一一月）の構成団体をみると、町内会の他に老人クラブ、地区防犯協会、市母親連絡会、「牛乳集団購入の会」、愛国中央商店会、「各青年サークル部」、釧路第一生活学校愛国グループ、愛国小ＰＴＡがあり、女性や青年に限らず、さまざまな団体の意見を取り込もうとしていたことがわかる。愛国西地区の区画整理事業（七三年七月事業認可）の実施の際に開催された生活会議では、市の担当者に対して要望を述べている。また、対策委員会をつくり、区画整理審議会に代表者を送った。釧路湿原の保護論が台頭してくる時代状況のもとで、市の都市計画実施を前提とした「参加」は、湿原の南端に位置する愛国地区の開発が民意を反映したものであることの象徴的な事例としての意味をもったと思われる。「住民活動賞」の入賞は、三千余戸の大きな住宅地に成長しながらも、生活会議方式を取り入れつつ、町内会組織が長期間にわたり住民活動を継続しているためであったが、物事の決定が「『全員合意』」を原則としている点について、「期待と不安」が示されている（渡辺兵力・日本大学教授）[65]。この「不安」が現実となったのが、八四年、町内会連絡協議会が、愛国西地区町内会連絡協議会と愛国東地区連合町内会に分裂した事態であったといえる。分裂の理由は、区画整理事業が愛国西地区では完成したものの、東地区ではその実施が延期されてきたことから、地域環境の改善を目的とした東地区のみの組織が必要とされたためであった[66]。湿原を開発した住宅地であるがゆえに焦眉の課題であった地域環境の整備が地区内の矛盾を抱えた形で実施され、町内会組織の分裂を招く結果になったといえる。生活会議の方法によっても、大規模な住宅団地での合意形成は難しかった。

なお、生活会議は、協会が「あしたの日本を創る協会」と名称を変更した後も、生活学校と同様、今日に至るまで続けられている。ただし、生活学校と生活会議が辿った道筋は異なるものであった。第5章にあるように、生活学校は、協会の意図をこえていくような地域の女性の主体性を引き出し、一九七五年には全国生活学校連絡協議会が結成されていた。生活会議の場合、あしたの日本を創る協会は、情報交換などを目的とした連絡組織が市町村、県内ブロック、県単位と段階的に組織されることを期待したが、九一年五月の段階で、県レベルの連絡協議会は四つだけであった(67)。また、九〇年には、「『協会はこれまで原則にこだわらずに生活会議として認定して支援してきたために、生活会議は多様化し、生活会議のアイデンティティが失われてしまった』」という指摘が出されたが(68)、この背景には「これまで主に自治会・町内会などの地縁組織に『生活会議運動の手法』を取り入れてもらい展開してきた」という状況があった(69)。八〇年代になると、協会は、かつて否定的にみていた自治会、町内会を利用して「住民活動、住民の連帯意識の高揚」を図ることとしたから(70)、独自の団体(七〇年代の表現では、中核集団)が生活会議を主導するという方針は、堅持されなかったと推測される。詳細な検討はできないが、八〇年代以降の生活会議は、既存組織にその方法を導入する形で継続されたのであり、原則を固持して進められ、女性の「主体化」を促した生活学校に比べ、運動としての独自性や力強さを発揮することができなかったといえそうである。

おわりに

本章では、協会が実施した事業に即して、地域での新生活運動が何をめざし、その意図が果たされたのかどうかに注目して分析を行ってきた。一九五〇年代から七〇年代を通じて、協会は、自律的な運動を可能にする地域のつながりを作り出すため、その範囲の設定を部落や町内から市町村に、また、小学校区・旧村へと変化させた。協会は、地域づくりに主体的に取り組む個人の析出のため、その方法と地域範囲の選定に悩み続けた。

協会設立当初の活動について、田中宣一は、「運動推進のための直属の手足（人員）をもた」ず、地域や各種団体の運動のうち、「新生活運動として有益だと評価するものに対して」共催・委託事業の形で支援する方法をとったとしているが(71)、事業の内容そのものを深く分析していない田中は、協会の独自性を低く評価しているように思う。本書の協会の時期区分を用いて事業をみると、前期の協会は、行政の指導、援助と「話し合い」による課題の発見が結び合わさった自律的な運動の展開を期待しており、これを可能にするため、部落、大字、町内という範囲を指定地区とする事業を実施した。また、後期の協会は、運動の「組織化」を狙って、協会の派遣講師が地域に直接出向いて指導を行い、あるいは具体的な運動の方法を提示した。前期と後期では、協会が地域での運動に直接関与する度合いは変化しており、農山村部における共同推進事業と「宮崎方式」のように、一時期の協会は、自身が直接地域の指導、援助にあたる方法を採用していた。ただし、協会は、一九五〇年代後半からの運動の到達点である、体系化された「新しいコミュニティづくり運動」のうち、生活学校を除いて、自律性をもった人びとを組織化する独自の運動方法を確立することができなかった。本章の「はじめに」で述べたように、協会による地域での運動の具体像がつかみにくく、新生活運動が大企業における家族計画を中心としたものとイメージされているのは、そもそも「組織化」を志向しなかった前期と、「組織化」を志向しながら、生活学校を除いて独自の運動方法を確立することができなかった後期という、地域での運動の展開の仕方そのものが関係しているのではないだろうか。

注

（1）田中宣一「生活改善諸活動について」、同「新生活運動と新生活運動協会」、同「塩尻市旧洗馬村での生活改善への取組み」（いずれも、田中編著『暮らしの革命』農山漁村文化協会、二〇一一年）。

（2）池野雅文「戦後日本農村における新生活運動と集落組織」（『国際開発研究』第一一巻二号、二〇〇二年一一月）。

（3）本井優太郎「戦後地域社会における教育実践と生活改善」（『日本史研究』第五八七号、二〇一一年七月）。
（4）『新生活運動協会二五年の歩み』（新生活運動協会、一九八二年）一三頁。
（5）以上を含めた一九五〇年代の山口県における新生運動の概略については、山口県農山漁村新生運動協会編『新たなる歩み』（鴻ノ峰書房、一九五九年）三〜一〇六頁などを参照。
（6）『第四回新生活運動全国協議会記録』（新生活運動協会、一九五八年）四一〜四六頁、「昭和三十三年度新生活運動指定地区概要」（『新生活運動協会関係文書』一九五八〜五九年、日本青年館所蔵）。
（7）第四回新生活運動全国協議会（一九五八年四月）において、徳島県代表は「特別指定地区選定の基準をも少しはっきり示してもらいたい」、「指定地区では協会の重点目標を設定するようにとのことであるが、具体的には何か」と質問した。これに対し、協会の「成田部長」は、「選定の方法はあまり厳密に考える必要はない」こと、重点目標は「まず家庭からといっているが」、食生活改善、公衆道徳の高揚、環境整備といった「従来どおりで結構である」と回答している。前掲『第四回新生活運動全国協議会記録』一八〜一九頁。
（8）以下、一九五八年度の委託事業の報告については、『昭和三十三年度新生活運動推進上の問題点』新生活運動協会（『新生活運動協会文書』首都大学東京所蔵）を参照。
（9）第九回新生活運動中央指導者研修会（一九五九年七月開催）における、岩田岩二（協会事務局次長）の研修会の趣旨説明より重引。『第九回新生活運動中央指導者研修会記録』（新生活運動協会、一九五九年）二頁。
（10）『全国市町村における新生活運動の一般状況』（新生活運動協会、一九五八年）一〜二頁。
（11）『昭和三十四年度地方協議会会長会議資料』（新生活運動協会、一九五九年）二四頁（前掲『新生活運動協会文書』）など。
（12）以下、加藤千代三『推進と実践』（新生活運動協会、一九六〇年）二二〜二三、二六、八四〜九四、九八〜一〇九、一三一〜一四三頁を参照。
（13）小泉島夫（茨城県新生活運動協議会）「新生活運動『こだま会』について」（『特信』第三四号、一九六四年九月）一五頁など。
（14）『佐渡の訪問集会』（新潟県新生活運動協会、一九五九年「安積得也関係文書」二三一‐二八）、『新しい明日をひらく』（新生活運動協会、一九六一年）一一五〜一一六頁。
（15）新潟県教育百年史編さん委員会編『新潟県教育百年史　昭和後期編』（新潟県教育委員会、一九七六年）九一一〜九一四頁。
（16）前掲『新しい明日をひらく』一一五〜一一七頁、『たくましい生活のいぶき』（新生活運動協会、一九六二年）四五〜四七頁。
（17）『新生活運動と訪問集会の手引』（新潟県教育委員会・新潟県新生活運動協会、一九六一年）七九、八二〜八三頁。

(18)『新生活運動表彰地区　受賞後の運動経過について』（新生活運動協会、一九六四年）一七～二〇頁。福尾武彦による報告。なお、福尾は訪問集会の継続性に注目しており、引用者の評価とは異なる。
(19)前掲、加藤著書、一三三～一三九頁など。
(20)加藤千代三（協会広報部長）「一九六二年新生活運動をかえりみて」（『特信』第一八号、一九六二年一二月）一～二、五～六頁。同記事は、協会事務局職員の話し合いを要約したもの。
(21)「実践活動地区相互の交流と提携強化促進要領」（新生活運動協会、一九六四年六月、「安積得也関係文書」二三六‐一六）。および「実践地区交流活動特集」（『特信』第五九号、一九六六年五月）などを参照。
(22)「協会だより」（『特信』第四六号、一九六五年四月）一二頁。
(23)山本陽三「宮崎県五ヵ年の実践と反省」（『特信』第九〇号、一九六八年一二月）、坂本頼一『村づくり運動記』（鉱脈社、一九八六年）五七～六五頁など。
(24)安達生恒「白木レポート・地図百枚で村づくり」（『特信』第八八号、一九六八年一〇月）など。
(25)以下の記述は断わりのない限り、『高千穂町野方野の村づくり運動』新生活運動協会、一九六九年（『新生活運動協会調査報告書』首都大学東京所蔵）による。この資料は、野方野の指導にあたった坂本頼一（宮崎県新生活運動協議会・社会教育主事）と山本陽三の報告・調査をまとめたもの。
(26)高崎秋夫（三和町上川）「泊り合《ママ》集会をおえて」（『特信』第六一号、一九六六年七月）二〇～二一頁。
(27)以下の記述は、断わりのない限り、前掲、坂本著書、一四〇～一六四頁など。
(28)松丸志摩三『農民教育の焦点』（農山漁村文化協会、一九六八年）に所収されている「付録」を参照。
(29)前掲、山本「宮崎県五ヵ年の実践と反省」一六～一八頁など。
(30)『昭和四二年度　第一回新しい村づくり運動東・西研究集会報告書』（新生活運動協会、一九六七年）七頁。
(31)同前資料による。
(32)『昭和四二年度　新生活運動のすすめ方』（新生活運動協会、一九六七年）三四頁。
(33)山本陽三「一女性と村びとの精魂こめた行動」（『日本の新生活運動　一九七一年版』新生活運動協会、一九七二年）、『福井県新生活運動協議会三〇年の歩み』（福井県新生活運動協議会、一九八七年）四一三～四一四頁など。
(34)橋本玲子『日本農政の戦後史［三訂］』（青木書店、一九九六年）六六～六九頁。
(35)安田常雄「住民運動」（鹿野政直・鶴見俊輔・中山茂編『民間学事典　事項編』三省堂、一九九七年）三二〇頁。

(36) 前掲『高千穂町野方野の村づくり運動』一、三〇頁。

(37) 毛利兼《(謙)》三（協会地域部）「村づくり町づくり運動の発想と反省」（『特信』第四三号、一九六五年一月）一九～二〇頁。

(38) 以上、前掲『高千穂町野方野の村づくり運動』一六～一七、二一～二二頁。アンケート結果の割合は、六五名（男性三〇名、女性三五名）の回答に基づく。原資料の数値の誤りは訂正した。

(39) 一九五八年一月の世論調査（回答者二、四二二名）を地域別にみると、「新生活運動をやっている（動きがある）」という回答は大都市で少数であった（「六大都市」六・三%、「その他の都市」二九・五%、「郡部」四四・四%）。『新生活運動世論調査』（新生活運動協会、一九五八年）二二頁。

(40) 一九六二年度は人口二〇万以上の県庁所在地に、六三年度は未指定の県庁所在地を中心に設定され、六四年二月現在、全国で一五二地区があった。福本春男（協会国土美推進部）『くらしのシリーズ一六　国土を美しく』（新生活運動協会、一九六四年）二頁。

(41) 一九六四年に行われた全国一五七都市に居住する満二〇歳以上の男女に対する面接調査（回答数二、三八〇名）によれば、国土美運動を「みたりきいたりしたことがある」者は八二・九%と多かったが、このうち、モデル地区の存在を知っている者は一九・七%、実践活動に参加したことがある者は一八・二%であった。『新生活運動についての世論調査』（新生活運動協会、一九六四年）三、四三、四八、六六、一四五～一五〇頁。

(42) 『昭和四四年度　新生活運動推進方針　事業計画』（新生活運動協会、一九六九年）八、一七～一八、三二～三三頁。

(43) 前掲『新生活運動協会文書』に所収の「まえがき」からはじまる資料、六頁。この資料は、磯村英一などの研究者と新生活運動協会調査部の部員によって構成される「都市問題研究会」（一九六五年六月、第一回開催）の調査報告書で、表紙が失われているため具体的な資料名は判明しない。なお、記述より六六年に発行されたと判断した。

(44) 一九六七年、都市部の共同推進事業の候補地とされたのは三市（福井市、枚方市、岩国市）であった。六八年には岩国市に重点をおくこととし、協会の共同推進部会委員が継続的に派遣されたが、六八年七月の時点でも、部会において「各地の市民運動の事例研究をこなし、共同推進の具体的なすすめ方について、検討していくことになった」という状態であった。

(45) 以上、『昭和四二年度　環境づくり市民運動活動家研究集会資料』（新生活運動協会、一九六八年）五、一七五～一七六、二三一頁。

(46) 『日本の新生活運動　一九六九年版』新生活運動協会、一九六九年、一三～一五頁。

(47) 福本春男（協会推進部長）「公害と環境づくり市民運動」（『特信』第七三号、一九六七年七月）三二頁。

(48) 以上、前掲『昭和四四年度　新生活運動推進方針　事業計画』二八頁、『昭和四五年度　新生活運動推進方針・事業計画』（新生

活運動協会、一九七〇年）八〜九、一四、五九〜六〇頁、『昭和四八年度　新生活運動推進方針　事業計画・推進要領』（新生活運動協会、一九七三年）六頁（前掲『新生活運動協会文書』）。なお、従来の内容を変更した、六九、七〇年度の「共同推進事業」の目的は、研究のためとされた。

(49) 『郷土奉仕活動のしおり』（新生活運動協会、一九七二年）など。

(50) 『日本の新生活運動　一九七四年版』（新生活運動協会、一九七四年）一二、二七頁など。七一度は東京都一五区市・二四カ所で実施され、翌年度以降は東京都以外でも実施された。

(51) 前掲『新生活運動協会二五年の歩み』二三六〜二四〇頁。

(52) 中村紀一「住民運動の組織と構造」（『地域開発』第一五四号、一九七七年七月）二七〜三一頁など。

(53) 山崎仁朗「モデル・コミュニティ施策の構想と展開」（コミュニティ政策学会編集委員会編『コミュニティ政策五』東信堂、二〇〇七年七月）三八頁。

(54) 前掲『昭和四八年度　新生活運動推進方針　事業計画・推進要領』一六頁。

(55) 同前、一四〜一五、一七頁。

(56) 同前、二一〜二二頁、『通信』七四年四月一日。なお、図4-2にある「コミュニティ・セミナー（仮称）」は、市町村担当者と活動集団のリーダーを対象にした研修会の構想であった。

(57) 前掲『昭和四八年度　新生活運動推進方針　事業計画・推進要領』一五頁。

(58) 三浦哲司「自治省コミュニティ研究会の活動とその成果」（『同志社政策科学研究』第一〇巻一号、二〇〇八年七月）一五八頁。

(59) 大沢暢太郎（協会調査部長）・福本春男（協会推進部長）「新生活運動の展望」（『これからの地域生活と新生活運動』新生活運動協会、一九六八年）一八九〜一九〇頁、前掲『昭和四四年度　新生活運動推進方針　事業計画』七〜八、一七〜一八頁。大沢・福本の論稿では、市部の新生活運動協会議は「学校区単位くらいの組織も考えるべきであろう」としているが、市町村行政への参加という運動目的により、設置単位として重視していたのは市町村であった。

(60) 小野連太郎（協会推進部）『新生活住民会議の構想』新生活運動協会、一九七〇年、七九〜九五頁。

(61) 前掲『日本の新生活運動　一九七四年版』二八頁。

(62) 一九七一年度は一三地区（八道県）、七二年度五〇地区（一四県）、七三年度六四地区（二〇県）、七四年度九六地区（二三県）、七五年度一一七地区（二三県）。八二年三月の段階では、六〇〇余りの地区で実施されていた。以上、小野連太郎「新生活運動の歩みの中でつづる『地域社会と参加』の諸活動」（『地域開発』第一四一号、一九七六年六月）一五頁の表三、『通信』八二年三月三一日。
(63) その他の回答数は以下の通り。「教育・文化活動」六五、「環境美化活動」五八、「健康・スポーツ活動」四三、「交通安全・防災活動」四〇、「公害問題・自然環境の保全」三三、「地場産業の育成」一〇、「その他」一〇五。
(64) 以上、『伸びゆく郷土(昭和四九年度版)』(三玉地区生活会議、一九七五年)、『広報やまが』(第四二〇・五一七号、山鹿市役所文書広報課、一九七二年六月・七四年六月)、山鹿市史編纂室編『山鹿市史　下巻』(山鹿市、一九八五年)二一三〜二一四、四一五〜四一七頁参照。なお、『伸びゆく郷土』は、「住民活動賞」の応募原稿と資料などで構成されている。
(65) 以上『通信』(七二年九月一日・一一月一日)、『生活会議実施状況』(新生活運動協会、一九七一年)一〜四頁(前掲『新生活運動協会調査報告書』)、『コミュニティ形成への道〈昭和五二年度版〉』(新生活運動協会、一九七八年)一四〜二四頁、古川史郎「釧路湿原の開発および開発構想」(『釧路川』釧路市、一九六九年)五一九、五二三頁、釧路市史編さん員会議編『新修釧路市史第一巻』(釧路市、一九九三年)二八三〜二九七頁、『同　第三巻』一九九六年、一九一〜一九二頁参照。
(66) 釧路新聞社編『連町三〇年の歩み』(釧路市連合町内会、一九九五年)二三五、二四〇頁。
(67) 『あした』(第三号、一九八七年五月)二頁、『あした通信』(第五一号、一九九一年五月)八頁。『あした』、『あした通信』は、あしたの日本を創る協会の発行。以下も同様。
(68) 『あした』(第四四号、一九九〇年一〇月)二頁。生活会議運動中央推進委員会の「阪上委員」の報告。
(69) 『あした通信』(第五二号、一九九一年六月)二頁。
(70) 「発刊にあたって」(『まち・むら』第一号、新生活運動協会、一九八一年九月)九頁。この雑誌の創刊の目的は、自治会、町内会に対して、協会が「永年にわたって蓄積した明るい地域づくりを目標とした手法・情報等を紹介していく」ことなどであった。
(71) 前掲、田中「新生活運動と新生活運動協会」七四頁。

第5章　生活学校運動

はじめに

本章の課題は、一九六〇年代後半から七〇年代における生活学校の実態を、新生活運動協会の意図と生活学校の中心的担い手であった女性の運動に即して検討することである。

生活学校運動は、高度成長の進展のもとで停滞していた新生活運動を新しい局面に進める大きな役割を果たした（第2章）。それは第一に、一九六四年に開設された生活学校は、高度成長による社会変動によって生じた生活上の課題を具体的に解決することで、新たに都市部の主婦たちの関心を引きつけたことである。二五校から始まった生活学校は、その後、一二九校（六五年度）、三〇三校（六六年度）、五七九校（六七年度）、八五四校（六八年度）、一一三六校（六九年度）、一二六六校（七〇年度）、一八一三校（七五年度）、二〇四六校（八〇年度）と学校数を増加させた。主婦は熱心に参加し、生活学校は全国にひろがった[1]。第二に、協会は、アンドルー・ゴードンのいう「変革を管理し、抑制したい衝動」と「草の根の支持者に力を与えたいという相反する衝動」[2]をコントロールするため、生活学校方式と名付けた独特な運動の「しくみ」、運動方法を編み出したことである。一九七〇年代、生活学校方式は、新生活運動の各事業の基盤に位置づけられた。

今まで、生活学校は、新生活運動協会の関係者により紹介されることがもっぱらであった[3]。『通信』では、生活学校生の体験談や座談会のなかで、生活学校数の増加、生活学校の方針や形式の特徴、活動内容などが詳細に紹介されている。ただ、協会側の視点が強いために、協会が生活学校（運動）にこめた意図と実際の生活学校生の運動がズレる様相、運動の挫折・低迷・混乱などは記述されないか、後景化している。

他方で、消費者運動の研究では、生活学校は、新生活運動協会から補助金を得ていたことから「体制内」にとどまる組織であると指摘されたり[4]、地域社会に根ざした草の根の消費者組織として実践的な運動を展開したと評価されたりしている[5]。いまだその歴史的位置づけは、あいまいなままなのである。

また、社会教育や地域婦人会の研究では、生活学校が女性の主体形成に与えた意義について検討されている[6]。これまで高度成長期から一九七〇年代の女性の主体化については、生活クラブ[7]、革新自治体運動、公害反対運動などの住民運動・市民運動や、消費者運動への女性のかかわり[8]、あるいはウーマン・リブの運動など[9]に力点が置かれて研究が進められてきた。近年の高度成長期の研究では、一九六〇年代は「主婦化の時代」と単純にイメージされるものではなく、「主婦化」と働き続けることとの「せめぎあい」の時代であるという見解が出され[10]、今後、「主婦」の誕生については、社会レベルでの検討が必要であると指摘されている[11]。こうした研究動向からいえば、高度成長期、全国で多くの女性が参加した生活学校運動は、女性の主体化のあり方を考えるうえで重要な対象といえる。

以上の諸研究では、生活学校と地域社会との関係、女性の主体形成といった重要な論点が提起されているが、検証は生活学校の一側面に限定されている。生活学校は、協会・運動推進者と運動の担い手であった女性の双方から検討される必要があるだろう。

そこで、ここでは三点に着目して分析を進めたい。第一に、中央の新生活運動協会の意図と地方の生活学校の実態との関連に注目し、生活学校方式が作りあげられる過程やそこで生じる矛盾を丁寧に検証することで、生活学校運動を動態的に明らかにする。

第二に、同時代の諸運動と比較検討することで、生活学校運動の特徴を明確にする。第2章で指摘されたように、新生活運動協会後期、「生活の質を問うエネルギー」に立脚した生活学校運動は、「私生活主義へ向かうエネルギー」に立脚した日本消費者協会と組織編成、運動方法の点で対照的である（「二つのライン」）。日本消費者協会は、財界や消費者団体など既存の団体を糾合した組織で、「上からの指導型」「要求型」「糾弾型」といった一方向的な運動方法をとった。他方で生活学校は、有志の主体性を重視した組織編成で、行政や業者などと「異質の対話」により解決する双方向的な運動方法であった。こうした生活学校の組織編成・運動方法の特徴から、ここでは、生活学校運動を組織のあり方や行政との関連に着目して検討する。

第三に、主要な担い手となった女性に即して生活学校運動を検討し、女性にとって生活学校はどのような意味を持ったか、高度成長後期から七〇年代における女性の主体化過程を明らかにしたい。

1　生活学校という「しくみ」

(1)　生活学校の開設

高度成長による社会変動によって生じた生活問題は、都市部の主婦層にとって対応しなければならない切実な課題であった。新たな社会状況のもとで新生活運動協会は、一九六四年、主婦層を対象にして「くらしの工夫運動」を構想し[12]、その一環として生活学校を開設した。

協会は、生活学校を「主に家庭の主婦たちを中心に日常の家庭生活の中の問題をとりあげ、行政とかメーカーとか消費者とか、いろいろな立場の人が集まって研究しあい、勉強しあい、工夫しあい、そして問題を解決」していく場と位置づけた（通信六四年七月一日）。一九六四年七月、加藤千代三（新生活事業センター常務理事）から依頼を受けた千葉県旭市の加瀬てる婦人会長は、婦人会活動の「行き詰まり」を打破するため、七月二四日、全国ではじめて生活学校を開催した[13]。

開設当初は、協会の主導性が強かった。一九六四年九月に開校された川越生活学校でも、市連合婦人会長の山根仲が教育委員会から開設を依頼され、参加者は、地区婦人会ごとに割り当てられた[14]。しかし他方で、生活学校には、主婦の主体性を促す工夫が施されていた。参加者全員が司会進行、受付、記録、会場準備など仕事を分担すること、講義のほかに実験、話し合い、視察などの学習方法が組み込まれていること、参加者は、行政機関、学者、生産メーカー、地元業者などの講師に対し、日常生活で生じた疑問を投げかけ、話し合いのなかで解決を探るような場が設定されていたことなどである[15]。

生活学校の方法は、教養的学習を中心とする従来の婦人学級とは異なり、参加者を引きつけた。事前に各自で消費問題を学習してくることが提案されたり、商品知識が高まったことから商品の製造過程を見るために工場見学の希望が出されたりした。「堅苦しい学習と違い、楽しみながら比較的専門的な知識が得られ」た、「新聞も消費者物価、くらしのページ、経済問題などが気にかかるようになった」という参加者の声が聞かれた[16]。

このように生活学校を通じて、消費問題に主体的に取り組む主婦たちが現れたものの、協会の生活学校構想は簡単にはひろがらなかった。協会は、一九六四年一〇月、千葉県旭市で生活学校研究集会を開催した。この集会には、協会関係者のほか、生活学校を実施した地区の責任者、当該都道府県新生活運動担当者などが集まった[17]。参加者からは、生活学校と婦人学級の相違など、生活学校の位置づけに関する質問が出された。生活学校生は、進むべき方向性を明確にもっていたわけではなく、従来の婦人学級との異同にとまどいながら、消費問題を中心に取り組み始めたというのが初期の実情であろう。

それに対して協会は、生活学校は、婦人学級と異なり、「what」ではなく、「how」を大切にし、消費問題に限定されない「生活文化」にわたる問題を解決する場であると説明した。その後、一九六五年には生活学校の進め方を以下のように冊子にまとめた[18]。

第一に、生活学校は、地域の担い手となる主婦の学校であり、主婦が、同じ問題を抱える人をみつけ、仲間をつくり、「民主的な集団を運営していく」ことを訓練する場である。主体的に参加することが求められたのである。

第二に、生活学校は、従来の婦人学級で行われていた学習（知識を得る）ではなく、「生活者」として日常で抱える広範な課題を具体的に解決していく組織的な「生活運動」である。新生活運動協会前期の新生活運動では、「生活運動」を通じて自発性を喚起するとともに、公共心や道徳を自覚した「国民」を育てることを目標としたのに対し（序章・第1章）、後期の生活学校では、生活をよくしていくために課題を具体的に解決していくことで主体的な「生活者」を育成することがめざされた。生活学校は、学習だけでなく実践を伴う必要があった。

新生活運動と社会教育行政は、活動の自発性を重視する点で共通していたが、新生活運動が「運動」「実践」を重視していたのに対し、社会教育行政の根本的な理念は「教育」「学習」にあった。この相違が新生活運動と社会教育行政の関係で常に問題となった（第7章）。生活学校推進者のなかには社会教育関係者も含まれ、とくに地域では社会教育とのかかわりは深かった。後述する山口県のように社会教育主事が学習と実践を伴った生活学校を推進したところもあった。しかし、生活学校関係者は、従来の婦人学級では、実践とは結びつかない社会教育行政の枠組みに規定された学習が行われていると否定的に見ていた。

協会は、生活学校を今後充実したものに作りあげていくために、運動の中核を担う「住民のエネルギー」に期待した。他方で、生活学校の開設や拡張は限定的・重点的に行い、新設される生活学校を協会の構想する「正しい」方向へ導きたいと考えていた。そのため、創成期には中央から指導に出やすい関東近県や、将来的に生活学校の全国的拠点となりうる県、都道府県協議会がしっかりしている地域に限定して重点的に拡張した（一九六五年の最重点県は静岡県、重要地帯は関東、大阪府、北海道、山口県、長崎県である）[19]。つまり、生活学校の数を増やすより、内容の充実に力を注いだのである[20]。

(2) 地域での取り組み――山口県の生活学校

新生活運動協会による生活学校の取り組みに触発されて、協会の指示ではなく、地域側から積極的に生活学校を開設する動きがあらわれてきた。山口県新生運動協会は、一九六五年三月、長年現場で活動してきた周東町の山本哲生社会教育主事などを第二回生活学校研究集会に派遣し、六五年度から周東町、由宇町、徳山市、小野田市、長門市に生活学校を開設した(21)。

最も早く開設されたのは、徳山市高尾団地生活学校であった。高尾団地は、徳山市高尾山の中腹に位置する約三〇〇戸の団地であった。入居者は、故郷や職業の異なる新しい住民であり、婦人会活動などもないことから、団地全体で同一目標に向かうことは困難であった。小さな子どもを連れた主婦は、交通の便が悪いため商人が毎日運んでくる商品を購入するしかなく、買い物で共通の悩みを抱えていた。日常的課題に直面していた四八名の主婦たちは、他に先駆けて一九六五年七月八日に生活学校を開始した。

生活学校では、共同購入を始めることで新鮮な卵を市価より安く購入し、牛乳の値下げを実現するなど、買い物の問題点を具体的に改善した。生活学校が始まるとさまざまな批判が集まった。家庭では夫から「講師の話を聞いて帰ればよいので、物品販売などする必要はない」と批判され、生産の場から直接かまぼこを共同購入したときには、商店から販売経路をみだし営業妨害であると苦情がだされた。とりまとめをしていた生活学校代表者たちが私利を得ているという陰口を流されることもあった。

しかしながら、生活学校は、回数を重ねるなかでこうした批判を解決し、問題となっていたゴミ収集や集会所・保育所の建設を市に陳情し、改善、実現するところまで活動をひろげた。年度最後の対話集会には夫婦で参加するなど、男性からの協力も得られるようになった。

一年で大きな成果をあげた高尾団地生活学校も全国のほかの生活学校と同様に、司会などは当番制で主体メンバーである主婦が担当した。スタートのころは司会の手が震えており、うまくいったわけではなかった。一人の主婦は「よい母親になるにも、毎日の買いもの一つ満足にできないようでは――と、痛いほど反省させられました。この今日の物価値上がりの原因も、わたしたち消費者の側にもあることに気づき、驚きました」と生活学校の感想を述べている。「よい母親」たるものは、よい買い物をしなくてはならないというように、主婦の役割を内面化していく過程となったが、買い物を通じて物価高といった経済と自分の生活の関連を意識する契機にもなった。その他、「家庭にこもりがちな私たち主婦にとって、こうした会合をもち、一年間勉強できたことは、何物にもかえがたい自信と勇気が」湧いてきたというように、家庭の外に視野がひろがったという感想もあった。今まではひとりで悩んでいた主婦は、新しく生活学校で会員と結びつくことで、解決への意欲を高めていった。

周東町に開設された「通勤ママ」生活学校には、山本社教主事の考えが強く反映していた。山本は、生活学校は「生活運動の拠点」であるから開設の仕方が重要であると考えていた。協会の直営校が既存組織である地域婦人会を基盤として開設されていることに抵抗を感じ、「通勤ママ」を対象にすることを主張した。そこには主に二つの期待があった。第一は、多様な職場で働き、それぞれの「視野」をもった母親たちが、職場や地位を抜きにして、一人の母親として「横につながる」ことで、新しい運動の芽が育つことである。第二は、職場で働く母親たちは、家庭と職場の間で忙しいがゆえに、「生活とは何か」を深く考えて、「生活」は「単なる消費そのものではない」ことを明らかにできる点であった。

「通勤ママ」生活学校は、一二〇名の参加者を得て、一九六五年九月二六日に開設された。六回の集会では、おもに子どもの教育と「通勤ママ」の生活実態が話し合われた。形式は他地域の生活学校と同様であり、たとえば「通勤ママの実態――勤めと健康」の集会では、前もって生活学校生に「健康アンケート」を行い、ほぼ全員が何らかの症状を自覚しているという結果に基づいて、専門メンバーである学者、医師、製薬会社、保健婦と話し合いがもたれた。

生活学校生は、生活学校を通じて「家庭と職場を両立」する方法や、「子どもと年よりの関係」などで悩んでいるのは自分だけではないことを確認でき、友情、仲間意識がうまれたと感想を述べた。また、生活の仕方、内容を互いに学び合いながら、生活を反省し向上させていこうと抱負を述べた。その他、住んでいる社会環境によって、生活が異なることを強く意識するようになったと述べる主婦もいた。生活学校生は、子どもの参観日に出席でき、産後二カ月の産休をとれるように、生活学校を通じて「行政に反映させたい」と考えるようになった。それは、悩みを共有し、仲間意識、住民意識を強めていくなかで、生活を良くしていくために行政を変えていこうとする新しい「通勤ママ」の姿であった。

もちろんすべての生活学校が、初年度から活発な活動を行えたわけではなかった。長門市仙崎かまぼこ生活学校は、婦人会のない地域で、工場で働く主婦を組織しようとした生活学校であったが、労働組合ができるのではないかと企業から批判があり、開設までに時間がかかった。新しく希望者を募り始めても、「承り学習」から抜け切れていない生活学校や、行政に依存的な生活学校もあった。

だが、婦人会に所属しない未組織であった主婦たちによる生活学校は、直面する課題が切実であるがゆえ、批判を受けながらも継続していく。現実の課題を解決でき、知らなかったことを知ることができたときの「驚き」「喜び」が、課題解決の意欲を高めるなど運動に力を与え、問題点の解決を行政へ要望するようになった。

(3) 生活学校方式の創出

一九六五年度には、全国の生活学校は一〇〇校を越えた。生活学校の開設が続くなかで、内容の充実が急務であると認識した新生活運動協会は、新たに冊子を作成し、生活学校の趣旨や「しくみ」を解説した[22]。

まず、生活学校は、主婦が日常のくらしの中にある現実的課題を発見し、組織的に準備（後に「事前活動」と名付けられる）を行ったうえ、定例集会で工夫・研究を重ねることで解決していく「生活運動」であることを確認した。

そのうえで生活学校の「しくみ」を以下のように説明した。生活学校は、主体メンバー（生活学校を主催し、運営していく主体となるメンバーでとくに主婦）、専門メンバー（定例の集会で行政、生産、流通、学界などから参加する専門分野の代表者）、補佐メンバー（役職や地位に関係なく自由な立場から、生活学校の現場で直接的、間接的に主体メンバーを補佐する協会関係者、社会教育関係者など）で構成される。活動の基本は、生活のなかから発見した問題を、定例集会（のちに「対話集会」と名付けられる）で「具体的な事実」をめぐって「対話」をし、「事後処理」により解決していくことである。問題を抽象化するのではなく、「なまのまま」に出し合って、「相手とぶつけあおうとするところに問題の解決のいとぐち」があるという考え方であった。

一九六六年には、地域婦人会や婦人学習グループの看板の塗り替えではなく、生活学校生を公募したところ、「カマボコ工場で働くお母さん」「通勤ママ」「未熟児のお母さん」「未亡人」だけの生活学校、団地など、従来の人間関係に縛られない主体メンバーで構成される生活学校の開設が増加した。さらには、近隣町村の生活学校と共同で「生活展」を開催したり、他の生活学校を援助したりするような地域的なひろがりをもって運動を展開する生活学校も開設された。

主体メンバーは、生活学校を通じて「健全な家庭生活」をつくり、「家庭管理のプロ」になることを求められており（通信六七年二月一日）、主婦の役割を刷り込まれた。だが同時に、既成組織に限定されない新しい人間関係を結び、地域社会・行政などとかかわりをもつことも可能となった。定例集会では、消費生活面だけではなく、地域社会や行政の改善といった側面についても専門メンバーとの「対話」で解決をはかっていった。

一九六八年、協会は、数年間の経験をふまえて生活学校の「しくみ」、運動方法を検討し、『これでいこう生活学校』をまとめた(23)。一九五五～六〇年代初頭の新生活運動は、「話し合い」を方法上の特徴としたが、六四年から始まった生活学校運動では、生活のなかで直面する課題を解決するために「異質の対話」という方法を考案した。「異質の対話」とは、立場や性質が異なる機能（主体メンバー、専門メンバー）が、「平等な立場」にたって、主体メンバーがもつ課題を解決するために話し合うことであった。この方法は、専門メンバーが主体メンバーに一方的に教えることや、逆に主体メンバーが専門メンバーを一方的に批判することを回避するために考えられたものであり、各機能の意見を調整する役割を果たした[24]。

一九六六年段階の「事実との対話」には、事実を相手に「ぶつけあう」ことで解決の契機を見出すといった含意があった。第2章で指摘されたように、六七年ごろから「対話」という方法は、合意形成への志向を強く含んだものとなり、生活学校運動のエネルギーを協会の枠組みに抑える装置ともいえた。こうして編み出されてきた「事前活動」「対話集会」「事後処理」と「異質の対話」という課題解決方法は、「生活学校方式」と呼ばれ、生活学校運動の特徴であり、その後、新生活運動協会の他部門でも参照されていく（第4章3）。

2　生活学校運動における矛盾の噴出

(1)　新生活運動協会の運動方針の転換

一九六七年度から新生活運動協会は運動方針を転換した。ここでは生活学校との関連から三点について指摘する。

第一に、新生活運動の重点部門の一つが「生活学校運動」に変更された[25]。当初、生活学校は、くらしの工夫運動の一方法として構想されていた[26]。だが、生活学校は、くらしの工夫運動という名前から想像されるような生活技術、商品をめぐる運動にとどまらず、公共サービスについてもとりあげた。生活課題を解決するため、市町村段階で「生活者会議」を開催し、生活学校を中心として行政、諸機関、一般住民の間に「新しい連帯」を築く可能性を示していた（通信六七年三月一日）。重点部門の変更は、協会が生活学校の運動としての力を認め、住民運動を組織化するための「拠点」に、生活学校運動を位置づけたためであった（通信六六年七月一日、六七年一二月二一日）。

第二に、生活学校の開設方針が転換された。協会は、これまで新規の開設を抑えて、生活学校の内容を充実させることに力を注いできた。しかし、一九六七年度からは学校の内容をやや固定化できたため「質の向上とともに、地区の実情にあわせて全国的にある程度数をふやしていきたい」と述べ[27]、七〇年度までに全国に三〇〇〇校を開設する計画をたてた[28]。つまり「量」への転換であった。

第三に、協会は、生活学校運動の組織化をすすめていくことを明確化した。一九六七年度の運動推進方針には、生活学校中央推進委員が新規校を中心に巡回指導を行うことが計画され（通信六七年三月二一日）、六八年度からは生活学校の育成、推進の直接的責任を都道府県新生活運動協議会に委託し、中央の協会はそのバックアップを担うことになった（通信六八年四月二一日）。

(2) 生活学校運動の新たな問題と「生活学校の原則」

一九六七年度の新生活運動協会の運動方針が、四年間で全国に三〇〇〇校を開設する計画へ転換して以降、生活学校数は増加した。それに伴い、新たに婦人学級や婦人会を看板替えしただけの生活学校、生活に密着している課題であればどんな問題でもとりあげる生活学校が、多数開設された（通信六七年一二月一日）。一九六八年二～三月に全国約八〇〇校（回収結果は三五〇校）を対象に行われたアンケートによると[29]、六二％の生活学校は、地域婦人会、婦人学級を中心に開設された。公募して組織されたグループは八・四％にすぎなかった。一九六七年度に開設された一年校（開設一年目の生活学校）の方が、一九六四年度に開設された四年校（開設四年目の生活学校）に比して、地域婦人会、婦人学級を中心に開設された学校の割合が高く、公募での開設数は減少していた。

協会は、主婦の主体性を喚起できない生活学校が増加することに危惧をいだいた。そのため、すでに一九六六年八月から、生活学校に特化した情報誌『生活学校レポート』を発行していたが、六七年四月からは『通信』で「生活学校の開き方」「生活学校の運営」について連載し、さらに「相談室」欄を設け、読者（主体メンバーだけでなく、専門メンバー、補佐メンバーを含む）から寄せられた生活学校に関する疑問に具体的に答えた。生活学校のねらい、「しくみ」、進め方などを丁寧に説明する協会の一連の対応は、「生活学校の原則」を確認していくことで、協会が考える内容の充実した生活学校を育成する試みといえた。

また、協会は、生活学校の問題点、主体メンバーが離脱する原因を分析し対応した[30]。

第一に、主体メンバーの問題である。運営委員など一部の人たちで運動を進めることで、他の主体メンバーが「お客さま」となり、運動の意義が薄れてしまう危険があった。他方で、行政や商店を「つるしあげる〝要求大会〟型」の生活学校も存在し、生活学校は消費者運動でも要求活動でもないと、協会は注意を促した（通信六六年一〇月二一日）。

第二に、行政との関係である。一九六五年六月、政府に国民生活局が設置され、六八年には消費者保護基本法が制定されるなど、消費者行政が注目され始めた。しかし、行政による「消費者教育」は、「賢い消費者になりましょう」と訴え、商品の知識を教育したり、苦情相談所の利用による解決を推奨するものであった。こうした「上から」知識を与え、苦情を告発してその問題の解決を他にまかせるといった「消費者教育」は、行政の教育したい内容を教えるものであり、主婦の主体性や問題解決のための行動を奪い、生活学校運動を埋没させる可能性をもっていた（通信六九年一二月一日）。

行政だけではなく、消費者運動による「消費者教育」にも同様な問題が内包されていた。消費者運動は、高度成長期、市場に増えてきた商品を知り、手に入れたいという消費者の要望をかなえると同時に、日本の産業社会に貢献するような「消費者」を創出したい財界や企業の要望に応える性格をも有していた[31]。しかしそれは、主体メンバーが生活学校運動を通じて自分たちで解決していくといった生活学校の重視する「生活者の主体性」とは、相容れない性格であった。そのため、生活学校運動の推進者であった大沢暢太郎は、運動の主体性があいまいになると、生活学校運動は消費者行政・教育に吸収されてしまうだろうと注意を促している[32]。諸機関が生活学校に対し便宜を図ってきたとしても、生活学校は主体性を発揮できるように、行政の下請け機関になってはならないと、協会は注意を呼びかけた

（通信六九年一二月一日）。

第三に、生活学校の「孤立化」問題である。生活学校は限られた人員で行うことから、参加した主婦は、一般の主婦や地域社会からだけでなく、家を留守にすることで家庭から孤立する可能性があった[33]。そのため、協会は、主体メンバーに、あくまで「主婦の立場」で運動に取り組むべきであり、商品の「専門家」になるべきではないと呼びかけた（通信六九年八月一日）。また、「異質の対話」という課題解決の方法や、行政、他組織、住民とともに地域全体の課題を解決していくことをめざす「生活者会議」は、生活学校が孤立することを避けるために構想されたものでもあった。

第四に、生活学校が政治的に利用される問題である。加田純一（生活学校運動中央推進委員）は、一九六八年度の生活学校運動を振り返り、「生活学校の一部に、政治的に利用されている面がでてきている」と発言した（通信六八年一二月一日）。生活学校運動の力が、消費者運動、市民運動、革新自治体などと結びつき、協会の意図を越え、社会体制への批判や「糾弾型」の運動へと向かうことへの懸念といえる。

この点は、「孤立化」問題とかかわって生活学校運動に大きな影響を与えた。実際に「政治的に利用されている」かは別として、生活学校は地域から「政治的」と見られると衰退することがあった。たとえば、プロパンガスの協定価格問題などで成果をあげ、地域住民に浸透していた埼玉県狭山市お茶の実生活学校は、衣料品や生鮮食品などの問題をとりあげ、商店と「対話」を継続したが、利害が相反してしまった結果、地域社会から「反発」をうけ、「アカみたいだとか、婦人会もああなってはおしまいだとか」言われ、ほどんどの主体メンバーは生活学校から離脱したという[34]。「異質の対話」という運動方法は、異なる機能の代表である主体メンバーと専門メンバーの間に避けがたい利害関係がある場合、課題を解決できない現実があった。

一九六八年一〇月、協会は、行政管理庁による助成金漸減勧告を受けて、従来の四つの重点分野を地域と職域の二部門に統合し、全国統一課題を設定するという「新構想」を決めた（通信六八年一一月一日）。従来の運動を基盤としつつも、「国民運動」を積極的に展開することを目標とした。スローガン運動、精神論になる危険性があり、「命令運動」は慎まなくてはならないという中央推進委員の発言はあったが（通信六八年一〇月二一日）、協会は「新構想」のもと、「危険な商品追放」を全国統一課題に決定した（通信六九年二月一日）。一九六〇年代末、主体メンバーの主体性を喚起できない生活学校が増えるなか、協会は、運動の組織化、「生活学校の原則」論、全国統一課題を強調していく。

(3) 地域の生活学校関係者からの批判

こうした新生活運動協会の動向に対して、これまで地域で積極的に生活学校運動にかかわってきた県協議会関係者や、主体メンバーから厳しい批判がだされた。

田口弴也（静岡県新生活運動協議会事務局長）は、第一に、協会が消費問題を中心にして「生活学校の原則」を強調することに対し、生活学校は「消費問題を中心として考えたもの」ではなく、「商品化によって失われつつある人間性をとりもどすものとして構想されたもの」であり、消費者協会の活動と区別する必要があると批判した。第二に、農村の生活学校が生産面をとりあげることに対し、「原則論」から直ちに否定する協会に疑問を呈した（通信六八年六月二一日）。

それに対して協会は、消費問題を中心としたのは、「当面家庭の主婦の関心が高い消費問題に集中する」ためで、ねらいは「人間的な面」であり、「賢い消費者になりましょう」といった消費者運動とは異なると、田口の指摘に同意した。また、「原則」と表現したのは、運動方法についてであると応答した（通信六八年七月一一日）。

協会が「生活学校の原則」論を詳細に冊子などにまとめて強調したため、地域の生活学校では、「ちょっとでも書いたものからはずれたことをいえば、それは原則からはずれています」と批判された。視察した加田純一（生活学校運動中央推進委員）は、主体メンバーについて「知識は増えた」が「情熱がない」ようだと感想を述べ、「原則論」の強調が与える問題を認識した（通信六八年一二月一日）。

　また田口は、協会が全国統一課題を設定したことに対し、「全国統一のものは、いわば行政の課題であり、また『教育したい事』ではないだろうか。政府や県が国民運動として提唱するとしたら、たぶんこれと大同小異のものができあがるはずである。そしてこれを考え出す人たちはたぶん泥んこのなかで新生活運動を実践している人ではないはずである」と批判した（通信六八年一一月一一日）。すでに田口は、一九六八年六月二八日の生活学校運動中央推進委員会で、統一した運営が必要であるという協会の方針に対し、地域では、県の担当者が統一したテーマを選定し、専門メンバーを配慮したことで、むしろ主体メンバーの主体性を失わせた事例があると報告していた（通信六八年七月二一日）。

　他方で田口は、地域の主婦たちが生活学校運動に取り組むなかで主体化していく具体的な姿も見てきた。静岡県新生活運動協議会は、四年校に対して、中央からの助成金の打ち切りと同時に会費を徴収するなど、各生活学校にとって厳しい条件を突きつけたが、四年校の運営委員は、四年目になって「自分たちで行うことに楽しみがあり、やりやすい気がする」と語った（通信六八年七月二一日）。また、「まだまだどこかに、補佐メンバーや市町村当局に依存する気持ちのある反面、ああしろ、こうしろといったような、上からの声には強い抵抗を感じる。そういうモヤモヤをぬぐいさるために、もっともっと主体メンバーは、真剣に、懸命に生活学校にとりくみ、この運動をつき進めなければいけないと思う[35]」といった生活学校生の発言もあった。こうした発言を聞いた田口は、生活学校運動の「芽生え」を感じたと述べている。

　つまり田口は、協会が運動の組織化、「生活学校の原則」論、全国統一課題を強調することで、運動を枠にはめてしまい、運動をするなかで新しい可能性を切り開いていく生活学校の力を潰してしまっていることに不満があった（通信六八年八月一日）。

　次に、四年校である千葉県旭市生活学校の加瀬てる、埼玉県川越市中央生活学校の山根仲、三年校である東京都東村山生活学校の小山カネによる座談会から、生活学校生たちが、協会の方針転換にどのような反応を示したかを探っていこう。(36)

三人は、「生活学校をはじめて、『これによって新しい生活がはじまるのだ』と、こころから信じたし、それだけいきおいこんでいた」、「生活学校には、主婦の生活運動として、まったく従来のものにみられなかった新らしさ、正しさがあった。それが、わたしたちをとらえたのだと思います。この新らしさ、正しさを失なったら、なんの意味もない」と、生活学校運動に取り組んでいった理由を熱っぽく語っている。

一九六八年度に生活学校の運営・育成が中央協会から都道府県新生活運動協議会に移管された。その時、生活学校生の三人は、協会の活動方針について「質より量だというふうに、方針が変わったような感じですね」と感想を述べ、「わたしたちの自主的な運動に、なにかと制約」が加えられ、運動が「押えられた感じ」がすると批判する。「天下り的」な「号令される運動」は生活学校運動ではない。「自分たちがやってみてそのすばらしさがわかっている」のだから、そうした運動は拒否するほかない。「自分たちの運動なのですから、自力で、実力で、途をひらくしかないでしょうね。もともと生活学校は、そういうものではなかったのですか。少なくとも、行政の枠の中でやる運動ではないはずでした」と、県新生活運動協議会による運動の組織化に対して批判を続けた。さらには、都道府県レベルで組織化をはかろうとする協会の考えに対し、府県の考え方や姿勢に問題があるので、「形式的な連絡会などつくっても、かえってマイナス」であると拒否する。そして、「まずほんとうにやらずにいられないもの、やろうというものが、手をつなぐことではないでしょうか」、「生活学校のほんとうのあり方を守ることに、立ち上がるときがきたのかもしれません」と、協会による運動の組織化への対抗構想を話して座談会を終えている。

彼女らは、地域婦人会を母体として開設された生活学校の代表者であった。当初、婦人会活動が行き詰まったため、婦人学級の目先を変えるために生活学校を開設した。しかし、四年が経った一九六九年、主体メンバーは「自分たちの運動」という強い意識をもち、切実で緊要な生活問題を解決し、地域社会をより良くしていこうと運動を展開した。

協会による「上からの組織化」に対抗して、地域の生活学校による「横のつながり」を構想した。

3　一九七〇年代における生活学校運動の展開

(1)　地域における生活学校運動――長崎市若草生活学校の取り組み

一九六〇年代後半、生活学校運動は急速に盛り上がったが、他方で運動や組織のあり方、行政との関係をめぐり、協会と地域の生活学校関係者の対立が表面化した。ここでは、当該期の機関誌などで何度も紹介された長崎市若草生活学校を対象に、地域における生活学校運動を検討したい。

若草生活学校は、長崎市では四校目の生活学校として一九六六年七月に開設された。既設団体の代表者集団ではなく、三〇ほどの消費者グループの「代表者」数名が主体メンバーを構成している点に特徴があった。主体メンバー数は、一九六六年に六七人、六七年には最多の一一八人、七〇年一〇五人、七五年七九人であった。しかし、実際の活動には各消費者グループの主婦が加わったため、常に三五〇人から四〇〇人が関係した。

消費者グループとは、近隣の「奥さん方」が気軽に集まる「井戸端会議」のような小さな集まりとされた（一〇～三〇名程度）。消費生活に興味をもった主婦が、日常生活の問題をもちより、「生活を実質的に高めていこう」と消費問題を学習し、県、市、業者などと話し合って問題の解決を図った。また、お茶、しいたけなどの共同購入を行い、皆で見学旅行に出かけるといった旅仲間のようなフラットな関係を維持していた(37)。

若草生活学校は、主体メンバーが各消費者グループに課題を持ち帰り、事後処理を共同で行ったため、生活学校運動の成果を地域の主婦にまで浸透させやすく、地域社会からの「孤立化」を防ぐことができた。一九七〇年度の収入は、五万四〇〇円であり、そのうち長崎県からの補助金が四万円を占めた。七二年度からは長崎市からも補助金が出され、若草生活学校は行政と密接な関係を築いていた[38]。取り組んだ主な課題は食品添加物問題と医療問題であった。ここでは、その取り組み方に注目して五つの特徴をあげる。

第一は、事前活動—対話集会—事後処理を通じて、具体的で実現可能な課題を解決していった点である。たとえば、量目不足など不当な販売を防ぐため、肉屋に価格と量目の早見表を貼らせたり、業者には牛乳の大瓶に目盛りをつけさせたりした[39]。

第二は、主体メンバー自身が科学的な調査を行い、その結果をもとに業者と「対話」をして、問題の解決を図った点である。一九六八年、長崎県に生活科学室が設置されると、主体メンバーは自ら科学的な調査を行うことが可能となった。たとえば、うどんの過酸化水素含有率について、基準が守られていることを確認できるまで何度も調査を行い、メーカーに改善を要求した[40]。一九七二年ごろ、ある主体メンバーは、調査を必要とする商品が少なくなったことに対し、「うれしいような、さびしいような気持にとらわれました」と述べており[41]、疑わしい商品を科学的な調査で減らしていくことに充実感を得ていた。

こうした二点から、主体メンバーは、生活学校運動に取り組むことで、生活をするうえで不安や不便に感じている点を具体的に改善できると実感していたことがわかる。科学的調査をふまえて、行政、業者などと「異質の対話」をし、成果をあげていったことは、主体メンバーにとって魅力的であり、運動の推進力となった。

第三は、「わかくさ漬け」を誕生させたことである。一九六七年の夏、対話集会で添加物が話題になった。主体メンバーの「福神漬けは色ばかりきれいで気持ちが悪い」という意見に対し、参加していた漬け物メーカーが賛同し、半年後、無着色の「わかくさ漬け」を完成させた。着色したものより五円高かったが、運営委員たちは、デパート、スーパー、病院、ホテル、会社食堂など販路を開拓し協力した。生活学校運動を通じて、無着色の「わかくさ漬け」を業者と共同で開発していったことは、全国の生活学校関係者から高く評価された。

第四は、食品の共同購入に取り組んだことである。一九六九年、生産地と消費地というテーマで対話集会を行った若草生活学校生は、事後処理で、直接生産地の生活学校からミカンを共同購入した結果、市価の六割の価格で味や品質がよいものを購入できた。このころから、消費者グループは、卵やミカンの共同購入を始め、七四年には、「産地直送の新鮮な野菜、手づくりの品々をどうぞ」をキャッチフレーズに「若草バザー」を開催し、「資源を大切にする運動」を展開した。ただし、消費者グループは「目立たないように」共同購入を行っていた。それは、「メーカーも商店もお互いに人間であり、生活者である。無理にケンカ」を売るべきではないという生活学校生たちの考えがあった(42)。

三、四点目からわかるように、若草生活学校は、食品添加物問題に取り組んだが、消費社会を根本的に問い直していたわけではなかった。生活学校にとって共同購入は、経済的な利益をあげて運営資金に充てること、生産地の生活学校との関係を深めること、業者や流通関係者に対し、いざというときに生活学校の主張を通すための「圧力」の役割を果たすためのものであった(43)。同時期に、生活クラブ生活協同組合が、共同購入は「商品化社会にあって、それに追従するのではなく、自分の生活を主体的に創造する活動」であり、「自覚的な協同関係」を通じて「消費の本質」にせまる意義があったと主張したのとは異なる(44)。この相違は、生活学校が問う「生活の質」の「深度」や「異質の対話」という運動方法を考えるうえで重要である。「異質の対話」は、行政、業者などと全面的に対立しない範囲で可能な方法であり、生活学校運動は、地域社会から孤立しないことを前提としていた。生活学校が、食品添加物を完全に排除する自然食運動などに距離を置いていたことは、こうした生活学校の運動方法と関係していた（通信七五年四月一日）。

第五は、日常生活で感じる地域の課題に徹底的にこだわったことである。取り組んだもう一つの大きなテーマは地域の医療問題であった。これは、一九六七年の対話集会で主体メンバーの一人が、家計簿をつける際、医療費が不明であるため「領収書をだしてほしい」と発言したことを契機にはじまった。事前活動で、基本的な医療制度を学んだのち、医師会、県の関係課職員を専門メンバーとして対話集会を開催した結果、各病院は「医療費に疑問があったら、遠慮無くお尋ね下さい」と掲示することになった。六八年に「保険医総辞退」が全国的問題となり、医師に対する不信が高まると、この運動は若草だけではなく、長崎市の全生活学校の統一運動に発展し、七一年末から全病院が領収書を出すことになった。その後、医師会、関係課との「対話」を通じて、休日夜間の救急医療当番制など地域医療問題に取り組んだ。

一九七二年の対話集会では地域における福祉問題をとりあげ、七三年には、「自分の身体の管理は自分ですべきもの」と考えて、健康手帳の作成、成人病検診と子宮ガンの集団検診をはじめる[45]。地域の関係機関から孤立するのではなく、地道な「異質の対話」を通じて、地域社会における医療・福祉の課題に取り組んでいった。

もちろん、若草生活学校の取り組みがすべて順調であったわけではないが[46]、主体メンバーの主婦たちは、「私生活主義」に陥らず、くらしや地域社会の課題を次々に発見し、主体的に生活学校運動を推進した。それは、生活クラブ生協、市民運動のような対抗ではなく、「対話」を通じて地域で孤立しないで課題を解決する取り組みであった。たしかに、若草生活学校の取り組みは、行政、業者などと決定的な対立には至らない課題に限定され、消費社会の本質まで「生活の質」を問うことができたわけではない。しかし、共同購入やバザーなどで生活学校間の交流を図ったり、地域の課題を解決するために合同で生活学校や生活者会議を開催し、その成果をもって生活を守る全国婦人対話集会へ参加していくといった主婦たちの主体的な行動は、七〇年前後、全国統一課題を掲げて生活学校運動を組織化しようとしていた協会の方針と矛盾する可能性を秘めていた。

(2) 生活学校運動全国大会の開催

一九六〇年代末、消費者保護基本法が成立したとはいえ、「危険な商品」に対する規制は充分ではなかった。そのため、消費者運動が盛りあがり、全国各地の生活学校でも、チクロ使用禁止運動、サリチル酸の追放運動などに取り組んでいた[47]。生活学校生たちは、問題を解決するためには一地区や県レベルだけではなく、全国の生活学校や他団体との連携のため全国連絡会が必要であると感じていた[48]。一方で新生活運動協会は、運動方針を転換し、生活学校運動を「国民運動」として前進させるために全国統一活動を展開することを決め（通信六九年二月一日）、各地の生活学校で具体的に取り組まれていた「危険な商品追放」を統一テーマに掲げた。両者は必ずしも同じ目的ではなかったが、全国的な連携を模索していた。

こうしたなか、一九七〇年三月、第一回生活を守る全国婦人対話集会（以下、全国対話集会と略す）が「危険な食品を追放しよう」をテーマに開催された。主催は、実行委員会（全国地域婦人団体連絡協議会、主婦連合会、日本消費者協会、栄養改善普及会、日本生活協同組合連合会婦人部、全国農協婦人組織協議会）と、新生活運動協会、都道府県新生活運動協議会であった。実行委員会を構成した諸団体と協会は、組織編成、運動方法を異にした「二つのライン」であり、全国対話集会は両者の合同で開催された（テーマ、分科会については表5-1を参照）。

第一回集会は、第一部に運動報告と対談「危険な食品と消費者行政」、第二部に分科会を行い、最後に全体会議という構成であった。生活学校と他団体では、報告者・司会の分担など集会へのかかわり方に大差はなかった。しかし、生活学校生は、地域で調査と「異質の対話」を積み重ね、その成果を反映した資料に基づいて発言・議論をしていた点で、他の参加者と異なっていた。食品の安全性に関する法規制の実現を求めて、行政に対し「要求型」「糾弾型」の発言が相次いだ分科会では、生活学校生が、「つるし上げ」ではなく解決にむけた「対話」が重要であると発言する場面もあった[49]。集会後、生活学校生からは、「対話」が機能しなかったことについて不満があがった（通信七一年一〇月一日）。こうした大会の雰囲気は、「二つのライン」双方の特色が現れていたといえる。

第二回集会から主催団体は、新生活運動協会、都道府県新生活運動協議会となった。第三回集会からは、生活学校生のみが参加し、全国統一テーマについて事前調査を行い、その成果を全国対話集会に持ち寄る形式となった。それは、「あぶないらしいとか不安という点から問題をとらえるのではなく、各地の生活学校の行動のなかから明確になった危険という事実、不正、法的不備、法律違反など具体的事実から問題を掘り下げる」ことをめざしたからであっ

表5-1　生活を守る全国婦人対話集会の主なテーマ

回	開催年月日	分科会のテーマ 全体会テーマ・パネルディスカッションのテーマ
1	1970年３月11日	①行政にかかわる問題、②生産にかかわる問題、③流通にかかわる問題 危険な食品を追放しよう
2	1970年11月19日	①残留農薬―農薬使用上の諸問題、②危険な食品にかかわる諸問題、③一般商品の危険にかかわる諸問題 食品公害を考える
3	1971年11月１・２日	①農薬、②食品、③医療、④価格協定、⑤共同購入、⑥公共サービス
4	1972年10月30・31日	①ゴミ処理、②医療、③米、④生鮮食品、⑤税金と公共サービス、⑥食品汚染 生活学校運動の今後の方向について
5	1973年10月26・27日	①診療体制、②医療の苦情処理、③食品汚染、④ゴミ回収・再利用 厚生省医務局長との対話
6	1974年10月16・17日	①地域医療、②食品の安全性と品質、③空きカン、プラスチック類の回収・再利用、④家電製品のアフターサービス、⑤資源の浪費を生みだす社会のしくみ、⑥高物価にいかに対処するか
7	1975年10月27・28日	①回収・再利用、②家庭電気製品、③医療、④食品、⑤物価、⑥公共サービス
8	1976年10月22・23日	①歯科医療、②物価、③ビンの回収・再利用、④消費者被害の救済、⑤食品 資源のリサイクルを考える
9	1977年９月30日、10月１日	①消費者の主体性は確立されたか、②教育、③冷凍食品、④生鮮食品、⑤歯科医療 資源エネルギー問題と私たちの生活
10	1978年10月23・24日	①資源・エネルギー、②食生活を考える、③大店法をめぐる問題、④地域の子どもの教育環境、⑤医療問題、⑥生活学校運動のあり方 これからのくらしと生活学校運動の課題
11	1979年10月８・９日	①食生活を考える、②子どもをめぐる消費生活、③地域の子どもの教育環境、④資源・エネルギー、⑤80年代と生活学校運動 第２次石油危機とこれからのくらし
12	1980年９月24・25日	①エネルギーとくらし、②食生活を考える、③子ども向けテレビ、④リサイクルと自治体、⑤環境汚染と洗剤、⑥生活学校運動の課題
13	1981年９月21・22日	①空きカンのリサイクル、②くらしとエネルギー、③食生活を考える、④教育問題を考える、⑤高齢化社会と地域 急激な社会の変動と生活学校運動の課題

14	1982年10月５日	①空きカンのデポジット制をめざす、②高齢化社会と市町村行政、③食生活の課題をさぐる、④地域で教育を考える、⑤廉売から店舗調整まで
15	1983年６月20・21日	①飲料容器の散乱防止とリサイクル、②高齢化社会と市町村行政、③「飽食」世代の食生活、④地域で教育を考える、⑤救急医療システム
16	1984年９月17・18日	①飲料容器のミニ・デポジット、②高齢化社会を考える―高齢者の医療・介護システム、③地域の食文化を確立するために、④いま子どもたちは、③情報化社会と私たちのくらし
17	1985年９月24・25日	①地域とこども、②ニューメディアとくらし、③飲料容器のミニ・デポジット、④高齢化社会と生活学校運動、⑤食品表示を見直す

注：第６回から生活学校運動全国大会と改称される。第３、６、７、12回と第14～17回の全体会テーマは不明。
出所：『新生活運動協会25年の歩み』、『生活学校20年の歩み』より作成。

た（通信七一年八月一日）。生活学校生は、全国事前調査によって自らの地域の具体的な問題点と全国の調査結果を対照しながら、専門メンバーと「対話」することが可能となり、「対話」による課題解決の途が開かれていった。第六回集会からは、大会名を生活学校運動全国大会と変更した。全国対話集会は、名実共に生活学校運動の全国大会となった。

一九七〇年代前半、全国対話集会にむけて各地で生活学校運動は高揚した。運動が盛んになるにつれ、生活学校はさまざまな機関から助成、指導をうけるようになった。こうしたなか、主体メンバーは、「自分たちで考え、自分たちで判断し、自分たちで責任をもつという姿勢」が弱くなり、行政に頼るようになってきたと、生活学校をリードしてきた加藤千代三は注意を促した(50)。また、主体メンバーからも、生活学校ですぐに行政からの補助金が話題になることや、主体メンバーが消費研究に特化した「プロ化したおばさん」になっていることなど、批判がでていた(51)。

行政の下請け機関化する危険性を抱えながらも、主体メンバーは、地域社会の課題を明確化し、各地の生活学校で取り組んだ成果を全国対話集会に反映させていった。ここでは、一九七〇年代前半の生活学校運動で最も盛り上がったテーマを二つとりあげる。

第一に、医療問題である。「危険な食品」の追放に取り組んでいた生活学校は、医者と行政に依存してきた地域の医療問題に取り組んだ。各地の主体メンバーは、第三回集会に医療に対する不満や不安を持ち寄った。その後、成果を積み重ねて、

第四回集会では、休日・夜間診療、救急医療、公立病院など地域医療体制に関する問題、医者と患者との間の不信感などについて議論した。第五回集会では、主体メンバーは要望するだけでなく、休日・夜間の当番医の設置方法、診療科目、財政負担のあり方などを「対話」を通じて具体的に提案した（通信七三年一〇月一日）。地域の医療問題は、主体メンバー・行政・医師会による「異質の対話」によって具体的に解決できるテーマであった。まさに生活学校運動の特徴を生かした取り組みといえた。

第二に、ゴミ処理問題である。高度成長期、日常生活でゴミが急激に増加し、処理できないゴミは、衛生面などとかかわり主婦にとって切実な問題となった。そのため、三〇の都道府県協議会は、第四回集会のテーマにゴミ処理体制、処理施設の整備などを要望した（通信七二年一一月一日）。分科会では、国は焼却場建設に対して補助金を増額すること、メーカーに耐久消費財や廃プラスチック類の処理・回収を義務づけること、容器代の表示を明確にし、過剰包装の基準を定めることなどを決議した（通信七二年一二月一日）。

渡辺智多雄（生活学校運動中央推進委員）は、対話集会の様子について「ゴミに対する関心が高く、実際に調査をおこなった主体メンバーは自信に満ちていた」といい、「専門メンバーとの討論では、行政の無策を暴露するようであった」と評価した。他方で「体験からだけの意見では視野の狭さも露呈した」と指摘した。「視野の狭さ」とは、専門メンバーが提示したプラスチックゴミの「資源化」について、主体メンバーが理解できなかったことを指している（通信七二年一二月一日）。

第四回集会以後、地域ではゴミの「資源化」に取り組みはじめた。たとえば、東京都町田市では、「清潔な生活環境を保持し、資源の再利用」を目的として、企業に回収を義務づけた「空きカン回収条例」を制定した。第五回集会では、ゴミ回収・再利用分科会を設定し、ゴミのなかでも急増しその処理に困っている空きカンや空きビン類、廃プラスチック類、家庭電気製品などに焦点をあて、生産または販売した業者が回収し、再利用する体制を具体的に作り出すこと、資源の無駄遣いを止め、ゴミ問題の解決を検討することにした（通信七三年八月一日）。準備を進めていた一九七三年一〇月、石油危機がひろがり、一一月以降、日本政府は「省エネ運動」を呼びかけた。こうしたなか迎えた第五回集会は、「資源は有限であるという事実」をはっきり認識させた転換期の集会となった（通信七三年一一月一日）。第六回集会以降、ゴミ処理問題から資源問題、リサイクルシステムの構築へと課題はひろがっていった。

省資源に取り組むためには、生活の豊かさについての考え方・価値観の転換、産業構造の変革が必要であった。産業界の発展をねらいとしていた日本消費者協会などによる消費者運動の視点では、見えてこないテーマであった[52]。他方で生活学校は、地域における現実的課題に目を向けており、ゴミ処理問題を地域の課題として取り組むなかで、資源問題に着目できた。石油危機により社会問題化する以前から、省資源に取り組んでいたことは、時代を「先取り」した運動として彼女たちを勇気づけた（通信七三年一一月一日）。

生活学校は、一九七〇年、七一年に農薬問題をとりあげ、一定の成果をあげていたが、依然として禁止農薬を使用し、追及されると野菜を売りに来なくなる農家や、態度を改めない農協責任者が跡を絶たなかった。こうした地域の厳しい現実に接し、生活学校は、地域の切実な課題のなかでも、自分たちで運動の目標をたてて実行できるゴミ問題をテーマに設定した[53]。

たしかに、ゴミ処理問題、空きビン・空きカン・プラスチック類容器、家庭電化製品などの回収・再利用システムは、行政・企業・住民の「異質の対話」で、具体的に構築できる可能性が高かった。主体メンバーが積極的に取り組むことができたのは、地域の医療問題と同様に、ゴミ処理問題、資源問題が、生活学校方式を生かしやすいテーマであったからである（通信七四年四月一日）。

しかも、主体メンバーにとって、資源問題は、個別の節約運動では解決できない複雑な経済社会の仕組みに関わる課題であり魅力的であった。なぜなら、社会的な課題に取り組むことによって、家庭の実生活に根をもちながらも、「広く深く社会を見る眼」を養うことができたからである（通信七四年九月一日）。七〇年代半ばの生活学校生は、「学年や年齢の制限もなく、自由に話し合える生活学校は、楽しくまた、社会的な判断力を養ってくれます」、「生活学校に入って、家の中で一人でモヤモヤ思っていた時と違い、目の前が開けていくようです。活動資料は、巷のウワサと違い、何が正しいかを教えてくれます。不得手な経済のしくみもわかりかけてきました」と、生活学校運動への期待を語っている（通信七六年七月一日）。生活学校生にとって、生活学校運動を通じて社会とかかわることができる喜びは、運動に参加する動機であり、原動力であった。

(3) 全国生活学校連絡協議会の結成

一九六七年三月、生活学校運動関係者は、生活学校の全国的な連絡機関を設立するために準備委員会を開催した。一時下火となったが、全国対話集会が開催されると、再度、全国連絡協議会の結成を要望する声が強まった。

しかし新生活運動協会は、生活学校運動にとって地域の取り組みこそが重要であること、さらに、すべての都道府県に連絡会が設立されているわけではないことを理由に、全国連絡協議会の結成を時期尚早であると否定した。とはいえ、一九七〇年代の全国対話集会は、地域における生活学校運動の展開を基盤として成果をあげてきた。生活学校関係者からは、生活学校の横の連携を強めることで情報交換を活発にし、全国対話集会の自主運営をめざすため、全国連絡協議会の必要論が高まり続けた。第五回集会後の生活学校代表者集会で、ついに準備会が設置されることになった（通信七三年一二月一日）。

それでもなお、協会は、準備会の設置を画期的なことと賞賛する一方で、地域の生活学校の充実を繰り返し指摘した。さらに、連絡協議会と協会との意思疎通を欠くと「組織系統を混乱させる」ことになり、生活学校運動、新生活運動全体に大きな弊害を与えるため、充分な協議が必要であると述べた（通信七四年四月一日）。こうした協会による一連の対応は、生活学校運動の盛り上がりを期待しつつも、そのエネルギーが協会の意図を越えていくことに対する危機感のあらわれであり、協会が抱える組織の問題に他ならなかった。

一九七五年五月一四日、全国生活学校連絡協議会が結成された(54)。各生活学校の自主性を尊重すること、生活学校運動を充実させるために、機関誌を利用し情報交換や活動紹介を行うことが目的とされた。この協議会の設立は、経過から明らかなように、協会による生活学校の組織化という側面よりは、各地域の主体メンバーが生活学校を「自分たちの運動」であると認識し、課題を解決するために要求してきた「横のつながり」が形となった結果といえる。

当初、生活学校は協会の主導により地域婦人会を母体として開始されたところが多かった。だが、主体メンバーは、生活学校運動を通じて、従来の地域婦人会とは異なったグループを形成し、「自分たちの運動」であるという意識を持つようになった。主婦たちは、それまで集められて参加した経験はあっても、自分たちで集まろうと考えて全国の連絡会を結成したことはあまりなかった(55)。ここに生活学校運動を通じて主体化していった女性たちの姿を確認できる。

おわりに

一九六四年に開設された生活学校は、当初、新生活運動協会による主導性が強かった。主婦たちは、日常生活で直面していた切実な課題を、生活学校を通じて、科学的データを利用しながら具体的に解決できることに驚きや喜びを感じた。また、生活学校が「地区の顔役」のような特別な人でなくとも、「正しいこと」を発言すれば実現できる「民主的」な運営や構成であったことも主婦の関心を捉えていった(56)。生活学校は、協会主導だけでなく地域の人びとの側からも設立され、爆発的にひろがった。

ただし、生活学校は、必ずしも協会の意図通りに盛り上がったわけではなかった。第一に、運動が高揚しても行政の下請け機関化し、主婦の主体性が失われる危険性があった。第二に、生活学校が協会の想定を越え、行政や商店などと対立し地域のなかで孤立してしまう可能性や、あるいは社会構造を揺るがすような政治的な運動へ突き進んでしまう危険性があった。そのため、協会は、絶えず生活学校の理念、運動方法を確認させ、主婦の主体性を喚起する「事前活動」「対話集会」「事後処理」という「しくみ」と合意形成を導く「異質の対話」という方法を合わせもった生活学校方式を創出していった。

一九七〇年代、協会は、日本消費者協会など他団体と「生活を守る全国婦人対話集会」を開催した。生活学校生は、各地域で直面する切実な課題をとりあげ、「異質の対話」を行い具体的な成果を積み重ねながら、全国対話集会に参加した。第三回集会からは、生活学校生による単独の集会となり、各地の生活学校は、食品の安全のほかに、地域医療制度、地域の高齢者問題、ゴミ処理問題、資源問題などをとりあげていった。その取り組みは、行政、企業、地域社会などと最終的には対立しない「異質の対話」が可能なテーマという限定があり、消費社会の根源を問うという方向には向かわなかった。だが、地域で生活するなかで生じてきた課題をすくい上げ、具体的に解決していく。生活学校を通じて主婦たちは、地域を見る目が変化し、「閉ざされた垣根が取り払われ」たと感想を述べた(57)。生活学校運動は、行政と密接な関係を保ちながらも、完全には「私生活主義」に覆い尽くされない、主婦の独特な主体的運動であった。

生活学校生のエネルギーは、ときに行政や協会の枠組みを越えていくことがあった。一九六八年、協会が運動の組織化を強化した時期、主体メンバーは、「自分たちの運動」に制約が加えられ「押えられた感じ」がすると、協会の方針に対し批判の声をあげ、協会の「上からの組織化」に対抗して生活学校生による全国連絡会を構想した。この構想は、七〇年代の全国対話集会のたびに主張されたが、協会は、生活学校運動の主体性に期待しつつも自らの意図を越えてしまうことを恐れて、結成に慎重な発言をくりかえした。だが、各地の生活学校が成果を積み重ねることで、全国対話集会が盛り上がった一九七五年、ついに生活学校生たちは「横のつながり」から全国生活学校連絡協議会を結成することになった。

以上のような生活学校運動をめぐる紆余曲折の過程をふりかえると、生活学校運動は協会の構想をそのまま実現できたわけではなく、地域の生活学校関係者、主体メンバーたちの意識や行動との相互関係のなかで展開してきたことがわかる。そこで問われていたことは、組織のあり方、運動の方法、主体メンバーと行政・企業・地域社会との関連であった。

当該期、ウーマン・リブの運動が、「女の視点」から社会の枠組みを問い直し、性別役割分業に基づく「近代家族」を批判の俎上にのせていたのに対し[58]、生活学校生はこれらのテーマに必ずしも意識的ではなかった。生活学校運動には、主婦役割の内面化・固定化を促す側面もあった。しかし、「こんなにくらしのことを真けんに考え見つめたことはなかったと思いますし、……何もかも新鮮に見えて（見つめ方でこんなにもちがうのかと思います）、この先、くらしの問題はつきそうにもありません」と発言し[59]、地域でくらしの課題を次々に発見し、生活学校運動を継続していく女性たち、行政と密接な関係を保ちつつ、協会の枠組みを乗り越えていく生活学校生の姿からは、従来、注目されてきた消費者運動、生活クラブ生協、市民運動、ウーマン・リブの運動などとは異なるかたちでの主体化のあり方を確認できる。一九八二年に新生活運動協会は「あしたの日本を創る協会」へと改称されたが、生活学校という名称と運動は、こうした生活学校生によって継続されていったといえよう。

ただし、一九七〇年代後半から八〇年代に入ると、生活学校運動にも問題が生じるようになった。第一に、生活学校生が発見していった課題は、必ずしも生活学校運動の専売特許ではなくなった。第二に、一九八〇年代の社会状況に対するテーマ、運動方法の問題である。生活学校運動を指導する立場にあった勝部三枝子（生活学校運動中央推進委員）は、働きにでる主婦が増えていくなか、魅力的なテーマを設定できていないのではないか、省エネ・省資源の取り組みは、七〇年代後半の時代に対応した魅力的なテーマであったが、八〇年代の社会状況に対応できていないと問題点を指摘した[60]。また、若草生活学校では、高齢化社会、円高による経済問題などをとりあげ、テーマはひろがったが、主体メンバーは講師の講演を聞くだけのときもあり、生活学校方式が機能していないこともあった[61]。第三に、生活学校自体の問題である。ある若い主婦は、全国大会に子ども連れで参加したとき、他に子どもが居らず「場違いな感じで肩身の狭い思い」をしたと感想を寄せた（通信七五年一二月一日）。多くの生活学校では若い人があまり加入してこないため、役員も替わらず世代交代ができなかった[62]。第四に、「私生活主義」との関連である。一九八五年の生活学校全国大会におけるパネルディスカッションでは、「自分の好きなことをやればいいじゃないか」という社会的風潮が、全国の生活学校に影響を与えてきたこと、料理教室や趣味的活動しか行わない生活学校が多く存在することなどが指摘された(63)。

このように、一九八〇年代には、生活学校運動にも「私生活主義」の影響が現れ、若い世代の生活学校生は増えず、八〇年代半ばには生活学校数の減少といった運動の停滞傾向がみられた(64)。しかしながら、八〇年代以降も、生活学校運動により主体化した女性たちは、地域社会においてフラットな人間関係を維持しながら、食品の安全、省資源運動、高齢者福祉など地域社会で生じた課題を解決するため、生活学校運動、あるいは「生涯学習」「ボランティア活動」などに取り組んでいる(65)。

注

(1) 『生活学校二〇年の歩み』(あしたの日本を創る協会・全国生活学校連絡協議会、一九八六年)。
(2) アンドルー・ゴードン「五五年体制と社会運動」(歴史学研究会・日本史研究会編『日本史講座一〇　戦後日本論』東京大学出版会、二〇〇五年)二五九頁。
(3) 前掲『生活学校二〇年の歩み』、『新生活運動協会二五年の歩み』(新生活運動協会、一九八二年)。
(4) 千野陽一編集・解説『資料集成現代日本女性の主体形成――生活に根ざす運動の広まり一九七〇年代前期』(第六巻、ドメス出版、一九九六年)一三〇頁。
(5) 前掲『資料集成現代日本女性の主体形成』第六巻、国民生活センター編『戦後消費者運動史』(大蔵省印刷局、一九九七年)八三～八七頁、『日本消費者問題基礎資料集成一　日本消費者協会資料　別冊解題』(すいれん舎、二〇〇四年)など。
(6) 井上恵子「昭和四〇年代の生活学校が女性の学習に果たした意義」(日本大学教育学会『教育学雑誌』第三九号、二〇〇四年)、守田倖子「主体性の表現――地域婦人団体の動態観察」(大阪歴史学会編『ヒストリア』第一八三号、二〇〇三年一月)など。
(7) 佐藤慶幸編『女性たちの生活ネットワーク――生活クラブに集う人びと』(文眞堂、一九八八年)、天野正子『「生活者」とはだれか――自律的市民像の系譜』(中公新書、一九九六年)など。

(8) 荒川章二「占領の「清算」と新しい社会運動」(『歴史学研究』第七六八号、二〇〇二年一〇月)、同『日本の歴史一六　豊かさへの渇望』(小学館、二〇〇九年)など。
(9) 鹿野政直『現代日本女性史――フェミニズムを軸として』(有斐閣、二〇〇四年)。
(10) 宮下さおり・木本喜美子「女性労働者の一九六〇年代――「働き続ける」ことと「家庭」とのせめぎあい」(『高度成長の時代一　復興と離陸』大月書店、二〇一〇年)など。
(11) 大門正克「高度成長の時代」(『高度成長の時代一　復興と離陸』大月書店、二〇一〇年)二八～二九頁。
(12) 『生活学校をすすめるために(昭和四〇年度版)』(新生活運動協会、一九六五年)三三～三六頁。
(13) 『日本の新生活運動――生活者集団の記録(一九六八年版)』(新生活運動協会、一九六八年)。
(14) 山根仲『この道一筋』(私家版、一九七九年)七二頁。
(15) 川越市連合婦人会「川越市生活学校開設のお知らせ」、「川越市連合婦人会『生活学校』の構想と運営」ともに『新生活事業センター一九六六』ファイル所収(「安積得也関係文書」二一二一二)。
(16) 荻原庄一「川越生活学校の実践」(『月刊社会教育』一九六五年一月)。
(17) 以下、生活学校研究集会については「生活学校研修会」(『新生活事業センター一九六六』ファイル所収「安積得也関係文書」二一二一二)。
(18) 前掲『生活学校をすすめるために(昭和四〇年度版)』。
(19) 「〝新生活事業センター〟に関する説明書」(『新生活事業センター一九六六』ファイル所収「安積得也関係文書」二一二一二)。
(20) 『生活学校レポート』(第九号、一九六七年四月)二八頁。
(21) 以下、山口県の生活学校については、山口県新生運動協会編『生活学校の実践と反省　昭和四〇年版』一九六六年、前掲『日本の新生活運動(一九六八年版)』三八～四九頁。
(22) 『生活学校(昭和四一年度版)』(新生活運動協会、一九六六年)。
(23) 『これでいこう生活学校――その理論と方法』(新生活運動協会、一九六八年)。
(24) 『生活学校レポート』(第二三号、一九六八年六月)一六～二二頁。
(25) この変更で初めて「生活学校運動」と呼ばれることになった。協会の運動方針は、第2章を参照。
(26) 「くらしの工夫運動推進要領」(前掲『新生活運動協会二五年の歩み』)六七～六八頁。
(27) 前掲『生活学校レポート』第九号、二八頁。

(28) 前掲『これでいこう生活学校』二〇三～二〇四頁。
(29) 『生活学校の調査』(新生活運動協会、一九六八年)。アンケートによれば、主体メンバーの平均数は七〇名、年齢は、二〇代三%、三〇代二七%、四〇代四二%、五〇代二三%、六〇代以上五%であった。また、その職業は、農業三六%、会社員一三%、公務員一四%、商業一三%、工業三%、自由業三%であった。
(30) 前掲『これでいこう生活学校』一九三～一九四頁。
(31) 原山浩介『消費者の戦後史――闇市から主婦の時代へ』(日本経済評論社、二〇一一年)第3章。
(32) 大沢暢太郎「生活学校運動の思想」(『特信』第八三号、一九六八年五月)。
(33) 『生活学校レポート』(第六号、一九六七年一月)二七～二八頁。
(34) 『生活学校』(第七八号、一九七三年一月)五～六頁。
(35) 『生活学校レポート』(第一八号、一九六八年一月)一〇頁。
(36) 『生活学校レポート』(第三二号、一九六九年三月)一二～一四頁。
(37) 『昭和四一年度　わかくさ』(長崎市若草生活学校、一九六七年)二五頁。以下、『わかくさ』各年度版は、西原美智子氏所蔵。
(38) 『平成四年度　わかくさ』一九九二年、二二頁。
(39) 『昭和五〇年度　わかくさ』一九七六年、六頁。
(40) 『昭和四四年度　わかくさ』一九七〇年、九～一一頁。
(41) 『昭和四七年度　わかくさ』一九七三年、三七頁。
(42) 同前、三二～三三頁。
(43) 『生活学校レポート』(第一七号、一九六七年一二月)四〇～四二頁。なお、当号は山根豊氏より提供を受けた。現在、川越市立図書館所蔵。
(44) 前掲『女性たちの生活ネットワーク』、前掲、天野『「生活者」とはだれか』一九二～一九七頁。
(45) 前掲『昭和五〇年度　わかくさ』二二頁。
(46) 長崎県企画部生活課・長崎県豊かな生活創造運動協議会編『消費生活』(第六二号、一九六九年一月二〇日)など。
(47) 新生活事業センターは、一九六九年四月に『生活学校レポート』の後継誌として『生活学校』を刊行した。この雑誌の創刊は、主婦の「不安を解消するために、危険な商品の危険さをあばき、疑問をひとつひとつ解きあかして」いくことが目的であった。当初、『生活学校レポート』と異なり、生活学校の説明や紹介記事は皆無であったが、「主婦のための生活に直接役立つ雑誌」として食品問題に危機感をもつ生活学校生たちの関心を引きつけた。
(48) 前掲『生活学校レポート』第一八号、九頁。
(49) 『第一回生活を守る全国婦人対話集会　記録』(生活を守る全国婦人対話集会実行委員会、一九七〇年)。
(50) 『生活学校』(第七五号、一九七二年一〇月) 三六～三七頁。
(51) 前掲『生活学校』第七八号、一五頁。
(52) 全地婦連、主婦連、新生活運動協会などは、「資源問題を考え、行動する住民集会」を一九七四年に開催した。七五年から官民一体の省資源運動が開始された(前掲、国民生活センター編『戦後消費者運動史』一五六頁)。消費者運動については、前掲、原山『消費者の戦後史』を参照。
(53) 『生活学校』(第六七号、一九七二年二月) 三六～三七頁。
(54) 『私たちの生活学校』(創刊号、新生活運動協会、全国生活学校連絡協議会、一九七五年一〇月 [『昭和五〇年度新生活供覧文書綴』国立公文書館所蔵])。
(55) 『特信』(第一〇六号、一九七〇年五月)。
(56) 前掲『日本の新生活運動(一九六八年版)』五六～五七頁。
(57) 『私たちの生活学校』新生活運動協会、第八号(一九八一年一二月) 四四頁、第九号(一九八二年二月) 四一頁、第一八号(一九八三年八月) 二八頁。
(58) 千田有紀「ウーマン・リブ――近代家族の完成と陥穽」(大門正克ほか編『高度成長の時代三　成長と冷戦への問い』大月書店、二〇一一年)。
(59) 前掲『日本の新生活運動(一九六八年版)』五七頁。
(60) 前掲『私たちの生活学校』第八号、四～一一頁。
(61) 『昭和六一年度　わかくさ』一九八七年、三八～三九頁。
(62) 『昭和五六年度　わかくさ』一九八二年、三九頁。
(63) 前掲『生活学校二〇年の歩み』五八～五九頁。
(64) 同前、五八頁。
(65) 前掲『平成四年　わかくさ』四二～四四頁。

第6章　地方組織からみた新生活運動——東京の事例

はじめに

新生活運動が抱えた根本的な矛盾の一つに、自主性と統制・組織化の相克があった。アンドルー・ゴードンは、新生活運動が「国家と社会を結び付け」、「変革を管理し、抑制したい衝動と、草の根の支持者に力を与えたいという相反する衝動を統合した」[1]と述べている。ただしゴードンは、新生活運動協会や都道府県新生活運動協議会（以下「都道府県協議会」と略記）などの、「国家と社会を結び付ける」最前線に立たされた地方推進組織については論じていない。ゴードンに限らず、これまでの新生活運動の研究においては、中央（協会）の意図、末端（現場）における実践は対象とされてきたが、両者をつなぐ位置にある地方組織については等閑に付されてきた。その原因の多くは、新生活運動以前の官製の国民的規模の運動が、上意下達的組織のもとに遂行されてきた点に求められるだろう。しかし本書でこれまで明らかにしてきたように、新生活運動は、運動主体の自発性の尊重という点において従来の運動にはない著しい特徴をもつ。その一方で運動をいかに組織化していくかという課題も抱えており、解決困難なジレンマとなっていたことを新生活運動の本質的な問題としてとらえる必要がある。したがって、政治意図としてのみ、もしくは個々バラバラな運動実践としてのみではなく、社会運動としてトータルに理解する、すなわち序章において設定された視点(a)(b)(c)相互の関係を把握することが求められる。そのためには、地方推進組織の運動過程——さまざまな主体、組織の思惑をいかに結びつけていったのか（もしくはできなかったのか）――を明らかにすることが不可欠である。

実際、一九五五年の新生活運動協会発足時には、北海道をはじめ秋田、栃木、群馬など一三道県に都道府県協議会が組織されていた。協会の発足に伴い、協議会の結成が相次ぎ、翌年度中には全都道府県において協議会が設立されるに至った。(2) 新生活運動協会は、各実践団体・個人などの運動主体と必ずしも直接関係したのではなく、その下に都道府県協議会―区市町村協議会―運動主体へと至る、ヒエラルキーを構成していった。しかし理念上は、新生活運動協会と都道府県協議会の関係は「組織的に上下の関係とか、本部、支部といった関係」ではなく、「それぞれが独立した一個の団体で並列にある」ものとされていた。(3) もっとも、この建前自体が時期によって揺れ動いたことは、第1章および第2章で検討したとおりである。

都道府県協議会は、基盤が脆弱な組織として成立した経緯を持つ。一九五七年の調査によれば、都道府県協議会の構成は（一）県の付属機関として、行政関係部局の関係者、またはそれに若干の民間人が参加しているもの、（二）関係行政部局、関係民間団体、またはそれに若干の学識経験者が参加しているもの、（三）民間の関係団体のみで組織されているもの、の三タイプに区分できるが、最も多いのは（二）で三一府県にのぼった。事務局を協議会で独自に設けていたのは山口県のみで、ほとんどが主管課内に事務局を置き、主管課職員が事務局の業務を行っていた。(4) 財源も、新生活運動協会や都道府県からの委託費によって、大半が賄われていた。こうしたことから、都道府県協議会は、新生活運動協会や都道府県と、地域における運動主体との間で、さまざまな葛藤を抱えた。

本章では、以上のような矛盾や葛藤を抱えながら新生活運動を展開していった事例として、東京都における組織や活動をとりあげ、考察したい。東京都における新生活運動は、日本の首都であり日本一の大都市であるという、東京都の条件に大きく規定された展開を、そして新生活運動が有した特徴や困難を如実に見せた。東京都は、都道府県協議会の設立が最も遅れるなど、とりわけ新生活運動の前期においては後発地域であった。しかし東京オリンピック開催が決定したことから、行政や新生活運動協会による介入があり、新生活運動が強力に推進されることとなった。また高度経済成長期に大都市化が進行し、交通問題、住宅問題、水質・大気汚染、といった多くの都市問題が噴出した。これらの問題は東京オリンピック以降、すなわち新生活運動の後期において、生活学校や地域診断活動の中心テーマとして扱われた。地域づくりや生活学校運動に関しては、第4章および第5章で論じられているが、そうした中で都道府県協議会である東京都新生活運動協（議）会は、新生活運動協会と区市町村協議会、運動主体との間に挟まれ、各階層間における方向性の違いに由来する軋轢と向き合わざるをえなかった。さらに首都・東京は企業が集中しながら、新生活運動の大きな一つの柱である、企業体における運動が目立たない地域でもあった。本章は、こうした東京の新生活運動の過程を描いていく。特に、都道府県協議会である東京都新生活運動協（議）会を中心に、第一に新生活運動協会との関係を、第二に、区市町村協議会、運動主体との関係およびその変遷を指摘したい。そして第三に、都政の変遷との関係を論じたい。一九六七年には美濃部亮吉が東京都知事に当選し、「革新自治体」となった。美濃部都政は都民のための都政を標榜し、都民の生活を重視した。東京オリンピック後において、東京都政と新生活運動は一見近しさを見せた。美濃部知事による「革新都政」における、東京都新生活運動協会の位置づけ、その後の鈴木都政との関係についても考えたい。

まず第1節では東京都新生活運動協議会の設立の経緯について概観し、当事者たちの新生活運動に対する認識を考察する。続く第2節では東京オリンピック開催・終了によって大きく変容した東京都新生活運動協会の特徴と、新生活運動協会、都政との関係について検討する。第3節では、区市町村レベルにおける実践活動の特徴的な事例を紹介し、分析したい。『東京都新生活運動十五年のあゆみ――沿革と展望』（一九七三年）に紹介されている活動例のうち、足立区、杉並区、小金井市、羽村町の事例を検討する。同書編纂当時、都協会はこれらを活発な事例として認識し、紹介しながらも、必ずしも全面的には賛同していなかった。本節では諸活動の特徴を指摘するとともに、都協会との間に交錯した思惑を浮かび上がらせることを課題とする。

1 遅れた東京都の新生活運動推進体制

東京都における新生活運動の体制は全国的に見て遅れていた。それは、関係者たちが新生活運動の本質を正確に理解している現れでもあった。

東京都における都道府県協議会である、東京都新生活運動協議会（以下「都協議会」と略記）が一九五七年に結成されたが、四六番目、つまり沖縄を除いて最後に設立したものであった(5)。また、新生活運動の実践も四七年に片山哲内閣による新日本建設国民運動の提唱のころより「民間の有志或いは一部の団体、地域において自発的に実践し始められ」、活動されてきたが、組織化されたものではなかった。

都庁内で新生活運動に関係する部課もさまざまあったが(6)、それらを統合する組織の結成は遅れた。一九五五年九月の東京都教育委員会による、東京都社会教育委員会議への諮問「都の実情に即した新生活運動について、社会教育の立場から、その基本的な運動の考え方とすすめ方を示されたい」に対し、翌年五月に答申が出された。答申では、基本的な考え方として「新生活運動は、人間の本性に根ざした永続的な不断の教育運動でなければならない。従って目ざめた都民の間から自発的に盛上がり、話しあいを通じて、都民自身の力で積極的に実践される自主的な活動でなければならない(7)」とし、新生活運動を「単に生活技術の向上や、生活様式の改善に止まる課題解決主義の一時的な運動ではなく、お互いの生活に対する考え方を根本的に変えていくための絶えざる学習と実践であるという基本的な考え方に立(8)」った。

そのうえですすめ方として、①地域社会では「新生活運動を、現在、民間で実践している有志、団体を手がかりとして、その組織づけを考えていく」とし、「家庭、地域社会、職場等で、新生活の建設に努力している有志、団体の実践について、地域社会で話し合う機会をつくっていく。その話し合いの斡旋を地方教育委員が行うようにすすめる」。あるいは「地域の話し合いでは、各有志、団体間に共通の問題点を発見することにつとめ、その問題を解決するための身近で具体的な物心両面にわたる共通の目標をたてること。社会教育の方法を通じて、都及び地方教育委員会がそれに協力する」。②都の段階でも、同様に「区、市、町、村における民間新生活運動組織の代表者及び有志をもって、横の連絡、情報交換並びに運動推進のための都協議会を催す。都教育委員会がその斡旋をする」。「東京都新生活運動連絡協議会のような組織が結成されたならば、都及び教育委員会がこれに協力して新生活運動をより深め、より広めるための研究集会等の開催を援助する」。「運動の実践について、反省と検討はあらゆる集会で科学的に行われなければならない。そこで実態の調査や資料の作成配布については、都及び地方教育委員会は充分に協力し、側面から民間の自主的活動を援けていく[9]」といったように、新生活運動はあくまで都民自身による自主的な活動であることを強調し、社会教育行政としては都、区市町村、ともに「斡旋」「協力」「援助」など、側面からのものにとどまるものである点を繰り返している。社会教育委員会議の答申がこのように新生活運動、および新生活運動協会のあり方に忠実であったのであれば、積極的に推進しない姿勢は当然といえる。

それでも、社会教育関係者を中心として推進組織が結成される。その年一一月になって、都教育委員会社会教育課が世話役となり、都庁各部局の事務連絡会がもたれた。同会は翌一九五七年一月に民間団体の代表者による協議会を招集し、推進組織が必要という結論に達した。都道府県単位の組織は東京のみ未結成という状勢から結成を急ぎ、翌二月七日に賛成する二三団体の合意の上で都協議会が誕生した[10]。スローガンは「みんなの力で明るい都に」とされた。会長は都公民館連絡協議会会長三浦碌郎が就任し、事務局は教育委員会社会教育課におかれ、社会教育部長中野広が事務局長になるなど、社会教育団体として都協議会が置かれたことになる。また、本章冒頭に示した都道府県協議会の構成分類でいえば、(二) のタイプとして出発したことになる。

当事者たちは、前期の新生活運動における基本路線である「話し合い」や、都市における新生活運動に対するエネルギーの欠如した状態をかなり正確に理解していた。東京都教育庁発行の『東京の社会教育』紙に、都協議会主催で行われた「都市における新生活運動をめぐって」と題した座談会記録が掲載されている[11]。出席者の一人、岡本正平（早稲田大学講師）は、農村と都市との違いについて、「男女関係の問題、習慣、男女に対する考え方等」「都会においては解決されているような事柄が、農村ではまだ問題となって」おり、「また冠婚葬祭における簡素化、特に結婚の問題でも、申し合せをしなければできないとか、それを自分の村でやるだけでは無駄で、郡内または県全体でその基準をつくらねばならぬというようなことが当面の問題となつ《〔ママ〕》ている」として、農村における運動の難しさを指摘する。その面で、都市では地域に縛られることなく「自分がよいと思えば、自由に勇敢に」活動することが可能であり、「都市における新生活運動のほうがかえつ《〔ママ〕》て、やり易いといえるかもしれません」。しかしその一方で「都市においては階層のちがいがはげしいのです。共通の生活の場にない人達が、一緒に問題をとり上げてやつ《〔ママ〕》ても土台無理なのです。農村のようにお互いにふところ具合から先祖まで知つ《〔ママ〕》ているという仲ではない。こういうところに大きな壁があるようです」と、それぞれの利点、難点を述べた。高野久子（都青少年委員）は、都市における新生活運動の打開策として「新生活運動は何といつ《〔ママ〕》ても婦人の方を対象にすすめた方がよいと思います。……社会教育、新生活運動を母親達が自分のためであることを認識すれば、むずかしい名前でなくても新生活運動や社会教育は完璧になるものと思います」と、婦人の取り込みを主張した。

内部にさまざまな地域性を抱えながら戦後復興から発展へと向かった東京は、共通の利害関心を抱えて統一的な住民活動を行うことが困難であり、東京都の推進組織である都協議会が結成されたにもかかわらず、運動は低調であった。しかし当事者たちの意識においては、運動の活性化よりも、自身の利害関心に基づいた自発的な運動が実践されることが重要視されていた。それは、新生活運動への理解の深さを示すものでもあった。

2　東京オリンピックの開催とその後――東京都新生活運動協会の変容

(1) 新生活運動の拡大――「東京をきれいにする運動」中心の新生活運動

一九五九年五月に、第一八回オリンピック開催地が東京に決定した。それにより東京の新生活運動が組織も含め大幅に変容を――しかも都協議会の意図とは異質なものへ――余儀なくされた。それは新生活運動協会の変質を正面から引き受けたことでもあった。

東京オリンピック招致決定を受けて、新生活運動協会は専門委員会を設け、「オリンピック東京大会を迎えるにさいし、新生活運動の立場から考究対処すべき事項は何か」を諮問し、八月二〇日に答申を得た。答申ではオリンピック開催を契機として「国民自身の手によって『東京を美しくする運動』『日本を美しくする運動』などがおこつて《ママ》くることを期待する。しかし、「新生活運動の自主的なもりあがり」や、都協議会の「事務局機構の弱体」という点から現状を厳しく批判する。そのうえで答申は要望事項として①都組織・事務機構の拡充強化、②区市町村に協議会設置、③充分な予算措置、④オリンピック委員会への新生活運動協会や東京都新生活運動協議会の参画などを東京都知事や関係当局に要望することを述べている[12]。これをうけて、新生活運動協会は、東龍太郎東京都知事・内田道治東京都議会議長にむけ要望書を提出した。安積得也理事によれば、「久留島会長、片山哲、松村謙三、田村文吉、藤田たき、土岐章、安積得也の諸理事うちそろって[13]」都庁に出向く力の入れようであった。さらに、一九六〇年度の都協議会への交付金を約一〇〇〇万円計上した[14]。

安積が「効果的だった」と感想を残したように、その効果はたちどころに現れた。東京都は一九六〇年度の都の社会教育課予算に、それまで皆無だった新生活運動関係分を一〇〇〇万円計上し、うち八〇〇万円を都協議会へ事業委託した[15]。

都の新生活運動関係予算は年々増加し、一九六二年度には二〇〇〇万円に到達、東京オリンピックの翌年六五年度にピークを迎える（二五〇〇万円）[16]。この予算規模は全国的に見ても突出していた。たとえば六一年度における東京都の新生活運動予算は、国費が約一一六〇万円、都費が一二〇〇万円で合計約二三六〇万円である。合計額で二番目に多い北海道（約九七〇万円）と比べても、およそ二・五倍にのぼる。都道府県費については、神奈川県、千葉県、岐阜県など一〇府県が予算をつけていないことからも、東京都の突出ぶりは明白である[17]。

都協議会も、自らの組織自体を含めた活動の方針転換を始めた。一九六〇年には会長に東京都知事が就任し、構成団体も新たに三一団体を加えた。翌一九六一年都議会は、東京都が協議会という任意団体に委託料を支出することには疑義があるとして、協議会の法人化について付帯意見を出した。それが契機となって同年五月、東京都新生活運動協議会から改組された社団法人東京都新生活運動協会（以下「都協会」と略記）は、東京都知事および東京都教育委員会から成立を正式に許可された[18]。

運動方針を検討すると、新生活運動協会による路線変更の影響が見える。都協議会は、一九五九年度には「区市町村における新生活運動推進対策（案）」を策定し、検討に入っていた。同案は、「区市町村における新生活運動は、住民の自主性と自発性にもとづき、住民の手による相互啓発、社会的上昇の運動として盛り上げていく事が望ましい」とし、あくまで自主的な運動であることを基本として推進組織や事業展開を構想していた[19]。しかし翌年採択されたものは、大きく修正されていた[20]。「新生活運動は、すでに一部の団体や地域において、その自主的な運動として、とりあげられているが、これらの運動を助長し、広く都民生活の向上を期して、これが振興を図るためには、各方面の力を結集した区市町村としての推進対策が必要である」と新生活運動の活性化のための、行政による積極的な介入の必要性を認め、行うことを宣言した。もっとも、「この運動は……区市町村が呼びかけて民間に実施させるという性格の運動ではな」く、「現在の段階において、一挙に運動の下部組織をつくろうとすることは、かえって運動の発展を阻むおそれがある」という認識は保ち、推進委員会あるいは推進協議会のような機関の設置を適当であるとした。

実践する事業についても、「（案）」では実践地区の育成、推進員の養成、話し合い活動、実践活動、資料作成などを列挙するに止まり、具体的な課題については触れるところがなかった。しかし、修正案は「例示にすぎない」としながらも、（一）人間尊重の運動、（二）公衆道徳の高揚、（三）生活改善の徹底、の三つの柱を立て、その下に、多数の項目が掲げられた。特に、公衆道徳高揚運動に関しては別記して、カとハエをなくす運動、交通道徳を守る運動、をはじめとして一一項目を並べ、「重要な課題と思われる」と強調した。つまり、「（案）」の段階では見られた、個人や地域での話し合いによる課題の発見、という新生活運動前期の基本方針の一つである「話し合い」路線が、ここで抜け落ちたことになる（表6-1参照）。

また修正された「対策」で見逃せないのは、新生活運動推進員を区市郡に委嘱する計画である。指定地区の推進員とは別に、各自治体に一人ずつ推進員を配置する計画は、一九六二年度より、推進員制度として制度化された。各区市郡に置かれた推進員が、当該地域内の指定地区の助言、指導、推進組織への参画、交流を図るための各種協議会や情報交換などを行う、つまり地域内のリーダーや他地域とのパイプ役となった[21]。この推進員制度は、東京の新生活運動の特色であるという[22]。同年末には都内を七ブロックに分け、各ブロックから代表を選出するなど体制を強化した[23]。都協会の事業としては、同年八月より機関紙『東京を美しく』を発行した。同紙は各年度四~八回発行された。同年度における都協会の事業方針は、新生活運動協会が打ち出した国土を美しくする運動、東京都が提唱した首都美化運動に対応させ、「東京をきれいにする運動」とした[24]。東京都の推進組織の整備を機に、各区市郡においても推進組織が次々と設置された。

このように東京オリンピックを契機として、強力な組織作りや活動の方向づけが行われ、東京都下における新生活運動が展開した。都協会による事業は、指定地区、モデル地区、学校モデル花壇、清掃実践地区の育成などの地域活動、推進大会、広報車による宣伝などの広報活動、指導者研修会、泊り合い研修会などの指導者養成などであった[25]。

表6-1　修正案に掲載された具体的実践項目

（一）人間尊重の運動	(1)　家庭生活	家庭生活の民主化、婦人母親の地位の向上、家庭経済の計画化、家族計画、レクリエーションの生活化
	(2)　職場生活	明るい人間関係、体育・レクリエーションの励行、虚礼・無駄の排除
	(3)　社会生活	家柄・格式尊重から個人の尊重へ、因習・迷信の打破、社会礼儀の簡素化
（二）公衆道徳の高揚	(1)　公衆意識の高揚	隣人愛・郷土愛の向上、青少年の環境浄化への関心強化、たすけ合い精神の高揚、公明選挙意識の高揚
	(2)　公衆道徳の高揚	公共物・公共施設の愛護、売春の絶滅、交通道徳の高揚
（三）生活改善の徹底	(1)　衣・食・住生活の改善	
	(2)　時間の尊重	日常生活時間の合理的利用、集会時間の厳守励行
	(3)　冠婚葬祭の簡素化	
	(4)　迷信因習の打破	
	(5)　虚礼の廃止	
	(6)　環境衛生の改善	清掃活動の励行、カとハエの撲滅、健康診断の励行
	(7)　余暇善用	スポーツ・レクリエーションの励行、青少年補導育成、不良文化財の排除
	(8)　貯蓄の増強	
特に公衆道徳高揚運動として、当面の問題として重要な課題		カとハエをなくす運動、交通道徳を守る運動、川やみぞ、そして町をきれいにする運動、公園の美化、草木鳥獣を愛護する運動、都市の緑化、花いっぱい運動、タンツバ、立小便の禁止運動、酔っぱらいをなくす運動、お互いに親切にする運動、純潔を守り、自重の精神を身につける運動、商業道徳を高める運動、国際エチケットを高める運動

出所：「区市町村における新生活運動推進対策」東京都新生活運動協会『東京都新生活運動十五年のあゆみ』134～140頁。

このうち指定地区育成についてみれば、一九六二年度には二〇〇地区にのぼるが、その内訳を見ると、運動の目標の大半は「環境衛生の整備（清掃活動）」（六〇地区）、「花いっぱい運動」（二八地区）、「ゴミ利用運動」（二四地区）など、首都美化運動に対応するものだった[26]。また、推進された運動は、東京都下でも区部を中心とするものだった。

『東京の社会教育』第九巻一号は、一九六一年の年頭における新生活運動を「逞しい実践段階へ移ろうとしている」[27]と表現している。この文言は新生活運動の普及や理解、組織的体制の整備の段階を経た後に来る段階として、『通信』（六〇年六月一〇日）で述べられているものである。前節で見たように、自生的な新生活運動の展開が東京においては特に遅れており、「逞しい実践段階」以前の段階を充分に経ていないことは明白であった。首都美化に傾斜しながら活発に展開した運動に対して、都協会は批判的な姿勢も見せていた。東京オリンピックが開催される一年半前、『東京を美しく』第四号の巻頭言「〝これからの新生活運動〟」は、東京の新生活運動は首都美化が中心だが「併し、都協会に課せられている本質的な問題は何か！」と強い調子で問いかけた。そして都市化に伴う人間疎外の問題を五項目にわたって挙げている[28]。ここに見られるのは、この三カ月後に出される「新生活運動協会運営の当面の方針に関する答申」（巻末資料2）と同様の状況認識であり、「生活者の主体性[29]」回復を志向するものだった（第2章参照）。新生活運動協会がオリンピックの開催のために、頭越しにもたらしてきた課題や運動は、新生活運動推進の観点から「当面やむを得ない[30]」。しかし、それが当の新生活運動協会の課題意識とすでにズレを起こしていた以上、都協会も当然ながら、都下の新生活運動にとって本質的な課題とは認識しなかった。

(2)　オリンピック終了後の模索――新生活運動協会との葛藤

東京オリンピックが終了すると、東京都における新生活運動はそれまでの重点目標を失った。都協会は新たな運動の方向を求めて模索を始めた。それは新生活運動協会の方針との軋轢を引き起こすものでもあった。

一九六六年度の事業方針においては、大都市の急激な変貌に対して生活者自体の主体性に立った運動の助長をめざし、①新しい町づくり運動、②国土美運動（生活環境の整備）、③生活合理化運動、④明るい職場づくり運動の四大重点目標を設定した。この方針に基づき、特に東京都の新生活運動においては、生活学校が興隆した。生活学校については、都協会は独自に、一九六四年度末に都内各地で試験的に実施した「日常生活の消費面に焦点を置いて、その合理化を計る」暮しの工夫教室を、六五年度に制度化して開始していた[31]。時を同じくして新生活運動協会の事業として生活学校がスタートし、六五年一〇月に東京都では一〇校の生活学校が開設された[32]。都協会は、暮しの工夫教室が生活学校を開設させる布石となったと総括している[33]。六六年度には生活学校が将来最重点となることを予測し、生活学校指導員六名を委嘱した。この制度はその後生活学校推進委員となり、他府県へも波及した[34]。

都協会は、生活学校を軸として前述のブロック内での区市町村が連携を深め、調査研究を行うというブロック別「生活者会議」の開催も提起した。ブロック別「生活者会議」は三多摩地域で新生活運動が盛り上がる契機となり[35]、『東京を美しく』紙上で推進員によって、三多摩地域の新生活運動の進め方が紹介された[36]。東京オリンピックまでは区部を中心に推進されてきた新生活運動が、市部において進展し始めた。ほかにも、従来の実践地区や学校花壇協力校の育成などに加え、運動の自主財源を確保するための組織として東京都新生活事業団を発足させるなど、多岐にわたる事業が行われ始めた。もっとも新生活事業団は、結果的に運動と財源活動の接点が折りあわず、二年あまりで「雲散霧消した」という[37]。

なお、職域の新生活運動については、都協会はそれまでも勤労青年の大阪への派遣研修などの事業を行ってはいたが（通信六一年一二月一〇日）、東京オリンピック終了後に新生活運動対策員会を設置し、一九六五年一月に第一回会合を開いて今後の新生活運動の進め方を議論した。そこで女子学生、勤労青少年、スポーツ団体など、新しい分野や若者を開拓する必要が提起された[38]。また全体的にみて、地域に比べ立ち後れている職域の新生活運動を推進するべく、企業体新生活運動推進員会も設立した[39]。推進事業場を六〇カ所指定し、明るい職場文庫の一冊目として『二千万人のよろこび』を発行するなどした[40]。しかし都協会は六〇年代後半になると、明るい職場づくり運動が労務管理との違いを打ち出せないため、次第に企業体の運動から離れていったという(41)。

一九六七年度になると、都協会は運動方針を縮小させ始めた。新年度の事業計画に当たって、「運動の課題や間口を拡げすぎ」たとの反省から、新しい基本方針を都民の生活態度の改善、生活防衛・向上や、都民の自覚性と主体性を高めることに置き、運動目標を①家庭生活合理化運動、②環境整備市民運動、③明るい職場づくり運動の三点に絞った(42)。また機関紙の表題を『東京を美しく』から「新しい血汐にもえた使命感を持って再出発するにふさわしい紙名」へ変更するべく、新しい表題を募集したことは(43)、運動体における自己認識の変化を示すものとして注目される。こうした運動方針の重点化は、新生活運動協会が国土美運動を「従順な市民だけが参加する運動に終ってしまう」(通信六七年八月一一日)と批判して、六七年度から環境づくり市民運動へと改称したことに対応させたものである。都協会は、東京がオリンピック終了後「以前の東京に逆戻りの様な傾向にある」原因として、「地域住民の自主自発の意思や実行というよりも、ややもすれば上からのおしつけによる動員、奉仕的の活動」が多かったという点を挙げている(44)。

しかしこのように新生活運動協会の方針変更に対応させようとする努力は、運動主体や区市町村協議会に混乱を生むことにもなった。第2章で検討したように、一九六八年八月一三日に総理府からなされた新生活運動助成金漸減の勧告に対し、一〇月二二日に行われた新生活運動協会理事会において今後の運動方針における「新構想」を議決した(通信六八年一一月一日)。『東京を美しく』は、「新構想」に対して厳しい批判を掲載した(45)。同論考は今後検討を望む点として、第一に「実際活動を展開している国民の人たちに混迷や無用な混乱を与え得〔ママ〕ないような配慮をのぞみたいこと」を挙げた。理由として「国土美運動から環境づくり市民運動へと変ったことに対する地域の人々の混乱、こうしたものは現在でも残存して根強」く、「こうしたことのないようにのぞみたい」と述べた。第二に「運動展開の場合、常にそれをどのように進めるかが問題である」といい、手順や方法論が明確に示されていない点を指摘した。そして全国統一課題の三本の柱について、「その一と二は切りはなせないもので分類することはどうなのであろうか」

「やたらと柱立てすることは運動の混乱はなかろうか」、さらに第三の柱については「とりあげようとする例示を見ると新生活運動が逆行したのではないかというような課題すら見られます」と、極めて激しく批判している。こうした強烈な批判は、「新構想」の内容が現場の実態や意見を反映していないことへ向けられたものと考えられる。それは「二百人や三百人の意見を聴して試案決定とはせず、運動があるべき姿、新構想をまとめられるには八大都市を中心とした大衆公開討論のなかで採択されるべきが本当の国民運動で、やるべきものの運動構想につながる」と述べていることからも明らかである。東京都のみでなく、他の地方協議会も「運動させるものの組織で、運動をするものの組織になっていない」「協会の推進方式や事業計画は、もっと地方の声をとり入れるべきだ」といった不満を抱いていた（通信六八年一〇月二一日）。

(3) 都政の転換と重点化——美濃部都政と東京都新生活運動協会

一九六七年四月の東京都知事選挙で美濃部亮吉が当選した。同年八月二九日に開催された都協会の理事会において、美濃部都知事が新会長に、東龍太郎会長が名誉会長に就任することが決定した[46]。この会長交代は、都協会の方向を決定づけるものとなった。美濃部新会長が自らの都政実現の手段の一つとして、都協会を位置づけることになり[47]、都協会も新都政と合致する課題を前面に押し出すようになる。そのため、六九年度以降の都協会は、事業の重点化が目立っていく。

美濃部都知事のいわゆる「革新都政」の特徴としては、社会福祉政策、公害対策、物価と塵芥問題、都営ギャンブルの廃止などが、手法の特徴として、シビル・ミニマムの設定、都民との対話や都民の都政参加、国への対抗、マスコミの積極的利用やブレーン政治、などがある[48]。具体的なプランとして、美濃部知事のもと東京都が一九六八年一二月に作成した「東京都中期計画——一九六八」がある。「中期計画」は副題が「いかにしてシビル・ミニマムに到達するか」とされており、シビル・ミニマムを「近代都市の住民が安全・健康・快適・能率的な生活を営むうえに必要な最低限の条件」と説明していた。シビル・ミニマム到達のためにクリアするべき課題を「Ⅰ生命と健康を守るための課題」「Ⅱ安定したくらしのための課題」「Ⅲ若い世代のための課題」に大きく分類し、課題に対応した施策を行っていった[49]。二期目の選挙を控えた七一年には『広場と青空の東京構想』を発表し、「生活優先の原則に従い、かつ、都民参加によって進める[50]」都市づくり構想を宣言し、都民の都政参加をより求めていった。三期一二年間で開催した対話集会は二〇六回、美濃部自身も一〇二回に出席した[51]。

このような美濃部都政に対応し、一九六九年度に都協会は重点目標を①安定したくらしをつくる運動、②生命と健康を守る運動、③若い世代のための運動、④明るい職場をつくりあげる運動、⑤社会生活のルールを守る運動、に定めた[52]。この五つの目標のうち、①②③は、「東京都中期計画――一九六八」による課題の大分類を踏襲していることが明白である。実際、岡田勉（東京都教育庁社会教育課）は『東京を美しく』の六八年度最終号において、新年度の新生活運動の方向について「住民に地方自治意識を深める運動」を挙げた。具体的には、美濃部のいう「住民の自治意識を育てる社会教育行政」に対応して、住民側から盛り上がる運動として、町会において町民自身によるシビル・ミニマム改定や、子どもの村のような施設で子どもに自活を教える、といった例を出している[53]。前述した『東京を美しく』からの紙名変更については、経緯は不明だが、六九年六月二五日発行の第四〇号より『くらしを豊かに』となった。新名称に象徴されるように、都協会は自らを美濃部都政の手段と位置づけたことになる。

しかし新生活運動と美濃部都政は完全に一致し、対応したわけではない。従来東京都の新生活運動が行ってきた生活学校は重点目標の①、実践地区は②、学校花壇協力校は③に該当するとされるが、一九六六年度に一〇校からスタートした生活学校が、六八年度の開設は二五校、七〇年度に一五七校、七一年度には一四六校と活発になっていくのに合わせ[54]、都協会も六九年度より二年間、都民生活大学を開講し、年間一五回の専門家による講義や見学を実施し、八〇名程の参加者を集めた[55]。また生活学校代表者や地区担当者、推進員などを集めた生活学校会議を区部、市部に分けて開催するなど、重点的に力を入れた。七〇年には多摩地区で、七二年には二三区で生活学校連絡協議会が発足した。別々に組織化された理由は、「区部と市郡部では、地域性もあって取り組み方に違いがあった」[56]ためとされる。生活学校連絡協議会が一本化したのは七八年度である。[57]その一方、六九年度に都協会が設置した実践地区、学校花壇協力校はそれぞれ五〇カ所、五〇校で、前年度から三分の一、半分に減少した。[58]学校花壇の設置は本来学校教育の仕事であるという意見、また予算の関係から七〇年度を最後に終了した。[59]

都協会は、都政との間に方向性の差異があるにもかかわらず、共通する課題を取捨選択して活動方針として取り入れたのである。新生活運動協会に対するのと同様、「上位」団体の方針転換に沿って、姿を変えた。都協会は、『くらしを豊かに』紙上で足利市の生活学校を紹介しているが、その論考を「対話ですすめる町づくり」と題しており、都政の方針に沿うような姿勢を見せている。[60]一方、実践地区、学校花壇設置などは、掛け替えた看板とミスマッチを起こしており、その点で縮小・廃止はやむをえなかったといえる。

もっとも、「対話」にしても、両者が合致していたわけではない。美濃部都政が「対話」として都民や都政に求めたのは、都民には個々人の工夫や努力によって生活を改善することではなく、都民が「自らの生活のために、個人の力ではどうしても及ばないもの」を要求することであり、都政には、その都民の要求に応えることであった。[61]一方『くらしを豊かに』の前述論考では、「単に一方的な要求にも片寄ら」ない、「地区住民みんなの運動として」活動を通して着実に問題解決」を図ることを「対話」という語で表現しており、両者が一致するものでないことは明らかである。

こうした取捨選択方針は美濃部都政時にのみ採られたものではない。一九七九年、鈴木俊一の新東京都知事就任時に再び発揮された。都協会は鈴木都政の方針に従い、同年度の運動方針に「明るく住みよいマイタウンづくりを推進すること」を目標にとり入れた。[62]マイタウン構想を実現するための「マイタウン構想懇談会」が設置されたのは七九年八月であるが、都協会はその前月に発行した『くらしを豊かに』紙上で、新生活運動におけるマイタウンづくりを「地域住民が主体となって、地域住民や団体と合意をとりつけつつ、自治体と提携し、地域に内蔵する当面の生活課題を掘りおこし、学習し、対話し、実践を行うことによって着実に課題を解決してゆくことにより、地域が安全で、しかも、明るく住みよいものとなることをめざし、あわせて地域社会の新しい連たい《ママ》を形成し、自治精神の高揚をはかってゆくような方向[63]」と先走って定義し、マイタウンづくり運動の実践例の紹介まで行っている[64]。

美濃部都政の時期に新たに登場し、マイタウン構想にも繋がることになった活動の軸が、コミュニティであった。国民生活審議会調査部会コミュニティ問題小委員会は、一九六九年九月、総理大臣の諮問に対し、『コミュニティ――生活の場における人間性の回復』を答申した[65]。当委員会の委員の一人であった倉沢進は、『くらしを豊かに』において、昔ながらの近所づきあいや地域社会の再現ではなく、「たまたま近くに住むことになった人間同志、おたがいの生活を豊かな、気持のよいものにするために協力」する新しい地域社会、すなわちコミュニティを建設するべきであると説いた[66]。新生活運動協会もコミュニティ創造を提唱したことを受け、一九七一年度には、都協会は運動方針として地域診断や対話集会などの方法を取り入れることを明言し、コミュニティや生活学校運動を団地地域にも普及させる方針であることを明らかにした[67]。また、新生活運動協会の新たな事業として、郷土奉仕活動が始められた。新生活運動協会は郷土奉仕活動を、自発的に無償で社会公共のためにつくそうとする善意の人たちとともに、自分の郷土をよりよく築きあげるために奉仕活動を組織的に進めていこうとするもの、と定義している（通信七一年七月一日）。新しい運動としてコミュニティ形成が行われることになった。

こうした重点化の流れに対し、従来からの実践地区や学校花壇協力校などの運動主体から反発が起こった。しかし、流れは止まらなかった。一九七四年度には新たに「資源を大切にする運動」が推進された[68]。

なお、都協会を所管する東京都社会教育課の立場も変化を見せた。東京都は一九六一年度から新生活運動を「推進」してきたが、六五年度を境に「育成」、すなわち「側面から援助する」方針となった[69]。都協会への事業委託費をはじめとする新生活運動関係予算も六六年度から微減している[70]。また六九年度より七九年度まで市部、島嶼部において新生活運動の推進、具体的には補助金の交付を行うという位置づけとなっており[71]、特に区部のような都市部において積極的な社会教育行政の対象から外れていったことがわかる（社会教育行政との関係については第7章参照）。

3　地域活動の事例——区市町村協議会

(1)　足立区——区行政と密着した活動

足立区は、一九六〇年一一月に新生活運動推進委員会を発足させた[72]。社団法人化した都協会の成立より早く、二三区の中で最初に設立された推進組織である。

足立区新生活運動推進委員会の特徴の一つはその主管課である。区市郡における新生活運動推進組織のほとんどは、社会教育課や教育出張所社会教育係など、社会教育部署の主管である[73]。数少ない例外の一つとして、足立区新生活運動推進委員会は区民課に所属している。その理由に、足立区の持つ地域性が挙げられる。足立区は古くから日光街道の宿場町として栄えた千住地域以外は農村地帯であったが、明治後期以降、工場労働者の移住が進んだほか、屑物業が栄えた。二三区の中では都市化の本格的な進行が遅かった地域であった[74]。したがって衛生は足立区行政における重要な課題として存在した。足立区の新生活運動に初期からかかわった鴨下喜助は、「足立区の場合は早くから、庶民性の強い発展途上の住宅とか工場等経済の成長につながる時代の要求というものがあった。すなわち区自体がまず婦人会を対象として呼びかけ、廃品回収とか、襖の張りかえとか、蚊と蝿をなくすとかの運動をする必要があった。／そういう関係で、区民課が取りあげてやっている中に、町会でも町会活動の中にとりあげているところがでてきた[75]」と回想している。そうしたことから東京都下の新生活運動は、自治体からの支出が圧倒的に多い。足立区は墨田区と並んで新生活運動に多額の支出を行っていた。たとえば一九六六年度の場合、足立区の新生活運動関係予算計上額は約二四〇〇万円、墨田区は約一五三三万円で、両区だけで当年度における各区市新生活運動関係計上予算の総額（約七一七万円）に占める割合は五五％にのぼる。[76]

第二の特徴は、そうした行政の指導・支援に支えられた、活動の活発さと継続性である。もっとも、数字上のみでは、一九六〇～六七年度における指定地区・実践地区の指定延数は六三地区で、世田谷区（六九地区）に次ぎ、杉並区、品川区と並んで二番目の多さ、[77]一九六二～六七年度の学校花壇協力校指定の延指定数は葛飾区（二七校）、豊島区（二四校）に次ぐ二三校であり、北区、墨田区、渋谷区、中野区と同数であるから、活発であるとはいえ突出してはいない。むしろ区の援助により「マズマズのホテルに泊め」「なごやかな話し合いの場がある」[78]宿泊研修会、参加者全員に弁当、土産をつけた環境づくり区民大会などが開催されるなど、活動一つ一つの豪華さに目を見張る。[79]さらに、足立区新生活運動推進委員会設立の二〇周年記念座談会で「実践地区や生活学校が、都の協会から補助金をもらわなくなって三年位になります。足立は足立で新生活運動を実践し、経費の面でも各地区とも予算をもって運動をすすめており、これは足立の強さでしょうね[80]」という発言が出るように、都協会からの補助金が終了した後も実践地区や生活学校が活動している。何より、実践地区終了後も新生活運動を継続する有志の会である、新生活運動友の会が一九六四年二月に発会した際、鴨下喜助が初代会長に就任している。[81]

鴨下は新生活運動のあり方を振り返って、「新生活運動の実践を続けている中で気付いたことは、今まで私たちが実践したことは、すべて奉仕活動だったのです。今日は清掃活動、明日は廃品回収というように、このまま活動を続けてゆくとやがて飽きられてしまうのではないかと考えました。／この問題を都の協会と相談して、新生活運動の実践活動に参加している人の大半は主婦の方ですので、主婦の方を対象に、消費問題や身近な生活合理化について学習や実践をする場として『くらしを工夫する会』をテスト的に実施したのです。これが後に生活学校となり全国的に拡まりました。（中略）この生活学校は、主婦の方々に奉仕のみを求めることなく学習・実践を通して、自分自身を研鑽しながら、地域活動をすすめるという利点もあります[82]」と回顧している。すなわち生活学校の登場によって、新生活運動の意味が奉仕から学習へ転換したと総括している。しかし、足立区における新生活運動は、東京オリンピック開催という外発的な契機だけではなく、すでに述べたように、地域における切実な課題を解決するものとして行われ、区行政の強力な援助を受けた。また推進委員会設立当初の運動目標の一つに明るい家庭をつくる運動が設定されていた。[83] つまり、個人や地域における話し合いによる課題の発見、という前期新生活運動の重要な基本路線、「話し合い」が実行された過去があるにもかかわらず、実践家自身によって忘却されてしまっていた。

(2) 杉並区——地域診断活動・光化学スモッグ

杉並区は山手線の外側、都市近郊農村として位置づいていたが、関東大震災を契機として、人口流入、工場の移転などが起こり、都市化の道を歩み出した。[84] とりわけ、第二次世界大戦後は、ベッドタウンとして人口の膨張が続いた。[85] 一方首都東京の道路交通渋滞がいっそう進展したため、東京オリンピックに備えて立体の自動車専用道路や首都高速の建設が突貫工事で行われた。[86] その一つ都道三一八号環状七号線（環七通り）が杉並区を通過したことなどにより、排気ガスを原因とする大気汚染が杉並区を襲った。

一九七〇年七月一八日、杉並区堀の内、松の木など城西地区一帯に光化学スモッグが発生、高校生などに被害者を出し、二年後には隣接する練馬区の中学校でも被害者を出した。[87] 当初は杉並区内の全生活学校七校で区民の不安に対する実態をアンケート調査する予定であったが、都協会と相談の結果、拠点を四地区に絞って地域診断活動地区に応募することになった。[88] そして各地区の生活学校を主体としながら、消費者の会、自治会、ＰＴＡなどの協力を得て地域診断グループが組織された。[89] 東京都公害研究所の研究員など多数の専門家からのアドバイスを受け、被害実態の調査に着手した。初年度の取り組みは、東京都新生活運動一五周年記念大会において事例発表された。[90] 一九七三年度からはアサガオを栽培し、光化学スモッグによる被害を観察し、学習や対話集会を併行して行った。七六年には『通信』（七六年六月一日）にもとりあげられた。この取り組みは八二年度まで継続して行われ、その記録および成果を『〝光化学スモッグ〟を追って——一〇年の歩み』（一九八三年）としてまとめた。

途中一九七九年度に、都協会が打ち出した運動方針「明るく住みよいマイタウンづくりを推進すること」に対応する形で「名称を生活会議と改め」た。ただし、内容に特に変化は見られない。また杉並地域診断グループは、前述のように生活学校を主体として始まったが、地盤のない生活学校運動をいかにして地域に浸透させるかという課題に対して、代表者の室井光子は以下のように発言している。「出張所単位で町会長さん方にまずお話しをいたします。すると町会連合会の中で町会長さん達が自分達の地域のご婦人方に呼びかけて作っています。／これが自治体と町会との有機的なつながりとなって、その後はほとんど地域単位になってできあがっています。／このことが光化学スモッグについて全区的にアンケートをした際大きな役割を果たしてくれました。／［中略］やっぱり生活学校より［なりか?］実践地区なりは別個の運動ではなく精神的な面からいっても自分達の運動であるという意識なり姿なりがもっと出てこなければならないのではないかという気がします[91]」。地域において、「話し合い」によって生活から汲み上げるという、新生活運動発足当初からの方法と、コミュニティの形成という新しい目標が合流しているとも見えるが、杉並地域診断グループの場合、それが既存の自治組織の存在を前提として成功した事例のように思われる。また、杉並区はいわゆる「ゴミ戦争」で大揺れに揺れた地域でもある。室井は、地域診断グループの問題意識はゴミ問題が発端となって、「継続的住民運動として息の長い活動を展開しよう」という意識が生まれたとしている。「対話」というワクをはめられた主婦層のエネルギーの、一つの格好の例といえよう。

(3)　小金井市——郷土奉仕活動

小金井市は、第二次世界大戦後の東京への人口集中によって、住宅都市化した地域である[92]。住宅都市という点では杉並区と同様であるが、杉並区に比べて後発地域である。人口増加率という点で見ると、杉並区は戦後まもなく鈍化の傾向を示し、一九五五～六〇年の間では二〇％、六〇～六五年の間では一〇％程度の増加にとどまるのに対し[93]、小金井市の場合はそれぞれ五一％、六七％の増加率をもって人口が推移している。つまり従来の住民ではなく、来住市民が多数を占め、その状態が進行する地域であった[94]。また、住宅地発展の特性として、国立市や小平市のような土地会社の大規模な開発とは異なり、まとまった住宅地計画がなく、全体として不規則な開発の現象が顕著であるとの指摘もなされている[95]。新生活運動全般に対しては「昔は郷土奉仕とか、いろいろな角度で、うちの方の重点、目玉地域ではあった」ものの、全般的にはさほど活発な運動が展開されたとは回想されない地域である[96]。

小金井市は、一九七一～七三年度に、新生活運動協会の新たな事業として始まった郷土奉仕活動において、対象地七市の一つに指定された。小金井市がモデル地区に選定された理由は明らかではないが、七一年の四月から五月にかけて、モデル地区の受け入れについて都協会から交渉があり、七月に受け入れが正式に決定した。また、組織作りと併行して、事業としてとりあげる課題に関する「活発な討議」が繰り返された[97]。課題に基づく、住民の自発的な運動ではないことが明白である。

設置された小金井市郷土奉仕活動推進委員会は、郷土奉仕活動のねらいを「現在の社会で欠けているもの、しかも大切なものの一つ、眠っている社会奉仕の心をよびおこし、住みよい郷土づくりを促進すること」と捉えている。その眠っている奉仕の心の内容として①自分のためにするのではなく、他人のため社会のために尽すこと、②その行為に対しては、謝礼とか代償とかを目的としないものである。③他人に強制されたものではなく、あくまでもその人の自発的な意思による行為であること、の三点を挙げた。そうした「他人や社会のためにする無償の行為」が「結果として社会をよくする」ことに繋がる奉仕活動の具体的な目標として、子どもの遊び場の創設と維持・体育レクリエーションの指導、緑の文化財の保護、清掃美化、奉仕精神の昂揚、市民行事への協力、の五点が列挙された。このうち清掃美化活動が最も広く行われ、駅前や道路などの清掃などが行われた。開始時には奉仕団体三六、地区団体七七で始まったが、一九七三年度までに参加した奉仕団体は八六団体に増加した。三年間のモデル地区終了後も郷土奉仕活動は継続した[98]。

ただし奉仕団体のうち、半数以上の四九団体は子供会、少年野球連盟、ボーイスカウトなど、子どもを構成員とした団体であることに注意しなければならない。また子供会の活動のうち、郷土奉仕活動に関しては母親の参加が多い点も挙げられており、自発的な奉仕より、教育的行為として奉仕活動へ参加させる、「動員」の論理が働いていた。もっとも「早起会」のように、一九六五年ごろから毎朝公会堂の清掃を行っており、会員増加に合わせて駅前清掃も行うようになった団体もあった。ただし「早起会」は「自分たちの生活場所をきれいにすることが生命倫理の実践であり、自分たちの修養の手段であると考えて」おり、地域の課題というより自らの課題として、奉仕活動を位置づけていた。

(4) 婦人学級から生活学校——学習する羽村町婦人会

東京都における生活学校については、先行研究がいくつか存在する。[99] これらに学びながら、有名な活動事例として羽村町婦人会の「四ない生活学校」を紹介する。

元都協会事務局次長の亀澤弘は、生活学校においては、昭和四〇年代から五〇年代にかけては多摩地区が数、質、内容において圧倒していたと回顧している。[100] 亀澤も、またその他の先行研究も、多摩地域の生活学校を隆盛ならしめた基盤として、婦人会を挙げる。西多摩郡羽村町（現羽村市）の婦人会に典型的にみられるように、「婦人の地域組織が、地域の新しい変化に対応して自ら新しい組織論・活動論に取り組んでい[101]」った。

羽村町に即してみていくと、並木良というキーパーソンの存在がある。並木は一九一八年に生まれ、五六年に羽村町婦人会に参加した。六四～七一年に婦人会長、七〇～八三年には西多摩婦人協議会会長、併行して七〇年ごろから東京都地域婦人団体連盟の経済部長、副会長に就任、この間東京都青少年委員、社会教育委員、立川社会教育会館運営審議会委員（会長）、羽村町教育委員などをつとめた。

並木は「学習する婦人会」への脱皮を繰り返し語っており、特に画期的な年を二つ挙げている。一つは、一九五七年に東京都が委嘱した婦人学級である。伝統的な地域婦人会と新しい共同学習（婦人会）は矛盾・対立する場合が少なくないが、羽村町の場合、婦人学級を婦人会の体質を変えていく契機として積極的に受け入れたという。二つ目が生活学校の取り組みである。一九六五年に羽村町のほか、秋川、福生、瑞穂四町で構成された西多摩生活学校が開設され、生活学校運動がスタートした。初代委員長の天田君子（福生町）によれば、亀澤のほか、社会教育主事の働きかけがあったという[102]。

一九六八年には各町に生活学校が開設され、羽村町婦人会は六九年より婦人会内に、有害食品添加物入りの食品を「つくらせない、売らせない、買わない、食べない」運動を提起する「四ない生活学校」を発足させた。地域社会へも、年二〜三回ビラ「御存知でしょうか」を全戸配布した。羽村町婦人会は生活学校の取り組みを、七三年二月の東京都新生活運動十五周年記念推進大会において杉並区の地域診断グループとともに事例発表した[103]。また、第三回あすの地域社会を築く住民活動賞（七二年度）に入賞し、婦人会と生活学校が表裏一体となって活動していることが特色の一つとして紹介された（通信七三年二月一日）。

しかし、羽村の生活学校は数年で解散した。その原因として、先行研究の指摘によれば生活学校と婦人会の人間関係の問題があった[104]。元西多摩新生活運動推進協議会会長の滝島そふ（奥多摩町）は、生活学校の全盛時代を回想して、生活学校と婦人会のいがみ合いが東京にはなく、「東京はみんな仲良くやっていますので、全国の婦人団体の人々に対して生活学校を可愛がってくださいと、胸を張って発言した[105]」と述べるが、東京においても既存の婦人会と生活学校の関係の問題は、存在しなかったわけではなかった。

(5) 都協会と区市町村協議会・運動主体との葛藤

本節の最後に、区市町村協議会や運動主体と都協会との間の、認識の相違などを指摘しておきたい。各地の実践は、必ずしも都協会の期待に一致するものではなかった。

座談会において亀澤弘は、足立区における行政指導型の新生活運動の形態は、活発かつ異質なものだったと回想する。「異色的なものでは、足立などは、予算から言っても、内容的〔ママ〕から言っても、全然他に追随を許さない。ただそれが本来的に、われわれ協会が目指す運動体であるのか——各都道府県レベルでもあるんですよ。千葉県とか——別に悪口じゃないんですよ。角度が本来的に行政指導型、全部ぐるみ——献血運動もあれば、交通安全運動もある。だけど、そういうものができるについては、新生活運動が基盤になって、区民運動的な組織体になったという経緯はあります」[106]と、かなり率直に違和感を表明している。

杉並区の地域診断活動に関しては、都協会は「ゴミ戦争」問題と光化学スモッグの学習活動を統一的にとらえる視点を有していない。それどころか「ゴミ戦争」について、ゴミの問題を中心的な話題とした座談会においても、「資源愛護精神」やマナーの問題として、いかに育成するかが重要な論点となっている[107]。第2章で検討した新生活運動協会や、「地域エゴイズムもまた住民参加の原点であり、その相克、止揚の中からこそ真の都民参加の都政が実現すること」[108]を信じると述べた美濃部亮吉と比べると、「地域エゴイズム」の問題を克服すべき課題とするどころか、その存在を認めてさえいないかのようである。

郷土奉仕活動についての認識についても、都協会と実践地域では温度差が感じられる。先述のように小金井市の郷土奉仕活動は「目玉」であったはずであるが、『くらしを豊かに』では郷土奉仕活動に関しては記述が少ない。新生活運動協会推進部長猪瀬忠賀による、住民の自主的な参加による新しいコミュニティづくりを東京の新生活運動に期待する論考は掲載するものの[109]、年度当初の運動方針として記載されるほかは、小金井市自身による紹介記事以外、言及がほとんど見られない。そして一九七六年度の運動方針において、郷土奉仕活動については「当該市の主体的な運動継続に期待するとともに奉仕集団の結束をうながすことを第一義とする」と決定した[110]。都協会は、当初から郷土奉仕活動に対して、そのコミュニティ形成活動としての有効性において、疑問視していたのではないだろうか。コミュニティ形成活動としては、「あすの地域社会を築く住民活動賞」に八王子青年会議所（一九七〇年度）、羽村町婦人会・町田市境川団地自治会（七二年度）、町田青年会議所（七四年度）などが入賞している。これらの活動の華々しさと、郷土奉仕活動に対する扱いとの落差は大きい。さらに生活学校に関して、先ほどの座談会では、都協会関係者や教育学者の小林文人は、生活学校の活発さを高く評価している[111]。しかし、少なくとも一九七〇年の時点においては、生活学校の当事者たちから「生活学校は赤だと勘違いされる[112]」不満や、「社会的問題にエスカレートすることはまずない[113]」といった、ワクからはみ出すことへの心配の弁が出ていたことを忘れることはできない。

また逆に、都協会の方針に対する運動主体からの不満も、指摘しなければならない。第二節で触れたように、都協会による重点化の流れに対し、従来からの運動を行ってきた実践家から反発が起こった。一九六九年一二月、地区の実践家が情報交換、交流するべく環境整備地区会議が設定された。席上、実践地区の代表者からは、「新生活運動の重点は環境整備ではないか」と生活学校へと傾斜する都協会に釘を刺す意見や、実践地区、学校花壇が減少したのに対し生活学校に重点が置かれたことを残念だとする意見などが出された[114]。どちらも補助金の削減への反対であったこと、堀川東京都教育委員会社会教育課主事が回答の中で「地域住民が問題を掘りおこされて、ほんとうに求めているのは何か」と述べていることを考え合わせると、これらの運動主体からの意見は、都協会が、東京都や新生活運動協会における運動方針の変更に従い、統制を行わざるをえなかった現実と、自主性を尊重しなければならないという建前との間で、新生活運動の実践が翻弄されてきたという問題を噴出させたものであるといえる。新生活運動が定着するには、地域の課題として承認され、地域組織を活用できるとともに、新生活運動協会の論理を踏まえ、自治体行政・企業側も巻き込んで賛同されるものでなければならなかった[115]。

おわりに

東京都の場合、新生活運動は基本的に社会教育の領域とされており、都社会教育行政に多くを負っていた。東京都の新生活運動関係者は、新生活運動の本質を正確に認識していた。そのため前期には都協会設立自体の遅れや活動の停滞につながり、後期には新生活運動協会のたびたびの方針転換や都政の転換に、都協会も対応せざるをえなかった。新生活運動協会、東京都、都協会、そして区市町村協議会や運動主体の間でさまざまな志向が働いており、それらは時には軋轢を生み、また接合されて大きな運動となった。特に都協会は、新生活運動協会からの助成金や東京都からの事業委託金を受領するとともに、運動主体に交付する存在であり、運動方針を規制することを余儀なくされる位置にいた。しかし自主性という新生活運動の根本規定に抵触することで、運動主体からの批判を浴びることとなった。また都協会自らも、新生活運動協会・東京都からの統制をうけつつ、提示された運動方針、理念を取捨選択するという消極的な自主性を示し続けていった。

最後になるが、東京オリンピックの影響は確かに存在した。しかし一方、オリンピックのインパクトにかき消され、当事者の記憶に残っていないとはいえ、地域における主体的な課題を発見する契機もまた、紛れもなく存在した。その両者の存在ゆえに、都協会や区市町村協議会等の地方組織が、各々の認識の相違から葛藤したことを指摘しておきたい。

注

（1）アンドルー・ゴードン「五五年体制と社会運動」（歴史学研究会・日本史研究会編『日本史講座一〇　戦後日本論』東京大学出版会、二〇〇五年）二五九頁。
（2）『新生活運動協会二五年の歩み』（新生活運動協会、一九八二年）一四二頁。
（3）同前、一四一頁。
（4）同前、一四二頁。
（5）東京都教育庁社会教育部『昭和三十五年度新生活運動事業概要』七頁。
（6）同前、九～一〇頁。
（7）『東京都新生活運動十五年のあゆみ』（東京都新生活運動協会、一九七三年）一二二頁。

(8) 東京都新生活運動協議会『昭和三十五年版　東京の新生活運動』七～八頁。
(9) 前掲『東京都新生活運動十五年のあゆみ』一二二～一二三頁。
(10) 前掲『昭和三十五年版　東京の新生活運動』八頁。
(11) 以下、発言は『東京の社会教育』(第六巻五号、東京都教育庁社会教育部社会教育課、一九五八年八月一日)による。
(12) 前掲『昭和三十五年度新生活運動事業概要』五二～五六頁。
(13) 「安積得也日記」一九五九年九月三日記事(「安積得也関係文書」五〇一－六二)。
(14) 前掲『東京都新生活運動十五年のあゆみ』一三頁。
(15) 東京都教育委員会『東京都の教育(昭和三五年版)』二一三頁。
(16) 『東京の社会教育』に掲載の各年度「社会教育部関係予算概表」より。
(17) 「予算からみた全国の新生活運動」(『東京の社会教育』第九巻一九号、一九三七年一月)七頁。なお、国費は総理府から新生活運動協会に助成され、協会からさらに各都道府県協議会に交付されるものである。
(18) 前掲『東京都新生活運動十五年のあゆみ』一四～一五頁。
(19) 以下、「区市町村における新生活運動推進対策(案)」の内容は、前掲『昭和三十五年度新生活運動事業概要』一二三～一二四頁。
(20) 以下、「区市町村における新生活運動推進対策」の内容は前掲『東京都新生活運動十五年のあゆみ』一三四～一四〇頁。
(21) 『東京都の教育(昭和三八年版)』一七二頁。
(22) 二〇〇九年一月二八日、元東京都新生活運動協会事務局次長亀澤弘氏より聞き取り。
(23) 「推進体制強化される」(『東京を美しく』第二号、一九六三年一月)三頁。
(24) 「〝昭和三十七年度を省みて〟」(『東京を美しく』第四号、一九六三年三月)三頁。
(25) 各年度『東京都の教育』より。
(26) 東京都教育委員会『新生活運動シリーズNo.六　新生活運動の現状』(東京都教育委員会、一九六三年)八二頁。
(27) 『東京の社会教育』(第九巻一号、一九六一年一月)二頁。
(28) 「〝これからの新生活運動〟」(『東京を美しく』第四号、一九六三年三月)一頁。
(29) 同前。
(30) 前掲「〝昭和三十七年度を省みて〟」。
(31) 「昭和四十年度の事業計画」(『東京を美しく』第一五号、一九六五年七月)三頁。

(32)「生活学校」（『東京を美しく』第一六号、一九六五年九月）四頁。
(33)前掲『東京都新生活運動十五年のあゆみ』一八～一九頁。
(34)前掲『東京都新生活運動十五年のあゆみ』二〇頁。
(35)同前。
(36)「三多摩地区新生活運動の推進について――質問に答える」（『東京を美しく』第二五号、一九六六年一一月）七頁。
(37)前掲『東京都新生活協会十五年のあゆみ』二〇頁。
(38)「新生活運動対策委員会の設立」（『東京を美しく』第一三号、一九六五年二月）三頁。
(39)「企業体にも推進委員を」（『東京を美しく』第一三号、一九六五年二月）三頁。
(40)東京都新生活運動協会企業体新生活運動推進員会編『二千万人のよろこび――明るい職場づくりのために』（社団法人東京都新生活運動協会、一九六六年）。同書に紹介されている事例は、中小企業のものが目立つ。職場における新生活運動については、第3章を参照。
(41)三鷹市などを中心に、中小企業においては一九七〇年代まで、明るい職場づくり運動が継続した。二〇〇九年一月一九日、東京のあすを創る協会事務局における聞き取り。
(42)「新年度にあたって」（『東京を美しく』第二八号、一九六七年六月）一頁。
(43)「表題募集」（『東京を美しく』第二八号、一九六七年六月）八頁。
(44)「環境づくり市民運動の展開をめぐって」（『東京を美しく』第三四号、一九六八年五月）六頁。
(45)Y生「新生活運動の〝新しい波〟によせて」（『東京を美しく』第三七号、一九六八年一一月）二～三頁。筆者のY生は、一〇月に新たに着任した山岸祐と推測される。
(46)「名誉会長に東龍太郎氏会長に美濃部亮吉氏決まる」（『東京を美しく』第三〇号、一九六七年九月）一頁。
(47)機関紙『東京を美しく』（のち『くらしを豊かに』に改題）毎新年号の、「年頭のあいさつ」には顔写真を掲載するなど、前会長以上の力の入れようであった。
(48)源川真希『東京市政――首都の近現代史』（日本経済評論社、二〇〇七年）二七四～二八二頁。
(49)東京都『東京都政五十年史　通史』（東京都、一九九四年）二五七～二六〇頁。
(50)美濃部亮吉「まえがき」（東京都企画調整局編『広場と青空の東京構想』東京都、一九七一年七月）三頁。
(51)「橋の哲学」（美濃部亮吉『都知事一二年』朝日新聞社、一九七九年）九八八～八九頁。

(52)「本年度の事業について」(『くらしを豊かに』第四〇号、一九六九年六月)四頁。
(53)岡田勉「新生活運動雑感」(『東京を美しく』第三九号、一九六九年三月)八頁。
(54)『東京都の教育』各年度版、「社会教育」の章参照。
(55)『くらしを豊かに』第四四~四六号に、一九六九年度の都民生活大学に関する記事が掲載されている。
(56)社団法人東京のあすを創る協会『まちづくり五〇年そして未来へ――新生活運動から東京のあすを創る運動へ』二〇〇七年、二七頁。
(57)「名実共に一本化なる　都生活学校連絡協議会発足」(『くらしを豊かに』第八三号、一九七八年九月)一頁。
(58)『東京都の教育　昭和四四年版』二〇二頁、『東京都の教育　昭和四五年版』二一六頁。
(59)「各区市郡新生活運動事務局長会議」(『くらしを豊かに』第五二号、一九七一年六月)三頁。
(60)小野連太郎「対話ですすめる町づくり――足利市坂西生活学校の活動」(『くらしを豊かに』第四三号、一九七〇年一月)四頁。
(61)大内兵衛「都民のための都政とは」(『一九七〇年』岩波書店、一九六九年)一二二頁。
(62)「!!東京の新生活運動はマイタウンづくりで!!　昭和五四年度社団法人東京都新生活運動協会運動方針」(『くらしを豊かに』第八五号、一九七九年七月)一頁。
(63)同前。
(64)「都内各地で実を結ぶマイタウンづくりの運動の内容――省資源・省エネルギーの活動も着々と」『くらしを豊かに』(第八五号、一九七九年七月)二~四頁。もっとも、紹介された事例に新味は特に見られない。
(65)国民生活審議会調査部会編『コミュニティ――生活の場における人間性の回復』(大蔵省印刷局、一九六九年)。
(66)倉沢進「新しい地域社会を創るために――コミュニティ」(『くらしを豊かに』第四二号、一九六九年一〇月)六頁。
(67)「昭和四十六年度新生活運動方針」(『くらしを豊かに』第五二号、一九七一年六月)二頁。
(68)「昭和四十九年度　定期総会で承認された新年度の方針」(『くらしを豊かに』第六七号、一九七四年六月)三頁。
(69)『東京の社会教育』各年度「社会教育関係事業・予算」欄参照。
(70)ただし、『東京の社会教育』紙上で新生活運動関係予算が確認できるのは一九七〇年度までで、その後は不明である。
(71)『東京都の教育』各年度版、「社会教育」の章参照。
(72)鴨下喜助「足立区における新生活運動」(前掲『東京都新生活運動十五年のあゆみ』)二五頁。
(73)「東京都各区市郡新生活運動推進体制調査表」(『くらしを豊かに』第四八号、一九七〇年七月)五頁。

(74) 東京百年史編集委員会編『東京百年史第六巻　東京の新生と発展――昭和期戦後』(東京都、一九七二年) 第三章第二節「屑物業者の街」参照。
(75)「実践家の座談会」(前掲『東京都新生活運動十五年のあゆみ』) 八二頁。
(76) 各区市新生活運動関係予算計上額調『東京都新生活運動十年のあゆみ』(東京都教育委員会社会教育課、一九六八年) 三五頁。
(77)「実践地区指定地区指定状況」(前掲『東京都新生活運動十年のあゆみ』) 三一頁。
(78)「花壇校指定状況」(前掲『東京都新生活運動十年のあゆみ』) 二九頁。
(79) 前掲、鴨下喜助「足立区における新生活運動」二六～二七頁。
(80) 新生活運動座談会「二〇年のあゆみ」(足立区新生活運動推進委員会『足立区新生活運動二〇周年記念誌』足立区新生活運動推進委員会、一九八〇年) 二九頁。
(81) 前掲『東京都新生活運動十五年のあゆみ』一八頁。
(82) 前掲、新生活運動座談会「二〇年のあゆみ」一二頁。
(83)「新生活運動年表」(前掲『足立区新生活運動二〇周年記念誌』) 三四頁。
(84) 杉並郷土史会『東京ふる里文庫一二　杉並区の歴史』(名著出版、一九七八年) 一〇六～一一三頁。
(85) 同前、一一六～一一七頁。
(86) 竹内誠ほか『東京都の歴史』(山川出版社、一九九七年) 三四一頁。
(87) 室井光子「光化学スモッグに挑む街の主婦集団――杉並の七生活学校手を結んで地域診断活動に取り組む」(前掲『東京都新生活運動十五年のあゆみ』) 三二頁。
(88) 同前。
(89) 杉並区生活会議地域診断グループ『〝光化学スモッグ〟を追って――一〇年のあゆみ』(一九八三年) 二頁。以下、同診断グループによる取り組みに関する記述は、断りのない限り、同書による。
(90)「事例発表のまとめ　地域診断活動――光化学スモッグ」(『くらしを豊かに』第六一号、一九七三年三月三〇日) 三頁。
(91) 前掲「実践家の座談会」九六頁。
(92) 倉沢進「近郊都市と市民意識」(『日本の都市社会』福村出版、一九六八年) 二四五頁。
(93) 前掲『東京都政五十年史』五九八～五九九頁、「地域別人口の推移」より算出。
(94) 前掲、倉沢「近郊都市と市民意識」二四五～二四六頁。

(95) 山鹿誠次「東京西郊における住宅地の発展と都市化――特に小金井市を例として」(『東京学芸大学研究報告』通号一一、一九六〇年) 二五〜二七頁。
(96) 座談会「新生活のあゆみ」(東京都立多摩社会教育会館『戦後三多摩における社会教育のあゆみⅧ』一九九五年) 二二頁。
(97)「郷土奉仕活動三年間のあゆみ」(小金井市郷土奉仕活動推進委員会・社団法人東京都新生活運動協会『昭和四八年度　小金井市郷土奉仕活動のあゆみ』一九七四年) 五頁。以下、小金井市の郷土奉仕活動については、断りのない限り同書による。
(98)『くらしを豊かに』(第七五号、一九七六年六月) では小金井市新生活運動協議会が、一九七六年度も郷土奉仕活動を継続することを決定した旨の記事が掲載された。
(99)「地域婦人会・生活学校・消費者運動――羽村町婦人会の歩みと並木良氏の証言から」(東京都立多摩社会教育会館『戦後三多摩における社会教育のあゆみⅣ』一九九一年)、「新生活運動のあゆみと展望を求めて」(前掲『戦後三多摩における社会教育のあゆみⅧ』) 井上恵子「昭和四〇年代の生活学校が女性の学習に果たした意義」(『教育学雑誌』第三九号、二〇〇四年) など。
(100) 前掲、座談会「新生活のあゆみ」九頁。
(101) 前掲「地域婦人会・生活学校・消費者運動」七一頁。以下、並木良、羽村町婦人会および生活学校に関する記述は、断りのない限り同論考による。
(102) 前掲、座談会「新生活のあゆみ」九頁。
(103)「事例発表のまとめ　明るい健康な家庭と地域づくり――学習から運動へ」(前掲『くらしを豊かに』第六一号、一九七三年三月) 四頁。
(104) 前掲、井上「昭和四〇年代の生活学校が女性の学習に果たした意義」五六頁。
(105) 前掲、座談会「新生活のあゆみ」一八頁。
(106) 同前、二一頁。
(107) 座談会「昭和四十九年を迎えて」(『くらしを豊かに』第六五号、一九七四年二月) 三〜七頁。
(108) 一九七一年第二回定例会での発言、前掲、美濃部亮吉『都知事一二年』二五〇頁。
(109) 猪瀬忠賀「東京都のコミュニティづくりに期待する」(『くらしを豊かに』第六三号、一九七三年八月) 二頁。
(110)「試練にたちむかう新生活運動の推進大綱きまる」(『くらしを豊かに』第七五号、一九七六年六月) 三頁。
(111) 前掲、座談会「新生活のあゆみ」一三頁。
(112) 一九七〇年二月二一日開催の「市郡部生活学校会議」における高橋智子(地区推進員)の発言。『くらしを豊かに』(第四六号、一九七〇年三月）七頁。

(113)　一九七〇年二月二一日開催の「市郡部生活学校会議」における加田純一（講師・読売新聞論説委員）の発言。『くらしを豊かに』（第四六号、一九七〇年三月）七頁。

(114)　「環境整備地区会議」『くらしを豊かに』（第四四号、一九七〇年三月）四頁。

(115)　現在に繋がる運動としては、リサイクル運動を提起し、区のリサイクル行政を動かすことになった北区の生活学校などが挙げられる。

第7章　新生活運動と社会教育行政・公民館

はじめに

新生活運動と市町村レベルの社会教育行政・公民館は、戦後初期から高度成長期にかけて、極めて密接な関係にあった。新生活運動の地方での推進体制をみると、都道府県レベルでは協議会事務局の置かれる行政部局は、概ね約半数が教育委員会の社会教育課、それ以外が首長部局の何らかの部署であったが（表7-1）、運動の末端の市町村では、社会教育行政、およびその管轄する公民館を拠点として行われるケースがほとんどであった（東京都の例として表7-2。東京都における推進体制の詳細については第6章参照）。社会教育課などの社会教育関連部局、社会教育主事や公民館主事などの自治体社会教育職員、地域における社会教育施設としての公民館は、新生活運動が展開されていくうえで、その推進体制を最も地域住民に近いレベルで実質的に担う仕組みとして、重要な役割を担っていたのである。

他方、社会教育行政と新生活運動との間には、当初から深刻な矛盾も存在した。戦後社会教育行政では、地域・生活の課題に基づく自発的な社会教育活動の振興が目的とされ、学習活動への統制は厳しく禁じられた。活動の自発性を尊重する点では、社会教育行政と新生活運動とは理念的に確かに密接さを有していた。しかし新生活運動がその名の通り「運動」「実践」の活動原理を基底に有していたのに対し、社会教育行政の活動原理の基盤は基本的に「教育」「学習」であった。この相違に由来する不協和音は、後に見るように新生活運動が公民館を拠点として展開された当

表7-1　各都道府県の新生活運動協議会（あるいは推進組織）設置部署とその推移

	1954年度	1960年度	1963年度	1966年度
北海道	北海道社会福祉会館	北海道庁道民課別室	北海道社会福祉館	社会福祉館
青森		社会教育課	社会教育課	社会教育課
岩手	社会教育課	社会教育課	社会教育課	社会教育課
宮城	社会教育課	生活課	社会教育課	県民生活課
秋田	連合青年団事務局	社会教育課	社会教育課	社会教育課
山形		県民室	企画調整課	調整課
福島		社会教育課	社会教育課	社会教育課
茨城	生活科学課	環境衛生課	社会教育課	社会教育課
栃木	広報文化課	広報文化課	広報課	総務部広報課
群馬	社会教育課	社会教育課	社会教育課	社会教育課
埼玉	報道文化課	報道文化課	報道文化課	報道文化課
千葉	広報課	広報課	総務部県民室	県民課
東京		修養団	東京婦人児童館	東京婦人児童館
神奈川	社会教育課	社会教育課	総務部県民課	企画調査部県民課
新潟	文書広報課	文書広報課	企画広報課	文書広報課
富山	社会教育課	社会教育課	社会教育課	社会教育課
石川	（社会）教育課	婦人会館	婦人会館	社会教育センター
福井		社会教育課	社会教育課	社会教育課
山梨	広報渉外課	広報渉外課	社会教育課	社会教育課
長野	社会福祉協議会	社会福祉協議会	県社会会館	県社会会館
岐阜		地方課	地方課	地方課
静岡	静岡県民会館	県民会館	県民会館	県民会館
愛知		社会教育課	社会教育課	社会教育課
三重	教育委員会事務局	社会教育課	社会教育課	社会教育課
滋賀		社会教育課	社会教育課	社会教育課
京都		社会教育課	社会教育課	社会教育課
大阪		総務課	広報課	総務課
兵庫	広報課	広報課	企画広報課	生活課
奈良	厚生課	厚生課	厚生課	県民課
和歌山	企画室	農業改良課	農業改良課	農林企画課
鳥取	社会教育課	社会教育課	社会教育課	社会教育課
島根		広報文書課	総務課	総務課
岡山		企画調査課	県民運動室	県民課
広島		企画広報課	企画課	企画室
山口	県政室	県政室	（不明）	山口県庁
徳島	教育委員会事務局	社会教育課	社会教育課	社会教育課
香川	社会教育課	社会教育課	社会教育課	社会教育課
愛媛	企画室	企画広報課	企画室	県民運動室
高知	社会教育課	社会教育課	社会教育課	社会教育課
福岡		社会教育課	社会教育課	社会教育課
佐賀		社会教育課	社会教育課	社会教育課
長崎	文書広報課	企画文化課	文化課	生活課
熊本		広報課	広報課	広報課
大分		社会教育課	社会教育課	社会教育課
宮崎		社会教育課	社会教育課	社会教育課
鹿児島		社会教育課	社会教育課	社会教育課
沖縄				社会教育課

出所：1954年度：「昭和三十年三月現在　都道府県新生活運動推進組織概要」（『昭和三十一年度新生活運動協会関係書類綴』日本青年館所蔵）。
1960年度：「都道府県新生活運動協議会一覧」（新生活運動協会『新生活運動の現状』1960年）。
1963年度：「理事会評議員会資料」（『昭和三十八年度新生活運動協会関係綴』日本青年館所蔵）。
1966年度：「都道府県新生活運動協議会名簿」（新生活運動協会『新生活運動のしおり』1966年）。

初から常にさまざまな形をとって噴出していた。

社会教育行政と新生活運動との関係について、これまでの戦後社会教育史研究ではごく断片的、一面的に扱われるにとどまってきた。たとえば、一九五五年の協会設立時の前後の動向に注目して、新生活運動を「一種の政策的な行き詰まりを国民生活に肩替わりさせる」[1]、「実際の運動の広がりは行政主導型の性格が濃厚であった」[2]など、いわゆる「上からの運動」として批判的に記述したものが多い。これらは新生活運動の動向を講和・独立後の社会教育行政の推移の背景として記述するに留まるものであり、両者の関係をより具体的・意識的に描いたものではないといえる。

これらに比して比較的まとまった考察として、田辺信一のものが挙げられる[3]。新生活事業センター出版部長として新生活運動にも密接にかかわっていた田辺は、社会教育行政・公民館の活動と新生活運動とがなぜ一体化しなかった

表7-2　東京都内各区市における新生活運動推進の担当部署（1965年）

自治体名	名　称	所　属
千代田区	新生活運動推進協議会	社会教育課
中央区	新生活運動推進連絡協議会	社会教育課
港区	新生活運動推進協議会	社会教育課
新宿区	新生活運動推進会	社会教育課
文京区	新生活運動推進員委員会	社会教育課
台東区	新生活運動実践推進委員会	教育長
墨田区	美化推進協議会	区民課
江東区	新生活運動協議会	社会教育課
品川区	新生活運動推進委員会	社会教育課
目黒区	新生活運動推進委員会	社会教育課
大田区	新生活運動推進委員会	社会教育課
世田谷区	新生活運動推進委員会	社会教育課
渋谷区	新生活運動推進委員会	社会教育課
中野区	新生活運動協議会	社会教育課
杉並区	新生活運動協議会	社会教育課
豊島区	新生活運動推進連絡会	社会教育課
北区	発足準備中	社会教育課
荒川区	無	
板橋区	新生活運動協議会	社会教育課
練馬区	新生活運動推進協議会	社会教育課
足立区	新生活運動推進委員会	区民課長
葛飾区	新生活運動協議会	社会教育課
江戸川区		社会教育課
八王子市	新生活運動連絡協議会	社会教育課
立川市	新生活運動推進協議会	社会教育課
武蔵野市	新生活運動協議会	社会教育課
三鷹市	清明美運動推進委員会	社会教育課
青梅市	新生活運動協議会	社会教育課
府中市	新生活運動推進会	社会教育課
昭島市	新生活運動推進協議会	社会教育課
調布市	新生活運動推進協議会	社会教育課
町田市	新生活運動推進協議会	社会教育課
小金井市	新生活運動推進協議会	社会教育課
小平市	新生活運動協議会	社会教育課
日野市	新生活運動推進協議会	社会教育課
東村山市	新生活運動推進会	社会教育課
国分寺市	新生活運動協議会	社会教育課

出所：「東京都各区市郡新生活運動推進体制調査表」（『くらしを豊かに』第48号）より作成。

のかという問いをたて、その背景を大きく二つ挙げる。第一が社会教育行政側の動向である。田辺は、社会教育行政が各種の学級事業の推進という形で確立されていく中で、「話し合う」「学び合う」過程を主眼とした新生活運動は社会教育行政の中心から外されていった、と論じる。この田辺の指摘は、文部省の政策を根本から批判する文脈でなされているため、社会教育行政の理念が「話し合い」「学び合い」を排除しているかのような教条的で極端な議論に読めてしまうきらいもある。しかし後に見るように、社会教育行政の制度的整備（施設・職員・学級講座事業の充実など）が、公民館の当初からの理念にあった自発性、相互性の形骸化を結果としてもたらす傾向も実際にはあったことを踏まえれば、この指摘が一面の真実を表していたことも確かである。第二が新生活運動側の動向である。田辺は、国費で賄われる新生活運動が助成金交付を受けるため独自の運動領域（国土美運動など）を設定しなければならず、各地域の自主的運動を支援するという性格が貫けなくなり、社会教育との距離が次第に離れていった、としている(4)。

この田辺の指摘は、両者の間の多面的な関係をかなり的確に捉えており、示唆に富むものである。ただしこの考察は一九六〇年代前半までの経緯しか参照されておらず、その後の新生活運動、社会教育行政の変化を視野に入れた歴史像の描出は未だ課題として残されている。また田辺の記述自体が簡潔なものであり、社会教育行政における理念／現実と、新生活運動における理念／現実との間の不協和音が、市町村レベルの活動現場で具体的にどう現れ、活動に携わる関係者がそれをどう捉えたのかという具体例に基づいて論じられたものではない。

以上を踏まえこの章では、敗戦直後一九七〇年代までの新生活運動と社会教育行政・公民館との関係がどのように現れ、また論じられていたか、そしてそのような実態や言説がいかに変化したかに焦点を絞って記述していく。それを通じて、理念的に共有する部分をもちながらも活動原理（「実践」「運動」か「教育」「学習」か）のズレを有していたがゆえに軋みを生み、互いの間に「組織と行政」をめぐる問題をはらみ続けた両者の関係を描き出していきたい。この作業はまた、新生活運動が地域住民に最も近いレベルにおいてどのような組織的特性を有していたか、を明らかにすることにもつながるであろう。

以下では、新生活運動協会刊行物に加え、文部省社会教育局の刊行資料や、社会教育関連雑誌における記事・論説の動向、また、全国公民館連絡協議会（現・全国公民館連合会）主催の大会記録、協議会記録などをもとにして、記述していくこととする。

1　社会教育行政・公民館の制度的確立と新生活運動への着目
――戦後初期〜一九五〇年代前半

(1)　公民館の構想と制度的位置づけ

敗戦直後の文部省社会教育局において構想された公民館は、その後社会教育行政事業の中核を担う施設となる。新生活運動と社会教育行政との関連を考えるうえでも、新生活運動の主要な活動拠点となった公民館が普及していった経緯を概略的に示す必要があろう。

公民館に類似した社会教育施設（隣保館、農村公会堂など）の構想の系譜は戦前に遡るが、現在の公民館に直結する構想が生まれたのは敗戦直後である。その端緒は、一九四五年一二月に寺中作雄（当時、社会教育局公民教育課長）が局内会議で提示した案であった。この構想はその後、翌年七月に地方長官宛に発せられた文部次官通達「公民館設置運営に関する件」に付記された「公民館設置運営要綱」や、この要綱の普及版である『公民館のしおり』、さらに寺中自身が著した『公民館の建設』（同年九月）によって具現化され、各地に公民館が設置される契機となった。戦後初期公民館の理念、いわゆる「寺中構想」では、公民館は社会教育に特化した施設ではなく、「社会教育、社交娯楽、自治振興、産業振興、青年養成の目的を綜合して成立する郷土振興の中核機関」として構想されていた。(5)

まもなく、公民館の制度的位置づけは大きく変化する。一九四九年六月に社会教育法が公布・施行されるが、その条文の半数近くは公民館に関する内容で占められ、公民館の法的な存立基盤となるものであった。また、四八年七月の教育委員会法の公布・施行と各市町村への教育委員会設置（五二年一一月）に伴い、公民館は市町村教委の管轄下に置かれるようになる。これらにより公民館はそれまでの総合的な「郷土振興の中核機関」としてではなく、社会教育施設として制度的に明確に位置づけられることとなる。このことは、公民館の事業・職員像が教育的専門性に基づいて理念化されることにつながった。

しかし社会教育行政・公民館の役割は、実際には教育的論理に基づく専門性だけで割り切れるものではなかった。社会教育行政・公民館が、「教育」「学習」と、「実践」「運動」との間での実際の立ち位置をいかに定めるべきかは、その後長きに渡り大きな課題であり続けた。このことが、新生活運動との関係における問題としても浮かび上がることとなる。

(2) 戦後社会教育の理念的基盤——自発性・相互性

他方で、新生活運動と戦後社会教育行政との間には、理念的に共鳴する部分があったことも確かである。たとえば「寺中構想」の底流には、人びとの「自己教育」「相互教育」に基づいた、国家再建に自発的に貢献する「公民」の育成という理念があった。寺中作雄にとって公民館とは、「教える者も教えられる者も融合一体化して互に師となり弟となって導き合う」場であり、またそのような活動を自然に誘発させる「環境教育」の場でもあった[6]。寺中の社会教育観は、戦前における内務官僚としての地方勤務経験に加え、戦前の青年団運動指導者である田澤義鋪や下村虎六郎（湖人）らの自発性・相互性に根ざした青年教育の指導理念から、直接・間接に思想的影響を受けつつ形成されたものであった[7]。

ちなみに自発性と相互性に基づく社会教育理念は、一九五〇年代前半の民間運動の中でも、団体の学習活動を支える「共同学習」の理念としてより先鋭化した形で現れている。共同学習の実践は、戦前からの生活綴方運動、ソ連の集団主義教育論、アメリカの成人教育方法論など、さまざまな源流から形成されたものであった[8]。当時、青年団の学習活動を背景に共同学習の理念を定式化した吉田昇は、共同学習を民主主義社会における主体形成の営みとして位置づけ、既成知識の獲得よりも現実問題を合理的に把握する必要、内面的要求・関心と結びついた主体的学習、民主主義的運営技術に基づく共同での学習、という要素を挙げた[9]。共同学習の実践は、当時進められた青年学級法制化（一九五三年に青年学級振興法公布・施行）をめぐって文部省社会教育行政との対立を孕みつつ[10]、五〇年代前半に大きな盛り上がりをみせた。これらの社会教育理念は、同時期における各地の新生活運動の活動形態への注目とも共鳴するものであったといえよう。

なお、社会教育と新生活運動との接点という意味でさらに興味深いのは、従来の社会教育史研究でしばしば「上からの運動」として位置づけられてきた新生活運動が、むしろ当時の社会教育行政の動向に批判的立場をとっていた社会教育関係者とも密接なかかわりを持っていた点である。その代表的人物として、社会教育学者の三井為友が挙げられる。一九五五年三月に新生活運動に関する答申（巻末資料1）を提出した社会教育審議会成人教育分科審議会の委員であった三井はこの時期、婦人学級運営における編成者中心のプログラムづくりを批判し、講師と受講生との話し合いの中からプログラムをつくることの重要性を積極的に発言していた[11]。三井は、民主党の「新生活運動推進本部」案を批判し、対案としての「新生活奉仕本部」を安積得也に書簡で提示するなど（第1章参照）、新生活運動協会の立ち上げ段階で重要な役割の一端を担っていた。三井はその後も新生活運動協会の優良地区審査委員会等で活動し、また『通信』『特信』にたびたび論考を寄せるなど、協会へのかかわりを続けていく。

その三井は、寺中構想や後の文部省社会教育行政の動向に対し、一貫して批判的であった。たとえば、戦後初期の公民館構想において戦前から継続する地域団体が連携対象として重視されていたことについて、「この「しおり」［＝『公民館のしおり』］の反動性は意図的計画的でさえある」と三井は酷評している[12]。彼の批判は社会教育の「戦前的な説話主義」や、施設・職員体制の貧困にも及んだ[13]。政策批判的な立場をとる『月刊社会教育』が一九五七年に創刊された際にも、三井は編集委員会代表となっている。後に新生活運動は三井と同じく政策批判的な社会教育研究者から「官製運動」的位置づけを与えられることが多くなるが、少なくとも三井は当時の社会教育において自発的・相互的学習を発展させる可能性を、新生活運動に見いだしていたように見える。民間の共同学習的理念と新生活運動との橋渡しという観点からみて、三井の存在は無視できない。

なお時期的にはかなり後になるが、三井為友の「愛弟子」の一人である田辺信一も、新生活事業センター出版部長を一九六四年八月から務めつつ（六九年からは広報部嘱託）、これと同時期に『月刊社会教育』の編集委員や、同誌と関係の深い団体である社会教育推進全国協議会（社全協）の運営委員なども務めていた。[14] 彼らにとって、「官製運動」と批判されることも少なくない新生活運動との接点を密接に持っていたことは、実際に事業・運動として展開されている営みに対し、その展開方法や政治的背景に強い批判を加えつつも、取り組みに実際にかかわることで望ましいあり方に近づけていく、というかかわり方の姿勢を示すものであったといえよう。

(3) 新生活運動と文部省社会教育局

敗戦直後の社会教育行政においては、基本的には一九四六年総選挙や新憲法制定にあわせて民主主義的価値の浸透をめざす「公民育成」がその政策領域の中心となっていた。生活改善／生活の科学化・合理化が社会教育行政の中で明確な位置を与えられるのは、戦後社会教育行政・制度の概形が整う一九四〇年代末以降である。

社会教育法（一九四九年）では市町村教育委員会の事務事項（第五条）の一つとして「生活の科学化の指導のための集会の開催およびその奨励に関すること」が記された。また占領が終わる一九五二年度に社会教育局が提示した政策方針では、一五の具体的目標の一つに、「生活合理化の促進――生活改善」が掲げられる。ここでは生活改善とは、生活の合理化でありかつ「生活の仕方を科学的に再設計すること」であると位置づけられ、「科学」の視点からの生活問題への教育的アプローチが特に強調される。[15]

表7-3　都道府県婦人教育行政の重点目標に掲げられた「生活」関連の項目

	「生活改善」／「生活の科学化」／「生活の合理化」	「新生活運動」
1949年度	宮城、神奈川、鳥取	茨城
1950年度	北海道、宮城、神奈川、新潟、愛知、岡山	
1951年度	青森、宮城、山形、神奈川、新潟、長野、岐阜、三重、大阪、岡山、山口、香川、	富山
1952年度	青森、宮城、秋田、埼玉、新潟、三重、滋賀、大阪、山口、香川、愛媛、	静岡、兵庫、徳島
1953年度	宮城、埼玉、神奈川、新潟、大阪、奈良、山口、香川、愛媛	北海道、山形、千葉、福井、静岡、島根、香川、大分
1955年度	岩手、静岡、兵庫	茨城、栃木、富山、岐阜、大阪、奈良、愛媛、高知、佐賀、熊本、鹿児島
1956年度	愛知、福岡、長崎	北海道、栃木、群馬、千葉、長野、岐阜、静岡、奈良、愛媛、福岡、佐賀、熊本、鹿児島

出所：文部省社会教育局『昭和29年度　全国婦人教育指導者会議』1954年、105～106頁、および同『昭和31年度　全国婦人教育指導者会議』1957年、55～61頁、同『昭和33年　全国婦人教育研究協議会』1958年、25～32頁より作成。

ただし、社会教育局の施策動向が強く反映される『社会教育』誌（全日本社会教育連合会刊行）をみると、五〇年代前半において具体的な日常生活の改善に関する取り組みを正面から扱う論説・記事は非常に少ない。当時の論説・記事の多くは政治教育、文化活動支援、成人教育技術（討論方法やメディア利用）に関する内容で占められていた。その中で、一九五三年に渡辺智多雄による新生活運動関連の論説が連続して掲載されていることは注目される(16)。しかしそれはあくまで地方の実践動向紹介としての扱いであり、この時点では新生活運動は、文部省により主要施策として推進されるという位置づけにはなかった。

しかしその後、社会教育局は一九五〇年代半ばになると新生活運動ににわかに着目しだす。その背景として、県レベルでの社会教育行政における婦人教育重点目標に、生活改善、新生活運動が次第に掲げられ始めたことが挙げられる。五〇年代前半の都道府県社会教育・婦人教育の各年度重点目標を文部省の資料からみると、「生活改善」／「生活の科学化」／「生活の合理化」の増加傾向がまずみられるが、五三年度からは、これに代わり「新生活運動」が重点目標として増加していた（表7-3）[17]。

社会教育局による新生活運動への関心は、一九五四年に文部省が主催した婦人教育関連の研究集会や指導者講習会の記録に明確にうかがえる。それらの資料は、単に新生活運動の全国的広がりに注目するだけでなく、運動の「教育的」価値を損ねる状況への批判をも同時に展開している。各地の研究集会で出された問題点として社会教育局は、「新生活運動の基本的な考え方がまちまちであるところから、解釈が多すぎ、指導者が部分的に自己流に強調しすぎて、自発性を阻んでいる」「上部組織のはたらきかけが強すぎ、小さい集団のよい動きが無視される傾向がある」「画一的形式的で個人や、まわりの地域課題を解決しようとするよい動きを育てるところに向かない」「相互教育、共同学習の段階がはぶかれ、形式的な結果だけを急ぎやすい」などの点を挙げている[18]。新生活運動に対する文部省側の関心と危惧は、同年の全国婦人教育指導者会議でも見て取れる。この会議で近藤唯一（文部省社会教育官）は、新生活運動について「抽象的な事項の列挙にとどまり、思い付き程度を出ないものが少くないようである」という認識を示したうえで、新生活運動の主軸は精神的運動であること、自発的熱意の喚起が新生活運動の要件であること、新生活運動を基礎づけるうえで物事の実証的・合理的・能率的処理が不可欠であること、などを挙げている[19]。

当時の記録から看取されるのは、人びとの自発性を重視する立場、および、科学的側面から新生活運動が「正しく」導かれるべきとする社会教育局の認識である。新生活運動に関する諮問が社会教育審議会に対し行われた背景には、自発性と科学性という二つの意味での教育的配慮を、婦人教育の中で興隆してきた新生活運動において不可欠な要素とする社会教育局の姿勢が存在していた。活動の過程に関する留意点としての自発性と、活動の妥当性を判断する基準としての科学性。これらを踏まえた（＝「教育的」な）運動こそが、社会教育局の求める新生活運動のあり方であった。

社会教育局が当時毎年刊行していた『社会教育の現状』の一九五五年版（同年一二月刊）では、概況報告の中で同年三月の社教審答申に沿って新生活運動の理念が概説されているが、その中でも「基本的には物の考え方、意識の革新がその根底になければ生活運動としての意義は停滞してしまう。ここに従来ともすれば閑却されていた教育の重要性があり、新生活運動が本質的に教育運動でなければならないゆえんが存在するわけである。」「その［＝新生活運動］成果を早急に求めることはきわめて危険」と、運動を支える教育的プロセスに重要性を見い出す点が強調されていた。[20]当時の社会教育局長・寺中作雄が『文部時報』（一九五五年八月）に寄稿した論説の中でも、新生活運動は「社会教育の成果の緩慢さにしびれを切らしはじめた知事部局等が積極的に唱道しはじめた」ものであり、「本来社会教育が終局の目的としているものを［……］早急に築き上げんとする」ものであると批判的に述べた上で、「これに対して、文部省は、あくまでも教育の立場から着実にその実をあげるべく適切な指導と助言を」新生活運動に対して行うという意向を提示している。[21]

このように、自発性と科学性を基盤として、「目的」を「早急に築き上げ」るのとは異なる立場、むしろ「適切な指導と助言」を通したプロセスを重視する「教育の立場」は、当時の社会教育行政が新生活運動を推進しようとするうえでの基本的姿勢であった。

(4)　新生活運動と全国公民館連絡協議会

このような文部省社会教育局の動向だけでなく、全国各地の公民館職員たちにとっても、新生活運動をどう扱うかは、大きな課題として意識されるようになっていた。

公民館職員の全国組織である全国公民館連絡協議会（全公連）[22]が開催する全国公民館大会では、新生活運動協会設立以前からすでに新生活運動への対応が議論されている。第二回全国公民館大会（一九五三年六月）では第五分科会のテーマが「公民館と生活改善」とされ、各地からの参加者による意見交換が行われた。「家族の頭の切り替えが大切である。生活改善は先づ心の改善からはじまる」（栃木県の参加者）、「新生活運動を推し進めるための準備として、国民が互いに心の融和、協力を持つべきである」（愛媛県の参加者）といったように、精神面での変革を含めた生活改善としての「新生活運動」を捉え、その推進を図る公民館関係者の声が見られる[23]。

一九五五年には、全公連が組織として新生活運動との連携に乗り出す。同年六月二七日には全公連会長・龍野定一名義で、公民館を中心とする新生活運動推進を強く要望した「新生活運動についての要望書」[24]が鳩山一郎首相、松村謙三文相、清瀬一郎民主党政調会長宛に提出された。また、同年一〇月における第四回全国公民館大会の分科会では、全公連会長を新生活運動協会理事に補充する旨の要望が、全体会への動議として提出された[25]。

一九五六年度以降、新生活運動協会は文部省、全公連などと並んで毎年の全国公民館大会の主催者となる[26]。第五回全国公民館大会（一九五六年一〇月）では、大会開催趣旨として「この機会に実践活動を基として充分なる反省を加え、さらに公民館における新生活運動の展開方法を始めとし、新しい公民館のあり方について、当面する諸問題を研究討議し、もつて公民館の健全な成長発展を遂げる方途の発見に勉めたい」と記され[27]、研究協議会（分科会）の議題の一つとして「公民館における新生活運動の進め方」が掲げられた。さらに最終日には、前田多門（新生活運動協会理事）による講演「公民館と新生活運動」が行われている[28]。その後の全国公民館大会でも、新生活運動は、毎年のように分科会のテーマとなり、あるいはパネル討議やシンポジウムのテーマとして議論されるようになる（全国公民館大会における新生活運動関連部会等の開催状況については表7-4参照）。

新生活運動に対するこのような公民館関係者の強い関心は、公民館の設置普及や活動がこの時期において停滞しつつあるという現状認識を背景としたものでもあった。この時期までに各地で公民館の建設が進み、社会教育法でその制度的位置づけも確立されてはいたが、実際の職員配置、施設設備が貧弱な館も多く、さらに一九五二年の市町村教委への移管、五三年以降の自治体大合併は、むしろ統合による館数減少、予算逼迫や専任職員数の減少を生じさせていた。この状況を打開するうえで、新生活運動との本格的な連携は公民館関係者にとって魅力的な選択肢として映っていたのである。

表7-4　全国公民館大会における新生活運動関連部会

年度	開催年月・場所	大会回数	部会名	助言者
1952	1952.5.29-30 福島市	第１回	—	
1953	1953.6.4-6 日光町	第２回	第五分科会 「公民館と生活改善」	今井事務官（文部省）、久保田稔（群馬県）、中川義一（三重県）
1954	1954.5.20-22 富山市	第３回	—	—
1955	1955.10.8-10 東京	第４回	一般部会第一分科会 「公民館における新生活運動について」	安積得也（文部省社教審成人教育分科会委員長）、渡辺智多雄（読売新聞図書編集部長）、日高幸男（文部省社会教育課長補佐）、滝本幸彦（内閣審議室参事官）、佐藤ちやう（農林省農林事務官）
1956	1956.10.16-18 大阪市	第５回	B 班研究協議会（都市部会） 「公民館における新生活運動の進め方」	中島俊教（文部省）、河合慎吾（神戸外大）、津高正文（神戸大）、島田武一（滋賀県社会教育課長）、黒崎栄（奈良県社会教育課長）、奥野登（大阪府公振）、田中達雄（BK 教養課長）
			B 班研究協議会（農村部会） 「公民館における新生活運動」	大平定雄（文部省）、宇佐川満（大阪学芸大学）、津留宏（神戸大学）、荒木顕一（兵庫県教委）、中条巌夫（奈良県教委）、田中長茂（新生協事務局長）、藤本信英（BK 教養課）
1957	1957.5.8-10 別府市	第６回	第五分科会 「村起し運動（新生活運動、新市町村建設計画、農山漁村建設事業等）と公民館活動との関係はどうあるべきか」	農林省主管局長、田中長茂（新生協事務局長）、佐藤千代吉（佐賀大学）、川村純二（鹿児島県社会教育課長）、山下達雄（佐賀県社会教育主事）、蜂谷貞三（全公連副会長）
1958	1958.6.3-5 米子市	第７回	—	—
1959	1954.6.17-19 小松市	第８回	第六分科会 「公民館は新生活運動をどのようにすすめたらよいか」	加藤千代三（新生活運動協会）、作田せつ（石川県新生活運動協議会）
1960	1960.11.10-12 松山市	第９回	全分科会共通のテーマ 「2　公民館を中心とする社会教育活動の振興を図るにはどうしたらよいか ニ　新生活運動と貯蓄増強について」	（第一分科会）守田道隆（全公連会長）、吉里邦夫（文部省社会教育施設主任官）、岩田岩二（新生協事務局次長）、中島俊教（文部事務官）、山吉長（大阪女子大学助教授）、一戸久（NHK 教育局社会教育副部長）
1961	1961.11.20-22 栃木県藤原町	第10回	—	—

年度	開催年月・場所	大会回数	部会名	助言者
1962	1962.9.11-13 帯広市	第11回	—	
1963	1963.11.13-15 広島市	第12回	第７分科会（第１日目　新生活運動、貯蓄増強運動） 第８分科会（第２日目　新生活運動、貯蓄増強運動）	（第７分科会）宇佐川満（第７分科会のみ。大阪学芸大学）、永杉喜輔（第８分科会のみ。群馬大学）、岩田岩二（新生活運動事務局次長）、小倉次夫（貯蓄増強中央委員会事務局次長）、池田了（公明選挙連盟事務局総務部長）
1964	1964.11-18-20 津市	第13回	第五部会 「公民館と新生活運動、公明選挙運動、貯蓄増強運動」	米林富男（東洋大学）、湯川功四郎（新生活運動協会）、近藤操（公明選挙連盟）、葉山巌夫（貯蓄増強中央委員会）
1965	1965.11.16-18 佐賀市	第14回	国民運動部会	内山良男（佐賀大学）、米林富男（新生活運動協会専門委員　東洋大学）、近藤唯一（公明選挙連盟常務理事）、田中賢一（貯蓄増強中央委員会事務局長）
1966	1966.10.12-14 山形市	第15回	国民運動部会 「新生活運動、明るく正しい選挙、貯蓄増強運動を推進するための学習の内容と方法」	福本春男（新生活運動協会）、近藤唯一（公明選挙連盟）、小倉次夫（貯蓄増強中央委員会）、片岡潔（山形新聞論説委員）
1967	1967.11.14-16 徳島市	第16回	国民運動部会 イ　時代の進展に即応する国民運動のあり方について ロ　国民運動と公民館の限界について ハ　国民運動をどのようにして、住民に浸透させるか、その効果的な方策について	岩田岩二（新生活運動協会）、近藤唯一（公明選挙連盟）、犬塚尚比古（貯蓄増強中央委員会）
1968	1968.11.12-14 西宮市	第17回	住民運動部会第１分科会 「新生活運動、貯蓄増強運動の推進と公民館の役割」	福本春男（新生活運動協会事務室参与）、加藤信（貯蓄増強中央委員会事務次長）

出所：全国公民館連絡協議会／全国公民館連合会『全国公民館大会記録』各年度版等より作成。

このように、文部省社会教育局、および末端で社会教育行政を担う公民館はともに、新生活運動の盛り上がりに呼応する形で、社会教育としての立場からその推進に積極的に関与しようとする姿勢を明確にみせていた。

2 「教育」「学習」と「運動」「実践」の共鳴と齟齬――一九五〇年代後半～六〇年代前半

(1) 公民館の現場における新生活運動の位置

すでに見たように文部省社会教育局による新生活運動への関心は、一九五四～五五年に大きな高まりを見せた。ところが五六年以降、社会教育局の資料からは新生活運動に関する記述は次第に少なくなっていく。新生活運動関連予算が文部省の管轄となっていたのは五五年度のみで、五六年度以降は総理府へ予算が移管されたことが、このことに大きくかかわっていると考えられる。

『社会教育の現状』一九五七年度版では、「社会教育と新生活運動は不離一体」と記されつつも、他方で新生活運動は「あくまで国民自らの教育実践運動」とされ、「文部省としてはこの運動展開のため社会教育の立場から協力してきたが、あくまで民間新生活運動として推進されることを期待」すると記される。[29] 以降の年度の『社会教育の現状』上では、新生活運動推進に対する社会教育行政の直接的関与についての記述は見られなくなる。

一方、実践の現場として新生活運動と密接なかかわりを持つ公民館関係者の間からは、社会教育と新生活運動との間の関係や、双方の原理・性格の相違からくる問題が、しばしば議論されるようになる。全国公民館大会での議論を見ると、公民館が新生活運動に関与すべきか否かについての現場職員の見解の相違は、すでに第五回大会（一九五六年一〇月）から見られる。「公民館は新生活運動に関与しない方がよい〔……〕公民館は人間形成をするのが任務である」という運動への否定的意見もあれば、「新生活運動は人々の結婚観〔分科会で報告された事例〕を変えていく仕事をしなければならないから当然新生活運動を行うべきである」といった積極的意見も見られる（いずれも発言者不明[30]）。分科会に助言者として参加していた田中長茂（新生活運動協会事務局長）は、新生活運動に対する見解が職員により異なることを指摘したうえで、「公民館は上により作られたが現実は人により運営されている［。］新生活も公民館の様に自主的な運営により歴史的、地理的に運営されるべきである[31]」と述べている。

また第六回大会（一九五七年五月）では、「新生活運動、新市町村建設計画等一連の村おこし運動ないし計画が、関係官庁より立案されているが、末端においては、これらと公民館活動との関係が不明確のまま放置されている場合もある[32]」といった意見も見られた。このような意見は、少なからぬ公民館の現場にとって本来の業務以外の「上からきた」活動として、新生活運動が見なされていることを示すものでもあった。

戦後の社会教育法制下では、社会教育事業の実質的な企画・実施は末端の市町村教委・各施設が中心的に担うこととされ、国や都道府県の社会教育行政は原則として市町村行政を補完する役割にとどめられた。新生活運動が公民館職員にとって、「上からきた」運動と捉えられる傾向があった背景としては、「教育」「学習」と「運動」「実践」という活動原理の違いとともに、この戦後社会教育行政におけるいわゆる市町村中心主義がかかわっていたことも指摘すべきだろう。加えてこの市町村中心主義は、市町村ごとの事情に応じて新生活運動に対する公民館職員の捉え方が大きく異なる、という前述の状況にもつながっていたといえる。

(2) 「国民運動」と「市民性の向上」

一九六一年以降、全国公民館大会のシンポジウムや研究会では、新生活運動は公明選挙運動、貯蓄増強運動とともに「国民運動」と明確にカテゴリー化されて扱われるようになる。第一〇回全国公民館大会（一九六一年一一月）では、全体会のパネル討議が「公民館は新生活運動、公明選挙運動、貯蓄推進運動などの国民運動をどのように推進したらよいか」をテーマとして行われた。司会の朱膳寺春三（宮城県本吉町公民館長）は、「これらの運動が、社会教育との深い関連をもって行われてきたこと」を認めつつ、「こうした運動を私たちが現場で受けとめる場合に、官製運動的な感じを持つ場合もあります」と、議論の切り口を提示している。[33] 公民館が「国民運動」と深くかかわる実態を認めつつも、社会教育施設としての公民館の本来のあり方が、「官製運動的な感じ」のする「国民運動」とは相容れない部分があるという朱膳寺の認識は、五〇年代後半以来の公民館と新生活運動との間の関係を反映した見方であっただろう。

他方、この討議の登壇者の一人であった安積得也（新生活運動協会事務局長）は、新生活運動を含めた「国民運動」が「結局国民のための運動で、また国民による運動」ということが一般に理解されてきたとしつつも、実際にはこれらの運動には「お産婆さん」としての公民館の役割が不可欠であること、その上で、「国民運動」を真に国民一人ひとりに自分自身の運動だと自覚させるような「お手伝い」としてのあり方を公民館に求めている。[34]「官製運動的な感じ」を新生活運動に嗅ぎ取る公民館関係者の側と、さまざまな「国民運動」の目標が公民館の取り組みとして自明に存在するという新生活運動関係者の側（少なくともここでの安積）の間には、微妙なしかし重要な認識のすれ違いが見て取れる。

ただし、一九六〇年代初頭において、新生活運動の展開――特に国土美運動の重点化――と、社会教育行政との理念が、一時的にではあれ再び強く共鳴し合う局面もあった。それは、当時の文部省社会教育局が多くの機会を通じて提唱していた、「市民性の向上」というキーワードとかかわっている。六一年三月に社会教育局が開催した全国社会教育主事研修会では、パネル討議「市民性の向上について」が実施され、[35] また同年六月には、社会教育審議会成人教育分科会参考資料として『成人教育における市民性の向上について』が刊行されている。この資料は、社会教育・公民館職員、団体指導者などを読者に想定し、国民に求められる「市民性」のあり方を簡潔に提唱する内容となっている。そこでは、「さしあたって重要な市民性」として、「自我の確立」「人権の尊重」「合理的な生活態度」「科学的な精神」「社会的連帯意識」の五点が挙げられ、また「市民性を実現する実際の行動」の例として「順法」「選挙権の行使」「公衆道徳」「日常生活の向上」「集団の一員としての責任の遂行」の五点が挙げられていた[36]。この参考資料からは、六〇年安保闘争を秩序解体の危機として捉えたうえで、規範意識を確立させた「市民」を社会教育の目標にしようとする志向が明らかにうかがえる。このような「市民」の捉え方は、六〇年安保闘争を経て革新政党や労働運動の枠に嵌らない広範な抵抗運動＝「市民運動」の担い手としてのイメージ、いわば当時の運動論的な「市民」のイメージ[37]とは対比的であった。

社会教育局の提示したこの「市民性の向上」は、国土美運動を展開する同時期の新生活運動協会の方針とも、密接なかかわりを持つものであった。第一一回全国公民館大会（一九六二年九月）では、「シンポジウム　公民館運動に期待するもの　郷土を美しくするための市民性の向上を中心として」が開催され、国土美運動やその基盤となる「市民性の向上」について公民館活動との関連が議論された。登壇者の一人であった安積はこの中で公民館への期待として、国土美運動が「仲間づくり」と「目標に向かってみんなで実践的に前進する」運動だと国民に認識させること、住民の潜在的ニードを探ること、国土美の精神を共通認識としつつ、地区ごとの特色を発揮させること、を提示している。近藤唯一（文部省社会教育官）はこれに応じて、地域住民の自治能力、市民性の涵養が重要であるという観点から、新生活運動が市民性涵養のために真によい機会であるとの旨を述べている[38]。

このような背景のもと公民館関係者にとっては、国土美運動を各地域の特性に合わせて具体的にどう展開するかが課題となっていた。一九六三年には、「国土美化と公民館研究協議会」が全国五会場で開催されている。この協議会における全公連会長（守田道隆）挨拶では、国土美運動の基調が「市民性の向上」にあること、「市民性の向上」が公民館活動の重要な分野たることが言及され、運動の成果拡大と実践態勢の確立が研究協議の目的とされた[39]。新生活運動協会は、開催経費を大幅負担（出席者の旅費の負担）するという形でもこの協議会にかかわっていた。その後、新生活運動協会が協議会の継続実施を希望したことを受けて、全公連はさらに公明選挙連盟にも呼びかけ、一九六三年度以降「地区別研究協議会」として開催される。六七年度からは貯蓄増強中央委員会、六八年度には国民体力つくり事業協議会も共催団体として名を連ねるようになる[40]。

このように、一九六〇年代における全公連と新生活運動の間には国土美運動を接点として、他の「国民運動」関連の中央団体をも巻き込みつつ新たな協力関係が構築されていった。

(3)　通奏低音としての両者の齟齬

しかしこの時期における新生活運動と公民館との関係は、依然大きな齟齬を抱え込んだものでもあった。各年度の全国公民館大会や地区別協議会での議論を見ると、新生活運動の趣旨自体は公民館活動と一致するという意見が多数ではあるものの、運動展開の実態ということでは、五〇年代後半と同様、現場・職員により受け止め方に大きな差が見られた。「公民館が運動の主体になるのは、おかしいと思う。人を集めるには都市は困っている」（第一二回大会［一九六三年］における三重県の参加者[41]）、「新生活運動、公明選挙運動、貯蓄増強運動は上から流れてきたものであるから住民の関心はうすい」「中央でスローガンをかかげて進めているだけでは、実際はよくならない。それ以前の学習が公民館本来の仕事ではないか」（ともに第一三回大会［一九六四年］における東京都の参加者[42]）、といったように運動の推進形態に批判的な職員も少なくなかった。後者の東京都の参加者の発言のように、少なくとも推進形態に関する議論において新生活運動は、公明選挙運動や貯蓄増強運動とともに「国民運動」という共通項で括られて論じられることが多くなっていく。

この時期の全公連事務局関係者の発言を見ると、新生活運動への協力の必要を述べつつも、教育と運動との線引きを明確にすべしとする傾向が強かった。たとえば一九六四年度の地区別研究協議会において全公連会長の守田道隆は「公民館は行政の一部局にすぎないので、公務員としての限界があるのはやむを得まい。陳情などにも、公民館人が先頭に立たず、婦人会や青年団が顔を出すようにするのがよい[43]」と述べている。また、同じ協議会の中で樋上亮一（全公連事務局長）も、公民館として新生活運動をどう盛り上げるかを全公連で示してほしい、との徳島県からの参加者の意見に対して、「全公連が、かくあるべしなどというのは、その性格からして適当ではないと思う。これは、公民館の皆さんで討議していただき、地域の実情に応じて考えてほしい(44)」と応じている。

他方、当時の新生活運動の側に眼を転じると、運動展開の阻害要因の一つとしてむしろ社会教育行政の硬直性がしばしば挙げられていた。新生活運動協会より刊行されていた『特信』誌上でたびたびとりあげられたのは、新生活運動に消極的な社会教育・公民館職員、行政の縦割り構造への批判であった。一九六一年一二月に掲載された、指定地区の実態に関する識者討論会では、「公民館を生活センターなり、地域センターなり、生活という面で総括的に末端の行政的なサービスをまとめていくようなセンターにしていきたいと思っている。〔……〕手っとりばやくいえば公民館という名前をやめてほしいと思う」と、教育行政の枠を超えた公民館のあり方を求める発言が見られる(45)。一九六二年一月に掲載された協会関係者、各県協議会専従職員らの討論会でも、「公民館の主事たちが、だんだんスマートになる。教育官になるんだ。あの人たちが浪人になってくれなくては困るんだ」「教育の場であるよりも、住民の相談の場になることだ。いってみれば、公民館をはじめ、全てを泥くさくする運動――そこに生活《〔ママ〕》運動の本質がある」「住民に信頼される主事、行政部局の人たちは、えてして変り者といわれるような、公務員としては逸脱した人たちだ。そしてともすると不遇だ。〔……〕こゝに機構、体制の問題がある」などの発言が見られる(46)。このような批判は、社会教育施設として明確に制度化される以前の戦後初期公民館のあり方を、新生活運動にとっての理想とする議論にもつながっていく(47)。

このように、「国民運動」「国土美」「市民性」のキーワードの下に新生活運動と公民館とはこの時期に一見密接さを見せていた。しかし現場においては、両者の活動原理の間の齟齬は、ひきつづき大きな問題として認識されていたのである。

3　関係の変質と希薄化——一九六〇年代後半〜七〇年代

(1)　新たな公民館像の模索と生活学校への着目

一九六〇年代半ばになると、高度経済成長による地域社会変容にともない、旧来の農村の産業・生活構造、地域団体や地域社会の共同性に依拠していた公民館はその役割の再検討を迫られる。これを受け、新たな公民館像がさまざまな関係者から提示されるようになる。

たとえば文部省が一九六三年に刊行した『進展する社会と公民館の運営』は、都市化に対応する公民館理念としてはかなり早い時期に提示されたものであり、住民個々の要望にも応えうる公民館、他施設・機関との結節点としての公民館という理念を提示している。また、社会教育研究者や東京・多摩地域の公民館職員らが一九六五年に打ち出した「公民館三階建論」[48]は、「体育・レクリエーション・社交」「グループ・サークルの集団的学習・文化活動」「社会・自然科学の基礎講座、現代史の講座の系統的実施」の三重構造を基盤とする公民館活動理念であった。一九六八年には、全公連の専門委員会によって「公民館のあるべき姿と今日的指標」が発表され、社会の変化に即した標準的事業のあり方、教育行政・一般行政と公民館との関係の問題、市民会館と公民館との連携・役割分担などが論じられている[49]。これらの新たな公民館像の方向性はそれぞれ異なってはいたが、旧来の地域団体や共同体的紐帯に依拠できなくなった社会教育行政や公民館が事業展開の新たな基盤をどこに求めるか、という当時の喫緊の課題が共通の背景となっていた。

一方、新生活運動などのいわゆる「国民運動」の公民館活動における位置づけは、六〇年代後半になると従来以上に根底的に問われ始めた。たとえば全国公民館大会第一四回大会（一九六五年一一月）の国民運動部会では、「国民運動部会は重要な分科会であるのに参加者が少なく、盛り上がりがないのは、どこに原因があるのだろうか」との発言が司会者からなされている。この分科会では、「国民運動はあまり問題［＝課題・目標］が多すぎる観がある」（徳島県の参加者）、「国民運動は多種多様で間口が広く奥行きがない」（福岡県の参加者）、「多種多様な問題は公民館で計画したものではなく、関係官庁または各方面からの要望で推進している問題が多い」（助言者・内山良男［佐賀大学］）という意見が相次いだ。(50) また第一五回大会（一九六六年一〇月）の国民運動部会では、助言者の福本春男から「公民館がやらなければならないのではなく、住民の要求にもとづいて主体的な立場で運動を受け止めて行くべきだ。公民館の限界を考えないで進めてほしい」と意見が出されるが、その他方で「公民館は教育的なものである。公民館で受けとめる国民運動は近畿ブロックでは八三もある。［……］公民館の住民に［への］働きかけには限界がある。」（奈良県の参加者）、「国民運動をしてきたが、なぜ発表することのできるような成果をあげられないかを考えてみる必要がある。」（静岡県の参加者）など、公民館が「国民運動」にかかわることの問題・限界について、多くの発言が見られた。(51)

六〇年代において公民館職員、関係者らが語ってきた「国民運動」という語は、地域ごとの多様な「住民」やその課題・ニードと結びつけられつつも、「国土美」「市民性の向上」といった社会全体の課題との結びつきが同時に強調され、その二つが共存するものであった。しかし「国民運動」が住民の自発的なものであるという理念と、「上からの運動」として公民館が扱っているという実態との懸隔は、この時期の公民館関係者にとって簡単に取り繕いがたいほど大きくなっていた。そのことは、「国民運動」という概念の相対化にもつながる。たとえば、第一五回大会国民運動部会でのまとめ報告で片岡潔（山形新聞論説委員）は、「「国民運動」ということばがなかなか理解できなかった［……］「国民」ということにこだわる必要はない。「住民」とか「村民」とかということばに置きかえていいのであって、「住民運動」というくらいがよいと思う」と述べている。(52) 「国民運動」という概念に対する批判的議論は第一六回大会（一九六七年一一月）でも繰り返され、(53) 翌一九六八年の大会では、「国民運動部会」から「住民運動部会」へと研究部会名が改称されている。

この「国民運動」から「住民運動」への変化と同時期に、公民館関係者の間では生活学校の盛り上がりが着目されるようになる。[54] 第一七回全国公民館大会（一九六八年一一月）では、新生活運動を扱う部会である住民運動部会第一分科会において山口県からの参加者が生活学校を支援する公民館の活動を紹介し、各県から質問を受けている。[55] 翌一九六九年二月から三月の地区別研究協議会では、新生活運動分科会での議論において生活学校の話題が頻出し、公民館事業における生活学校の広がりがうかがえる。[56] 一方で地域の課題に即した自発的・相互的な教育・学習の場としての戦後の社会教育行政・公民館の制度的位置づけがあり、他方で元来農村部を想定して構想された公民館が急速な都市化への対応を迫られるという時代状況の中で、国土美運動と大きく活動スタイルの異なる生活学校が公民館活動の新たな方向性の一つとしてこの時期に注目されたのは、自然なことでもあっただろう。

他方新生活運動の側でも、一九六五年に『特信』誌上で繰り返し公民館関連の特集が組まれており、[57] この中で生活学校の取り組みと公民館との関連は特に注目されていた。一九六五年一二月の座談会報告では、生活学校は住民の新しい学習要求に対応する試みとして重要であるが公民館活動としてまだ例外的であること、生活学校を展開していく上で社会教育職員の力が重要であることが、論じられている。[58]

(2) 希薄化した両者の関係

このように一九六〇年代後半においては、公民館関係者の間で「国民運動」への問い直しの機運が高まり、また生活学校の実践に関心が集まるなど、公民館と新生活運動との新たな関係が模索されつつあった。しかしこれらの動きは、両者の関係を再構築・発展させる契機となるまでに至らなかった。むしろ一九七〇年代には、公民館と新生活運動との関係自体が、双方の関係者の間でほとんど議論の対象とされなくなるという状況が生まれる。

そのことを象徴するのが、一九六〇年代末における全公連と新生活運動協会との関係の希薄化である。全国公民館大会では、新生活運動をテーマとする分科会が、六九年度以降開かれなくなる。[59] また新生活運動協会は、全公連などと共催していた地区別研究協議会から、一九六九年度以降撤退した[60]。これらの理由は全公連の資料によれば、新生活運動協会の「運営方針の都合」によるものとされている[61]。「運営方針の都合」とは具体的には、六八年の行政管理庁による新生活運動協会への助成金漸減勧告（六八年八月。第2章参照）による影響である。なお、貯蓄増強中央委員会や明るく正しい選挙推進全国協議会（旧・公明選挙連盟）も、その後数年のうちに全公連との共催事業から撤退した。全公連は、これら「国民運動」を掲げる諸団体との関係をこの時期に急速に弱めていった。

一九七三年以降、全国公民館大会では、生涯教育理念・構想への関心、公民館の条件整備と職員待遇の問題（これは以前から盛んに議論されていたが）、コミュニティ・センターや市民会館と公民館との競合の問題などが主流となり、住民運動を扱う部会自体が開かれなくなる。新生活運動や生活学校の取り組みは、あくまでこれらの論点の中に含まれる事例の一つとして扱われることとなり、明らかにその重要性は低下していった。

一九七〇年代の社会教育関連雑誌において新生活運動や生活学校に関する実践報告は、宮城県迫町公民館の新生活運動リーダー養成の事例[62]、新生活運動協議会事務局の組織改革を行った島根県西郷町の事例[63]など、散発的には確認される。また『月刊公民館』に毎年記載される、文部省表彰を受けた「優良公民館」（当時、毎年二〇館前後が選定）の事例では、毎年一、二館が「新生活運動」か「生活学校」の活動を掲げており、新生活運動と公民館のかかわり自体は七〇年代以降も継続していたことが見てとれる。しかし七〇年代以降、社会教育・公民館関係者の間での主要な課題の中には、新生活運動や生活学校との関係という論点がほとんど含まれなくなってしまった。生活会議（第2章、第4章参照）に至っては、一九七六年の段階で「このあいだ、私ははじめて生活会議ということをきいた」との岡山県公民館連合会会長の記述が『月刊公民館』にみられる[64]。ここからは、七〇年代の新生活運動協会による新たな取り組みの動向が、公民館関係者の間で重要な話題・関心の対象とならなくなっていたことがうかがわれる。

このことについて、当時のコミュニティ政策や住民運動に対する社会教育関係者の立ち位置という観点から整理してみよう。この時期、社会教育関係者の立ち位置は大まかにみて二つに分かれていた[65]。第一には、コミュニティ政策の趣旨を大筋で認めつつも、公民館は地域における「教育」「学習」のセンターとしてコミュニティ形成に対し独自の役割を持つべきとする、全公連や文部省社会教育局などに代表される立場である[66]。これらの議論の中では、コミュニティと社会教育との関係は、生涯教育の観点からのさまざまな発達課題に対応する社会教育という観点の中に包摂される。また、住民運動が行政に対抗する局面についてはあまり言及がなされないのも、これらの議論の特徴である。これらの立場において、新生活運動はそもそもほとんど議論の要素として触れられることがなくなる。

第二には、一九六〇年代末からのコミュニティ施策を「地域支配を強める方策[67]」とみなしたうえで、それらとは対照的な観点から社会教育と住民運動の関係を構築しようとする立場である。このような立場からの議論は、日本社会教育学会や社会教育推進全国協議会（社全協）、また社全協と結びつきの強い『月刊社会教育』誌などで主に展開されていた。この立場からは、全国公民館大会の住民運動部会で新生活運動、貯蓄増強運動、明るく正しい選挙運動などが扱われているのは、全公連が「官製の住民運動」を重点化していることの現れとして解釈された[68]。またこの立場からは新生活運動は、自治省系統のコミュニティ政策、一九七一年社教審答申や「生涯教育」構想と同列に位置づけられ、住民の体制内組織化を図り地域社会教育の基盤を危うくするものと批判された[69]。

しかし他方で、新生活運動、特に生活学校の実践が、住民運動と社会教育との連携の好事例とみなされることもあった。たとえば『月刊社会教育』一九七五年七月号では、杉並区の生活学校における公害学習活動が紹介されている[70]。調査活動を基にした報告書作成、関係行政部局への調査報告書提出、請願活動にまで至ったこの事例は、同年の社会教育推進全国協議会の全国集会（社会教育研究全国集会）でも報告されている。このように生活学校の個々の事例は、対抗的な住民運動との連携に積極的な社会教育関係者の立場から、意義の高い事例としてとりあげられることもあったのである。

ただし、この互いに対立する二つの理念的立場とは異なる次元、即ち公民館の現場レベルで、社会教育行政・公民館が住民運動との密接な関係を築くことの困難が自覚されていたことにも留意する必要がある。典型的なのは、政治問題や住民運動にかかわる事業に精力的に取り組む公民館・社会教育職員が、通常の職員異動のパターンから見て例外的な形で他部署に「不当」に配置転換されるという問題である。[71] この六〇〜七〇年代の「不当配転」問題は猛烈な反対闘争を喚起した。そしてそれと同時に、住民運動には慎重に向き合う必要があるという理解を社会教育関係者の間で共有させる背景ともなっていた。

実際に七〇年代以降、全国公民館大会で新生活運動が話題となる場合、公民館と住民運動との区分づけの問題として語られることが多くなる。第二〇回大会（一九七一年一〇月）の行財政部会事業分科会では、新生活運動の事例報告（長崎県鹿西町）に対して、「町政と住民運動が一致する場合は問題がない。町政批判の場合は苦慮する」（岡山県の参加者）、「難しい問題だ。公民館の中心的機能が「学習と創造」にある以上、住民運動が出てきた場合、回避できない。」（青森県の参加者）など、住民運動に対し公民館が「中立的立場」をとることの困難が論じられている。[72] また第二一回大会（一九七二年一一月）の成人教育部会都市分科会でも、生活学校の話題が出た際に、「宮城県の公民館大会でこの種の話が出たが、この点で余り［ママ］深めていったら行政批判ということにもなる、という意見が出た。あくまでも住民の学習という点に重点をおいて、住民運動は規制されるべきではないか」（宮城県の参加者）という議論が出されている。[73]

他方で、住民運動との連携を積極的に志向する社全協での議論においても、現場レベルでの困難は認識されていた。たとえば、直接新生活運動に触れた事例ではないが、社全協の開催した第一四回社会教育研究全国集会（一九七四年一一月）の第三分科会では、船橋市の公民館職員が教職員組合や婦人会、その他個人参加者とともに、自衛隊キャンプ反対、中教審答申反対、高校増設要求などの運動に参加している事例などが報告された。これらの報告に対して、「公民館のペースでは住民運動とかかわってはいない。住民運動がこわい。敵視しているのが実情だ」（兵庫県芦屋市の参加者）という公民館職員の意見や、「社会教育が住民運動に援助とか協力などという言葉をつかうのは不満だ。[74] 市の行政に反対する学習を社会教育としてできるのか」という住民運動参加者（名古屋市）の批判が提示された。このように、住民運動が活発でも（あるいは活発であるがゆえに）公民館がそれにかかわろうとしないケース、住民運動側が社会教育行政との連携を疑問視するケースなど、住民運動と社会教育行政の積極的な関係づくりにおけるさまざまな障壁が認識されていた。

このようにみていくと、「コミュニティ」の意義は認めつつも、住民運動から一定の距離を置いたうえで、地域の多様な学習者の課題・要求に応えるという「生涯教育」的構想に沿った上でコミュニティづくりにかかわるという志向の方が、大勢としては公民館にとって穏当な選択となっていったといえる。「国民運動」ではなく、「住民運動」を社会教育行政が扱うということは、問題状況の認識や解決の方向が必ずしも国家レベルでオーソライズされたものとは限らず、むしろすぐれて論争的になりうる活動に、現場の社会教育職員が向き合うということでもあったからである。一方で、「国民運動」のかけ声の下にありとあらゆる取り組みが公民館現場に期待されてきた状況に対し、少なからぬ公民館職員が違和感を表明するようになっていたのも、前節で見たとおりである。全国公民館大会において、「国民運動」「住民運動」を論ずる部会自体が消滅したのは、一方では脱政治的な活動領域を志向し、他方ではあまりに多様で内容的にも拡散した「上から」の「国民運動」からも距離を置こうとする、社会教育・公民館職員の大勢としての姿勢を反映していたといえよう。

(3)　連携の空洞化・形骸化／連携がもたらした可能性

ここまで、新生活運動の位置づけが社会教育行政・公民館の事業の中で次第に希薄化していく状況を、住民運動との連携の困難という側面を中心に概観してきた。このような側面と関連して、地方自治体の社会教育行政機構を基盤として新生活運動を進めるという従来からの仕組みの矛盾という面にも、注目する必要があろう。

新生活運動協会が一九六九年に刊行した調査報告書では、自治体社会教育行政における新生活運動の位置づけについての事例調査の結果が示されている。東京都を事例とした報告書では、多摩地域各市で新生活運動推進を担当している社会教育課か公民館について、「生活即政治という心構えで運動を展開していこうとする場合、教育委員会ではそれに対応できる行政の姿勢あるいは体制をとることが非常にむずかしい」と指摘されている[75]。また、同報告書で紹介された江東区の例では、社会教育課文化係の職員一名、新生活運動推進員（区から委嘱された社会教育指導員と兼務。東京都の新生活運動推進員については第6章参照）一名で新生活運動推進が行われているが、活動に予算の裏付けがないため「呼びかけ活動」しかできず、「この仕事は区のお荷物であって、〔他の社会教育事業にとって〕足手まといになっている」との文化係長の言葉が引用されている[76]。また群馬県を扱った報告書でも、県レベルでの推進体制において担当者が他の社会教育事業の傍ら新生活運動を担当しており、社会教育課の中でも重点的目標とされていない、という現状が指摘されている[77]。これらの報告書は、協会の意図に反して、新生活運動が社会教育行政の現場では「上からきた」歓迎されざる運動、または単なる副次的業務、と捉えられている実態を、協会自身が明確に問題として認識していたことを示すものであった。

つまり、新生活運動が国民の自主的な運動をその理念としている一方で、県・市町村レベルでの推進体制をみると、財政・人員的に恵まれない社会教育行政がしばしば「本来の業務と異なる領域」と認識しつつ、実際の運動推進を担っているという構造になっていたのである。それに加え、さまざまな行政領域にわたる新生活運動の内容を社会教育行政が担うことの困難も、問題の一つであった。戦後初期、「郷土振興の中核機関」として構想された公民館は、社会教育法施行と市町村教委への移管を経て、社会教育施設としての制度的位置づけの明確化が進んだ。しかし新生活運動にとっては、本章第2節でも見たように、地域住民や団体の諸活動、さまざまな行政事業と未分化であった戦後初期の「寺中構想」的モデルの方が、運動推進の上でむしろ親和的であった。その後社会教育行政が制度化・専門化を進めていくほど、新生活運動の推進を実質的に担っていることとの矛盾は大きくなってきたのである。

ただし社会教育行政・公民館と新生活運動の関係の変遷を見るうえで、その矛盾・齟齬のみを強調するのも一面的であろう。社会教育主事、公民館主事などの専門的な社会教育職員の存在が、新生活運動の展開のうえで大きな役割を担ってきたこともまた確かだからである。特に、一九六〇年代以降の生活学校の運動モデルの普及は、社会教育職員の積極的な活動に大きく負うものでもあった（第5章も参照のこと）。たとえば秋田県鷹巣町の南鷹巣生活学校の事例は、その活動の持続性、学習と行動との結びつき、身近な問題をとりあげる姿勢などが『日本の新生活運動』誌上でも高く評価されていたが、この活動が取り組まれる契機となったのは、補佐メンバーとしての社会教育主事による婦人会への働きかけであった(78)。京都府内での生活学校も、社会教育職員からの婦人会などへの働きかけにより開設されている。京都府では、住民の自治意識を高めるきっかけづくりとして、地域での話し合いを基盤に、地域の世話役が中心となって学習・運動を計画する「ろばた懇談会」の取り組みが六七年より行われており、これが生活学校と関連した学習活動として、社会教育行政の積極的支援のもとに展開されていたのである(79)。

逆に、新生活運動の運動モデルが、公民館活動に一定の刺激を与えてきたという面も注目される。とくに、一九六〇年代半ばからの生活学校の運動モデルは、すでに触れたように、高度成長期における都市化の中での公民館活動のあり方、という当時の大きな課題に対して、少なくとも一つの新たな方向を指し示していたのである。

おわりに

一九六〇～七〇年代の社会教育研究では、「国家」「独占資本」対「民衆」「現場の社会教育職員」という対立構図に基づく社会教育行政の実態解釈(80)が強い影響力を有しており、現在でもこの構図で戦後社会教育史が記述されることが少なくない。本章の冒頭でみたように、新生活運動はこの対立構図における前者の一部として記述されることが多かった。しかしここまでの歴史的検討を踏まえれば、「新生活運動」＝「上から」／「公民館での実践」＝「下から」という構図は両者の関係の一側面でしかないことがわかる。逆に、五〇年代後半から六〇年代において新生活運動関係者が社会教育行政・公民館やその職員に対して抱いた「教育」「学習」への硬直性というイメージもまた、一側面だけを強調したものであった。双方ともそれぞれの組織的あるいは制度的制約のゆえに、自らの活動原理を十全に実現できないという課題を抱えていた。それに加えて、一方の理念的立場から他方の実態上の課題を批判し合う（「上からきた新生活運動」「硬直的な社会教育・公民館職員」）という状況も生まれていた。さらにこの多面的な両者の関係自体が、公民館に期待される機能の変化や、「運動」へのまなざしの変化（「国民運動」から「住民運動」へ）に伴って明らかに変容していったのである。

このことを、本章の「はじめに」で触れた新生活運動の組織的特性という視点から整理してみよう。新生活運動はその末端での運動展開において、地方自治体の社会教育行政機構、特に市町村レベルの社会教育職員、公民館職員に大きく依拠するという組織的特性を有していた。このことは、さまざまな地域活動支援と社会教育事業とを未分化に併存させていた戦後初期の公民館のあり方が、地域社会における新生活運動の拠点として適合的であったことによるものであった。新生活運動が行政機構を拠点としていたことは、意欲的な社会教育・公民館職員を運動資源として活用できるという利点にもつながった。

その後、公民館のあり方が「教育」「学習」を軸として理念化され、生活課題との結びつきの薄まる傾向が生まれたのに対して、新生活運動は、実際生活と結びついた「運動」「実践」の原理から批判を投げかける存在となっていた。他方で、行政機構に大きく依拠するという新生活運動の性格が、運動のルーティーン化、上意下達化の傾向を生みだしたことも否定できない。この傾向は、戦後社会教育行政における市町村中心主義という原則や、自治体内で社会教育行政に配分される人員・財源が乏しいという現実ともあいまって、運動の存在意義自体に対する批判が社会教育・公民館職員からわきおこる背景にもなっていたのである。

すでに見たように一九七〇年代以降、社会教育・公民館関係者の中で新生活運動は主要な課題として扱われなくなる。新生活運動協会においても、社会教育行政、公民館の課題を集中的に扱った刊行物は六九年一一月の『特信』誌上の調査報告が最後であった[81]。七〇年代以降も、公民館は新生活運動の展開される場ではあり続けたが、活動理念の密接さが語られあるいは活動の志向を巡り激しい議論を生みだしたかつての両者の関係は、この時期には限りなく希薄化してしまったといえる。

注

（１）横山宏「社会教育法体制期の時代的性格と構造的特質」（国立教育研究所編『近代日本教育百年史八』教育研究振興会、一九七四年）六〇六頁。
（２）小林文人「一九五五年以降の社会教育行政の動向」（前掲、国立教育研究所編『近代日本教育百年史八』）八二一〜八二二頁。
（３）田辺信一「新生活運動」（平沢薫・三井為友編『現代社会教育事典』進々堂、一九六八年）四八五〜四九〇頁。
（４）ただし、国土美運動の展開の動機が専ら助成金獲得にあったとする田辺の見解は、新生活運動協会内の議論を見る限り（第１章参照）必ずしも正確な認識ではない。しかし実際の運動展開については、補助金をとるために国土美運動を創意工夫しているような状況が生まれている、という批判が協会内部でもあった（第２章参照）。この点では、田辺の指摘は当時の状況をそれなりに的確に踏まえたものであったといえる。
（５）寺中作雄『公民館の建設』（公民館協会、一九四六年）。引用は寺中作雄『社会教育法解説／公民館の建設』（国土社、一九九五年）二〇二頁。
（６）同前、一九二〜一九三頁。
（７）笹川孝一「戦後初期社会教育行政と「自己教育・相互教育」」（碓井正久編『講座・現代社会教育Ⅱ　日本社会教育発達史』亜紀書房、一九八〇年）二五二〜二六六頁。
（８）矢口悦子・柳沢昌一「共同学習の展開」（日本社会教育学会編『現代公民館の創造――公民館五〇年の歩みと展望』東洋館出版社、一九九九年）二二四頁。
（９）吉田昇「共同学習の本質」（青年団研究所編『共同学習の手引』日本青年館、一九五四年）。
（10）この時期の日本青年団協議会（日青協）による共同学習運動の推進は、文部省による青年学級法制化の動き（一九五三年八月に青年学級振興法公布・施行）に対し、一方的・講義中心的な教育を勤労青年に強要するものであるとして日青協が最終的に反対の立場をとったことと密接に関わっている。
（11）三井為友・田辺信一「戦後婦人教育史――中央との行政路線に沿うて」（日本社会教育学会編『日本の社会教育一〇　婦人の学

習』東洋館出版社、一九六七年）七六〜八二頁。

(12) 三井為友「社会教育の施設」（長田新編『社会教育』御茶の水書房、一九六一年）二一七〜二二〇頁。

(13) 同前、一六五、二四二〜二四五頁。

(14) 田辺信一は川口市教育委員会在職中の一九五四〜五五年に、東京都立大学での社会教育主事講習の受講を機に三井為友との親交を深める。川口市教委退職後、新生活事業センター、新生活運動協会での職を得たことも三井との縁が契機になっている。詳しくは、田辺信一遺稿集刊行委員会『生活復権のために』（ドメス出版、一九七六年）参照。

(15) 文部省社会教育局『社会教育の現状　一九五二』一九五二年、八〜一一頁。

(16) 「実践団体の組織と運営」（同年三月）、「結婚と葬儀の改善」（四月）、「衣の改善と食生活の問題点」（五月）、「遊びと道義〈新生活の手引〉」（九月）など、同年二月から一〇月まで計七本の渡辺の論説が掲載されている。

(17) この増加の背景としては、農協婦人部など各種団体の結成・拡大に伴い婦人会の人員・計画との重複が生じたり、町内会復活に伴い婦人会が吸収されるなどの五〇年代初頭の動向の中で、婦人会の新生活運動、共同学習への取り組みが他団体との差異化による現状打破の手段とされたことが、当時の社会教育局の資料で指摘されている。文部省社会教育局『婦人教育資料　昭和三四年度』一九五九年、一二〜一三頁。

(18) 文部省社会教育局『婦人教育資料　一九五六年』一九五六年、六〜七頁。当時の婦人教育研究集会の様子については、たとえば一九五四年度の地区別婦人教育研究集会で「李ライン突破漁船問題」「原水爆使用禁止」といった政治問題の討議・決議に持ち込もうとする参加者の存在を、社会教育課関係者が危惧している（同書、五頁）。新生活運動に対しての「教育性の軽視」という批判的認識の背景には、婦人教育・婦人団体におけるこういった政治運動への動員という側面への危惧もあったと考えられる。

(19) 文部省社会教育局『昭和二九年度全国婦人教育指導者会議』一九五四年、六五〜七四頁。

(20) 文部省社会教育局『社会教育の現状　一九五五』一九五五年、六三〜六五頁。

(21) 寺中作雄「温故知新——社会教育はこの十年どう歩んできたか」（『文部時報』第九三六号、一九五五年七月）四三〜四四頁。

(22) 全国公民館連絡協議会（全公連）は、一九五〇年六月の全国公民館職員講習会（主催・全日本社会教育連合会）が契機となって、一九五一年一一月に設立された団体である（初代会長・北村政義）。当初は任意団体だったが、一九六五年三月に社団法人として改組し、「全国公民館連合会」に改称している。法人化の前後で略称は変わらず「全公連」であるので、以下本章でも特に断りが必要な場合以外はこの略称を使用する。

(23) 第二回全国公民館大会運営委員会『第二回全国公民館大会資料　記録編』一九五三年、六五〜六七頁。

(24) 全公連『第四回全国公民館大会』一九五五年、四五頁。この要望書では、新生活運動が「その効果を具体的に発揮」するために、「多年地域会社《ママ》の生活に結びつき住民の生活と密着し、各種団体の中枢機関として、実践してまいりました公民館が、その中心にならなければならない」として、公民館中心の運動推進を強く求めている。

(25) 第四回全国公民館大会事務局『第四回全国公民館大会分科会記録』一九五五年、八頁。全公連会長が実際に新生活運動協会理事となるのはこの時からやや遅れて一九五八年四月（第三代会長、塩原圭次郎）からである。

(26) 一九六一年度（第一〇回大会）以降、文部省と財団法人新生活運動協会は、財団法人公明選挙連盟、貯蓄増強中央委員会などとともに大会後援団体となる。

(27) 全公連『全国公民館大会資料　第五回』一九五六年、一頁。

(28) 全公連『第五回全国公民館大会　第一日』一九五六年、一〇～一二頁。

(29) 文部省社会教育局『社会教育の現状　一九五七』一九五八年、四三頁。

(30) 全公連『第五回全国公民館大会　第一日速報』一九五六年、一六～一七頁。

(31) 同前、一八頁。

(32) 全公連『第六回全国公民館大会　資料篇』一九五七年、一三～一四頁。

(33) 全公連『第一〇回全国公民館大会　資料』一九六二年、二八頁。

(34) 同前、二九、三〇頁。

(35) 文部省社会教育局『社会教育の現状　一九六一』一九六三年、二一頁。

(36) 文部省社会教育局『成人教育における市民性の向上について』一九六一年、三～六、一〇～一五頁。

(37) 同時期のそのような「市民」イメージの例として、高畠通敏「「政防法反対市民会議」の構想」（『週刊読書人』第三九四号、一九六一年一〇月二日）。

(38) 全公連『第一一回全国公民館大会記録』一九六三年、四四～四六頁。

(39) 全公連『国土美化と公民館運動研究協議会記録』一九六三年、三頁。

(40) 全公連『全公連二五年史』一九七六年、一五〇～一五一頁。

(41) 全公連『第一二回全国公民館大会記録』一九六四年、三三頁。

(42) 全公連『第一三回全国公民館大会記録』一九六五年、五四頁。ちなみにこの発言者は後に『月刊社会教育』などに盛んに寄稿する、国分寺市公民館職員の進藤文夫と見られる（大会記録には姓のみ記載）。進藤はこの時期、三多摩社会教育懇談会（注48参照）

で田辺信一、小川利夫らとともに活動している。このような背景をもつ進藤にとって、新生活運動の「上から流れてきた」側面は看過できない問題であったと考えられる。
(43) 全公連、新生活運動協会、公明選挙連盟『昭和三九年度　地区別研究協議会記録』一九六五年、五七頁。
(44) 同前、五八頁。
(45) 「指定地区総まくり　その実態と問題点・こんごの方針　運動の影響とこんごの進め方」(『特信』第五号、一九六一年一二月)一九頁。発言者の氏名は明記されていない。
(46) 「ひろば　共同研究　運動の各面にわたっての反省と、今後の方針、考え方」(『特信』第六号、一九六二年一月)一一～一二頁。発言者の氏名は明記されていない。
(47) たとえば藤原英夫「地域における公民館の役割」(『特信』第二五号、一九六三年七月)。
(48) 東京都・三多摩社会教育懇談会『三多摩社会教育懇談会研究集録一　三多摩の社会教育』一九六五年。
(49) 全公館『公民館のあるべき姿と今日的指標　総集版』一九八二年に所収。
(50) 全公連『第一四回全国公民館大会記録』一九六六年、五八～五九頁。
(51) 全公連『第一五回全国公民館大会記録』一九六七年、六二～六三頁。
(52) 同前、八〇頁。
(53) 全公連『第一六回全国公民館大会記録』一九六八年、五七～五九頁。
(54) 生活学校については文部省社会教育局も比較的早くから着目しており、一九六五年度には文部省が、先進的な実践を行う実験公民館への生活学校の委託を新生活運動協会に要請していた(「生活学校運動の歴史的性格」『特信』第一〇六号、一九七〇年五月、一二頁)。ただし一九六五年以降、生活学校の取り組みに関する具体的記述は文部省社会教育局の刊行物や『社会教育』誌ではほとんど確認されず、少なくとも国レベルの社会教育行政では生活学校が重視されていたとは言い難い。
(55) 全公連『第一七回全国公民館大会記録』一九六九年、五七～五八頁。
(56) 全公連『昭和四三年度　地区別研究協議会記録』一九六九年、一七～二二頁。
(57) 「公民館の現状と問題点」(第五二号、一九六五年一〇月)、「公民館への要望特集」(第五三号、一九六五年一一月)、「公民館の今日的方向特集」(第五四号、一九六五年一二月)。
(58) 「座談会　公民館の今日的方向」(『特信』第五四号、一九六五年一二月)一～一三頁。生活学校を新しい公民館活動のスタイルとしてとらえる議論はほかにも、景山博「地方記者の意見」(『特信』第五三号、一九六五年一一月)などで提示されている。

(59) なお、全国公民館大会の住民運動部会は第二一回（一九七二年度）まで行われ、「公明選挙」「貯蓄増強」についてはこのときまで分科会の議題として扱われている。
(60) 新生活運動協会以外の各共催団体も一九七〇年度を最後に共催から下りている。地区別研究協議会自体は一時休止後、一九七四年度から全公連単独開催となるが、次第に規模縮小し、七八年度を最後に開催されなくなる。全公連『全公連二五年史』一九七六年、一五一頁、同『全公連三五年史』一九八七年、五一、二〇〇～二〇三頁。
(61) 前掲、全公連『全公連二五年史』一五一頁。
(62) 「町から村から」（『月刊公民館』第二三二号、一九七六年九月）。
(63) 門脇裕「まちづくりと公民館」（『月刊公民館』第二四九号、一九七八年二月）八～九頁。
(64) 横山正人「〝生活会議〟」（『月刊公民館』第二二八号、一九七六年五月）三〇頁。
(65) この二つの立場を、コミュニティ政策への姿勢を中心にして説明したものとして、鈴木眞理「社会教育の周辺――コミュニティと社会教育のあいだ・再考」（『社会教育学・図書館学研究』第一一号、一九八七年）五四～五五頁。
(66) 中島俊教・徳永功・沖山収「公民館の問題点」（『社会教育』第二六巻一一号、一九七一年一一月）、田代元彌「第二〇回大会以後の公民館」（『月刊公民館』第一八二号、一九七二年七月）、湯上二郎「コミュニティの形成と公民館の役割」（『月刊公民館』第一九二号、一九七三年五月）、「第二次専門委員会報告書――成案」（『月刊公民館』第一五八号、一九七〇年七月）二～八頁等。
(67) 柳下勇「政府・財界筋のコミュニティ構想と社会教育」（『月刊社会教育』第一六巻七号、一九七二年七月）。
(68) 禰酒太郎「全公連の姿勢を正す――第十七回全国公民館大会を中心に」（『月刊社会教育』第一三巻三号、一九六九年三月）六八頁。
(69) 千野陽一「コミュニティと社会教育」（日本社会教育学会編『日本の社会教育二〇　コミュニティと社会教育』一九七六年）。
(70) 辻野梅子「主婦の公害学習――あさがおによる光化学スモッグ調査など」（『月刊社会教育』第一九巻七号、一九七五年七月）五八～六三頁。
(71) この問題を当時扱った代表的なものとして、「特集　不当配転問題の検討を深めるために」（『月刊社会教育』第一三巻六号、一九六九年六月）。
(72) 全公連『第二〇回全国公民館大会記録』一九七二年、三三頁。
(73) ただしこれに対しては、「住民の意見があればたとえ少数の意見でも教育として取り上げるべきだ」（兵庫県の参加者）という別の立場からの議論も見られた。全国公民館連合会『第二一回全国公民館大会記録』一九七三年、三二頁。

(74) 福尾武彦「第三分科会　住民運動と社会教育　住民運動と社会教育のかかわり方をめぐって」(『月刊社会教育』第一八巻一二号、一九七四年一二月)。
(75) 新生活運動協会『推進組織に関する調査(I)』一九六九年、四頁。
(76) 同前、一九〜二七頁。
(77) 新生活運動協会『推進組織に関する調査(Ⅲ)』一九六九年、一〜四頁。
(78) 小川剛「問題解決への着実な取り組み――秋田県・鷹巣町南鷹巣生活学校」(『日本の新生活運動　一九七〇年版』一九七一年)九一〜九五頁。
(79) 巻正平「京都府の生活学校運動　連携運動に特色」(『日本の新生活運動　一九六八年版』一九六八年)二五〜二九頁。
(80) たとえば、小川利夫「社会教育の組織と体制」(小川利夫・倉内史郎編『社会教育講義』明治図書出版、一九六四年)。
(81) 「公民館主事の仕事と意識　その誇りと苦悩」(『特信』一九六九年一一月)。

終　章　総括と展望

1　新生活運動の歴史的位置

(1)　前期の新生活運動

①　新生活運動は「民族の独立」をめざす運動である

敗戦から一九六〇年代前半までは、民族の独立を実現するために「真の民主主義」をめざすという国家目標イメージがエネルギーの源泉となって、新生活運動を突き動かした。そしてそのイメージは運動の現場でもある程度共有されていた。それゆえ新生活運動を推進する上からの政治的エネルギーと、生活改善欲求や「封建的諸関係」是正を希求する生活実践のエネルギーがお互いに力を与えあう構造が現出し、そのもとで新生活運動が推進されていった。

新生活運動は一枚岩の運動ではなく、運動の現場において、生活改善と「封建的諸関係」の是正のどちらをよりめざすかに関する競合があった。またそうした生活実践の場での欲求と、民族の道義高揚を図り民族の独立をめざすという政治的意図の間に乖離がなかったわけではない。しかし、前期の新生活運動においては、序章でも引用した「変革を管理し、抑制したい衝動と、草の根の支持者に力を与えたいという相反する衝動」が現実的に力を持ち、民族の再生を果たし「真の民主主義」をめざすという言説が、生活実践の現場で語られることにより、運動にエネルギーを与える構造があった。

また新生活運動が「物心両面」の改革運動だと指摘される際の「物」については物資的豊かさをめざす運動として、現在の我々にも理解しうる感覚かもしれない。その一方で「心」の改革についても当時運動に参加した人びとの間には極めて具体的なイメージとして思い描かれていたことに留意せねばならない。「心」の改革とはまず運動の担い手自らが運動の出発点となり、親子や嫁姑、そして夫婦といった家族内の諸関係、そして村内の諸関係といった人間関係を再構築しようとすることであった。それは民主主義を「自分たち」なりに解釈し、「自分たち」の生活の中に根付かせようとすることであった。

新生活運動により「物心両面」の改革をめざし、民族の再生をめざすと主張した政府や新生活運動協会は、「生活の中で民主主義を民族（国民）に体得させたい」「生活をたてなおすことが民族（国家）のたてなおしにつながるのだ」という想いを持って運動に乗りだし、そうした運動に加わる革新の側からは新憲法の精神を体得する、また運動に加わる保守の側からは国民の道義昂揚をめざすという表現でそれらの思いは語られた。民族の独立をめざすという目標をもち、そのために「真の民主主義」を樹立することが不可欠であると考える運動が前期の新生活運動であったのだといえる。

敗戦直後、安積得也は一冊のノートに自らの述懐を綴っている。

> 一眼は冷厳以て眼前を見るべし。一眼は希望と確信とを以て前途を見るべし。強き意志、明るき叡智、温き情熱こそ貴けれ。強く明く温かくあれと祈候。日本人が世界人類の敬愛に値する大国民となること、そこに未見日本建設の礎石ありと存候。[1]

そして「来るべき大反省、大鍛錬、大創造時代」が「前に控へて」おり、全力で「文教政策」に取り組まねばならない[2]というのが敗戦直後の安積の決意であったのである。

敗戦後の民族の再建のために、民衆や人間へと期待をかける感覚が、野坂参三や南原繁といった左派、リベラリストまで巻き込んだ一定の裾野を持ちつつ広がっていたことは第1章で確認したとおりであり、民族の独立を掲げる新生活運動はこうした思想的土壌のうえに芽生えてきたものであると思われる。

② 新生活運動は「戦後」の運動である

地域／職域単位で小グループを結成し、その中で指導者を養成し運動を進めようとする新生活運動・前期の運動スタイルについては、地域／職域の二つの回路から国民を捉え、運動を展開しようとする点において、戦時期の生活指導のあり方をひきずる面があった。また政治面で公明選挙運動を実行し、生活面で新生活運動を実行することで、「幸福追求の道」を探った安積得也が、生活改善と選挙粛正運動を併行して行った戦前期内務省官僚の発想を引き継いでいる点も指摘した（第1章）。安積以外でも本書に登場した田村文吉ら新生活運動に携わった人物の多くが戦時期の生活運動にかかわっており、戦時期からの連続性は確かにある。

しかしそれでもなお新生活運動は明確に戦後の運動であるといわねばならない。なぜならば新生活運動は「真の民主主義」を標榜することによって、戦時期以前の生活に関する運動から決別しようとする意図を持っていたからである。

具体的には「翼賛」というキーワードをアンチイメージとして新生活運動は語られた。日本国憲法が発布されることにより、「大政翼賛会は「幕府的存在」である——大日本帝国憲法の枠組みを逸脱している」という戦時期以来の大政翼賛会批判のスタイルは霧消し、かわって「上からの課題設定とそれに対する下からの賛同」という大政翼賛会の構成原理に対する「翼賛」批判のスタイルが登場する。「翼賛態勢のような形は作りたくない[3]」、「翼賛的な方法はだめ　新時代に処する心構え」（通信五七年八月一〇日）、これらは新生活運動協会の設立と前後して語られたことばである。「強力な政治体制」をしくという目的自体には大きな変化を加えられることはないままに、「一国一党」をめざした大政翼賛会の「形」や「方法」は明確に否定された。

一九五五年、生活に関する二つの世論調査が行われた。一つは二月に行われた国民生活に関する世論調査であり、もう一つは九月に行われた新生活運動に関する世論調査である。同じく生活を題材とした調査ではあるが、その性格は全く異なる。前者は経済的な意味における国民の「暮らし向き」をターゲットとしたものであり、同時期に刊行が始まった国民生活白書と同様世帯・家族の経済状態を対象とする分析に終始している。こうした「生活」と新生活運動の史料で語られる「生活」とは大きくことなる。

一九五〇年代の新生活運動が訴える「生活」とはいかなるものであったのか。新生活運動を分析対象としてきた本書をもう一度振り返り、新生活運動が強調した二つの側面を指摘したい。それは、自発性を持って自主的に生活実践のなかに課題を発見する意識を重視する点であり、次に課題を発見する際に「話し合い」というプロセスを重要視する点であった。新生活運動では、自発的に、そして「人と人の関係性」「村と村の関係性」「地域内における人と人の関係性」のなかで、話し合いというプロセスを通じて生活課題の発見が行われることがめざされた。新生活運動の発想においては、人びとがいかなる想いを抱いて生きるか、そして人と人がいかにしてつながっていくのかが問題とされ、そうした想いやつながり自体が「生活」だと把握されたのである。

以上の点を踏まえたとき、この本で析出した概念「話し合い」が歴史的なキーワードとして価値を帯び始める。

（自主性＋相互性）×話し合い＝新生活運動

これは安積得也が新生活運動を示す公式として日記に記したものである。[4] わたし（＝「自主性」）とお互い（＝「相互性」）が「話し合い」で結ばれていく関係性の再構築こそが前期の新生活運動の基調であった。

そして新生活運動が描く「真の民主主義」達成への方策を考える際に、本書では新生活運動協会を分析の中心に据えながら政治主体間の緊張関係を析出している。第1章では新生活運動に合流する政治勢力と新生活運動に参加しない政治勢力という問いを立てることによって、一九五〇年代の新生活運動を俯瞰する際の政治的対抗関係をスケッチした。「真の民主主義」―民族の独立―自主外交という論理的に連関した三点が新生活運動を推進する勢力に共通する特徴として見られた点を改めて指摘しておきたい。

③　新生活運動の困難と打開の方向性

ただし新生活運動の理念と運動との関係は必ずしも良好であったわけではない。

地域においては、地区運動を強化することで「封建遺制的な部落共同体の性格」を「民主化の過程を通さないで、再編強化する」傾向という、協会の意図を裏切る結果が生じているといった事態も存在したのであり、だからこそ協会は訪問集会、泊り合い集会といった協会が持つ運動理念を端的に表す運動を事例としてピックアップして示す必要があった（第4章）。

また第3章では先行研究が進んでいた職場（職域）の新生活運動について、協会と財界の政治的位置関係を意識しながら立論し、同じ新生活運動ということばで運動が立てられながらも、人口問題研究会・新生活運動の会と新生活運動協会では運動に対するアプローチの差異があることが指摘された。経済の独立をめざす人口問題研究会の新生活運動と、民族の独立をめざす新生活運動協会の新生活運動は運動の目標の面で相容れない部分を持っていた結果として、運動スタイルの面においても、前者が（運動参加者からの希望アンケートをとりつつも）上からの課題設定――たとえば家族計画運動――を行ったのに対して、後者が「話し合い」による下からの課題設定のプロセスを重視した点において異なっていた。しかし前者の運動が、「家族手当や健康保険費用が削減できる」といった運動の効果や労働災害の防止効果を掲げ、企業の利益と合致することにより一定の盛り上がりを見せたのに対し、後者の運動理念は現場にまで浸透したわけでは必ずしもなかった。また前者が労働組合を運動に巻き込むことを意図していなかったのとは異なり、後者は経営者も従業員も「ともに同じ職場で同じ産業に従事する者として理解し合」い同じテーブルにつくべきという方針も崩さず、労働組合に対しての呼びかけを続けた。しかし前期の時期においては、この呼びかけに対し労働組合が必ずしも積極的に応じたわけではなかった。人口問題研究会と新生活運動協会に代表される二つのアプローチの差異は、運動が後期に入り大きな社会変動に直面すると、「二つのライン」へと分裂していくことにつながるのであるが、その点については次項でみる。

また運動と組織の問題にも留意せねばならない。中央と現場とを結ぶ地方組織レベルにおいては、現場の発意に運動を任せることなく、運動をある程度コントロールする発想が行政組織から生じることもありえた。こうした問題は「自発性」という新生活運動の根本理念にかかわる問題であった（第6章）。

さらに新生活運動と社会教育行政の関係についても、必ずしも常時協力関係にあったわけではなかった。両者の理念について、「運動／実践」と「教育／学習」という筋道に沿って分析した第7章では、「運動」と「実践」の場を通じて、人と人の関係性を構築し、その上に民主主義が確立するのであるという協会の理念と、「教育」「学習」を通じて民主主義を担う公民を育成しようとする社会教育行政の理念が対立をはらんだものであったと評価されている。この対立は新生活運動の性格をより際立たせる一面があったといえる一方で、各都道府県の新生活運動協議会が多く社会教育課に置かれたことを考えると、協会の意図を運動の現場に広める際に、最初に立ちはだかる壁が社会教育行政組織であった可能性を示唆している。

さらに一九六四年の東京オリンピック招致決定を受け、新生活運動は一定の変化を見せる。課題設定を生活実践の現場に委ねる従来型の運動の仕組みではなく、なんらかの見える成果を運動に求める声が協会中央でもみられるようになるのである。従来とは異なり、上からの課題設定をなした国土美運動の展開が見られたことは、従来の路線からの変調であり、その変化は協会と社会教育行政との間に一定の緊密な関係を生み出したことにも現れている。また第3章で見たように、六二年から協会自らが行う事業として、巡回指導をスタートさせたことも留意すべき協会の変化であろう。

なかんずくオリンピック開催地東京では、新しいスタイルの運動の発展が見られた（第6章）。元来東京を含む都市圏では下からわき起こる生活改善要求や人間関係改善要求に乏しく、それゆえ新生活運動の盛りあがりに欠ける状態にあったのであるが、一九六〇年代にはいると、東京の美化が目標として掲げられ、方法上の疑念も持たれつつも、行政系統を利用した推進員制度が採用された。予算も大きく計上された。東京で展開した新生活運動は、「話し合い」というよりも、清掃や美化を中心とした課題を重視する運動であり、それは協会設立期からの理念からずれたものであった。

一九六〇年代半ば後半からの新生活運動は新しい展開をみせていく。しかしながら次項で見るとおり、その打開は必ずしも前期の問題点を解決していく方向でなされるわけではない。

六〇年代半ば以降に入り、高度成長に伴う急激な社会変動への対応のなかで、新生活運動は協会によって再定義される必要が生じ、協会は各種機能集団の「参加」と「異質の対話」を主軸とする運動のアプローチを練り上げ、そのもとで新しいエネルギーによって運動は再編されていく。そうしたなかで前期以来の「話し合い」というアプローチは運動の主軸から退く感もある。

しかし地域と職域の運動の現場においては「話し合い」というキーワードが依然として用いられ続ける（第3章、第4章）のであり、後期の新生活運動協会は封建的な人間関係の打破という前期以来の課題について地域と職域で依然として取り組みつつも、急激な社会変動への対応という新しい課題にも対応することが求められていくのである。

(2) 後期の新生活運動

① 一九六〇年代の到達点と限界

一九六〇年代半ばの新生活運動は、運動の停滞感やそれを乗り越えようとした国土美運動の方向性を省みるとともに、高度成長に伴う急激な社会変動への対応を迫られるなかで、「生活者」の「主体性」「人間性」をキーワードに、当座の生活防衛をめざす運動として再出発する方針を打ち出した。そのなかで協会は、高度成長に伴う社会変動の影響を、人間の疎外と社会の分裂という問題として受けとめ、新しい社会の「連帯」を築いていく構想を打ち立てたうえで、「参加」と「対話」を主軸とするアプローチを練り上げていった。

このうち、「参加」というアプローチは、協会の位置づけの変化とも密接にかかわっていた。再三強調してきたように、前期における協会は、自発的な民間運動を「お手伝い」する機関という位置づけであったが、後期には、運動方針を積極的に打ち出す「推進」機関という位置づけに改められた。社会変動の影響が人間疎外という形で表われている以上、運動の契機を人びとの自発性のみに求めることができなくなっていたからである。後期の協会は、協会の「推進」する運動へ「参加」させることで、人びとの「主体性」を喚起しようと考えるに至った。

一方、「対話」というアプローチは、前期以来の「話し合い」路線から生まれたものであったが、前期の「話し合い」が、人と人との「封建的」な関係性を改めることに力点が置かれていたのに対し、後期の「対話」は、さまざまな機能集団が対等な立場で向き合い、ともに問題の解決をめざすための方法として創案された。それは、高度成長に伴う社会変動によって、人と人との関係性をめぐる問題状況が変わった、という認識を協会がもっていたことの反映だった。第2章で紹介した加藤千代三の表現を借りれば、「社会的な機能が分化」し、「地縁や血縁をもとにして成立した全人格的な人間関係が弱まって、機能的なはたらきあいで結ばれていく側面的な人間関係がつよく支配し」はじめたというわけである。そうした問題状況の変容は、さしあたり生活学校運動において正面から受けとめられ、従来からの地域や職域の運動にはあてはまらない面をもっていたが、いずれにせよ、そこでの合意形成の可能性は、「異質」な立場を認めつつも、究極的にはあらゆる機能集団はみな「生活者」であるという一点に担保されると考えられており、「生活者」という主体規定には、多様な機能集団を取り結ぶ開かれた共同性の拠り所として強い意味が込められていた。

こうした協会の構想とアプローチは、「私生活主義」に向かう人びとを「消費者」として経済発展の文脈に置き直そうとする日本消費者協会や、「生活者」を立脚点として対抗文化運動を進めようとした生活クラブ生協、あるいは、「異議申し立て」による反対運動・抵抗運動という形をとった多くの住民運動など、同時代の諸運動と異なる視座に立つものであった。しかし、そこには大きな問題が潜んでいた。それは、前期には（問題を孕みながらも）成立していた「政治的意図」と「運動」との循環（＝運動を政治的に定義づけるエネルギーと、生活向上をめざす運動主体のエネルギーとが、ともに力を与え合う関係）が、後期においては成立しなかった、という問題である。

このような到達点と限界の両面を最もよく示しながら、後期における新生活運動の新局面を切り開いていったのが、第5章でみた生活学校運動である。

一九六四年に始まった生活学校の取り組みは、高度成長に伴う新たな消費問題の発生と、試行錯誤を重ねながらつかみとった「事前集会」「対話集会」「事後処理」という「しくみ」の妙によって、一九七〇年代にかけて大きな盛り上がりをみせていった。そして、「専門家」でない「主婦」という立場を堅持する姿勢や、共同購入の際にみせた配慮などからは、生活学校が地域社会のなかで孤立することを強く警戒していたことがうかがえるが、このことは、「生活者」による新しい「連帯」を築こうとする協会の方針が、運動主体にまで浸透していたことを端的に物語っている。

しかしながら、協会はその背後に、生活学校を政治的に定義づけるエネルギーを十分にもつことができなかった。「生活者」による新たな連帯を築いた先に、どのような政治課題を抱えたいかなる政治主体と接点をもてるのか、その展望が開けなかったからである。おそらく、協会がほぼ唯一その展望を開く可能性を期待したのは、社会開発を掲げる佐藤栄作内閣であったと思われるが、第2章に記したように、佐藤内閣は生活学校を「物価」問題との関連という狭い枠でしか捉えられず、安積が「生活者」路線への無自覚を嘆いて終わった。それはたとえば、日本消費者協会が、「消費者」を経済発展というニューライトの大きな政治課題に置き直したことで、消費者運動に力を与える存在として立ち回ることができたことと、見事なまでの対照をなしている。そして、この違いは、煎じ詰めれば、保守の側から生活の質を問うということの限界に根ざすものであったと考えられるが、その問題については後述する。

他方、高度成長に伴う社会変動に対応した運動方針を打ち出しながらも、実態面では十分な成果を挙げられなかったのが、第3章でみた職域の運動である。

後期における職域の運動は、「前近代的」な人間関係を色濃く残す一方で、そこに人間疎外という新たな問題が重なることで孤立を深めていた中小企業の労働者を対象に据えて、「職場における人間関係の改善」と「人間性の回復向上」をめざす運動として展開された。具体的には、一九六四年度から職場を対象とする「職場を明るくする運動」と、青少年労働者の余暇活動に取り組む「働く青少年の野外活動」との二本柱で進められ、それが六六年度に前者を中心とした「明るい職場づくり運動」へ後者も合流させる形に整理された。

このうち、前者の明職運動は、QCサークル、ZD運動、生産性運動など多様な小集団活動に通じる狙いをもっており、技術革新に追いつこうとする中小企業のエネルギーをとり込んで一定の普及をみせた。しかし、そこに協会の意図が貫徹していたとは評価できない。他の小集団活動が、生産性向上や品質管理といった経営上の直接的な利点を強調するものであったのに対して、協会は人間性の尊重や人間関係の改善に運動の力点を置こうとしていたが、運動主体はあくまでも業績の向上という論理で受けとめ、それゆえに一定の広がりをみせていたからである。

一方、後者の「働く青少年の野外活動」は、「うたごえ」への対抗を意識するものだったが、協会が「市民性」を強調したことで、純粋な「遊び」を求める青少年の支持を十分に集められず、職域から地域へと連帯の環を広げようとする構想も実現しなかった。協会は問題状況を正しく認識していたが、運動方針が、運動主体のエネルギーを吸い上げる力をもちえなかったのである。

それに対して、運動の方法と対象範囲の選定に苦慮し続け、有効な打開策を見いだしえなかった分野が、第4章でみた地域の運動である。

協会は、高度成長に伴う社会変動により、旧来の「封建的」な地域社会秩序が解体し、町内会・婦人会・青年団といった既成の「モウラ団体」が機能不全に陥っているという状況認識をもとに、地域において多様な機能集団を結び合わせる新しい「連帯」を築こうとする目標を打ち立てた。そうした構想のもとに、それまでの地域における運動は「新しい村づくり町づくり運動」と呼ばれて一九六四年度より展開されていったが、六七年度になると、村づくり運動と町づくり運動が分化し、後者は国土美運動に合流させられて「環境づくり市民運動」として取り組まれることとなった。

前者の「新しい村づくり運動」においては、前提となる「農村部落の崩壊」という協会の認識が、必ずしも実態を正しく反映したものではなかったという問題に直面した。そのため、一定の成果を挙げ得た地域は、現場をよく知る指導者の裁量により、あくまでも部落を単位として、生産や経営の問題を積極的にとりあげたものに限られていた。しかも、これが農業構造改善事業と深くかかわる形で展開されたため、「生活」の問題はかえって後景に退いていくという問題も抱えていた。

一方、後者の「環境づくり市民運動」は、都市の生活環境整備を課題に据え、生活学校方式を援用しながら、「市民参加による町づくり」を行政と住民との「対話」によって実現していこうとするものであったが、イデオロギー対立に絡め取られることを危惧した協会が慎重な姿勢でのぞんでいたうえに、現場においては、「ゲマインシャフトを基盤とする組織に多くを依存せざるをえない」状況や、国土美運動との違いが理解されない状況が続いたために、低調なまま推移することとなった。国土美からの転換がスムーズに進まなかった点については、生活環境整備を最も必要としていたはずの東京都においても明瞭に観察された（第6章）。

② 勧告問題の影響と一九七〇年代の展開

以上のように展開していった後期の新生活運動に対して、一つの大きなインパクトを与えたのが行政管理庁による助成金漸減勧告（一九六八年）であった。この勧告は新生活運動協会だけを狙い撃ちしたものではなかったが、協会は自らの存在理由を問い直されたものと受けとめて、統一課題を設定して内外に強くアピールするという運動スタイルまでもち出すことになった。それは、国土美運動への反省から出発した後期の協会にとって、強く禁じてきたはずのスタイルであり、協会が抱いた強い危機感の表れであった。

そして、この勧告を契機とする危機感のうえに、経済大国化の裏面で「病理」現象が深刻度を増しているという新たな時代認識が重なったことで、一九七〇年代初頭にかけての協会には、理念のうえにおいても、上から「秩序」と「モラル」を強く求める路線が台頭した。しかし、そうした新路線は、それまで積み上げてきた「連帯」路線と噛み合わないものであった。実際に、たとえば郷土奉仕活動（一九七一年度〜）には、「主体性」を喚起する「しくみ」が伴わずに「動員」の論理が表面化していた（第6章）し、生活学校運動においては、協会による上からの組織化への反発が抑えられず、全国統一課題の設定にも運動主体の側から批判がおこっていた（第5章）。結局、新路線はまもなく影を潜めることとなり、「モラル」や「秩序」という言葉にも、運動に新局面を切り開く力は込められずに終わった。

他方で、「連帯」路線は一九七〇年代にさらなる展開をみせ、生活学校運動が、公共サービス、地域医療、ゴミ問題・省資源といった新たな課題に取り組む一方で、「生活会議」という新たな「しくみ」が練り上げられていった。両者を比べると、実態の上では生活学校運動の広がりが圧倒的であったが、協会は、各地で住民運動が頻発し、対立抗争へと激化するものも少なくない時代状況を正面から受けとめ、生活会議という「しくみ」を中心に据えて社会的断絶の拡大を防ごうとする構想に行き着いた。そのうえで、自治省のモデル・コミュニティ政策を批判し、自らこそがその受け皿にふさわしいという自負をもって、コミュニティ政策へとなだれこんでいった。

実際には、第4章でみた通り、生活会議は実態面でさまざまな壁にぶち当たり、とりわけ部落組織からの脱皮は困難を極めて柔軟な対応を迫られた。もっとも、コミュニティ政策そのものは、一九七〇年代の重要な政治課題となりつつあったから、「運動を定義づけるエネルギー」は、そこから調達できる側面があったかもしれない。しかし、それは厳密に言えば、新「生活」運動としてのエネルギーではなく、むしろ「新生活運動」の終焉に向かうエネルギーとでも呼べるものであった。一九八〇年代以降における生活学校運動の展開も含めて、このことの含意を歴史的な視点から理解するには、「生活」と「民主主義」という枠組みを設定したうえで、新生活運動が原理的に抱え込んでいた組織と行政の問題も踏まえながら、改めて後期全体を見渡し直す必要がある。

③　「生活」領域の分裂と「民主主義」の問い直し

後期の新生活運動は、消費者運動や住民運動など同時代の「生活」を取り巻く運動（に向かうエネルギー）をめぐって、保守と革新との間でヘゲモニーの争奪が行われる状況のなかで、一貫して「非党派性」を強調するポジションを崩さなかった。同時に、公共性そのものが分裂し、「生活」が対抗運動の側だけの共同性の結び目となる動きがみられたなかで、行政や企業を含むあらゆる機能集団に開かれたコンセプトとして「生活者」という主体規定を設定し、そこから「対話」というアプローチによって「連帯」を築こうとするねらいを定めていた。これは、「生活」を焦点化してきた新生活運動協会だからこそたどり着いた、鋭いねらいとポジションであったと評価できる。

では、こうした鋭いねらいとポジションをもった新生活運動後期の取り組みが、なぜ、新生活運動に関心をもつ研究者にすら見過され、一般にも関係者以外には（あるいは関係者の間にも）さほど広く語り継がれずに、忘れ去られてしまったのだろうか。この問いには、複数の回答が用意できるかもしれないが、ここでは内在的な議論から出発してみたい。

おそらく最も単純な回答は、運動の実態が十分に伴わなかったから、というものであろう。たしかに、第4章でみた地域の取り組みなどから考えれば、こうした側面があったことは否定できない。しかし、それでは生活学校運動があれほど盛り上がったことをどう位置づけるのか、という大きな問題が残る。実は、この問題は真の回答に迫る手がかりとなるもので、本書の分析を通じて、生活学校運動はたしかに協会が新生活運動として生み出したものであったが、やがて「新生活運動」という枠組みからスピンオフし、それ自体が自律的な展開を遂げる運動になっていった、という事実が確認されたことによってクリアできる。生活学校ほどではないにしろ、それなりに展開した生活会議においても、実際に取り組んでいた人びとの間で、その活動が「コミュニティづくり」として認識されることはあっても、「新生活運動」として意識される場面はそう多くなかったと思われる。明職運動も同様であろう。であるとすれば、なぜ後期の取り組みが忘れ去られたのか、という先述の問いは、なぜ後期において「新生活運動」という枠組みが自明性を失っていったのか、という問いに置き直されることとなる。

先に強調したように、後期の新生活運動協会は、同時代のなかで鋭いねらいとポジションを獲得していたが、このことは、逆にいえば、協会の外側においては、一九六〇年代半ば以降に、広い意味での「生活」という場が、保守・革新の対立という軸と、（それとは区別されるところの）公共性をめぐる対立という軸との二つの軸から、「民主主義」自体の問い直しに向かう際の焦点になっていたということを意味している。そこには、正当な「民主的」手続きを踏んで存立しているはずの政治権力が、たとえば開発政策を大上段から推し進めてくるといったことに対する不満が渦巻いており、それが議会制民主主義への不信と直接民主制への期待を呼び起こしていた。こうした感覚を協会も共有していたことについては、第2章で述べた通りである。

この点に関連して、協会が「当面の方針」を受けて作成した「事務局メモ」（資料3）（一九六三年）には、安積得也事務局長が「究局《ママ》的には日本民族の民主化をめざす」と書き込んでいたが、「民族」や「民主化」という言葉は、その後の後期の運動展開においてほとんど語られることがなかった。前期においては、「民族」の再生を果たして「真の民主主義」をめざす、という目標が繰り返し語られていたことを考えると、この沈黙は奇妙なほどである。加えて、前期に協会が置かれていた言説空間においては、「新生活」を通じて「真の民主主義」を体得した人びとが、「民族」という言葉を媒介として、ありうべき「国民」像へとスムーズに回収されていた。しかし、後期にはそうした言説が成り立たなかった。「真の民主主義」とはなにか、という根元的な問いが、「生活」という場を焦点にする形で、しかも、公共性の分裂という「未決のアポリア」にまで行き着きながら、広く時代を駆け巡り始めていたのである。いきおい、「生活」から「国民」を展望することも難しくなっていた。

同時に、「生活」という領域は、高度成長の進展に伴い、別の角度からも揺さぶられていた。「私生活主義」の広がりというベクトルがそれである。その帰結は第2章で詳述した通り、「生活」概念からコミュニティ形成と連帯の問題を引きはがし、「生活」という領域を「孤立した消費と趣味の世界」に押し込めるものであった。それに対して、後期の新生活運動に新たな局面を拓いた生活学校運動は、産業社会の価値を問い直し、生活の質を問うエネルギーに支えられていたから、そうした変化を正面から受けとめようとしたがゆえに、「生活」概念の分裂という事態の深刻化が、運動そのものの展開を困難にしていく面をもっていた。前期には運動を強く支える足場となっていた「生活」という領域それ自体が、どんどん掘り崩されていったのである。

ここまでみてくれば、なぜ後期において「新生活運動」という枠組みが自明性を失っていったのか、という問いに、一応の回答が用意されよう。すなわち、「新生活運動」という枠組みを支えてきた「民主主義」と「生活」が、高度成長に伴う社会変動を通じて、それぞれ密接に絡み合う形で、ともにかつての力を失っていったから、という回答がそれである。そうした困難の先には、生活学校運動を定義づけるエネルギーを調達できずに、「生活者」という主体規定をもってしてもありうべき「国民」像の内実を満たすことができず、私生活主義の広がりによって引きはがされたコミュニティ形成と連帯の問題を、それ自体むき出しのままに扱わざるをえなくなった協会の姿がみえてくる。

他方で、この帰結は、運動の実態面からいえば、新生活運動が抱え込む組織上のジレンマによってもたらされたところも大きかった。自主的な民間運動といいながら、協会の財源のほとんどを政府予算に依存し、地方組織はその大部分が行政系統に乗りかかっているというジレンマ。加えて、中央の協会と地方組織との間でも、上意下達の組織編成を否定する一方で「高度な指導性」を求められるというジレンマを抱え続けていた。そのことは、運動主体の自主性や、協会の主観的な意図とは別のところで、行政や地方組織の抱える思惑や問題点が、さまざまな形で運動の展開に大きな影響を及ぼす結果を生んでいた。オリンピックの開催や美濃部都政の誕生に揺れた東京の事例は第6章でみた通りであるし、第7章で扱った社会教育行政・公民館との関係についても、抽象的な理念の違いだけでなく、行政としての組織拡大の思惑が絡む局面や、行政であるがゆえに対抗的な住民運動とは距離を置く局面などがあったことが明らかにされている。

そして、こうした組織と行政の問題からもっとも大きな影響を受けたのが、生活学校運動であった。第5章では、この問題にかかわって大きく二つの点が指摘された。第一は、生活学校と消費者行政との関係であり、協会は生活学校が行政の下請け機関とならないよう警告していた。第二は、中央の協会と主体化していく主婦との関係である。具体的には、勧告問題を契機として、協会が全国統一課題を設定したことに批判が集まっただけでなく、生活学校の育成・運営が都道府県協議会へ移管されたことで、運動が「押さえられた感じ」がするという批判が、主体メンバーの間から起こっていた。そして、紆余曲折を経ながら、協会による上からの組織化に反発し、生活学校運動が積み上げていたヨコの連携から、自主的に生活学校全国連絡協議会が結成（一九七五年）されたのである。

これらはいずれも、生活学校運動が、生活の質を問うエネルギーに支えられていたがゆえに巻き起こった問題であったと位置づけられる。新生活運動協会は、私生活主義だけでなく、それを産業社会の枠組みに取り込んで「消費者」の主体化をめざした日本消費者協会にも批判的であり、そのことが、先にみた第一の指摘の背景となっている。しかし一方で、生活の質をどの深度まで問い、主婦の主体化をどのような方向に向ければよいのか、という点については、新生活運動協会の側が明確なビジョンを描き切れていなかった。生活の質を問うことは、突き詰めれば社会構造の問題に行き着いてしまうからである。

実際に、第2章で紹介した加藤千代三は、自らの著書のなかで、「貧困の上にあぐらをかいた社会構造からの脱却」というビジョンを示していたが、そもそもそうした立場が、保守に連なる団体であるところの協会内で十分なコンセンサスを得ていたとは考えられないし、行政の上に乗りかかる地方組織が、そうした立場をたとえば対抗的な住民運動と同一視し、その芽を摘もうとしても何らおかしくはないだろう。事実、生活学校の立ち上げから主導的な役割を果たしていた加藤は、晩年の回想において、生活学校運動の「異常なほどの」盛り上がりに言及したうえで、次のように述べている。(5)

ところがこの運動に対して、中央地方の行政機関の助成措置と指導的な介入がはじまり、わたしの指導方針との基本的な対立と抗争をもたらす結果を生じていった。／残念ながら権力的、支配的な行政の前に、わたしは無力であった。さまざまな方法手段によって、わたしの活動は封じられ、主張はまげられていった。そして、生活学校との接触さえ禁じられる状況にまでなってしまった。

この史料に示される具体的な経緯については不明だが、引用した部分の直前で加藤が、「約千六百の生活学校」と述べているから、生活学校数の推移からみれば一九七〇年代前半にこうした状況に至ったと推測される。加藤が編集・発行に主導的な役割を果たしてきた生活学校関係の機関誌からも、その傍証を得ることができる。すなわち、『生活学校』一九七三年一月号を最後に目次から加藤の名は消え、七四年五月号を最後に発行人からもその名が消えているのである。いずれにせよ、少なくとも、加藤の帰趨はここまで述べてきた問題の構図と平仄が合っている。「助成措置と指導的な介入」が、消費者行政を推進する動機から起こったものであれ、生活の質を問う動きを対抗的な運動とみる発想から起こったものであれ、組織や行政の問題を含めたうえで、保守の側から生活の質を問うことの見通しの暗さがここにはみてとれるだろう。先述したように、協会がその外側に政治主体と接点をもてなかったことは、こうした見通しの暗さと表裏一体であり、保守の側から生活の質を問う場合の深度の問題について、協会が踏み込んでいくことを難しくしていた。結果として、協会が設定する「生活の質」という枠からは、主体化のエネルギーを呼び込み、それを方向づけていくだけの力が失われていったのである。

第5章で触れているように、生活学校運動自体は一九八〇年代以降も続くが、それはもはや協会という枠を超えた自律的なものであり、協会はそのエネルギーを「管理」しきれていなかった。他方、生活会議については、一九八〇年代以降も組織化がままならない状況で推移していった（第4章）が、それは協会が生活学校の教訓を活かしながら慎重に育てたという意味で、そこで設定される「生活の質」という枠からは、主体化のエネルギーを十分に調達できなかったことを示しているのかもしれない。だからこそ、協会は、「生活」概念の分裂に抗えず、「生活者」という言葉を手放さざるをえなくなったのであろう。

ただし、こうした評価はあくまでも結果論であり、そもそも協会は、新生活運動という運動の困難を自覚的に受けとめながら模索を続けていたのである。「（自主性＋相互性）×話し合い＝新生活運動」という発想で「生活」を「運動」にしてきた協会だからこそ、協会なりの社会統合を模索し続けることができたわけであり、そこから実際に、「生活者」という主体規定や、「対話」というアプローチ、そして、「生活会議」というしくみや、「健全な」住民運動を育てようとする発想、さらには、日常的な「活動」を活性化させることで「運動」への転化を防ごうとする思考などを、独自につかみ取ることができたといえるだろう。序章で宣言したように、「新生活運動に歴史的評価をくだすためには、新生活運動の全生涯を相手にする必要がある」という本書の立場からすれば、こうした模索とその成果が意味するものを、そしてその限界が示唆する問題の構図そのものを、戦後史研究の文脈に置いて考察し直さなければならない。

2　戦後史研究への展望

新生活運動の歴史的位置に関する前期と後期の総括をふまえ、本書を戦後史研究に位置づけて、さらに今後の戦後史研究の展望を描くために、ここでは以下の三つについて述べる。政治史の文脈（「戦後日本の政治と生活」）、運動の理解（「戦後日本の生活と運動」）、東アジアへの展望（「東アジアにおける生活をめぐる運動」）である。「政治史」と「運動」は何よりも新生活運動の理解に欠かせないテーマであり、相互に関連しているので、同じ項のなかで検討する。そのうえで「東アジア」の文脈に位置づけることで、日本本土で行われていた新生活運動の比較史的な位置を測定し、最後に戦後史研究の展望を示したい。

(1)　戦後日本の政治と生活、生活と運動

最初に「戦後日本の政治と生活」というテーマを考えようとするとき、重要な参考文献として、高度成長の時代に書かれた松沢弘陽と安丸良夫の論文をあげることができる。(6) 松沢論文からは、前期の協会の理解に対して、安丸論文からは後期の協会と協会全体の位置づけに対して、それぞれ大事な示唆を受けることができる。

①　前期の新生活運動協会をめぐって

一九六四年に書かれた松沢論文は、戦後に氾濫する民主主義の理解を整理するために、「冷戦―共存」という国際政治と日本国内の民主主義論の相互関連を追究したものである。

同時代にあって、きわめて珍しく冷戦を国際政治の問題としてだけでなく、国内の民主主義と関連づけて検討しており、民主主義論を政治―思想―運動の三つの次元で考察し、さらに高度成長の進行にともなってあらわれた『繁

栄』と民主主義」の問題群にもメスを入れる。戦後から高度成長前期のすぐれた同時代史研究であり、現在でもいくつもの問題提起を含む政治思想史研究である。この松沢論文を参照するような戦後政治史が書かれてこなかったことを考えると、戦後政治史研究には大きなエアーポケットがあるように思われる。協会の理解とかかわって松沢論文が重要なのは、サークルと池田勇人がともに重視した「話し合い」のもつ政治的・思想的含意を考察していることである。(7)

松沢論文をふまえ、新生活運動協会をふたつの面から位置づけてみよう。ひとつは民主主義論の文脈である。松沢は敗戦から一九六〇年代前半までを民主主義争奪の時代として描く。六〇年安保までの「法治主義」による「遵法」を強要する民主主義に対して、一九六〇年に登場した池田勇人は「話し合い」による民主主義を提起する。「繁栄」のための民主主義であり、「近代化」=「民主化」とする考えである。「コミュニズム」(共産主義運動)の民主主義と「国民運動」の民主主義を考察した松沢は、一九五〇年ころからのサークル運動と一九五四年以降の原水爆禁止運動にあらわれた「話し合い」のなかに、民主主義の可能性と困難、挫折を見通す。

以上の松沢の理解からすれば、前期の協会はもうひとつの民主主義を追求したということができる。協会は、話し合いによる民主主義を標榜し、話し合いを軸とした生活実践を通じて政治社会の底辺を形成しようとした。協会の民主主義は、六〇年安保までの「法治主義」による民主主義とも、「繁栄」を前提とした「話し合い」民主主義とも異なるものであった。指導と統制ではなく、「話し合い」によって政治的底辺に働きかけるところに特徴があったのであり、そのことをふまえれば、前期の協会はむしろ地域のサークルに近いところで民主主義のヘゲモニー争奪を図っていたと位置づけることができる。前期の協会は、生活実践による国民形成をめざしただけでなく、それを民主主義の問題として提起したところに同時代に呼応した歴史的性格があった。これが松沢論文の参照を通じたひとつ目の位置づけである。

二つ目は冷戦を軸にした同時代とのかかわりである。松沢論文に二〇一一年の現時点からの視点を加えてみれば、

図終-1　「政治と生活」をめぐる二つのライン

1950年代後半から60年代前半		1960年代後半から70年代
新生活運動協会	―	新生活運動協会
人口問題研究会		日本消費者協会

冷戦は東アジアにおけるアメリカ支配とかかわらせて考える必要があり、そこでの作用は二つに整理できる。ひとつは、軍事を韓国、沖縄、台湾に分担させ、経済復興は日本本土に任せる分担によって、日本本土ではアメリカに従う戦後復興の路線が追求された。敗戦後から一九五〇年代までの日本では、この路線を推進する民主主義、反対する民主主義、独立をめざす民主主義があらわれ、そこに国際共産主義運動や国民運動などがかかわった。もうひとつの作用は、冷戦に呼応した「法治主義」によって運動全般に厳しい規制がかけられたことである。この二つの作用に総力戦の認識と敗戦の受けとめ方が加わった。総力戦の時期に強まった権威的秩序は総力戦後にも容易に変わらず、他方で敗戦によってそれまでの価値観が崩壊し、従来の秩序の見直しもあらわれた。

同時代の状況をこのように整理してみると、前期の協会を規定した歴史的条件がよくみえてくる。それは、冷戦によるアメリカの東アジア支配と、総力戦、敗戦の三つの条件である。この時代は、アメリカに従う戦後復興という大きな枠組みによって政治的態度が強く規定され、それに総力戦経験の評価と敗戦の受けとめ方が加わり、これらの組合わせによって選択肢が決定されるような時代だった。この歴史的条件のもと、前期の協会は、アメリカから独立する道を遠望し、大政翼賛会的な権威的秩序が政治的底辺での国民形成を妨げて敗戦が導かれたとの認識のもとで、話し合いの民主主義によって独立した日本を支える国民形成をめざそうとしたのである。これが松沢論文の参照を通じた二つ目の位置づけである。

松沢論文を参照して前期の協会に以上二つの位置づけを与えてみれば、本書の各所で指摘してきた「政治と生活」をめぐる二つのラインの歴史的意味もはっきりとする（図終-1）。

二つのラインとは、一方に新生活運動協会を設定し、他方に人口問題研究会と日本消費者協会を想定できるものである。二つのラインの相違を二つ指摘する。

第一は運動方法の相違である。新生活運動協会は、前期にあっては「話し合い」を、後期にあっては「対話」をそれぞれ重視した。これに対してもうひとつのラインは、組織による「統制」と「指導」を特徴とした。家族計画を推進した人口問題研究会、あるいは日本生産性本部のもとにおかれ、企業努力や国際競争力を支え自覚する「消費者」の育成をめざした日本消費者協会は、いずれも組織の指導によって人びとを育成しようとするものだった。両者の運動方法の相違は、冷戦のもとでの日本のポジションの評価によるものであり、さらに総力戦後＝敗戦後という時代状況の評価によるものだった。すなわち、新生活運動協会は、冷戦のもとで独立をめざす国民育成の課題と、総力戦＝大政翼賛会に対する反省が重なるもとで、人びとの自発性による人間関係の形成を「話し合い」と「対話」に託そうとした。これに対してもう一つのラインには、総力戦による権威的秩序の継続がみられ、「統制」と「指導」による国民育成（消費者育成）がめざされたのである。二つのラインは、戦後の広い意味での保守の運動理念の相違であり、「戦後日本の政治と生活」の理解にとってきわめて重要な点である。

運動領域が異なることも二つのラインの重要な相違であろう。これが第二の点である。新生活運動協会は、あくまでも「政治と生活」の枠のなかで運動を展開しようとしたのに対して、後者のラインは「経済と生活」を含むものだった。ゴードンが的確に指摘したように、人口問題研究会による家族計画中心の新生活運動は、一九五〇年代の日本の経済構想とかかわり、貯蓄と国産品愛用を進めるために、低消費→高貯蓄→高投資→高輸出生産高が実現できるような担い手の育成をめざすものだったし、日本消費者協会も、日本の産業社会に貢献する消費者育成を課題にしていた。「政治と生活」と「経済と生活」という運動領域の相違の系譜は、戦時期の自由主義派と統制派の相違にまで行き着く可能性があるように思うが、ここではこれ以上詳細に検討する余裕がない。今後の「戦後日本の政治と生活」の大きな課題として提起しておく。

二つのラインの指摘にもみられるように、本書は、狭い意味での政局史ではなく、政治的底辺の形成との関係を問う戦後政治社会史、人びとの自発性の喚起や管理と政治のかかわりを射程に含む戦後政治社会史の必要性を提起するものである。その際に留意すべき戦後史研究をもうひとつあげておく。一九五〇年代半ばに篠原一によって書かれた政治過程論の論文である。[8]篠原論文は、遠山茂樹・今井清一・藤原彰『昭和史』（岩波新書、一九五五年）をめぐる昭和史論争のなかで書かれたものである。[9]篠原政治過程論の含意が最もよくあらわれているのは、篠原論文の次の個所である。

歴史の動きは一握りの政治家の恣意的決定によって起るものでもなければ、また下部構造の単なる反映でもない。社会の深みから政治社会の頂点に向って働きかける諸勢力の葛藤の結果として、ある一定の「政策決定」が行われ、この政策はまた社会の深みにまで浸透し、その反応として新たな「政策決定」への動きが起るという、立体的な螺旋的な循環の過程として現実の政治及び歴史は描かれる[10]（傍点原文）

篠原政治過程論の要点は、政策決定過程を明らかにするために、政治を「社会の深み」から明らかにしようとしたところにある。ここでの社会とは、「諸勢力」の利害が拮抗する場であり、この点で篠原が論争に参入した『昭和史』が、階級に利害を代表させるマルクス主義の方法をとったのとは異なった。だが、政策決定の議論を狭い政局に限定せず、「諸勢力」の「葛藤」との相互関連のうちに把握しようとしたことは、政治の動的把握の方法として注目に値する。

政治過程論の提起は、一九五〇・六〇年代の政治学・政治史研究に大きな影響を与えたが、一九七〇年代に入ると、政治過程論はしだいに「社会の深み」から遊離し、視野を政局に限定する傾向を強めて、個別の政局史という性格を示すようになった。その背景には高度成長の進行があり、それにともなって経済成長へ関心が集まる反面、社会変動への関心が低下し、そのことが政治過程論の理解にも影響を与えたのである。

篠原政治過程論は、今では忘れられた提起のように見えるが、「政治と生活」の関連を一貫して追究してきた本書からすれば、まさに篠原が提起したような「社会の深み」から政治を理解する方法が必要だということになる。

ところで、本書の議論に篠原論文を位置づけてみると、『昭和史』の発行と新生活運動協会の設立が、いずれも一九五五年だったことに気づいた。昭和史論争と新生活運動のあいだに直接の接点はないし、両者は今までまったく別個の事柄として議論されてきた。だが、両者の出発点が同じ年だったことからすると、両者のあいだの共通性が気になるようになった。たとえば、先に新生活運動を規定する歴史的条件として、冷戦によるアメリカの東アジア支配と総力戦、敗戦の三つをあげた。この三つの歴史的条件は、昭和史論争も規定するものだったといっていいように思う。

両者のあいだに共通性があるとすれば、もうひとつ、両者はともに民主主義のヘゲモニー争奪という渦中にあったことをあげることができるように思う。新生活運動が民主主義のヘゲモニー争奪の過程にあったことはすでに述べた。これに対して、「人間がいない」という亀井勝一郎の指摘を発端にした昭和史論争は、国民主体の把握をめぐる論争だったことを明快に論じたのが戸邉秀明だった[11]。戸邉は、この論争は、「五〇年代後半の諸論争に共通する新たな国民主体の創造という課題と、現代史叙述における〈国民の歴史〉創造の試みとを密接に結びつけ、それゆえに論壇をこえた関心を集めた」と位置づけ、「歴史叙述の主体と歴史家の主体性」をつなぐ先に「戦争責任の問題」をおいている[12]。昭和史論争における「国民主体の創造」と「〈国民の歴史〉創造」とは、本書での表現におきかえれば、歴史の場面を通じた民主主義のヘゲモニー争奪と位置づけることができよう。

一九五〇年代は、現実の政治でも歴史でも政治的底辺の人びとを掌握しようとする民主主義のヘゲモニー争奪の時代だったのであり、篠原論文は、その時期に発表されたのである。民主主義のヘゲモニー争奪は、一九五〇年代において相当のひろがりをもっていたのであり、新生活運動や昭和史論争については、さらに広い歴史の文脈に位置づける試みが必要なように思われる。

図終-2　新生活運動協会による運動の特徴

前期	話し合い	お手伝い	プロセス	国民	道義	科学ではない
後期	対話	推進	しくみ	生活者（国民）	私生活主義への疑問	科学への傾斜

②　後期の新生活運動協会をめぐって

後期の協会を研究史に位置づけるためには、先述の安丸論文が参考になる。安丸は、敗戦直後からの意識構造は三重だったとし、最底辺には、旧い公的たてまえから解放された民衆の人間的欲求の噴出があり、最底辺のうえに民主主義的変革を求める大衆運動があり、大衆運動を支える理論としてマルクス主義と近代主義があったとする。三重の意識構造は、六〇年安保までの戦後民主主義をかたちづくる。一九六〇年代に入ると、経済成長・私生活主義・近代化論が影響力を強め、平和や民主主義が人びとの幸福を実現するのではなく、経済の高度成長が人びとの幸福を実現するという意識がひろがった。一九六〇年代を境にして、戦後民主主義・マルクス主義・近代主義から経済成長・私生活主義・近代化論への転換が進行したところに戦後の意識構造の大きな特徴がある。経済成長を推し進めたのは、「ニューライト」（池田勇人ら）だった。ただし、経済成長は安定的な統治を実現したようにみえたが、私生活主義を政治的に取り込むことは容易でなく、ここに「私生活型幸福主義」を肯定するような「あらたな国家主義への欲求」があらわれる。これが一九七一年時点での安丸の見通しだった。

経済成長・私生活主義・近代化論は一見すると安定的な統治のようだったが、安丸も認めるように、あらたな国家主義が出てこざるをえないということは、ニューライトによる高度経済成長という説明だけでは、政治と生活の関連が十分に説明できていないということになる。実際に、同時代にあって議論されていたことは、私生活主義による政治的ニヒリズムの評価だった(13)。戦後の国家が人びとの生活を把握することは決して容易ではなかったのである。

新生活運動は、戦後の政治的主流に属さなかったとはいえ、戦後の早い時期に政治と生活を結びつける必要性を自覚した運動だったのであり、「戦後日本の政治と生活」の関連を考えるうえで、あらためて注目すべきである。ここで前期から後期にいたる協会の運動の特徴を整理しておく（図終-2）。

前期の協会は、人びとの話し合いについてお手伝いすることを基本とし、自ら指導したり推進したりすることをできるだけ避けた。話し合いのプロセスを重視し、そこでの自発性から国民形成をめざすことに道義があるとしたのである。冷戦下、総力戦経験、敗戦認識を通じてこのような運動がめざされたといっていいだろう。台所改善や食生活改善などでみられた生活の合理化（科学）をめざさなかったことも前期の協会の大きな特徴である。

これに対して、一九六〇年代に入り、高度成長による大きな社会変動にみまわれて活動を停滞させた協会は、前期の活動方法の継続と変更（断絶）を図りながら新たな途を模索した。後期の協会の停滞感を払拭すべく新たに取り組まれた生活学校では、急激な生活変化のもとにおかれた主婦の関心や疑問に応えるように、主婦や行政、企業との対話が重視された。「対話」は前期の「話し合い」の延長線上に考案された新しい運動方法であり、それまでにない主婦層が加わることで協会の新局面を切り拓いた。ただし、現実の急激な変化に対応しようとした生活学校での「対話」は、前期の協会の活動方法の変更（断絶）もともなうものだった。「対話」のなかで重視されたのは生活の「科学」と「しくみ」を理解することであり、これらを実現するために協会は「お手伝い」よりも運動の「推進」に軸足をおくようになった。大きな社会変動に見舞われた協会が前期のような「国民」を想定することは難しく、後期の協会は運動の対象を「生活者」と規定した。

巨大な社会変動に即応すべく編み出された新しい方法（生活学校）、そこから新局面が切り拓かれるとともに、これまでの活動方法の変更を余儀なくされる。生活学校からコミュニティ政策への対応に至るまで、後期の協会はこの変遷をくりかえさざるをえなかったのであり、その過程で、生活実践を通じて国民を問う自明性が解体した。

ここであらためて安丸の議論を参照してみたい。安丸の議論は、民衆の人間的欲求・大衆運動・マルクス主義・近代主義に支えられた戦後民主主義が経済成長・私生活主義・近代化論に転換するところに、戦後意識構造の大きな変化を認めたものだが、新生活運動協会が高度成長による社会変動によって活動を停滞させたことを加味すれば、安丸の議論の射程は、マルクス主義と近代主義にとどまらず、新生活運動のような保守的な性格のものにまで及ぶといっていいだろう。安丸の議論は、高度成長の時代を通じて、広い意味での戦後民主主義が立ちいかなくなる事態を見通したものと位置づけ直すことができる。後期の協会がかかえた困難は、ひとり協会だけのことではなく、戦後に民主主義を標榜した組織全般に共通する出来事だったのである。広い意味での戦後民主主義、あるいは生活の運動を困難におとしいれたのは、経済成長による社会変動であり、私生活主義だった。

後期の協会がかかえた困難の歴史的意味を探るためには、もうひとつ、一九七一年の安丸論文のあとに行われた「新中間階層」論争を参照する必要がある。七七年に新聞紙上で行われたこの論争については本書第2章で詳しく紹介されている。村上泰亮の「新中間階層」の問題提起に始まったこの論争には、岸本重陳、富永健一、高畠通敏が参加し、見田宗介を司会とする座談会でひとまず幕を閉じている。

第2章で指摘されているように、論争のなかで議論にはならなかったものの、高畠通敏は管理社会化とかかわって「生活の質」を提起していた。高畠は、「管理社会化」と「生産至上主義」に対峙するものとして「人間」の「生活の質」をあげ、「生活の質」を問う「市民運動」や「住民運動」「消費者運動」「生協運動」がおきており、「生活の質」の徹底は、「〈近代主義〉的イデオロギー」の見直しにまで突き進まざるをえないと見通しを述べた[14]。高畠の問題の立て方には、政治に規定された生活、経済に規定された生活という理解ではなく、人間の存在に備わった生活に固有の価値を見出し、生活の側から政治や経済をとらえ直す視点が含まれていた。これは、前期の新生活運動協会と異なる視点であり、村上泰亮など、論争参加者とも違う見方であり、高畠は、管理社会化と生産至上主義をのりこえる可能性を、「生活の質」を問う市民運動や住民運動に託そうとしたのである。

ところで、「新中間階層」論争のなかで「生活の質」を提起した高畠は、同じ一九七七年に「運動の政治学」という論文を発表している[15]。「運動の政治学」は、六〇年安保までの戦後革新運動に対して、新たに台頭した市民運動の理論として書かれたものだが、議論の射程は市民運動にとどまらず、「運動」そのもののとらえ方や運動概念の再検討に及ぶ。結論をやや先取りしていえば、「生活の質」の提起と「運動の政治学」は、高畠のなかでワンセットであり、一九六〇年代半ばから七〇年代の政治社会変動を理解する鍵であった。そして戦後史研究のなかに「運動の政治学」を加えることによって、後期の新生活運動協会の位置づけは視界が非常によくなる。本書に必要な限りで「運動の政治学」の内容を三点紹介しよう。(16)

第一は、英米仏と日本における運動概念の相違が検討されていることである。高畠は、英語の movement にみられるような英仏語の「運動」は、「静態に対する動態」を意味する言葉であり、静態的な社会制度や政治秩序に変動を引き起こす動態的な要因が「運動」だとする。それに対して日本語の「運動」は、「積極的・主体的にからだを〝運び動かす〟という概念」であり、「人間が、直接、身体を動かして行う行為一般へと広がっている」。英仏語が「社会変動に照準をあわせて組織化された運動」を指すのだとしたら、日本では、「人間相互の関係性に照準をあわせて形成された」運動を指すのであり（傍点引用者）、両者のあいだには運動観の大きな相違がある。高畠は、他者に働きかけることで一定の目的を達成するために営まれるのが日本の「運動」であり、自分と他者を相互に「人間的主体」へと上昇させようとするところに日本語の「運動」概念があるとし、そこに市民運動の理論を設定しようとしたのである。

第二に、以上の運動理解から日本における運動の射程が導かれる。高畠は、日本での運動は、「国家や国民社会的秩序という連関」を離れて、「社会内部での人間相互の関係」に向けられているとして、就職運動や布教運動などの「私人の単独行動」から、交通安全運動や選挙運動などの「政府機関や権力者たちの行動」、さらには市民運動や住民運動などの「民衆の集合的行動」にも用いられるとする。そこでの運動が運動たりうるのは、「運動の方法と主体のあり方」にかかわっているとして、働きかける主体と方法によって運動でもあり運動でもなくなるとする。ここで生活学校の参考になるのは、選挙運動についての説明であり、高畠は、「権力者が権力者であること」を熟知させるためには、「他者の心的過程への働きかけ」を含んで、「権力ははじめて現実化される」として、日本の権力者が運動にとりくむ根拠を説明する。高畠は、このように、他者に働きかけて「人間相互の関係性」を変えようとする日本の運動が広範に展開する様子を視野におさめているのである。

第三は、運動と権力・管理のかかわりに強く留意していることである。高畠は、それまでの運動観は、「運動が発生する現代社会内部の権力と支配という政治的文脈に鈍感」であるとして、「運動自体が現在の社会の中で日常的支配や社会統制の装置に転化する」点への注視を促す。それは、政治や運動を民衆がふたたびとりもどすために必要な事柄だと述べる。

さて、長いこと、「新中間階層」論争と高畠の議論を紹介してきたが、ここでようやく後期の新生活運動を戦後史研究に位置づける地点にまでたどりついた。先述のように、高畠は、「生活の質」の提起と「運動の政治学」をワンセットでとらえていた。高畠は、一九六〇年代半ばから七〇年代にかけてあらわれた「生活の質」を問う動きと、日本における運動理解の接点に市民運動や住民運動を位置づけ、そこに日常的支配や権力関係にからめとられない政治と運動の可能性を見いだそうとしたのである。

ただし、高畠の視野には入っていなかったかもしれないが、本書の第5章や第2章で詳述したように、高度成長の大きな変動にさらされた新生活運動協会が新たに編み出した生活学校は、私生活主義への疑問を内包し、さらに「生活の質」を問う契機を含むものであり、それゆえに爆発的なひろがりをみせたのであり、さらに他者に働きかけて「人間相互の関係性」を変えるところに運動の根拠を見出す高畠の議論をふまえれば、生活学校は、まちがいなく運動にほかならなかった。生活学校は、一九六〇年代半ばから七〇年代にかけてあらわれた「生活の質」を問う運動の輪のなかにあったのである。

運動を社会運動や革新国民運動に近いものと理解すれば、新生活運動協会という保守的な系譜につながる生活学校を運動として理解することには違和感があるかもしれない。だが、選挙運動に関する高畠の説明を振り返れば、保守的な系譜には保守として運動を発生させる理由と根拠があるのであり、新生活運動協会は、他者へ働きかける運動を通じて、はじめて自己の存在を現実化させようとしたのである。高度成長という巨大な社会変動に即応すべく編み出された生活学校は、新生活運動としての性格を継承しながら、さらに「生活の質」を問う運動によって新生活運動の新局面を切り拓いたのだといえよう。

生活学校は、今まで本格的な歴史研究の対象にならなかっただけでなく、保守系の新生活運動協会のもとで展開したために、歴史研究の関心の外に置かれてきたように思われる。終章では、生活学校を戦後史研究に位置づけるにあたり、高畠通敏が市民運動の理論を導いた議論のなかに、後期の新生活運動の歴史的位置を測定する示唆が含まれていると判断して見通しを述べてきた。高畠の議論に、本書でたびたびとりあげてきたアンドルー・ゴードンの指摘、すなわち戦後史には「生活と運動」という領域が存在しており、政治の世界では、生活の運動を通じて、人びとの自発性の喚起と管理の両方をはたそうとした面があったという指摘を加え[17]、さらに、戦後日本史の特徴を、『運動〈家〉』と『人びと』の距離は一気に埋まり」、「運動は小さく個別具体的」になり、「生活に近い」ものになったと見る野田公夫の見解を並べてみれば[18]、戦後史では社会運動とは区別される運動が重要な位置をしめており、大事な検討課題として「運動と政治」「生活と運動」という領域があることが納得していただけるだろう[19]。そのうえで本書では、新生活運動を保守や革新の政治的立場の相違によってすぐに裁断するのではなく、そこに含まれる「政治と生活」「生活と運動」の意味を読み取ることに留意し、そこから終章では、「生活の質」を問うという点で、市民運動や住民運動と生活学校のなかに共通性が含まれることに着目し、その側面から整理を試みてきた。

今度は、市民運動や住民運動と生活学校の差異に留意し、共通性のなかに含まれる分割線を明瞭にする。分割線〈差異性〉の焦点は三つある。①「生活の質」の問い方の深度、②運動のスタイル、③管理社会化とかかわる行政と組織である。生活学校と他の運動の共通性と差異性の両方を見定めることで、後期の新生活運動および生活学校の歴史的位置を確定し、一九七〇年代以降の協会と生活学校の帰趨の意味を読み解くことが目的である。

第一の「生活の質」の問い方の深度について。「生活の質」を徹底して問おうとすれば、高畠通敏もいうように、一九六〇・七〇年代の社会を成り立たせている「〈近代主義〉的イデオロギー」の見直しにまで突き進まざるをえない。この点で〈近代主義〉あるいは「近代」をもっとも根源的に問おうとしたのは生活クラブ生協であり、生活クラブ生協を中心にして同心円的に他の運動が外側に並ぶことになる。それに対して生活学校の「生活の質」の問い方は、現代社会を前提とし、高度成長による社会変動から生じる問題を具体的に改善するところにあったのであり、「生活の質」の問い方として、生活学校は、現代社会の根本原理を問おうとする生活クラブ生協から遠く離れたところに存在していたのである。

第二は運動のスタイルである。他者への働き方に焦点を合わせれば、運動には「対抗」と「協調」がある。他者を批判したり、社会の存在基盤そのものを根本的に問い返したりする「対抗」的な運動には、公害反対などで企業や行政を批判する住民運動や、現代社会の根本原理である「近代」を問い返す生活クラブ生協などがあり、他者との共存を前提にする「協調」的運動には生活学校などがある。生活学校では、行政や企業との「対話」を通じて問題を具体的に改善し、生活上の科学知識などの獲得をはかった。「対抗」と「協調」は運動スタイルの大きな相違であり、政治的スタンスや社会秩序への向き合い方にもかかわる。「対抗」的運動は、ひろい意味での革新や左翼と重なるところがあり、「協調」的運動には、保守や中間政党の系譜をひくものがある。

「協調」は生活学校の運動スタイルの大きな特徴だが、ただし、この指摘だけでは、生活学校が爆発的にひろがった根拠を十分に説明したことにはならない。生活学校の運動スタイルで重要なのは、第5章で指摘された「異質の対話」である。「異質の対話」には、行政や企業を異なる存在と認めて働きかけることで、自分たちの存在（役割）を確認できる面があった。この自己確認こそが、高度成長による急激な社会変動にさらされた女性たちに主体化を促す契機になったのであり、生活学校に多くの女性が集まる理由であった。実際の生活学校では、「協調」と「異質の対話」の二つの作用がさまざまなバリエーションをつくりだし、「協調」には現在の社会秩序の枠内にとどめる作用が含まれていたが、「異質の対話」がなければ生活学校の爆発的増加がなかったことも確かであった。「異質の対話」をつきつめようとする作用こそが、新生活運動の新局面を切り開いたのである。

「生活の質」をめぐる同心円的構図に、「対抗」と「協調」、「異質の対話」を要素とする運動スタイルを加えてみれば、運動の歴史的位置はひとつの基準だけで整理できないことがよくわかる。運動の歴史的評価のためには、事柄を単純化せずに、複合的な視点や動態的な把握が必要になる。

ところで、本書の第5章や第2章をふまえれば、後期の新生活運動は、生活学校の爆発的増加にもかかわらず、たえず困難に直面し、その対処に悩まされていた。高度成長の進展と私生活主義がその一因であり、生活学校は「生活の質」を問うことでそれらに対処するものだったが、困難と対処にかかわるもうひとつの大きな要因が、管理社会化に関連した組織と行政の問題だった。生活学校と市民運動などとの差異性を確認する第三として、この問題にふれておく。

第5章で述べたように、一九六〇年代半ば以降に政府の消費者行政が登場すると、新生活運動協会からは、生活学校運動を推進した大沢暢太郎のように、生活学校運動は消費者行政や消費者教育に吸収されると運動の主体性が曖昧になると注意を促すようになった（本書二一二頁）。協会の発言には、生活学校が消費者運動や市民運動、革新自治体と結びつき、政治的な利用を懸念する意図も含まれていたが、協会のなかに生活学校を担う女性たちの主体化に期待を寄せる声があったことも確かであった。先述のように、一九七〇年代の高畠通敏は、生産至上主義と管理社会化をともにのりこえる期待を市民運動などに寄せていた。協会の大沢などが生活学校に期待したことは、生産至上主義（私生活主義）と高度成長による社会変動をともにのりこえる主体性の発揮であった。協会内のこうした声が女性たちの主体化の背後にあったのである。

だが、生活学校は組織（協会）と行政（消費者行政）の二つの面で自主性を制限されていく。協会は、拡大する生活学校を「国民運動」として位置づけて全国統一活動を行い、「運動」を「活動」に制限させようとするなど、生活学校に組織的な枠をはめようとした。これに対して生活学校生の側から反発が強まり、生活学校生は一九七五年に全国生活学校連絡協議会をつくって、生活学校間の横の連絡を緊密にするようになった。組織と運動に亀裂が入り、生活学校は協会から離反することで主体性を確保しようとしたといっていいだろう。ただし、その生活学校も、一九七〇年代には行政に近いところで活動をつづけていた（長崎市若草生活学校）。組織（協会）からは離れたものの、行政とは親和的に活動した一九七〇年代。ここに生活学校の主体性をめぐって考えるべき点があったのではないか[20]。

本書の終章第1節第2項では、一九七〇年前後になると、開発をめぐる問題から議会制民主主義への懐疑が強まり、前期の新生活運動の足場を支えた、生活と民主主義を関連づける方法は力を失うことが述べられている。ここであらわれた「公共性」の問い直しは、いずれも運動の差異性（分割線）にかかわることであり、①「生活の質」の問い方の深度、②運動のスタイル、③管理社会化とかかわる行政と組織が相互に関連して問われる時代に入っていた。すなわち、②をめぐって運動の主体性を強めれば、①の「生活の質」の問い方の深度が問題になり、さらに③の行政と組織とのかかわりが問題になった。これらの「公共性」の問い直しは、①②③に関連することであり、これらの問題の関連が後期の新生活運動に困難と対処を迫ったのであり、それはひとり新生活運動のみがかかえたことではなく、この時代の運動がいずれも直面した問題だったのである[21]。

(2)　東アジアにおける生活をめぐる運動

本書で検討してきた新生活運動は、主に日本本土を対象にしている。日本本土でおきた新生活運動の歴史的意味を探るためには、日本本土を比較対照することが必要であろう。本書の最後に、東アジアのなかに日本本土の新生活運動を位置づける試みを行う。東アジアの空間軸を設定してみると、戦前・戦時・戦後の東アジアの各所で、生活をめぐる運動がおきていることに気づく。ここでは、中国・朝鮮・沖縄の戦前・戦時・戦後を対象にして、生活をめぐる運動を検討する。

① 中国の新生活運動

中国では、一九三四年から四九年まで、国民党の蒋介石によって「新生活運動」が取り組まれた。中国における新生活運動は、三四年、国民政府軍事委員会委員長南昌行営において発動されたものを出発点にするように、世界的なファシズムの風潮や国共内戦のもとで、総動員（戦争）を進める体制の構築をめざす一環に組み込まれたものだった。その際に、中国のいまの生活文化では、近代戦争を戦う国民を育てることができないという認識により、生活の統制と規律が目標にすえられた。古典的な礼、義、廉、恥を理念とし、衣食住や時間、識字などを対象にして生活の「整斉」「清潔」「簡単」「素朴」「迅速」「確実」がめざされたのである。

中国の新生活運動については、段瑞聡の単著をはじめとして研究が活発に行われている。(22) それらによれば、新生活運動では、「統制」「指導」「規律」「努力」「服従」という言葉が頻繁と使われており、蒋介石の強力な指導と国民党の統制を特徴としたこと、総動員を担う国民の創出を日々の生活実践のなかに求めたところに特徴があった。運動の実際については、精力的に展開した地域では識字運動などの面で成果があったが、全体としては官製運動の枠を出るものではなかった。

② 朝鮮の生活改新運動

朝鮮では、植民地期の一九二〇年代から三〇年代初頭にかけて生活改善運動が取り組まれている。(23) 一九二〇年代には、良妻賢母主義思想を土台にして、家父長的な家族を子ども中心の「民主的」な家庭に改善する「家庭改善運動」が行われた。家庭改善運動が「新家庭」という一部知識層を対象にし、一般的なひろがりをもてなかったのに対して、一九二九年に朝鮮日報社によって始められた「生活改新運動」は、色衣・断髪、虚礼廃止、消費節約、衛生思想などの実行可能な目標を掲げることで広範に取り組まれた。節約・簡素化と生活スタイルの近代化が生活改新運動の内容だった。

朝鮮の生活改善運動について検討した井上和枝は、「生活改善運動は、社会運動であるとともに、教育運動であり、女性解放とも一定程度結びついていた。そして、それは潜在的な民族運動とも言えるもの」だったと述べ、朝鮮総督府の政策と正面から衝突することはなく、長期にわたって推進されたとする。[24]総督府は、一九三二年の農村振興運動以降、民間の生活改善運動を取り込んだ運動を展開している。

井上の指摘には、二つの面が含まれている。一つに、生活改新運動に含まれる生活スタイルの近代化には、家庭改善運動と同様に家父長的家族関係を改善しようとする面があり、この点で女性の活動力を喚起したこと、もう一つに、生活改善運動には主体性の発揮を促す面があり、植民地下においては民族的抵抗の力量の蓄積と受けとめられたことである。朝鮮の生活改善運動には、日本の第一次世界大戦後の生活改善運動との時代性と、植民地下の民族的力量養成の二つの特徴があったといえよう。

③　沖縄の生活改善運動

沖縄の生活改善には二つの系譜がある。一つは、沖縄語を禁止して標準語を使用させる動きであり、主に学校教育の場で方言札などを使って行われた。[25]一九〇〇年代から六〇年代ころまでであり、戦後は地域社会でも取り組まれた。言語の矯正がいかに人びとの苦々しい体験として残っているのかについては、仲里効の鋭い指摘がある。[26]戦間期になると、この動向に重なるように沖縄や出稼ぎ先で生活改善が取り組まれる。これが二つ目の系譜である。戦間期に生活改善という言葉が使われるようになると、第一の系譜の標準語使用は生活改善の一環に組み込まれ、以後、言葉から衣服、髪形に至る沖縄の生活スタイルの万般が生活改善の対象になった。戦間期における沖縄の琉装・琉髪の改善や、関西における沖縄出身者の生活改善については、それぞれ堀場清子と富山一郎の研究がある。[27]

沖縄や出稼ぎ先で取り組まれた生活改善とは、言語を含めて沖縄の生活スタイルを否定するものであり、それは要するに沖縄人をやめて日本人になることを強要するものであった。身体的・精神的な改善（否定）は厳しい軋轢をつくりだし、日本人になることに向けた主体化のエネルギーが軋轢を内包したかたちで引き出されることになる。

このエネルギーは、戦前・戦時だけでなく、戦後のアメリカ占領期にも引き出されることになる。一九五五年、日本本土で新生活運動協会による新生活運動が開始されると、占領下の沖縄でも受けとめられ、琉球政府が取り組むことになった[28]。一九五六年八月、沖縄に新生活運動協議会が設置され、当初は時間生活の実行や冠婚葬祭・会合行事の簡素化などに取り組み、六〇年からは正月を新正月に統一する運動に重点が移った。

だが新生活運動は沖縄で容易に浸透しなかった。たとえば、一九六〇年に具志頭村婦人会が沖縄南部一帯で新正月一本化のパレードをしたとき、「住民は簡単に受け入れてくれなかった[29]」。琉球政府は、「封建的な物の考え方」が根強く残っていることが問題だとしたが、新正月一本化の普及は、一九六一年の四七％のあと、翌年には三五％に後退している[30]。琉球政府は六三年に沖縄の新生活運動を次のように総括している。「変則的な沖縄の現状においては、運動の当面する困難性はあまりにも多く多岐多様なものがある」。運動は消費面を中心に取り組んだので、「住民に対して耐乏的な画一運動の感をあたえたかのように思われる[31]」。

「変則的な沖縄の現状」とは占領のことであろう。琉球政府は、占領が新生活運動の展開をいっそう困難にしていると認識していたのである。この点にかかわって、占領下の沖縄教職員会の活動を考察している戸邉秀明が、沖縄の新生活運動について次のような指摘をしていることに留意すべきだろう。「官製運動として始まった新生活運動についても、教職員会は『植民地化』に抵抗するための民族的な力量を養成する運動と位置づけて、積極的にとりくんでいった[32]」。この時期の沖縄教職員会は、本土に集団就職する生徒のために、沖縄語を禁止して標準語を使う運動に取り組んでいる。アメリカ占領と本土との格差の二つの状況下で復帰運動に取り組んだ沖縄教職員会は、民族的力量の養成と格差縮小の二つの目的のために生活改善に取り組み、主体化のエネルギーを発揮しようとしたのである。

一九六〇年代の沖縄に関する最近の研究とあわせて評価すれば、戦後の沖縄の生活改善運動には三つの側面があったといっていい。一つ目に、琉球政府は、日本本土の新生活運動や生活改善普及事業を参考にして生活改善に取り組んだことであり、二つ目に琉球大学家政学部が固有の役割をはたし、アメリカの大学の普及事業が取り入れられたことであり[33]、三つ目に、民族的力量と格差縮小のために主体的エネルギーが引き出されようとしたことである。沖縄の生活改善運動には日米合作の側面と民族的力量の養成の二つの側面があった。日米合作からは、台所改善や食生活改善、家電製品普及を通じてアメリカニズムが浸透することになった。日米合作と民族的力量養成は、戦後沖縄がかかえこまされた矛盾の反映にほかならなかった。

④　生活と政治の関係の比較史的位置

生活改善運動は日本だけにみられたことではなかった。第一次世界大戦後の生活改善運動から戦後の新生活運動に至るまでの日本本土の生活改善運動に、中国の新生活運動、朝鮮の生活改善運動、沖縄の生活改善運動を並べてみると、そこからは三つの論点を提示することができる。

第一は地域と時代の共通性である。四つの地域はいずれも東アジアに属し、第一次世界大戦後から一九六〇年代までに生活をめぐる運動が展開している。この時期は、現代化（大衆社会化）が開始して展開した時期にあたる。遅れて近代化を開始した地域が、第一次世界大戦以降の現代化（大衆社会化）に遭遇したとき、旧来の生活スタイルや家族関係が問われ、それらの改善が求められた。生活改善運動は遅れた近代化と現代化の接点でおきている。それが東アジア地域で共通の性格をもった運動が展開した理由である[34]。

第二は政治的契機としての共通性である。生活改善運動は、敗戦・独立、内戦・総動員、植民地化、占領といった政治的契機と結びつき、主体性が喚起され、国民や民族の自覚が呼びかけられた運動だった。現代化（大衆社会化）だけでなく、政治的契機を自覚する運動が生活改善運動だったのであり、政治的契機という大きな目標を自覚させるためには、一過性の取り組みとしてではなく、毎日の不断の実践＝生活実践と結びつけられる必要性があったのである。生活改善運動は、現代化（大衆社会化）と政治的契機が交差するなかで提起されたのである。

政治的契機を通じてとくに強調されたのは国民としての自覚だった。日本の本土や沖縄の場合、戦間期から戦後の一九六〇年代ころまで、国民としての自覚を呼びかける生活改善運動が展開された。総力戦に加えて、敗戦、独立、本土復帰といった政治的契機が国民国家の凝集力や中央集権化を強める要因になり、そこに生活改善運動が位置づけられた。国民としての自覚を求める生活改善運動は、戦間期から戦後の沖縄や、戦前・戦時期の在日朝鮮人などに対しては、言語を含めた生活スタイルの否定と同化を進めようとし、相当の軋轢をつくりだした(35)。

第三は戦後の東アジアにおける冷戦とアメリカ支配の影響についてである。戦後の東アジア地域は、冷戦のもとでおかれた状況が大きく異なり、生活をめぐる運動の展開も地域的に異なった様相をみせた。冷戦を通じてアメリカの東アジア支配が強まるなかで、経済復興は日本本土が担うのに対して、朝鮮、沖縄、台湾は軍事を分担させられるようになる。朝鮮と台湾では、弾圧や軍事独裁が強まり、戦前・戦時に行われた生活をめぐる運動が継続した様子はない。沖縄ではアメリカの軍事支配のもとで「変則的な現状」をかかえこみ、協会と関係した新生活運動は低調に終わり、新生活運動は、人びとの側が、「『植民地化』に抵抗するための民族的な力量を養成する運動」と位置づけ直して取り組むことになった。以上からすれば、戦後の東アジアで生活をめぐる運動がもっとも取り組まれたのは日本本土だった。

生活をめぐる運動を大きく規定していたのは、現代化と政治的契機、東アジアの冷戦とアメリカ支配の三つの条件だった。これらの条件が重なり、さらに総力戦経験と敗戦を受けとめるなかで、日本本土の新生活運動は展開したのである。

(3) 戦後史研究への展望

本書を戦後史研究に位置づけて今後の展望をひらくために、「政治と生活」「生活と運動」「東アジアの生活と運動」をめぐる研究史のなかに新生活運動の歴史的位置をさぐってきた。本書をふまえるとき、今後の戦後史研究には次の四点の留意が求められると思う。

第一は、戦後の時代像についてであり、戦後史の時期区分にかかわることである。本書では、新生活運動協会を前期（一九五〇年代半ばから六〇年代前半まで）と後期（六〇年代半ばから七〇年代）に区分して、協会を中心に新生活運動の全生涯を見渡そうとしてきた。本書の叙述を終えたいま、見えてくることは、前期と後期で協会が直面した時代の相違である。図終-2のように、前期と後期の協会の運動のあり方には継続する面と同時に異なる面があったが、後期の協会は前期と異なる時代状況への対応に苦慮しつづけ、その結果、生活学校の離反や協会名称の変更を余儀なくされた。前期の協会が直面したのは、総力戦後＝敗戦後、冷戦、戦後民主主義であり、後期の協会は、高度経済成長、冷戦、私生活主義、管理社会化に直面したのである。一九五〇年代から七〇年代にかけて、時代像は大きく変貌したことをあらためて確認するとともに、その内容と画期について議論をする必要がある。

第二は、戦後史の理解にとって、「政治と生活と運動」の相互関係の検討が重要な課題として存在するのであり、この点での研究が今後活発に行われる必要がある。序章では、(a)生活運動の政治的意図、(b)運動としての生活、(c)生活実践の三つのレベルの視点を設定し、三者の相互関係の分析を本書の課題とした。このような視点による戦後史研究の活性化が望まれる。

第三は、運動史研究の再興である。かつて、鹿野政直が「運動史研究への視野」をもつことを呼びかけて久しい[36]。大門は、事あるごとに鹿野の呼びかけに戻り、運動史研究の必要性を再確認してきた[37]。本書もまた鹿野の呼びかけをふまえ、運動史研究の視点と対象の拡張をはかったものである。運動は人びとの主体性と不可分であり、運動史には人びとの主体性がこびりついている。新生活運動のような運動を含め、戦後の運動に含まれた人びとの主体性の歴史的意味を考察することは、戦後史の依然として重要な課題である。

第四は、以上の課題を検討する視野を国内にとじこめず、冷戦と国内の政治社会との関連を問う視角をもち、さらに東アジアにおける比較と関連を問う射程をもった研究を進めることである。いいかえれば、東アジアの冷戦とアメリカ支配の問題を国際関係だけに限定するのではなく、国内問題と連関させる視野をもつことである。

一九五〇年代から七〇年代に書かれた松沢弘陽、安丸良夫、高畠通敏、篠原一らの研究を串刺しにするような戦後史は、未完の課題として残されている。この課題をはたすために、右の四点はぜひとも追究しなくてはならない課題である。

注

（1）「昭和二〇、八、一四以降　藻」（「安積得也関係文書」五〇一‐九九）。
（2）元東京府知事であり厚生省での先輩にあたる川西実三に宛てたとみられる手紙の草稿からの引用（「昭和二〇、八、一四以降　藻」（「安積得也関係文書」五〇一‐九九））。
（3）一九五五年七月一五日に開催された衆議院文教委員会おける松村謙三文相の答弁。
（4）「安積得也日記」一九五九年一〇月三一日（「安積得也関係文書」五〇一‐一三二）。
（5）『昭和前史の人々・ふるさと慕情――追悼　加藤千代三』（椋木和雄、二〇〇一年）には、『山陰中央新報』に掲載された「生活学校」という記事（一九九三年三月二一日付）が収録されており、引用は同書一七九頁による。
（6）松沢弘陽「日本における民主主義の問題」（『岩波講座　現代一二　競争的共存と民主主義』岩波書店、一九六四年）、安丸良夫「戦後イデオロギー論」（『講座日本史　八』東京大学出版会、一九七一年）。
（7）松沢は、一九五〇年代のサークルの特徴として「話し合い」をとりあげ、その意義と限界について詳述している。本書で前期の新生活運動協会を特徴づけるものとして「話し合い」を位置づけ、詳しく検討してきたが、一九五〇年代の「話し合い」の歴史的意味を考察したものは、今のところ松沢論文しかない。その点でも松沢論文は貴重である。一方の池田勇人は、「寛容と忍耐」の精神にもとづいて〝話し合いの政治〟を掲げた。
（8）篠原一「歴史における深さと重さ」（『世界』一九五六年一二月）。同論文は、のちに篠原『現代の政治力学』（みすず書房、一九六二年）に収録された。
（9）大門正克編『昭和史論争を問う』（日本経済評論社、二〇〇六年）。篠原論文については、同前書所収の大門正克「昭和史論争とは何だったのか」で検討した。なお、篠原論文は同前書にも再録されている。

(10)　同前書、二四六頁。
(11)　戸邉秀明「昭和史が生まれる」(同前書所収)。
(12)　同前、四八頁。
(13)　田中義久「私生活主義批判」(『展望』一九七一年四月、のちに、田中『私生活主義批判』筑摩書房、一九七四年、所収)。
(14)　引用は、高畠通敏「〝新中間階層〟のゆくえ」(『朝日新聞』一九七七年七月一四日)、高畠通敏「いま運動に何が問われているか」(『潮』一九七三年九月号、のちに、高畠『自由とポリティーク』筑摩書房、一九七六年所収)。
(15)　高畠通敏「運動の政治学」『年報政治学　一九七六』(岩波書店、一九七七年)。関連論文に、高畠「運動の政治学・ノート」(『思想の科学』一九七三年九月、前掲『自由とポリティーク』所収)がある。
(16)　以下、高畠「運動の政治学」の引用は、栗原彬・五十嵐暁郎編『高畠通敏集一　政治理論と社会変動』(岩波書店、二〇〇九年)二頁、一五～一六頁、一八頁、二〇～二一頁、二八頁。
(17)　アンドルー・ゴードン「五五年体制と社会運動」(歴史学研究会・日本史研究会編『日本史講座一〇　戦後日本論』東京大学出版会、二〇〇五年)。
(18)　野田公夫「『人びとを主人公にした現代史』の試みをめぐって」(『日本史研究』第五七四号、二〇一〇年六月)。野田は、小学館「日本の歴史」の大門正克と荒川章二の本を比較し(大門『日本の歴史十五　戦争と戦後を生きる』小学館、二〇〇九年、荒川『日本の歴史十六　豊かさへの渇望』小学館、二〇〇九年)、高度成長の時代から現在までを対象にした荒川の本の最大の特徴は、「社会運動への眼差し」にあると指摘して、戦後日本史における運動の特徴について言及している。
(19)　高畠の運動理解には、英米仏と日本の比較と、革新国民運動から市民運動へ至る時間軸の二つの基準がある。ここでは、「生活の質」を問う運動に焦点を合わせるために、英米仏との比較を通じて説明された日本の運動の特徴を、一九六〇年代半ばから七〇年代の市民運動や生活学校にふさわしいものと理解して整理した。ただし、高畠のいう運動は、一九六〇年代半ば以降に限ったものではなく、本書が対象とした戦後の新生活運動や、五〇年代のサークル運動、生活記録運動などにもあてはまることである。野田の指摘に加え、大門もまた、高度成長の時代の論点として「運動」の検討をあげている(大門正克「高度成長の時代」『高度成長の時代一　復興と離陸』大月書店、二〇一〇年)。戦後の運動をあらためてどのように時期区分するのかは今後の課題である。
(20)　東京都小平市では、一九六〇年代半ばから七〇年代にかけて生活学校が数多くつくられ、そのひとつに、一九七四年に小平団地につくられた団地自治会生活学校があった。食品問題や市民葬実現にとりくんだ団地自治会生活学校は、一九七九年に小平市生活学校連絡会から離れ、同名称のまま、二〇一二年の現在に至るまで三五年以上、活動を続けてきた(小平市史編さん委員会『小平

市史料集　近現代編　第四集　小平市の市民生活』二〇一一年、四九〇頁、五四八頁）。団地自治会生活学校の参加者からの聞き取りによれば、小平市生活学校連絡会から離れた理由について、「市から補助をもらうとややこしいので」と述べている（二〇一〇年大門聞き取り）。この生活学校は、行政から離れたことで自主性を保ち、長く続いたように思われる。

(21) 大門正克「再考：一九九〇年代はどのような時代だったのか」（日本経済評論社『評論』第一七九号、二〇一〇年）では、一九九〇年代後半の学童クラブ移転問題に父母会の一員としてかかわった経験を「公共性」との関連で以下のように指摘しておいた。「一九九七年の私は、対抗的な運動としてよりも、都市で自発的な共同性を創出し、官僚的統治になりがちな市役所の行政に社会の共同性を埋め込み、市役所を公共的なものへと変えるところに父母会の活動の意味を見出していた。父母会のとりくみは、多様な立場の人によって成り立つ学童クラブのような場所を、社会の公共的な広場として育てるための試みにほかならなかった」。ここで指摘したことは、一九七〇年代の「公共性」をめぐる問題の延長線上にあることであり、そのことは、「公共性」の問題にとりくむ困難と可能性の両方を指し示しているように思う。

(22) 段瑞聡『蒋介石と新生活運動』（慶應義塾大学出版会、二〇〇六年）、丹野美穂「新生活運動の婦女工作機関誌」（『近きに在りて』第三四号、一九九八年一一月）、深町英夫「近代中国の職業観――新生活運動の中の店員と農民」（『中央大学経済研究所年報』第三四号、二〇〇三年）、牧野格子「一九三六年広東省における民族主義文学運動と新生活運動の展開について」（『立命館文学』第六一五号、二〇一〇年三月）、平山光将「回民社会と新生活運動――河南省開封市を事例に」（『東洋学報』第九一巻四号、二〇一〇年三月）など。

(23) 井上和枝「植民地期朝鮮における生活改善運動――「新家庭」の家庭改善から「生活改新」運動へ」（中村哲編著『一九三〇年代の東アジア経済』日本評論社、二〇〇六年）。

(24) 同前、一三三頁。

(25) 近藤健一郎「近代沖縄における方言札の出現」（同編『方言札』社会評論社、二〇〇八年）。

(26) 仲里効『オキナワ、イメージの縁（エッジ）』（未来社、二〇〇七年）、同「翻訳的身体と境界の憂鬱」（前掲『方言札』所収）。

(27) 堀場清子『イナグヤ　ナナバチ』（ドメス出版、一九九〇年）、冨山一郎『近代日本社会と「沖縄人」』（日本経済評論社、一九九〇年）。

(28) 以下、沖縄の新生活運動については、大城幸子「新生活運動関係年表」（『沖縄県女性史研究』第二号、一九九八年九月）による。

(29) 同前、一四九頁。

(30) 同前、一五三頁（原資料は、琉球政府文教局研究調査課『琉球教育要覧』一九六二年版）。

(31)　同前、一五四頁（前掲、『琉球教育要覧』一九六三年版）。
(32)　戸邉秀明「沖縄教職員会史再考のために」（前掲『方言札』所収）一六〇頁。
(33)　屋嘉比収『沖縄戦、米軍占領史を学びなおす』（世織書房、二〇〇九年）。
(34)　たとえば、近年指摘されている、第一次世界大戦後の東アジアにおけるモダンガールの同時的出現の背景には、遅れた近代化と現代化の接点が考えられる。東アジアのモダンガールについては、タニ・バーロウ、伊藤るり、坂元ひろ子編『モダンガールと植民地的近代』（岩波書店、二〇一〇年）参照。
(35)　一九四一年に開始された在日朝鮮人の協和教育については、大門正克「子どもたちの戦争、子どもたちの戦後」（『岩波講座アジア・太平洋戦争』六、岩波書店、二〇〇六年）を参照。
(36)　鹿野政直『「鳥島」は入っているか』（岩波書店、一九八八年）二七一頁。
(37)　前掲、大門「高度成長の時代」四六頁など。

※　終章1(1)は松田忍、1(2)は満薗勇、2は大門正克が執筆を担当した。

資料編

資料1　社会教育審議会による答申（一九五五年三月一八日）

〔一九五四年一二月六日文部大臣からの諮問への答申、関連部分のみ抜粋〕

社会教育の立場から新生活運動をいかに展開してゆくべきか

戦後十年の歳月を経て、国民生活もしだいに安定に向い、新しい文化建設への努力もまためざましいものが見られる。

しかしながら、一歩立ち入ってわが国情の底にメスを入れるならば、経済生活の基盤は弱く、国際収支も均衡を失っており、政治的にも自立の基礎が固まったとは言い得ない。希望と進取を欠いた退廃的傾向とともに、国民生活の向上を妨げる封建的因習のなごりも、まだ随所に見受けられる。

このような状態の中で、真にみずからの生活を高め、幸福な暮しのできる家庭、社会ならびに国家を築き上げるために、地域に、また職域に、共同して生活を改善し、因習を打破し、物質的にも精神的にも豊かな生活を打ち立てようとする動きが見られる。この様な動きを大まかに新生活運動と総称する事ができよう。

しかし、この新生活運動が、ややもすれば地域での散発的なものにとどまって、広く波及することができなかったり、まったく一時の思いつき的なものであったり、形式のみに流れて健全な個人生活の内部にまで規制や干渉を加えたり、自発性や自主性がそこなわれ、望ましくない統制や支配が行われたりする心配が一部に見られないとは言いきれない。

新生活運動が健全に育ち、国民の各層に展開して美しい花を咲かせることは、わが国民生活の現状を見ても、もはや一刻も安閑としていることを許さないほど刻下の急務とも言えるであろう。

ここに、この運動の基本的な考え方と進め方、ならびにこれに対する国および地方公共団体の務を考察して、広く一般の参考に供するゆえんである。

1　基本的な考え方

(1)　新生活運動は、目ざめた国民大衆の中から自発的に盛り上がり、国民自身の力で明るく積極的に展開していくところの自主性豊かなものでありたい。

(2)　新生活運動は、あくまで個人の尊厳を根底におき、運動がただちに物心両面から個人生活の向上に資するようなものでありたい。

(3)　新生活運動は個々人の意志と熱意に発するが、やがてその属する集団の協力を得て、集団生活の新しい約束として取り上げられていくものでありたい。

(4) 新生活運動は外面的には衣食住などの生活様式の改善であるとともに、内面的には国民の生活意識を高め、民主主義を実現していく全国民的な教育運動でありたい。

(5) 新生活運動は、その及ぶ影響を広く考察し、独善や排他性に陥らず、一時的な行事に終らず、着実に重点的に、近い目標から遠い目標に進んでいくものでありたい。

(6) 新生活運動は、画一的模倣的なものでなく、それぞれの地域や職域の実情に即して、多様に創造的にくりひろげられるものでありたい。

(7) 新生活運動は、町や村ばかりでなく、学校にも官庁にも、各種団体や政党や工場、事業所などにもあまねく燃え上がるようなものでありたい。

2 望ましい運動の進め方

(1) 問題の意識を持ち、話し合いを行うこと。

まずみずからの生活を見つめ、さらにひろく社会的に視野を広げて、みずからの現在をいっそう豊かな生活、余裕のある生活、文化的に高めていくために、最も身近な改善すべき点を発見することが最初であろう。そのためには、家族で、地域社会で、職場での暮しについての話し合いが行われることが必要である。そして自分ひとりで改められることと、共同して多数の協力がなければ改善できないこととを明らかにして、後者については賛成者を広げていく努力が大切である。

(2) 共同の重点的目標をたてること。

家庭・地域・職域などで生活の切り替えのための共同の目標をたてる場合には、一部の者の意見が押しつけられたり、少数意見を無視したりすることなく、じゅうぶん話し合って、すべての者の納得と心からの賛同が得られることが望ましい。目標が単にきれいごとの掲示主義に終ったり、よいと思うことは何でもかでも並べた雑多煮になったり、かけ声だけで実現できないことであったりしないよう、注意する必要がある。

いずれにしても目標の重点主義は忘れてはならないことであり、また広い地域での目標をいっそう狭い地域での目標に具体化する為の話し合いは、欠くべからざるものである。

(3) 周到な実行計画をたてること。

運動は計画的であるとともに、組織的継続的であることが大切である。その為、周到な実践計画をたて、週次、月次、あるいは年次にかちとっていく為の具体的な行動や行事を考える必要がある。また、この運動が単に個人の精神内部の改革にとどまるものでなく、具体的な社会形成を伴い、集会や行事や宣伝広報活動などを伴うものである限り、当然財政的な裏付けについてもじゅうぶん考慮を払う必要がある。この費用は自主的にまかなわれるのが原則であるが、この為の公共の経費は民主的に活用されるよう努力することが大切である。

(4) 連絡調整をはかること。

この運動を進める為には、当事者としての地域団体や職域団体が全力を尽すべきことは勿論であるが、実際上は、その関連する部面が多方面にわたるだけに、各方面の連絡と協力とは最も大切である。特に民間団体と官庁、また官庁相互間の連絡調整が円滑に行われないならば努力に応じた効果をあげることはできない。この為、新しい連絡の機関や組織を設けることも必要になってくるであろう。

(5) 時期を適確にとらえること。

目標は単に掲示用のものでなく、逐次達成されていくべきものであるがゆえに、それが固定化することなく、随所随所に適確な具体的な問題をとらえて目標に掲げられ、意欲を高めることが大切である。機会を逸しないということが、効果をいっそう増大させるゆえんであろう。

(6) よい指導的人物や協力者を得ること。

この運動を進める為には、集団の中にすぐれた指導者を得ることが大切である。特に民間人のよい指導者を育てる努力は、すべての国民が忘れてはならないことであろう。よい発意者が必ずしもよい組織者でなかったり、よい組織者が必ずしもよい計画者でなかったり、よい計画者が必ずしもよい実践者でないという場合もあろう。これらの人々の力をじゅうぶんに出し合って、それぞれに能力を生かして協力する態勢がとられることによって、運動は着実に前進する。

また専門的、技術的助言者の協力は特に大切である。社会教育主事、農業改良、生活改善の普及員、保健衛生関係の職員、学校教職員、学校経験者などの助言をそれぞれの必要に応じて活用することが大切である。

(7) 常に反省検討し、その発展をはかること。

この運動はその推進の全過程を通じて、常に全員の参加を得て反省し評価し、その結果に基いて次の展開をはかることが大切である。自画自賛に陥ることなく、長短をよく考慮し、客観的な評価を行い得るもののみが、確かな伸長を約束されているとも言ってよいであろう。

3　国及び地方公共団体のつとめ

国及び地方公共団体は、この運動があくまで国民の自主性に発し、自主性に終るべきものであることに注意し、その援助にあたっても、最も大切な自主性をそこなわないように心がけることが大切である。また助言をする場合でも、その地域や職域の実態をよくみきわめ、真に住民の福祉に貢献する方向をつかんだ上で行われなければならない。

また、この運動の推進の為に、次の諸点に留意することが必要である。

(1)　運動があくまで自主的に円滑に行なわれるよう、環境の育成に努めること。

(2)　関係する機関や団体や個人との連絡調整の労をとること。

(3)　資料の作成頒布や情報の交換に努めること。

(4)　専門的な技術の提供、適切な助言に努めること。

(5)　運動が効果的に行われる為の財政的援助に努めること。

(6)　表彰や推奨などの場合、表面に表われた結果のみにとらわれず、発足や推進の経過に留意し、いやしくも独断に陥らぬよう警戒すること。

(7)　モデル地区の指定などの際には、その選定の手続を民主的に行うよう注意し、安易な効果を目ざさぬよう考慮すること。

附帯決議

新生活運動連絡調整機関の設置または組織の整備について

別紙新生活運動についての答申の(4)に示すとおり、この運動が効果的にすすめられる為には、特に民間団体と官庁、また官庁相互間の連絡調整が円滑に行われねばならない。

この為の適当な連絡調整機関の設置またはその組織の整備が早急になされるよう特に要望する。

資料2　新生活運動協会運営の当面の方針に関する答申（一九六三年七月一日）

新生活運動協会においては、時勢に応じた適切な運動を展開する為、研究会等を設け、運動に関する研究を行ってきている。その結果、協会長に出された答申の主なものを掲げると次のとおりである。

昭和三十八年七月一日

財団法人新生活運動協会

会長　久留島秀三郎　殿

小委員長　後藤　文夫

委　員　安積　得也

同　磯村　英一

同　桐原　葆見

同　町田辰次郎

同　南　喜一

小委員会は、昨年九月発足以来新生活運動協会運営の当面の方針につき、慎重に審議を続けてきましたが、この度、別紙のように答申します。

新生活運動協会運営の当面の方針

第一　新生活運動の反省と展望

新生活運動は、戦後の大きな社会変動にあたって、自分達の生活を守り、それを向上させてゆきたいという国民の願いと努力がいろいろな形で自然に結集される気運に根ざして発展してきた。

昭和三十年にその中心の組織として、協会が設立されてから、各方面の協力と援助によってこの運動は全国的な規模に広がる様になった。その間に国民生活にも幾多の変化と発展がみられ、それにともなって運動も時に消長はあったが、一貫して日本民主化の為に地道な努力をつづけてきた。

当初は、ほとんど地域的な活動に限られていたが、企業体職域にもその気運がおこり、労働組合等でも積極的にこの運動に取り組む様になってきた。

この様に、運動の分野が拡大されると共にそれぞれの団体・地域・職域等多彩な活動が日常生活の向上からより広い分野、より広い階層へ着実にその領域を広めつつあるのが現状である。

協会もこの様な展開に応じて年々事業を拡大し、又新しい分野の開拓につとめてきたが、昭和三十七年度からは国民生活に共通する課題として「国土を美しくする運動」を提唱した。幸い各方面の共感を得て目下全国的に活動が展開されている。この様ないろいろの方法を通じていわゆる民主主義生活の基礎を培う運動としての意義が、広く一般に認められる様になった。

しかし、反面には運動がようやく形式化され、生活様式や生活行事の表面的な改善や、単なる行事中心の動員運動になったり、又一部では安易に行政機関の行なう生活指導や啓発活動に依存する傾向もあらわれてきた。

したがって、協会の活動もややもすれば画一的になり、機動性と弾力性を欠き、運動の自主性を育てる事に十分でなかった事も反省を要する点である。

勿論、新生活運動は本来生活者の自由な生活向上運動であるから、個性豊かに多種多様な形で展開される事が望ましいが、同時に現実の社会の動きに対応するものでなければ新鮮な迫力を失ってしまう。

社会情勢の変化によって、日々新しい問題が提起される現代では、生活を守りこれを向上させてゆく為に不断に新しい課題に対しての理解と方策の発見が必要となる。

特に、ここ数年の国民経済の急激な発展にともなって起った社会変動によって国民生活は広範な影響をうけている。

その主なものは、

1　生活水準の向上、生活様式の近代化にもかかわらず、生活者自身の欲求や主張は、むしろ変転する社会のしくみの中に埋没されて、生活者としての主体性を失いつつある。

2　工業化にともなう人口の大量移動によって、地域社会の人間関係にゆるみが生じ、それに代わって新しい秩序が打ち立てられないままに、生活者は次第に孤立化して、現実の社会の問題から遊離しがちである。

3　経済の発展の速度が急激な為に、全体として生活水準は向上しているにもかかわらず、産業間や地域間又は階層間の生活格差が増大している。

4　技術革新の進行にともなって、生産工程ばかりでなく社会の各部面に非人間的な組織化がなされる事によって、生産活動の面ばかりでなく、文化運動、余暇活動の面でも人間性が失われてゆく傾向にある。

5　巨大な社会の機構の中で、病理的な社会現象が次々に発生し、健全な生活者の身心を蝕む傾向が強くなりつつある。

この様に外面的な生活の向上、繁栄にもかかわらずその主体性を失いつつある国民生活の現状の中で人間性を回復し、新しい環境に対応する生活の姿勢を身につけるには、生活者自らが個人的にも集団的にも、もっと積極的にこれらの問題と取り組む事が必要である。

新生活運動は、以上の様な社会情勢の変化にともなって、今やその重要性が再認識されなければならない時期にいたっている。

第二　新生活運動の基本的な考え方

新生活運動の基本的な考え方については、昭和三十年三月の「文部大臣の諮問に対する社会教育審議会の答申」に示されているが、現在もおおむね妥当であると考える。現在の時点ではこの考え方を適切に運動の中に具体化する為の努力が必要である。

新生活運動は、生活の向上発展をめざして生活課題を解決しようとする生活者集団の運動であり、生活者の自主性創造を根底とするものである。従って、生活者集団自らがそれぞれの条件に応じて、目標や課題を設定すべきものである。

しかし、現在の社会状況のもとでは、それぞれの生活者の活動もこの社会の大きな流れの方向にそって問題をとらえるのでなければ、十分に目的を達する事が出来ない。

すなわち、先にあげた国民生活の向上を阻害する様な重要な問題をよそにしては、新生活運動を考える事は出来なくなって来ている。

勿論、国民生活上の諸問題が、すべて新生活運動の課題ではないし、又すべてが生活者の運動だけで解決出来るものでもない。当然政治、行政との協力が必要であり、又、政治を通して生活者の主張を実現してゆく活動も益々重要であるが、政治や思想などの運動とはちがって、生活課題を日常生活の場において具体的にとらえ、かつ解決しようとするところにこの運動の特色がある。

第三　協会の性格と役割

協会は、新生活運動を全国的に推進する為の機関であって、各運動集団の活動を助長すると共に、広く国民の共感を呼び起して、国民的な規模で運動を拡大発展させる使命をもつ。

行政機関も運動推進の役割を果たす事が出来るが協会は民間団体として、生活者の集団と同列にあるものである。それは必ずしも、協会を中心とする全国的な運動組織の形成を期待するものではなく、むしろ、協会は、運動主体を発見し組織する媒体者である事が望ましい。

その為には、協会は各運動集団と緊密な連帯意識によって結ばれる事が必要である。

以上の様な観点から、協会の当面の主な役割は、

1　国民生活の上の重要な諸問題を取りあげて、各運動集団が、問題についての考え方をきめ、目標と実践的な課題をつくる事が出来る様に援助する事。

2　運動集団の諸活動に対して、必要な情報・知識・技術・資料等を提供する事。

3　運動集団特に指導者や有志活動家の発見育成と相互の連携をはかる事。

4　運動集団の諸活動が、効果的に進められる様行政機関や関係団体との連絡調整にあたる事。

5　広く国民の関心と共感を呼び起して、世論を高める事。

第四　当面の運動推進の在り方

協会は、前述の様な考え方に基づいて、従来の運動推進の在り方について検討を加え、社会状況の変化に対応する新しい構想を打ち立てる事が必要である。

第一には、生活構造の変化に応じて生活の場が拡大し、生活機能が次第に分化しつつあるので、従来の様な地縁的集団ばかりでなく、職域関係や大衆社会に形成される各種の集団や階層等を運動の場として、又その担い手として重要視すべきである。

第二には、画一的推進をさけ、それぞれの運動集団の自主性を尊重しながら、その体質と段階に応じ、又課題の性質に応じて、弾力的かつ重点的な推進をはかるべきである。

第三には、運動推進の基本的なねらいは、人間の主体性を確立すると共に、人間性を豊かにし、市民性を高める等、新しい時代に対応する人間資質の向上をめざすべきである。

以上の様な観点から、今後の運動推進上の要点をあげれば、

1　新生活運動は、生活者の願いや主張を日常生活の中に実現してゆく活動が基本であるから、この願いや主張を育成する配慮が特に必要である。

2　当面家庭生活上の具体的諸問題の解決から出発する運動も、生活のひろがりに応じて、地域社会や更により広い社会問題につながる運動、例えば、消費者としての共通の立

場を守る運動、あるいは子供の幸福を守る運動などとして発展する事が期待される。

3　従来の村づくり・町づくり運動も、地域社会の構造が都市・農村を問わず大きく変動しつつあるので、地域社会の新しい秩序とそれにふさわしい市民性を確立しようとする努力は益々必要である。新生活運動として、新しい地域社会形成の為に住民が積極的に参加する意欲を高める事に主眼をおき、それによって地方自治への関心を深めるべきで、公明選挙運動等とは更に緊密に提携すべきである。

4　従来の職域・企業体における新生活運動は運動の自主性の原則からしても、労務管理の系列で行なわれる諸活動とは異なり、職場につながる自主的な生活者集団の活動こそ基本である。従って、会社社宅等の活動も、居住者自身が主体であって、企業はその協力者援助者である事が望ましい。又労働組合もその本来の活動と共に、組合員の行なう生活向上運動に協力する事が期待される。

5　都市化・大衆社会化の進行にともなって、次々に新たな生活問題が発生しているので、大衆社会の場における運動が必要である。それらは速やかに具体的な問題をとらえてゆく事が望ましい。例えば、国土を美しくする運動は当然継続して推進すべきであり、東京オリンピック大会の機会は、積極的かつ有効に活用する必要がある。

6　運動推進の具体的方法及びこれにともなう事業については、適宜専門委員会を設けて検討する。

7　協会は、地方協議会が、都道府県段階の民間推進機関としての基礎を確立出来る様努力すると共に、その内容・方法については、個別に協議、検討する事が適当である。

第五　協会の整備・充実

以上の様な構想に基づいて協会が新しい段階の運動推進の役割を果す為には、協会自身が先ずそれにこたえる事の出来る様な態勢を整備しなければならない。その為に、特に重要な問題をあげれば、

1　調査研究機能の充実

すべての活動の基礎となる調査研究の重要な事はいうまでもないが、特に、

(1)　国民生活上の重要な諸問題を解明し、その方策を示唆する事。

(2)　運動集団に必要な情報・知識・技術・資料等を提供する事。

などについては、実態に基づいて助言する事の出来る能力を具備する事が急務である。

その為には、専門職員を新たに設置する他、従来の専門委員会の機能を拡大充実する事、広く各方面の専門家の協力を得る必要である。

2　広報資料の有償方式転換

従来の広報活動のうち印刷物関係は、有償方式に転換する事によって、かえって機動的かつ有効な活用が期待されるので、その具体的な方法を検討し、逐次実施にうつす事が望ましい。

3　自主財源の開拓

協会の活動に要する経費は、今後共その大部分は政府資金による事が必要であり、かつ適当であるが、協会の民間団体としての性格を堅持し、自主性を確立する為にも、自主財源の開拓をはかるべきである。

その為寄付金、賛助会費、事業収入等の寄付行為の規定は実施にうつすべきである。

第六　新生活センターの建設

協会の態勢整備と並行して、協会活動の拠点となりかつ全国の新生活運動の精神的・物的な中心となる新生活センター（仮称）を建設する事が必要である。

新生活センターは、新生活運動に関する事例・資料等の収集・調査研究及び指導者養成等教育的機能の拠点となるばかりでなく、運動関係者の参考に資する器材・器具等の展示、貸出し及び運動についての相談・診断に応ずる等広く関係者の活用に供するものである。

この様な施設をもつ事によって、協会の諸活動も一層その効果を増大する事が出来ると共に、これを中心として、各運動集団の連携をはかり、運動の連帯感を高める事が期待される。

その実現について、速やかに検討を開始すべきである。

付帯決議

小委員会の答申の主旨に基づき、次の諸点については、それぞれ速やかに対策を講ずる様特に要望する。

1　国庫助成について

答申にも述べてある様に、協会の財源は今後も大部分は政府資金に依存せざるを得ないので、一定標準額の長期助成の態度を明確にする様政府に要望すべきである。

2　助成条件について

運動の特殊性にかんがみ、機動的かつ弾力的な運営が出来る様、助成条件は法の範囲内において出来得る限り簡素にすると共に、助成金の交付を迅速にする様、主務官庁に要望すべきである。

3　事業・予算規模について

協会事業及び予算の規模については、今後数年にわたっておおよその基準を設けるべきであるが、事業量の増大ばかりでなく、もっとも効率的に実施出来る様、人員その他の条件とあわせ考えるべきである。

4　職員の給与について

現在協会の給与規定は、「一般職の職員の給与に関する法律」に準じている為、職員の採用・補充等がきわめて困難である。給与の改善等につき適切な処置を講ずるべきである。

5　新生活センターについて

新生活センターの必要性とその機能については、答申に述べたとおりであるが、その設計、用地及び資金の確保、運営等については速やかに特別委員会等を設けて検討する事が必要である。

6　事業収入について

自主財源のうち、事業収入については、協会に特別会計を設けて運営する事が適当と思われるので、具体的に検討する事が望ましい。

資料3　新生活運動協会当面の運動推進方針（私案）（一九六三年五月二〇日）

〔「安」は安積による手書きの書き込み〕

〔安〕（事務局メモ、大沢草案）

協会はさきに決定された「協会運営の当面の方針」にもとずき〔ママ〕、昭和三九年度以降おおむね五ヶ年の運動推進方針を次のように定める。

第1　計画立案の基礎

1　運動推進の基本的態度

「協会運営の当面の方針」にもとずき、国民生活の現状が、外面的な生活の向上、繁栄にもかかわらず、生活者が次第に主体性を喪失し、人間性がそこなわれつつある傾向に対して、生活者自らが、積極的にそれらをもたらしている社会的諸問題ととりくむ運動として、新生活運動を推進し、全国民的な運動としての形態をととのえることを目ざすものである。

〔安〕原則　遠心性　例外　求心性

〔安〕究局的には日本民族の民主化をめざす

2　推進の重点

「当面の方針」にもとずき、現在もっとも重要と思われる次の諸活動を中心として推進する。

(1) 消費生活刷新向上運動
(2) 地域住民活動
(3) 職域企業体運動
(4) 文化活動
(5) 社会活動

〔安〕新生活運動の領域

1. 運動推進の基本的態度

国民生活及生活者集団の諸種のニードに応えつつ、自主的多様なる運動を推進すると共に、国民生活の望ましき方向に沿って一般の問題意識を刺戟すること。

2. 推進の重点

「当面の方針」にもとずき、現在最も重要と思われる諸活動を中心として推進する。全国共通課題を中心とする協会提唱の推進に関しては、差し当り国土を美しくする運動の中に、焦点的努力目標として、

A. 紙くずのない日本　B. 行列を守る日本人（重点スローガン）

の二大社会慣行の樹立をめざすこと。

この二大努力目標の達成については、国土美運動のみならず、地域職域をも含む協会全体をあげての努力を結集すること。

3　運動推進の方法

(1) 国民の自主的運動として発展し、全国的に組織化されることを期待するが、重要な問題については、協会は、積極的に問題の所在を提示し、進んで運動を提唱する等、運動者としての熱情と気魄とをもって推進に当たる。

(2) 自主的民間運動としての立場から行政の諸施策とは本質的にことなるものではあるが、行政施策を活用し、さらに行政は生活者の主張を反映させる等、積極的にこれに参加し協力しあって要求する態度を確立する。

(3) 従来きわめて消極的であった外部の諸系統の活用については積極的な配慮をはらう必要がある。

4　事業実施の方法

(1) 従来と同様、直接事業および委託、共催事業を併用するが、形式的、画一的ないし恩恵的な助成方法は全面的にこれを改ため〔ママ〕、事業本位にその効果を考慮して実施するものとする。

(2) 反面効果的な事業については、助成対策を限定せず、広く活動家の発見とその連絡をはかるものとする。

5　予算規模
昭和三九年度を初年度とする五年間を通しての方針を定めるが、その予算規模は、毎年度三億ないし三億五千万円を予定し、初年度より年々三億の国庫助成を要請する。その他自主財源の確保をはかり、最終年度の予算規模は約三億五千万円をめざす。

6　協会職員の増員
活動の飛躍的な発展に対応するため、現在の予算定員二五名を五〇名と増員する。

7　適正化法の緩和と事務処理体制の整備
事業の機動的かつ弾力的遂行のため、適正化法の条件緩和に努力し、あわせて事務処理の簡素化等について必要な措置を講ずる。（たとえば予算費用の整理。流用範囲の改正等）

〔案〕
8　新生活センターの建設
9　青年、学生、少年、学校への働らきかけ
10　文化運動面の重視（絵画、音楽、スポーツ、演劇等）

第2　消費生活刷新向上運動の推進

1　ねらい
生活水準の向上、生活様式の近代化にもかかわらず、とくに消費生活の面において主体性を失ない生活の均衡を失ないつつある現状にかんがみ、生活者の主体性を回復し、真の生活向上をはかるため、健全な消費者運動を推進しようとするものである。

2　運動推進方法と主な事業
(1)　主として家庭婦人層を対象として、この運動を推進する。
(2)　活動の形態は、婦人層の小グループ活動を漸次組織化するとともに、その交流、拡大をはかり、家庭消費者としての立場を主張しうる態勢を次第に作りあげる。
(3)　新生活通信、内容　この運動に重点をおき、グループ活動組織化の媒体として活用するよう留意する。
(4)　この運動の主要課題は、主体性をもって生活設計を行なうことにあり、したがって日常消費生活の合理化が当面の目標である。もちろん、その他家庭を中心とする人間関係、日常生活技術改善向上等も無視すべきでないことはいうまでもない。
(5)　これら家庭を中心とする日常生活上の諸問題が、さら

に広く同一地域やさらに広い範囲の共通の問題として発展することを期待する。

(6)　この運動推進上の具体的な問題ごとに、学習や実践の参考に資するため、現在のリーフレットをさらに充実して、常時求めに応じて提供できる様準用する。

(7)　婦人団体、労働組合あるいは新聞社の報道機関と協力して、全国の主要都市に「生活学校」「暮らしの工夫の会」を開設し、それらを機会にしてグループの組織化をはかる。

これらの事業については、別項の新生活運動協力会（仮称）の協力をもとめることによって、効果を拡大することを期待する。

(8)　従来の婦人学級、生活改善グループ等にも上記資料等を提供することによって、この運動の主旨を導入する。

3　関係機関団体との協力

(1)　文部省社会教育課、婦人教育課、農林省生活改善課とは上記婦人学級、生活改善グループの活動にこの運動の主旨を導入するため提携をはかる。

(2)　婦人団体、労働組合等の組織にこの種グループの結成を呼びかけ、また組織内「生活学校」「暮ら［し］の工夫の会」等を開設する場合はこれに援助する。

(3)　とくに貯蓄増強中央委員会、消費者協会とは緊密に協力することとし、できればこの事業の参加を要請する。

(4)　生活技術の指導、普及を主な目的とする団体（たとえば食生活協会、栄養改善普及会、家族計画関係団体、人口問題研究会等）とは資料の作成、講師等について協力をもとめる。また、それらの団体の行う事業と協力する。

4　備　考

(1)　大都市においては、これらのグループの成長度合を勘案しながら、一般消費物資について、生産者側との懇談会等の機会をつくり、漸次消費者としての意識を高めながらその主張を反映させる努力をする。

(2)　この運動は、一面消費者教育活動であると同時に、消費者運動として、生活者の主体性にもとずいて発展することをめざすものである。

(3)　この運動は、単なる物価引下げ運動や、生活技術の改善運動にとどまらず、これらの活動を通じて、生活者の主体性を高めてゆく運動である。

(4)　これらの活動を基礎として、地域の問題に発言し、さらに社会的問題について主張しうるよう発展することを期待する。たとえば、C・Dへの参加、あるいは子どもを守る運動、マスコミの聴取者運動などへの基準をつくるものである。

(5)　第一年度は主として市郡に重点をおいて事業を進める。

第3　C・Dへの積極的な協力と地域住民活動（村づくり町づくり運動）の推進

1　ねらい

社会変動にともなって、従来の地域社会の人間関係にゆるみが生じ、これに代わる新らしい地域社会の秩序が打ち立てられないままに、生活者は孤立化しつつあるので、地域社会の福祉を増進し、新らしい地域社会の形成をめざして、地域住民組織活動（いわゆる村づくり、町づくり運動）を推進しようとするものである。

2　運動推進方法と主な事業

(1)　現在では、全体的な社会計画を欠き、行政部門ごとの個別の計画が相互の調整が不十分なまま進められているので、地域住民全体の福祉向上をめざす住民活動を組織化することによって、積極的に地方自治に参加するとともに、いわゆる Community development 方式への態勢をととのえる。

(2)　行政による諸計画との関係を考慮しながら、地方自治体と住民運動との協力関係を確立することにつとめる。

〔安〕〔この(2)に印をつけた上で〕不可能

(3)　推進方法としては、従来の指定地区方式に改善を加えて、市町村を単位とする地域を重点的に指定し、巡回指導方式を充実する。

(4)　指定市町村設定については、当該市町村理事者の熱意が必須の要件とされるので、従来の指定地区設定の方式とはことなり、市町村長の発意による申請を条件とする。

(5)　指定市町村の数は、協会側の態勢の整備に応じて増加することとし、協会および地方協議会の講師団等指導研究の整備如何にかかるが、昭和三九年度は、都道府県あたり三～五地区の程度とする。

(6)　この地区の選定は、従来の指定地区をふくむ市町村を優先することとし、この事業を通じて、指定地区のアフターケヤーの役割りをも兼ねるものとする。

(7)　行政機関がそれぞれの専門分野ごとに独自の住民組織化をはかっている場合が多いので、市町村段階ばかりでなく必要に応じて、府県あるいは中央の段階で所要の調整を行なうことが予想される。

(8)　この事業の成否は、協会自身が指導性をもちうるか否かについ《マヽ》ているので、専門委員会、専門嘱託等を中心として有力な講師団を設置することが必要であり、これと併行して、地方協議会の講師団等の指導力を増強することが必要である。

(9)　指定市町村の指導層を対象とする研究会、研修会等を中央あるいはブロック単位に開催する。

(10)　巡回指導の期間はとくに定めない。地元の熱意と活動の効果を勘案して決定する。

3　関係機関団体との協力

(1)　この事業は、行政機関の行う施策とは緊密に協力しあうことが必要なので、とくに市町村当局とは一体となって活動することが要請される。たとえば、農業指導改善、地域開発、新産都市建設、都市再開発等の諸施策が必ずしも地域住民の福祉を十分に計画の中にくみ入れていない場合が多い。その意味で住民運動と行政施策との提携、協力関係を作り出す自治建設の運動でもある。

(2)　総会［ママ］社会教育（文部省）、地域福祉推進事業（厚生省）、農業構造改善（農林省）、新産都市建設、低開発地域開発計画（通産省）、国土総合開発（企画庁）などの諸事業と関係があるので、それら諸官庁との調整をはかる必要がある。

(3)　行政機関がそれぞれの部門について住民組織運動を計画しているので、たとえば厚生省の社会福祉協議会、保健福祉地区育成協議会、総理府の青少年問題協議会等とは中央における調整が必要である。

(4)　行政機関との間の調整・協力は現在では相当の困難が予想されるが、協会は住民運動としての立場から、これら官庁側に対して主張すべき点を主張することによって、住民活動の発展ばかりでなく行政の民主化へのはたらきを果すことができる。

(5)　公明選挙運動は、地域住民が地方自治へ［ママ］の積極的に参加するひとつの方式として新らしい転換を要請し、その観点から協力関係をもつべきである。

(6)　公民館は、地域住民活動の拠点として、地域住民が公民館運営の主導力となることが望ましい。その意味で、公民館運営審議会が真に住民組織の中にくみ入れられることをめざすべきである。

(7)　その意味で公民館関係団体および公民館職員を地域における中核的リーダーとして育成する考慮が必要である。

4　備　考

(1)　この運動の内容は、従来地域活動として推進してきたものを、さらに現在の時点において再編成することにより社会的要請にこたえようとするものである。

(2)　地方協議会の強化は、この事業を中心にして考えることとし、地方協議会がこれら事業の遂行にあたって協会と一体となって協力できるよう、都道府県への働きかけが必要となる。

(3)　従来の指定地区の連絡組織として、指定地区連絡協議会（仮称）の設置を促進し、一面には地方協議会の有力な支柱として、他面にはこの事業推進の基盤となるよう援助する。

(4) 従来の講師派遣は、主として都道府県段階に限られていたが、今後は指定市町村に対して積極的に援助することとする。この場合、主に協会専門嘱託がこれにあたる。

(5) 市町村ごとに全国的、一般的状況、運動状況等の資料を整備し五ヶ年計画で資料室を整備する。

(6) 第一年度は主として農村地区を指導し、逐次他の地域に拡大することをはかる。

第4 職域企業体の運動推進

1 ねらい

職場における人間関係の改善と人間性の回復向上をはかるため、職場における新生活運動を推進し、あわせて企業の社会性を高めることをはかる新生活運動を推進し〔重複原文ママ〕あわせて企業の社会性を高めることをはかろうとするものである。

2 推進方法と主な事業

(1) 従来の職域企業体の運動を上記の主旨により、整理し、家庭の運動、職場につながる居住、社宅における運動や職場に形成される各種のグループ活動とは区別して推進する。

〔安〕(自) 不当整理　多様性に対して協会は大風呂敷であれ。

(2) この運動は、職場そのものの新しい形成をめざす運動として、生産性運動等よりもさらに広い視野とねらいをもつものである。

(3) 運動は各企業、職場ごとに、自主的に課題を設定して行うべきであって、協会は労使双方に対する主旨の徹底、相互の連絡交流をはかることに重点をおく。

3 備考

(1) 第一の消費生活の向上運動（消費者運動）や第四文化活動、第五社会運動等も、これら職場を通じてあるいは職場につながる運動として考えるべきであって、職域企業体の運動ではない。ただ、企業が経営管理の立場からこれらの運動に協力することは望ましいばかりでなく、必要である。

つまり、職場そのものを生活の場として新しく形成しようとする運動と職場を経路として考えるものとの差であり、経路としての重要性については当然重視すべきである。

(2) 労働組合についてもほぼ同様であり、第一、第五の部門等についてはとくにその協力が期待される。

(3) 従来の働らく〔ママ〕青少年の活動等は別項のように第五の部門へ組み入れることが適当であろう。

(4) 現在のように地方協議会が企業体に直接働きかける場

合は困難が多いので、特別の場合（たとえば秋田等）を除き、地方協議会に代わる推進母体が必要となるか、逐次充実することとし、当初は協会直接の活動が主となるものと考えられる。

(5) 初年度はほぼ現在の事業を基礎にして改善を加え、逐年充実をはかるものとする。

第5 文化活動、余暇活動の推進

1 ねらい

社会の多方面に広範にわたって進行しつつある人間疎外の現象に対して、人間性を回復し、新らしい社会状況に対応する人間資質の開発をはかるため、地域、職域を問わず広く国民大衆を対象として、日常生活に即した文化活動を推進しようとするものである。

2 運動推進の方法と主な事業

(1) 従来すでに多方面で実施されている文化活動、余暇活動の中、日常生活に密着し、しかもとくに青少年階層を主な対象とするものと提携して推進をはかるものである。

(2) 従来この程《[ママ]》文化活動には、民青同に見られるような政治的、思想的偏向やあるいは政治的目的に利用されるものが多いが、協会の推進活動にあたっては、政治的、宗教的立場とは別個に、豊かな人間性を培うことを主眼とする。

(3) 国民文化協会（明本京静氏）、全文協の「呼びあうこだま運動」、修養団「森のコーラス」等の歌唱運動と協力し、国民的な歌唱運動を推進する。（現在歌声運動が広く青少年層に浸透しているが、思想的偏向がうかがわれるので、これに対して健全な国民文化を高める運動として発展することを期待する）

(4) 広く青少年団体等に協力して、青少年層の余暇活動を全国的に推進する。とくに、兵庫県のOAA運動、静岡市のYA《[M]》YA運動、根っこの会、青年ホーム等、従来の青少年運動に対して、勤労青少年層の活発な活動が各地に展開されているので、これら諸団体と提携しながら従来未組織の青少年層に対して推進をはかる。

(5) とくに野外活動を重視し、単なるレクリエーション娯楽のため〔の〕活動としてではなく、これらの野外活動を通じて、身心を鍛錬し、市民性を身につけうるような活動を考慮する。

(6) B・S・G・S、ユース・ホステル、ワンダー・フォーゲル等の諸活動と協力することによって、幅広い野外活動を組織化するよう留意する。

(7) 施設としては、各地の青年の家、ユース・ホステル、国民宿舎、国民休暇村等との提携をはかる。

(8) 事業は主として以上の諸団体の活動を助成することとし、漸次相互の交流と組織の拡大をはかる。

(9) 協会はこれら団体と協力してキャンプ訓練、奉仕活動をあわせ青少年の資質の向上に資する。

3 関係機関団体との協力

(1) さきに列挙したような各種団体との協力がもっとも必要であって、この活動自体には、むしろ行政機関との関係は少なく全く自主的運動として発展することが望まれる。

(2) 諸施設等の活用については、当然関係行政機関または自治体との協力が必要なことはいうまでもない。

(3) 各関係団体との連絡を密にするため、中央に「青少年野外活動推進連絡会」（仮称）等の組織を設けることが考慮される。

4 備 考

(1) 民青同の活動と表面的には類似した活動形態をとることがあっても、本質は全くことなるものである。また、民青同組織の活動を意識的に弱体化しようとする意図によるものでもない。現在の社会状態の中でこの種の活動が強く要請されていると思われるからである。

(2) 従来企画［業］体運動の一環として働らく青少年の活動をとりあげているが、これは以上の活動に拡大発展させるべきである。

(3) さきにあげた二種類（歌唱運動、青少年活動）の運動のほかにも、たとえば「絵をかく運動」も注目すべきであり、また現在の「花いっぱい運動」も人間性を豊かにする運動の一環として考えることもできるが、第一年度より二〜三年は青少年層を対象とした運動に重点をおくこととする。

(4) これらの活動を進めるためには、協会に専門委員を置くことが望ましいが、最低限度にとどめて、できるだけ協力団体の技能者、リーダーの参加、協力を期待する。

(5) 地方協議会は、この活動については、中央における協会と同様、助力者としての立場をとり、多種団体の自主的な対策に協力し、あっせんすることにつとめる。

(6) 従来の各種のレクリエーション活動は、当然今後も注目すべきであり、以上の諸活動ともレクリエーションが重要な内容をなすと思われるが、ややもすれば単なる娯楽におわる危険があり、さらに現在のコマーシャリズムや消費文化的傾向によって、余暇活動における主体性の喪失が見られるので、十分注意を払う必要がある。

(7) ワークキャンプ等、高度の事業は、第一年度を準備期間として、第二年度以降、逐次拡大するものとする。とくに、学生層を対象として出発し、順次一般勤労青年層

〔ママ〕とも及ぼすことが適当である。

(8) 働らく青少年層を対称〔ママ〕とする場合、当然事業主側の協力と理解が必要である。そのためには、中小企業団体、経営者団体、商工会議所等の協力と、反面には労働組合との提携両面を考慮し、労働問題や思想問題に介入しない態度を明確にする。

(9) ＯＡＡのように神戸新聞社の援助が絶大な役割りを果たしていることにかんがみ、有力地方新聞との提携を考えることが効果的である。

第6　社会活動の推進

1　ねらい

社会の機構が巨大になり、かつ複雑になるにつれて、いろいろの社会問題、病理的現象はますます多くなるので、生活の真の向上と人間性の回復をはかるため、重要かつ全国に共通する社会的な課題を中心に国民運動を組織化して推進しようとするものである。

2　推進方法と主な事業

(1) 現在全国的に展開しつつある国土を美しくする運動は、当初の予定どおり昭和三九年度をもって終了するが、オリンピック開催を機会に盛り上った全国的気運を冷却することなく、引き続き一層その範囲を拡大して、社会環境の浄化運動として発展を期する。

(2) 国土を美しくする運動は、現在行なわれている全国各地の努力をオリンピック開催期に集中的にとりあげるとともに、漸次行政施策への提案、行政のサービス性の向上等、次の段階の社会環境浄化運動への素地を培うよう留意する。

(3) 社会環境浄化運動は、国土美運動が一面市民性の向上と反面生活環境の美化という具体活動であるのに対し、浄化というもろもろの社会的悪ないし病理現象に対して抗議しようとする、より積極的、より高度の精神内容をもった運動である。

(4) 昭和四〇年度以降予想されるものとしては、国土美運動の延長としての環境衛生、公害等のほか、暴力、麻薬、有害玩具その他生活用品の駆逐、有害マスコミの非聴取、不買運動等があげられる。

(5) 第一年度においても、状況によってこれらの中、一〜二課題をとりあげることがある。

(6) この運動の推進方法はおおむね国土美運動に準じ、関係諸団体と協力して、課題ごとに推進委員会を設けて、各団体、階層等の力を結集することにつとめる。

(7) 同時にマスコミを活用するＰＲ活動、デモンストレーション活動行事等がその気運をもりあげる上にきわめて効果的なので、とくにマスコミ関係機関との協力を期待する。

(8)　地方協議会が中心となり、都道府県ごとにこのような民間の力を結集する組織づくりを行ない、各団体等の行う活動の連絡調整につとめることが主な役割りである。

(9)　国土を美しくする運動にみられるような具体的な実践活動あるいは施設ないし効果が把握しにくい点があるが、世論を高めることによって、一面行政に対する圧力となり、他面、市民一人一人を力づけることが肝要である。

3　関係機関団体との協力

(1)　行政機関との協力関係は、一層積極的であることが要請され、むしろ市民の要求、主張として行政本来のサービス業務を促進することが大切である。

(2)　各団体個〔ママ〕有の性格に応じ、おのおのの個性を生かした活動を相互に大きく連絡し、組織化することが必要であって、協会自身は主唱する場合であっても、いわゆる世話役としての機能を発揮することにつとめるべきである。

4　備　考

(1)　上記のような活動の基盤が形成されれば、その上に立ってさらに組織的な国民運動として、現在の「助けあい運動」あるいは「辺地の子どもに書物を贈る運動」等のようなより広範な社会活動への発展を期待する。

(2)　原水爆禁止運動なども、現状では政治的目的のためにその本来の主意が歪曲されているうらみがあるが、おおよそ五年間経過後、国民運動の全国的体制が確立されれば、従来になく広い基礎の上に立った運動を期待することができる。

第7　広報活動について

従来の広報活動については、根本的に再編成することとし、広報活動の中、印刷物関係は逐次有償方式への転換をはかるが、その要点は次のとおりとする。

1　印刷物の有償方式転換

(1)　昭和三九年度より「新生活通信」リーフレットを全面的に有償方式に切り換える。

(2)　「新生活特信」は昭和四〇年より日刊雑誌形式とし、有償方式に切り換える。

(3)　以上の活動を円滑にするため、昭和三九年度より出版特別会計を設けることとし、一般会計より資金をくり入れる。(初年度五〇〇万円程度を予定し、賛助会費等の自主財源をもって充てる)

(4)　出版特別会計は独立採算制とし、漸次これを拡充する

が、協会の無償配布するものについては、助成金中より支弁するものとする。（買上げ制）

(5) 出版特別会計の収入は、売上金および広告収入とし、この収入をもって、すべての経費をまかなうものとする。ただし、人件費の基幹部分は、一般会計より支弁する。

(6) この方式の推移により、漸次図書出版等、一般出版活動へ発展することを期待するが、おおむね昭和四一年度以降を目途とする。ただし、三九年度より実施可能のものについてはこの限りではない。

2 その他の印刷物について

有償方式によるもの以外の印刷物資料（シリーズ、企業体関係パンフレット、調査報告、その他資料）については、一括して、調査、研究所管部局の担当業務とする。ただし、この場合も一般会計内で無償配付する以外に有償により配付できるものについては、その部分については、その部分について出版特別会計で取扱うこととする。（たとえば、シリーズの一定部数を作成した後、希望あれば、特別会計で再版するか、あるいは、当初より販売の期待できるものについては、無償部数と特別会計より買上げる等の処置ができるようにする。このためには助成金による版権所属の問題を明確にする必要がある）

3 マス・メデア〔ママ〕による広報活動

新聞、テレビ、ラジオ等の放送、映画による広報活動は、原則として社会活動および文化活動の部門を主とすべきである。その要点は次のとおりとする。

(1) つとめてＮＨＫによるキャンペーンを活用することとし、協会活動、行事等をとりあげることによって、運動の趣旨の普及徹底をはかることとする。そのためには、主要行事に対するＮＨＫの参加協力を要請する。

(2) 民間放送を利用する場合は、多額の経費を必要とするので、なるべく外部資金の導入を考慮する。

(3) 有力新聞社とは、事業の共催等について相互に協力関係を強よめ〔ママ〕、新聞社の有する報道力をフルに活用することに努力する。とくに地方有力新聞との協力を考慮する。

(4) マスコミの活用は、上記のような協会事業、行事の企画にあたって、マスコミ関係機関に材料を提供し、これに参加するような気運と機会をつくることに主眼をおく。

(5) 映画についても、協会が直接制作にあたることはかえって危険が多く、かつ効果的でない場合が多いので、とくに優秀な映画の買上げ程度にとどめるものとする。

4 ポスター、ステッカー等について

ポスター等については、協会の主要行事ごとに作成するものであって、必要に応じて各事業ごとに計画するが、なるべく、スポンサー等事業収入に期待することとする。

第8　調査研究活動

調査研究部門については、その充実がもっとも急務である。これについては事務局の充実の項にあげてあるとおり、専門委員会の拡充強化、専門嘱託の委嘱および専門職員の設置によって、まず人的充実をはかる。

調査研究活動の要点は次のとおりである。

1　専門委員会を中核とする態勢の整備

別項専門委員会の充実の項参照

昭和三九年度は次の専門委員会を設ける。

(1)　消費生活専門委員会
(2)　C・D　〃
(3)　職域　〃
(4)　文化活動　〃
(5)　社会活動　〃

2　企画調査部（仮称）の設置

(1)　現在の企画調査室を拡充して部制を設け、専門職員を増加する。

(2)　企画調査部は、専門委員会を主管し、専門職員がそれぞれの業務を担当するほか、専門嘱託（一〇名）を設置して、研究、指導の中核とする。

(3)　各専門委員会以外に、運動推進上の基本的事項については、それぞれ研究会を設けて、外部の専門家の参加をもとめる。

(4)　従来広報部所管の各種資料の作成（シリーズ、パンフレット等）は、調査研究動物〔ママ〕および協会運営の方針にもとづき企画調査部で行うこととする。

3　研究会の設置

前項(3)の研究会は、次の要領により運営する。

(1)　各専門委員会に共通の事項あるいは運動の基本的問題について理論的、実際的な研究を進めるため研究会を設ける。

(2)　研究会は、問題ごとに設け、専門委員、専門嘱託のほか、随時外部の専門家の参加をもとめるものであって、とくに他研究機関、大学等の従来の研究成果を吸収することにつとめる。

(3)　昭和三九年度の研究会のテーマは次のとおりとする。

ア　生活構造の研究、とくに生活刷新の諸指標とその相互関係について

イ　地域社会の施設の諸指標とその関連について、およびとくに地域診断方式の確立

ウ　運営の組織論について

4　調査活動について

(1) 協会事業および業務遂行上必要な調査については、原則として協会事務局（企画調査部）が行なう。

(2) 運動推進上必要な事項についての調査は、専門委員会が自ら行うほか（専門委員会の経費による調査）必要に応じ、大学、研究機関等に委託する。

(3) 研究会の運営とあわせて、必要事項については、調査を実施するか、研究会自らあるいは、他の機関に委託して行なう。

5　国民生活研究所との提携

国民生活研究所（〔安〕所長奥井復太郎氏）とは今後密接に協力することとし、将来は合併することを期待する。

第9　協会の整備充実

この方針にもとづき、協会の諸活動を実施するため、協会自身の態勢を次のように整備、充実する。

1　役員の充実と部門担当制

昭和三九年四月の役員改選期にあたっては、役員を一そう充実することとし、とくに次の点を考慮する。

(1) 評議員（現在約一五〇名）は人員を減少しても、実質的にこの運動に熱意を有する者を選任する。

(2) 理事、常任理事には、なるべく運動の各部門あるいは、協会業務のある部門を担当し、実質的に協会運営の中核となるよう配慮する。

(3) 定員以外に、常時研究、指導にあたる各部門の専門家を専任嘱託として（一〇名）委嘱する。

〔安〕〔上記(2)と(3)の間に挿入〕

(3) 役員に政党代表を

2　事務局の充実

(1)

(2)

3〔ママ〕　専門委員会の充実

従来の専門委員会の運営を改善し、理事会の議を経て専門委員会規程を決定する。その要点は次のとおり。

(1) 専門委員会は理事または常任理事がそれぞれの委員会の責任者とする。

(2) 専門委員会の定員は一〇名以内とし、年度毎に委嘱する。それぞれの担当部門内の事項について、さらに研究を要する事項については分科会を設けることとし、専門委員はその主査となる。

(3) 分科会の委員は問題毎に期間を定めて委嘱する。

(4) 専門委員会には必要あるごとに外部（委員以外の専門家）の者を招聘して意味〔ママ〕を徴することができる。

(5) 専門委員会は、担当部門について研究するとともに、活動方針、計画等についてその意見を理事会に提出し、協会活動の頭脳的役割りを果たすものとする。

(6) 専門嘱託はそれぞれ専門委員会に所属する。

(7) 専門委員会は、事務局の調査企画部門担当部が一括所管する。

(8) 協会の調査、研究活動は、これら専門委員会を中心に行うものとする。

4 講師陣の充実

従来の講師陣をいっそう採用充実、それぞれ各部門ごとに講師団を編成する。講師は一面には運動の組織者であることが望ましいので、とくに専任嘱託を中心に、講師の助言、提案を事後の諸活動に結びつける配慮をすることが必要である。

とくにC・D部門（community development：町づくり村づくり運動）については、講師団結成の成否如何にかかっているので、とくに外部のそれぞれの分野の専門家の協力をうる態勢が必要である。

5 地方在住職員の身分保証

現在地方協議会に設置している専任嘱託および広報車〔ママ〕関係職員の身分はきわめて不安定なものが多いので、協会職員と同等以上の処遇ができるよう改善をはかる。その要点は次のとおり。

(1) 都道府県または地方協議会が、必要経費の半額以上を負担し、かつ協会事業に協力する場合は専任嘱託を設置する。

(2) その場合の処遇については、双方協議の上決定するが、必要があれば協会地方駐車〔在カ〕職員として、身分上協会職員と同様の取り扱いをすることができる。

(3) 専任嘱託は必ずしも一名に限定せず、都道府県、地方協議会の方針および事業規模を勘案して逐次充実することとする。

6 職員給与その他待遇の改善

協会職員の処遇は、公務員に準ずることとなっているが、現行のままでも、甚だしく不均衡である。次の諸点について改善を加える。

(1) 給与規程を改正し、国家公務員、地方公務員および政府関係機関等、給与制度を勘案して、協会独自の給与規程を作成する。（具体案については総務部において作成する）

(2)　退職金規程についても、給与に準じて改正する。
〔安〕◎即時改善の方途

7　事務処理の刷新
　補助金等に関するおよびその他の事務量の増大が予想されるので、極力事務量を少なくし、合理的かつ効率的事務処理の方式を確立することにつとめる。（その具体案については別途検討する）
〔安〕◎新入職員の短期研修

第10　自主財源開拓要領

　基本方針にもとづき、自主財源開拓のため、昭和三九年度より実施にうつすため、次の要領により、本年度中に諸般の準備をととのえるものとする。

1　賛助会員制について
　寄付行為第三二条の規程を実施に移すため、必要な事項を理事会の議決により定める。その主なものは次のとおり。
(1)　賛助会員の資格、権利、義務
(2)　賛助会費の額と徴収方法
(3)　会費収入の使用区分
(4)　その他必要事項
その際、次の諸点を強調したい。
(1)　賛助会員の中、個人会員中より評議員を選任することとする。（この他協力団体代表者を入れること従前どおり）
その目標人員一〇〇〇名。
(2)　団体会員は、第一、第二にだけ、第一は地方自治体（主として市町村）第二は会社とする。
(3)　会費の額は、個人会員年額一万円、団体会員年額一〇万円とする。（ただし第一種会員は別途考慮）
(4)　五年後の会費収入三〇〇〇万円を期待するものとする。
　この制度のねらいは、単に会費収入を期待するばかりでなく、協会自身の体質改善の一方策として考慮するものである。

2　寄附金について
　寄附金は、当面センター建設を主眼とするため、運動費に充当することは期待しない。

3　事業収入
　事業収入は大別して次の2つとする。
(1)　出版物の有償方式転換による売上金および広告収入
　印刷物による広報活動は原則として有償方式によることとし、その売上金、広告収入等はあげて広報活動の充実に充当することとする。そのため現在の通信、リーフレットの他、特信は第二年度又は第三年度又は第三年度《〔重複原文ママ〕》より月刊雑誌形式として同様有償方式に切換える。（特別会計制度を採用する）

（2）協会事業に対する協賛費収入

現在のスポンサー方式（ポスター、テレビ・スポットおよびデモンストレーション行事等）を積極的に活用するとともに、その使途を明確にして対外的にも責任体制を明確にする。

そのために、協会事業に協力援助するスポンサー組織として、「新生活運動協力会（仮称）」のごとき組織を設けるか、あるいは個々の事業ごとに賛助会員（団体）中より《〔ママ〕》　するかは検討の必要がある。

以上の外、事業収入の方法としては、優良生活物資、資材等の代理業務等も考えられるが、これらは新生活センターの業務として考えた方が適当と思われるので、センターの構想の中に加えて考慮するものとする。

4　財団基金の充実について

現在の財団基金は、発足当初の一〇〇万円だけであるが、逐次これを充実することとし、第一期目標額を一億円とする。

そのために、会費収入の一定割合および会計年度末剰余金を基金に繰入れる措置を講ずる。

第11　運動推進体制の整備とくに地方協議会の充実（略）《〔ママ〕》

第12　新生活センターの建設（略）《〔ママ〕》

第13　政府に対する要望事項（略）《〔ママ〕》

資料4　新生活運動の今後の方向に関する答申（一九七二年九月六日）

昭和四十七年九月六日
財団法人新生活運動協会会長　高橋雄豺　殿

協会運営の改善に関する専門委員会
委員長　加田純一
委員　細谷喜一
同　牧　賢一
同　森　有義

「新生活運動の今後の方向」に関する答申の提出について

本委員会は、昭和四十六年六月以来、今日に至るまで二十二回にわたって会議を開き、更に都道府県新生活運動協議会の役職員の意見をも聴取して検討した結果に基づいて、別紙答申を提出いたします。

協会の組織体制及び全国的な運動推進体制については、重要な問題が残されておりますので、引き続き協議の上、別途答申いたしますので申し添えます。

尚、本答申及び今後の答申の趣旨を骨子として協会を運営する為には、行政管理庁の勧告等の経緯もありますので、政府当局との間に、更に十分な連携が必要であると認められます。

新生活運動の今後の方向について

新生活運動は、住民の具体的な生活課題を住民自らの努力によって解決しようとする住民運動であろう。新生活運動協会は、そのような住民運動を育成、助長する事を任務として、発足以来十七年にわたり、あらゆる困難を克服しつつ今日に至った事は高く評価すべきものがある。

今後の協会活動の重点は、「新しいコミュニティづくり」をめざす住民運動の育成におく事が現時点においては最も適当であると考える。

1　新しいコミュニティづくり

経済の超高度成長の結果、人口の都市集中、交通通信機関の発達による生活圏の拡大、住居と職場との分離傾向の増大、生活様式や生活意識の都市化等が急速に進行した為に、地域社会は激しい変化の波に見まわれている。その中で、旧来の地域共同体的社会は急速に崩解の過程をたどりつつあるが、それに代わる地域社会の新しい秩序はまだ形成されていない。

その為に、住民の連帯感はうすれ、住民生活にとってさまざまな問題をひき起こしている。社会生活上の諸ルールは、元来地域社会における人間関係の中で形成されるものである。従って社会全体の秩序は先ず地域社会の秩序がつくられる事から始まる。地域社会の崩解は、その結果として社会生活のルールを混乱させる事につながっている。ひいては、人間精神の荒廃をもたらしているのである。

又、生活環境の悪化、社会資本や公共サービスの不備等、住民生活にとって障害となっている様な諸問題についても、住民間の連帯感が稀薄になっている為に、それを改善する為の住民間の合意や協力態勢をつくりあげる事が困難になって来ている。そこに人々は孤立化し、例えば寝たきり老人の悲劇等をも生み出すに至っている。

更に人々は、管理された社会の中でそこにおこる緊張をかん和し、人間性の回復とその充実を希求しているにもかかわらず、地域社会における連帯性の欠如は、自由な人間的接触や交渉をもつ事を困難にしている。

その為に、あるいは閉鎖的なマイホーム主義にはしり、あるいは職域を中心とした人間関係が優先する結果を招いている。

国及び地方公共団体においても、生活環境施設の整備等の施策を行なう場合に、住民の連帯感のうすさは行政に対する住民の協力態勢をととのえる事が出来ず、その為行政施設も十分な効果をあげる事が出来ない事が多い。

この様に、「人間を大切にする新しいコミュニティづくり」の必要性は、住民生活の立場からも、更に全国民的な問題として、各方面から強調されているのである。

そして、その新しいコミュニティづくりの主役は、住民自身に他ならないのである。

最近、自治省はじめ各行政機関においても、コミュニティづくりをめざして、各種の施策が進められている。住民生活にとって必要な生活関連施設を、地域社会の場において住民の合意に基づいて整備しようとするものである。それらはいずれも、コミュニティづくりの為の重要な条件の一つである。しかし、それがそのままコミュニティづくりとはならない様に思われる。

もともとコミュニティは、住民の間に行なわれる各種の相互作用とそれを通じて形成される住民間の合意や規範が、住民の意識の中に定着していく事が基本になるものだからである。

従って、住民間の相互作用つまり住民活動が活発かつ濃密に展開される事こそが、コミュニティづくりにとって、最も重要な条件なのである。その意味において、コミュニティづくりにおいて、最も重要な役割を担うものは住民自身であるという事が出来よう。

しかしながら、住民活動は、本来多様な住民の関心や欲求を基盤としたものである。当然、その活動に参加する人達の間で成立する合意であっても、そのままでは、地域住民全体の合意や連帯感をつくりあげる事に結びつくものではない。

従って、多彩な住民活動が活発にしかも重層的に展開される事は、コミュニティ形成にとって不可欠な要件ではあるが、それだけではまだ十分とはいえない。

つまり、各種の住民活動や従来からある個別的な住民組織の活動が活発に行なわれているとしても、その自然の経過にまかせておくだけでは、新しいコミュニティは形成されないであろう。

多様な住民の欲求にこたえ、しかも住民一人一人の自主性が尊重されるような新しいコミュニティづくりの為には、意識的かつ計画的に各種の利害関係を調整し、より高次の問題意識に基づいて、個々の住民活動の総合的な発展をはかる事が必要であろう。

そこに、個別の団体活動等とは別個に、より包括的・総合的な住民運動を育成しようとする新生活運動協会の重要な役割があるというべきである。

更に加えて、コミュニティ形成の為の客観的諸条件も次第に成熟しつつある様に思われる。

経済が安定成長に向かうにつれて、従来の様な急激でしかも大量の人口移動は、次第に沈静化するであろう。すなわち、人口の定着度は漸次高まるものと思われる。更に、週休二日制等が一般化するにつれて、地域活動にあてる事の出来る余暇は一層増大するであろう。

又、住民意識も、物質的価値追求から次第に精神的価値を重視する方向に転換しつつある様である。それにともなって、住民の地域社会や住民活動に対する関心や参加意欲も次第に高まりつつある様に見受けられる。

以上の様に、新しいコミュニティづくりは、今や全国民的な課題となっているばかりでなく、計画的・継続的にこの問題に取り組むべき時期に至っているというべきであろう。

新生活運動の積年の経験を基礎に、新しいコミュニティ形成の中核的推進力となる運動集団及びリーダーの育成と、具体的な運動の方法しくみを改善、刷新する事によって、この国民的課題達成に寄与する事こそ、今後の新生活運動及び協会の重大な役割であるというべきであろう。

2　自主的な住民運動の育成

最近、各種の住民運動が、全国的に異常な高まりをみせる様になった。それにともなって、社会の住民運動に対する関心も又次第に大きくなってきている。この事は、住民パワーといわれるように、住民の欲求や活動がもはや無視する事が出来ない程大きな力となりつつある事を示すものである。

行政政治の場において、しきりに「住民との対話」が強調される様になってきたのも、その反映であると思われる。

近年の住民運動の中には、過激にはしったりあるいは特定のイデオロギーや政党にかかわり合いのあるものもまま見受けられる。その為に、住民運動はすべて反体制運動であるかの様な誤解も少なくない。

この様な反体制的な住民運動は、いたずらに行政との対立を激化させる結果となり、かえって、国民的対立や断絶を一層拡大するものである。いわんや、そこからは次代をきり拓いていく新しいものは決して生れてこないであろう。

しかし、住民運動は、本来イデオロギーとは関係なく、地域住民の具体的な生活欲求から出発するものである。

ところが、現在住民運動がとり組んでいるのは、消費問題・公害問題等にみられる様に、わが国の高度経済成長の結果あらわれてきたいわば新しい問題である。従って、その問題に直接かかわりのある当事者としての行政や企業の側にも、それに対応する態度が明確でなかったり、体制も必ずしも整備されていない等の事情もある。又、科学的技術的にも未解決の分野が多い事も事実である。

以上の様な各種の要素が相互にからみ合いながら、問題の解決を困難にしているのである。同時にその事が、当事者相互の不信感をいたずらに拡大していく結果を招いている。

又、しばしば指摘されている様に、住民運動が全体的な視野を欠いて往々にして当事者のエゴイズムに陥りやすい事も認めなければならない。

しかしながらその事の為に、住民運動のもつ本質的意義までも無視したり否定しようとするならば、それこそ大きな誤りを犯す事になるであろう。

公害や消費者問題等について、その基本法が制定されるに至った事情についても、又最近では、自然保護に対する国民的関心の高まりについても、住民運動がその先駆的役割を果たしてきた事については疑う余地はない。

この意味において、住民運動のもつ創意とその巨大なエネルギーを、現在当面している国民的課題克服の為に、有効に発揮する事が出来る様な態勢をつくりあげる事は、まさに急務というべきである。

今日的問題は、以前の様に住民レベルでの合意と協力によるだけでは、その解決がはかられるものではなく、それを基盤にして更に行政等の協力を求め、援助を要請し、あるいは行政措置を要求する形をとらざるを得ないものが多い。従って、住民運動と行政との関係如何は極めて重要な問題となる。

すなわち、住民運動と行政とが相互に協力し合い補完し合う様な態勢をつくりあげる事が強く期待されるのである。

行政側においても、すでに「住民との対話」が強調されている様に、それへの理解と期待とは十分に熟しつつある様に思われる。

住民の側においても、住民内部ばかりでなく、行政との間に相互理解と相互尊重の上に立った「対話」の精神を基調として、緊密な協力関係を打ち建てるべく努力する事が要請されなければならない。

その意味において、新生活運動協会が育成助長しようとする住民運動は自主的であると同時に、あくまでもこの「対話」の精神を基本とするものでなければならない。

その為にも、行政は住民運動に対する正当な理解をもち、これを援助し育成する事に、より積極的な努力をいたされる事を強く要望したい。

3　運動の総合的育成

協会は、現在生活学校運動、新しい村・町づくり運動、明るい職場づくり運動、社会生活のルールを確立する運動及び郷土奉仕活動等に重点をおいて、住民活動の育成を進めている。

「新生活運動の概況」に示す様に、全国一五三九の生活学校が開設され、約七万五千の主婦がこの運動に参加しているという事である。この生活学校の活動については社会の各方面から注目を集めており、特に地方公共団体においても、その効果を重視して補助、助成の措置をとっている。

又、新しい村・町づくり運動においても、昨年より実施している生活会議の方式が対話を主軸とする行政と住民との新しい協力関係を開拓する手法として、効果を発揮している。今後のこの運動にとって主要な事業の一つとして発展する事を期待してよいであろう。


又、その他の運動分野についてもそれぞれ着実に発展を示している事も、大体において認められるところである。

更に、協会と緊密な協力関係にある都道府県新生活運動協議会も、逐次その体制を整備しつつある事は、永年にわたる関係者の努力の結果であって、今後の新しい展開に際しても、重要な基礎となるものと期待したい。

しかしながら、協会活動が社会情勢の変化に十分に適応し得ないままに、効果を発揮する事が出来ない点がある事も率直に反省する必要がある。

今後の協会活動の重点を、新しいコミュニティづくりの為の住民運動育成に指向する為には、従来の各分野の運動を総合的に育成する必要がある。

その為には、次の様な処置をとる事が望ましい。

(1)　生活学校運動においては、従来も漸次地域的活動集団として、地域活動特に公共サービスにとり組んで来た事を認めるが、この傾向を一層助長する事が必要であろう。更に、コミュニティづくりにおける婦人層の役割は今後一層増大すると思われるので、少なくとも全国市町村各一校以上の開設が望ましい。

(2)　新しい村・町づくり運動は、全国的に新しいコミュニティづくりを指向すべきである。そして、生活会議の方式を中軸としてその推進力となる活動集団及びリーダーの養成に新機軸を打ち出す事が必要である。

(3) 明るい職場づくり運動については、主として働きがいのある職場づくりを目ざして、職場生活上の問題について、その改善や解決をはかってきた様であるが、今後は、コミュニティづくりの一環として、地域における諸活動との関連を重視する必要がある。

(4) 社会生活のルールを確立する運動については、全国民を対象とする啓発宣伝活動と都市又は広域における住民運動育成と合せ行なってきたものと思われる。今後のこの運動の考え方としては、社会生活のルールが先ずコミュニティ生活において確立される点を考えて、地域における運動を助長する事が必要であろう。あわせて、一般の関心を喚起する意味からも、大都市を中心とする全国的なキャンペーン活動を、一層活発にかつ継続的に行なう必要がある。その為には、テレビ等マスメディアの活用は必須の条件となるであろう。

(5) 郷土奉仕活動については、一年足らずの経験であるが、コミュニティづくりの有力な一つの要素として、育成をはかる事が望ましい。

4　**協会の財源と自主財源の造成**

協会は、自主的で健全な住民運動の育成、特に新しいコミュニティづくりの住民運動に重点をおいて、その育成をはかろうとするものである。それに必要な経費は、従来も多年にわたって国の助成によってまかなわれてきた。それにともなって、地方公共団体においても、運動の進展に応じて逐次助成措置が講じられている。

昭和四十六年度においては、国の助成二億七八五〇万円に対して、都道府県助成額合計は三億六百万円、市町村の助成額合計約三億八千万円におよんでいる。両者の合計は国の助成金のほぼ二・四倍となっている。

ただ、地方公共団体の助成は、常に国の助成金を基礎としてそれに積み重ねられるという傾向がみられる。従って、呼び水ともいうべき国の助成金如何が、本運動の消長に大きな影響を及ぼす事を深く認識する必要がある。

尚、各活動集団の活動は、公費による助成以外にこの運動に参加している集団又は個人の負担においてなされているものがあるので、その活動費、資料費、研修その他交流・視察等の諸費用を合算すれば、ぼう大な額に達するものと認められる。

すなわち、国の助成が地方公共団体の助成を促し、合せて住民の自主的な活動を促進しているのである。

又、合せて重視しなければならない事は、国及び地方公共団体からの助成が、新生活運動の特定のイデオロギーや宗教からの独立と、一党一派に偏する事のない公共性を保持する上に大きな役割を果してきたものと認められる。この様な事情は、今後新しい運動の展開を企図しつつある協会にとっては、従来にもまして重要な意味があると考える。

従って、協会活動に要する経費は、今後とも、その基本は国の助成による事が適当であり又必要である。

しかしながら、民間運動にとって不可欠な機動性や弾力性を保持し、更にこれを十分に発揮する為には、国費による助成以外に協会独自の財源をもつ事も又必要であろう。従って、諸般の情勢を考慮しながら、長期的な計画をもって、自主財源の達成に取り組まなければならないであろう。

(1)　予想される自主財源とその造成について

ア　賛助会費

協会の寄付行為には賛助会員の規定があり個人会員、団体会員の二種としている。先ずこの規定を実施に移し、賛助会費を徴収する事が適当であろう。

しかし、その実施にあたっては時期、会費の額及び都道府県協議会との競合等について、十分考慮しなければならない。

イ　分担金

都道府県協議会からそれぞれ分担金を徴集する事も一つの方法である。しかし、その為には協会と地方協議会との組織的関係について、明確に規定する必要があるので、現在の段階では更に検討を要する問題である。

ウ　寄付金品

寄付金の募集は、自主財源造成の為には最も有効であるが、生活学校運動の発展を阻害しない様な配慮が必要である。従って、実施の時期については、それらの事情や経済界の動き等を十分検討して準備を進める事が必要であろう。

エ　事業に伴う収入

出版、物品の販売・斡旋等の収益をめざした事業活動を行なう為には、先ずその為の資金を必要とし、更に危険負担について考慮しなければならない。従って、特殊な印刷物等で有料配付が可能な物については、それぞれ個別に検討の上実施して差支えないが、一般的には問題が多いので不適当であろう。

又、協会の一部事業について、事業に協賛する形式で外部から金品の援助を受ける事は、従来の経験もあり、事業本来の目的に支障がない限り積極的に活用すべきである。さしあたり実効が期待できるものとしては、住民活動賞、宣伝資材の作成、テレビ等マスコミの活用、調査の受託等が考えられよう。

オ　いわゆる公営ギャンブルからの助成金

例えば、日本自転車振興会、日本船舶振興会等いわゆる公営ギャンブル事業から助成金を受ける事も一つの方法であるが、新生活運動のイメージをそこなう恐れがあるので、現在の段階では考慮の対象とはならないと思われる。

カ　その他の収入

協会発行印刷物による広告料収入、印刷物の頒布代金等は、現在すべて助成金による事業の果実として国に返戻しているが、これらについて、協会活動に還元する事ができる様、総理府当局の諒解を求める必要がある。

(2) 当面の処置について

以上の様にいずれの方法によるにしても、直ちに相当額の自主財源を造成する事は極めて困難である。又、いずれも政府当局の十分な理解と支援なしには不可能である。従って、状況を勘案しながら逐次金額の多少にかかわらず、実行可能なものから実施していく努力が望ましい。

その為にも事業に伴う収入のうち、支障がないものについては、四十七年度からでも実施に移すべきである。又、賛助会費に伴う収入の一部のもの等については、四十八年度より実施に移す事を前提として、準備を進める必要がある。寄付金等については、各種の事情を考慮しつつ慎重に取り扱う事が望ましい。

［付記］資料1・資料2・資料4は、『新生活運動協会二十五年の歩み』（新生活運動協会、一九八二年）資料編、資料3は「安積得也関係文書」（二五四-四）所収史料を底本とした。

あとがき

この本のもとになった研究会は「農民家族史研究会」という。二〇〇一年七月に発足し、二〇一二年春まで継続した農民家族史研究会の一〇年余りの歴史は、大きく三つに分けることができる。

第一期は研究会が誕生した二〇〇一年七月から二〇〇二年五月までである。当初、この研究会は、大門の呼びかけで、農民家族史研究の課題と方法を明らかにするためにつくられた。第一回の研究会の報告で、大門は次のように述べている。

日本の農家をめぐっては、農家経済やイエの観点から、膨大な研究が蓄積されてきた。しかし、農家が異なった世代・性によって構成される家族によって担われていることに改めて注目し、世代・性による分業・再生産という観点から農家の歴史的なあり方を検討する作業は、必ずしも十分に行われてきていない。この点の総合的な検討にこの研究会の目的がある。

この研究会では、経済史、農業経済学、農村社会学、女性問題・女性史、ジェンダー論、歴史学、教育学・教育史、民俗学・文化人類学の各分野の研究史を再検討することにし、歴史学から西浦直子、鬼嶋淳、松田忍、地理学から湯澤規子、農業経済から森尾晴香、社会学から高田知和、教育史から吉長真子、瀬川大が参加して、一年間にわたり、各分野の研究史を整理する研究会を続けた。

研究会の最後（二〇〇二年五月）に今後のことを提起し、共同研究を始めるか、輪読や個別報告の研究会として続けるかの選択を話し合った。その結果、共同研究を始めることになり、それに応じて参加者のなかから、鬼嶋淳、瀬川大、松田忍、吉長真子と大門が残ることになった。研究会の第二期のスタートである。

第二期は二〇〇二年五月から二〇〇四年春までである。共同研究の準備・開始に至ったものの、共同研究が難しくなり、次の時期に移行する期間である。第二期では、生活改善普及事業や新生活運動、愛育村などについての研究と資料所在状況を確認したのち、二〇〇三年春に神奈川県伊勢原市の調査を数回行った。伊勢原市には、恩賜財団愛育会による愛育村活動を行っていた神奈川県中郡高部屋村が含まれており、研究会のメンバーである吉長が愛育村を研究テーマにしていて、資料の所在に詳しかったからである。しかし、農民家族の実態を知ることができる資料は思うように集まらず、研究会は再び存続と方向性を模索することになった。二〇〇三年秋から翌春にかけて、あらためて戦後の生活にかかわる研究テーマを検討することとし、農村生活改良普及事業、新生活運動、農業協同組合の生活改善運動、家庭科教育史、社会教育について報告を重ねた。

第三期は、二〇〇四年春から現在までである。戦後の生活に関する研究テーマの検討を通じて、まだ十分に研究が進んでいない新生活運動について調査・検討を始めることになった。新生活運動はいくつかの系譜がある。厚生省の人口問題研究会とかかわった家族計画中心の新生活運動については、個別の研究があらわれていたが、一九五五年に、当時の鳩山一郎内閣とかかわって設立された新生活運動協会については研究が進展していなかった。

新生活運動協会は、一九八二年に「あしたの日本を創る協会」と改称して存続していた。当時、「あしたの日本を創る協会」の事務所は、東京の日比谷公園内にある市政会館のなかにあった。二〇〇四年四月、はじめてあしたの日本を創る協会を訪れた。新生活運動協会の一次資料で残されていたものは、協会設立時の『協会事業報告書』などに限られていたが、まだ本格的な検討が加えられていない機関誌の『新生活通信』や『新生活特信』、各種報告書、読売新聞社の『新生活』など、新生活運動関連の資料が数多く保存されていた。四月から七月にかけて、私たちは協会の許可を得て、『新生活通信』や『新生活特信』などをひたすらコピーした。

先述のように、新生活運動協会については、まだ十分研究対象になっておらず、研究論文などで新生活運動協会がとりあげられる場合には、新生活運動協会がまとめた『新生活運動協会二十五年の歩み』（一九八二年）が参照されることが多かった。『二十五年の歩み』は有用であり、私たちも参照したが、協会の立場でまとめたものであり、基礎的な事実や評価については他の資料と関連づけて考察する必要があった。私たちは、まず協会そのものの事業内容を把握するために、『新生活通信』と『新生活特信』を読むことにした。二〇〇四年七月から二年間にわたり、『新生活通信』と『新生活特信』を共同で読み、分担して報告する研究会が続けられた。この二年間は、協会の基礎的事実を把握する期間であったとともに、研究会の参加者が共通認識をつくり、研究会が共同研究の基礎を築く大事な時間だった。この共同作業を通じて、研究会は共同研究としてスタートできたのである。新生活運動協会の資料調査と資料輪読を始めるころには、新たに菊池義輝、満薗勇、久井英輔、井内智子が研究会に加わった。東京大学大学院人文社会系研究科歴史文化学科と東京大学大学院教育学研究科、早稲田大学大学院文学研究科、横浜国立大学大学院国際社会科学研究科で日本史や教育史、経済史を学ぶ若手研究者と大門が加わる現在の研究会の陣容が整い、新生活運動を検討する研究会を重ねた。

資料の輪読は、私たちも知らない協会の歴史を訪ねる旅であり、協会の事業の起伏に沿って私たちは一喜一憂することになった。一九五五年の設立から五年間ほどは、協会が活発に活動している様子が確認できた。だが、六〇年代に入ると協会の活動は停滞し、協会自身も停滞感に悩むようになった。新生活運動協会の新生活運動は、六〇年代以降、後退の一途をたどったのかと思っていた矢先、六〇年代半ばから復活する気配をみせた。生活学校の開始である。これ以来、七〇年代にかけて、機関誌は生活学校の隆盛でにぎわう。ただし、六〇年代以降には、職場での取り組みやコミュニティ政策への対応、公民館との関係、協会地方組織のあり方など、協会は各種の課題とそれへの対応に追われていた。機関誌での読解をどのように整理すればいいのか、二〇〇六年五月に満薗勇が行った中間総括は、「満薗中間総括」と呼ばれ、機関誌を歴史的に位置づけ、共同研究を進める重要な指針となった。と同時に私たちは、機関誌をもとにした新生活運動協会の活動分析のなかに、戦後日本史研究の大事な課題が含まれていることをしだいに実感するようになった。

本書のもとになる本の構成案をはじめてつくったのは二〇〇七年六月のことである。それ以来、本書刊行までに多くの時間を要したのには、次の二つの理由によった。

ひとつは新たな資料調査を行ったことである。二〇〇八年秋以降、安積得也関係文書や日本青年館、人口問題研究会などの資料調査を重ねた（本書で使用した主要文書については、本書序章にまとめて紹介してある）。とくに安積文書については、松田忍がその存在に気づき、国際基督教大学や東京大学の院生、および本書執筆者を主なメンバーとして史料整理が継続的に進められた。安積資料を加えることで、本研究は戦後政治史の視野を一挙に獲得することになった。

もうひとつは新生活運動の歴史的な位置づけに多くの時間を要したことである。家族計画を除けば、新生活運動が戦後史研究に登場することはまれであり、仮にとりあげられることがあっても、歴史の一齣でしかなかった。私たちが本格的に検討してみると、新生活運動協会の新生活運動については、戦後政治史への位置づけ方、保守的な系譜の運動の評価、生活を運動にすることそのものの考察など、従来の戦後史研究では見逃されてきた課題が多く含まれており、それらを歴史研究の課題として位置づけ、今までの研究史に接続するためには多くの時間が必要だった。研究会のなかで新生活運動の歴史的位置づけをめぐる議論はくりかえし行われた。メールや電話、直接会っての議論は、ときに熱を帯びながら進められた。議論は二〇一二年二月の初校の段階でもつづき、終章と各章間の関連や研究史との関連などをめぐる議論がメールと電話を介して毎日のように重ねられた。なお、吉長真子は、研究会発足以来のメンバーであり、長く一緒に共同研究を進めてきたが、二〇一一年四月の就職にともない、研究会を離れることになった。

本書の作成にあたっては、次の機関および個人の方々にお世話になった。あらためて厚くお礼申し上げる。

【機関】
あしたの日本を創る協会、東京のあすを創る協会、日本青年館、全国公民館連合会、修養団、国立女性教育会館、長崎県新生活運動協議会、長崎県生活学校連絡協議会、川越市教育委員会文化財保護課、北区リサイクラー活動機構
【個人】
新井政二氏、安積仰也氏、笹森建美氏、掛谷昇治氏、M. William Steele 氏、篠原将成氏、亀澤弘氏、西原美智子氏、松井千代子氏、山根豊氏

本書の出版にあたっては、日本経済評論社に引き受けていただくことができた。担当の編集者である新井由紀子さんは、二〇〇八年三月以来、研究会に毎回出席し、研究会の進行を見守ってくれた。社長の栗原哲也さんおよび新井さんにお礼申し上げる。

本書はまだ多くの課題を残しているとはいえ、新生活運動協会の基本資料や関連文書・資料を広く収集・分析し、新生活運動の歴史的位置づけを試みた共同研究である。研究会にピリオドを打つまでに一〇年余りという長い時間を要したものの、新生活運動の共同研究に取り組んだ第三期には、いくつかの困難を乗り越え、最後に共同研究としてのかたちをきちんと提示することができた。本書は、戦後史や生活の歴史などに関心のある方々にぜひ読んでいただきたく、本書の刊行を契機に、生活と政治、生活と運動の関連についての関心が高まり、戦後史の議論が活発になることを期待している。

二〇一二年三月

大門　正克

瀬川　大（せがわ だい）　第6章

1973年生まれ。東京大学大学院教育学研究科博士課程満期退学
現在、日本女子体育大学准教授
主要業績：「『修養』研究の現在」（東京大学大学院教育学研究科教育学研究室『研究室紀要』第31号、2005年）、「明治30年代前半における農村青年会の歴史的位置——初期下伊那青年会における教育経験・地域性・修養」（『信濃』第62巻11号、2010年）ほか

久井英輔（ひさい えいすけ）　第7章

1971年生まれ。東京大学大学院教育学研究科博士課程単位取得退学
現在、広島大学大学院教育学研究科准教授
主要業績：「戦前の生活改善運動における「知識」と「実行」」（『日本社会教育学会紀要』第42号、2006年）、「「中流階級」「知識階級」へのまなざしとその変容」（『広島大学大学院教育学研究科紀要　第三部』第60号、2011年）ほか

執筆者紹介（執筆順）

松田　忍（まつだ しのぶ）　第1章、終章1(1)

1976年生まれ。東京大学大学院人文社会系研究科博士課程修了

現在、昭和女子大学人間文化学部常勤講師

主要業績：「帝国農会の政治社会史的研究——販売斡旋事業統合から「農会革新案」まで」（『史学雑誌』第115編第8号、2006年）、「二・二六事件と農政運動の組織化——帝国農会の変容と関西府県農会聯合・大日本農道会」（『史学雑誌』第119編第7号、2010年）ほか

満薗　勇（みつぞの いさむ）　第2章、終章1(2)

1980年生まれ。東京大学大学院人文社会系研究科博士課程修了

現在、日本学術振興会特別研究員 PD

主要業績：「戦前期宇治茶産地における国内市場への展開」（『社会経済史学』第74巻1号、2008年）、「戦前期日本における大都市呉服系百貨店の通信販売」（『経営史学』第44巻1号、2009年）ほか

井内智子（いうち ともこ）　第3章

1980年生まれ。東京大学大学院人文社会系研究科後期博士課程在学中

現在、公益財団法人 生協総合研究所研究員

主要業績：「昭和初期における被服協会の活動」（『社会経済史学』第76巻1号、2010年6月）、「東京市における消費組合の発展」（加瀬和俊編『東京大学社会科学研究所研究シリーズ 第32号 戦前日本の食品産業』2009年2月）ほか

菊池義輝（きくち よしてる）　第4章

1979年生まれ。横浜国立大学大学院国際社会科学研究科博士課程後期在学中

主要業績：「1950—60年代における農業改良普及事業と農家家族——埼玉県を例に(1)・(2)」（『横浜国際社会科学研究』第15巻第1・2号、同巻第4号、2010年8月、同年12月）、「『女であり、主婦であり、母親である』こと—1968年の『婦人教室』が問いかけるもの」（『小平の歴史を拓く——小平市史研究』第4号、小平市企画政策部市史編さん担当、2012年3月）ほか

鬼嶋　淳（きじま あつし）　第5章

1974年生まれ。早稲田大学大学院文学研究科博士後期課程修了

現在、佐賀大学文化教育学部准教授

主要業績：「1950年代の歴史叙述と学習方法」（大門正克編著『昭和史論争を問う』日本経済評論社、2006年）、「朝鮮戦争期の地域社会における支配と対抗」（『日本史研究』第588号、2009年2月）ほか

編著者紹介

大門正克（おおかど　まさかつ）　序章、終章２

1953年生まれ。一橋大学大学院経済学研究科博士課程単位取得満期退学
現在、横浜国立大学経済学部教授、経済学博士
主な著書：『近代日本と農村社会――農民世界の変容と国家』（日本経済評論社、1994年）、『民衆の教育経験――農村と都市の子ども』（青木書店、2000年）、『歴史への問い／現在への問い』（校倉書房、2008年）、『日本の歴史15　1930年代から1955年　戦争と戦後を生きる』（小学館、2009年）ほか

新生活運動と日本の戦後――敗戦から1970年代

2012年５月25日　第１刷発行　定価（本体4200円＋税）

編著者　大　門　正　克
発行者　栗　原　哲　也

発行所　株式会社　日本経済評論社
〒101-0051　東京都千代田区神田神保町3-2
電話 03-3230-1661　FAX 03-3265-2993
URL：http://www.nikkeihyo.co.jp
印刷＊藤原印刷・製本＊高地製本
装幀＊渡辺美知子

乱丁落丁本はお取替えいたします。　Printed in Japan

ISBN978-4-8188-2213-9